de Gruyter Studium

JURA Examensklausurenkurs

Zivilrecht, Öffentliches Recht, Strafrecht und ausgewählte Schwerpunktbereiche

Herausgegeben von

Dagmar Coester-Waltjen, Dirk Ehlers,
Klaus Geppert, Jens Petersen, Helmut Satzger,
Friedrich Schoch, Klaus Schreiber

4. Auflage

DE GRUYTER

ISBN 978-3-11-025863-9
eISBN 978-3-11-025865-3

Bibliografische Information der Deutschen Nationalbibliothek

Die Deutsche Nationalbibliothek verzeichnet diese Publikation in der
Deutschen Nationalbibliografie; detaillierte bibliografische Daten sind im Internet über
http://dnb.d-nb.de abrufbar.

© 2011 Walter de Gruyter GmbH & Co. KG, Berlin/New York
Druck: Hubert & Co. GmbH & Co. KG, Göttingen
♾ Gedruckt auf säurefreiem Papier
Printed in Germany
www.degruyter.com

Geleitwort

Die Zeitschrift JURA verfolgt das Ziel, die Studierenden der Rechtswissenschaft auf wissenschaftlicher Grundlage bestmöglich auf die universitären Prüfungen sowie die juristischen Staatsexamen vorzubereiten. Ein besonderes Augenmerk gilt der Examensvorbereitung. Deshalb finden sich in jedem Heft Beiträge, die sich auch und gerade an die Examenskandidaten wenden. Zu nennen sind einerseits die Abhandlungen im Aufsatzteil, die Rechtsprechungsanalysen und die Repetitorien, andererseits die Methodikbeiträge, in denen Falllösungen vorgestellt werden.

Da die Prüfungen im Studium und im Examen im Wesentlichen in der Lösung von Fällen bestehen, hat die JURA als zusätzliche Hilfestellung für die Examensvorbereitung bereits in den Jahren 2000, 2004 und 2008 ein Sonderheft „Examensklausurenkurs" herausgegeben. Die Titel sind auf so großes Interesse gestoßen, dass sich Verlag und Herausgeber entschlossen haben, eine Neuauflage – erstmalig im Lehrbuchformat – mit neuen Examensklausuren aus allen drei Kerngebieten – Zivilrecht, Öffentliches Recht, Strafrecht – und aus drei bei den Studierenden besonders nachgefragten Schwerpunktbereichen zu publizieren. Damit wird ein weiterer Beitrag zur gezielten Examensvorbereitung auf hohem Niveau geleistet.

Die Herausgeber

Inhalt

Schwerpunktbereich Jugendstrafrecht

Schwerpunktbereich Arbeits- und Sozialrecht

Schwerpunktbereich Europarecht

Zivilrecht – Fall 1

Verbraucherschutz bei verbundenen Geschäften – Rückforderungsdurchgriff des Immobilienerwerbers gegen die finanzierende Bank

Von Prof. Dr. Thomas Kadner Graziano und Wiss. Mit. Henry Matz, Genf[1]

> **Verbundene Verträge – Bereicherungsanspruch bei Erfüllung trotz Einrede – Einwendungsdurchgriff – Vollmacht beim Grundstückskauf – Voraussetzungen der Analogie**

Ein Verbraucher erwirbt eine Eigentumswohnung, finanziert den Erwerb mit Hilfe eines Bankdarlehens und zahlt den Kredit an die finanzierende Bank zurück. Das Projekt erweist sich jedoch als weit weniger lukrativ als von Veräußerer und Bank gemeinsam in Aussicht gestellt und der Erwerber versucht, von dem Geschäft wieder Abstand zu nehmen. Vom Veräußerer der Wohnung Rückzahlung des Kaufpreises zu begehren, ist aussichtslos, da dieser inzwischen insolvent ist. Der Erwerber wendet sich daher an die Bank, von der er das Darlehen zum Erwerb der Wohnung erhalten hatte, und verlangt von dieser Rückerstattung des Betrages, den er ihr zur Tilgung des Darlehens überwiesen hat. Dabei beruft er sich auf die Unwirksamkeit des Kaufvertrages über die Wohnung; er macht gegenüber der Bank also Mängel des mit Hilfe des Darlehens finanzierten Geschäfts geltend.

Der Fall wirft die Problematik „verbundener Verträge" auf. Um von der Bank erfolgreich Rückzahlung des Betrages verlangen zu können, muss sich der Verbraucher auf Mängel aus seinem Verhältnis zum Verkäufer berufen können. Wäre die Bank zur Rückerstattung des Tilgungsbetrages an den Verbraucher verpflichtet, so könnte sie sich ihrerseits allein an den Veräußerer der Wohnung halten und würde dessen Insolvenzrisiko tragen.

Der Gesetzgeber hat für „verbundene Verträge" in den §§ 358–359 BGB unter bestimmten Voraussetzungen einen solchen Rückforderungsdurchgriff des Verbrauchers gegen die finanzierende Bank vorgesehen. Auf welcher Grundlage und unter welchen Voraussetzungen ein solcher Durchgriff in Frage kommt, ist Gegenstand des folgenden Falls.

---

1 Die Autoren sind erreichbar unter thomas.kadner@unige.ch und henry.matz@unige.ch. Siehe für weitere Genfer Klausuren zum BGB: *Kadner Graziano/Brieskorn*, JURA 2008, 457–463 (Schuldrecht); *Kadner Graziano/Schmidt*, JURA 2007, 211–218 (Immobiliarsachenrecht); *Henninger/Ebers*, JURA 2006, 58–64 (Schuldrecht).

Bei einem Auslandsstudium an der Universität Genf können Studierende neben dem großen Schein im BGB seit dem Jahr 2000 ein *Zertifikat im transnationalen Recht (Certificat de Droit Transnational, CDT)* erwerben, www.unige.ch/droit/transnational. Es ermöglicht den Erwerb einer Zusatzqualifikation in transnationalen Rechtsmaterien vor dem Ersten Staatsexamen und wird vom DAAD im Rahmen seines *Europäischen Exzellenzprogrammes* gefördert. Für Erfahrungsberichte siehe *Diehn/Petersen*, JURA 2001, 634; *Sandra Müller*, JuS 2002, Heft 12, S. XIV; *Barbara Knecht*, JA 2003, S. V.

Sachverhalt[2]

Bauunternehmer V, Bankier B und der selbständige Geschäftsmann M sind alte Studienfreunde. Als ein großes Unternehmen ankündigt, eine Produktionsstätte in die brandenburgische Heimat der drei Freunde zu verlegen, beschließen sie, ihre unterschiedlichen Stellungen und Talente gemeinsam zu nutzen, um an dem erhofften Aufschwung in der Region teilzuhaben. Sie treffen folgende Vereinbarung:

V soll in der Stadt Cottbus eine Reihe von Eigentumswohnungen errichten. Die Wohnungen sollen jeweils zum Preis von 100.000 € veräußert, anschließend von V errichtet und schließlich vermietet werden. Die Mieteinnahmen sollen eine sichere Geldquelle für die Erwerber sein. B soll den Kaufinteressenten Kredite in Höhe von 100.000 € zu einem üblichen Zinssatz anbieten. Diese Summe soll zur Bezahlung des Kaufpreises direkt an V gezahlt werden. M soll in den Verkaufsprospekten des V als unabhängiger Vermittler auftreten. Er soll die Verhandlungen mit den Kaufinteressenten führen, ihnen die Kreditverträge des B vorlegen und sie zum Vertragsschluss bewegen; schließlich soll er sich von den Interessenten zum Abschluss des Kaufvertrags mit V bevollmächtigen lassen.

Es läuft zunächst wie vorgesehen. Schnell stellt sich jedoch heraus, dass die Geschäftsidee nicht den erhofften Erfolg hat. Nur wenige der Wohnungen werden vermietet, viele Mieter ziehen bald wieder aus. In der Hoffnung, dem Vorhaben neuen Schwung zu verleihen, vereinbaren V und B daraufhin, dass B seinen Kreditangeboten eine Werbeunterlage beilegt, die ihre Herkunft von der B-Bank erkennen lässt und den Erwerb einer Eigentumswohnung des V als „Geldquelle für die Zukunft" angibt. Auch diese Unterlage legt M den Interessenten nun vor.

K interessiert sich für eine der Wohnungen. Beim Gespräch mit M legt dieser ihm folgende Unterlagen vor:

- eine Beschreibung der Wohnung Cott77–22, für die K sich interessiert zeigt,
- die Erteilung einer unwiderruflichen Vollmacht zugunsten des M zum Abschluss des Kaufvertrags mit V über diese Wohnung,
- ein Kreditvertragsformular über 100.000 € und
- die Werbeunterlage des B.

K wird ordnungsgemäß über seine Widerrufsrechte belehrt. Er unterzeichnet alles. Da er jedoch noch zwischen mehreren Wohnungen schwankt, bittet er den M, die unwiderrufliche Vollmacht noch nicht mitzunehmen. Die Finanzierung solle M dagegen schon definitiv in die Wege leiten. K händigt M die unterschriebenen Dokumente aus und überlässt ihm eine Ausfertigung des Kreditvertragsformulars. Als K kurz den Raum verlässt, steckt M auch die Vollmachtsurkunde zum Erwerb der Wohnung ein, die K auf dem Tisch zu seinen Unterlagen gelegt hatte.

Wenig später erklärt M dem V unter Vorlage der Vollmachtsurkunde, er schließe für K den Kaufvertrag über die Wohnung Cott77–22 ab; die Einigung wird notariell beurkundet. M, als Vertreter des K, und B erklären den Abschluss des Darlehensver-

---

2 In Anlehnung an die Entscheidung des 11. Zivilsenats des BGH vom 4. 12. 2007, BGHZ 174, 334 = NJW 2008, 845; bestätigt durch BGH, Urt. vom 10. 11. 2009, Az: XI ZR 252/08.

trages. Die Darlehenssumme wird zur Bezahlung des Kaufpreises von B vereinbarungsgemäß direkt an V ausgezahlt.

Als K vom Vorgehen des M erfährt, denkt er, sei er ohnehin an den Kaufvertrag gebunden, da er die Vollmachtsurkunde unterschrieben hat, und unternimmt daher nichts. Wenig später ergibt sich für K eine günstigere Finanzierungsmöglichkeit und er zahlt das Darlehen vorzeitig an B zurück, was nach dem Vertrag zwischen B und K gegen einen Aufpreis möglich ist.

Noch bevor die Wohnung fertig gestellt und dem K übergeben wird, erfährt K, dass sich die Vermietungen als schwierig erweisen und die Mieteinnahmen für vergleichbare Objekte weit hinter den Erwartungen zurück bleiben. K wird sich bewusst, dass das Geschäft wenig lukrativ war. Als V auch noch Insolvenz anmeldet, holt K bei einem befreundeten Rechtsanwalt Rat ein. Im Anschluss wendet er sich an B und äußert nun die Ansicht, der Kaufvertrag mit V sei von Anfang an nichtig gewesen. B sei deshalb verpflichtet, ihm die 100.000 € zu erstatten. B meint, er sei nur für das Darlehen zuständig; mit dem Kaufvertrag habe er nichts zu tun. Im Übrigen habe K das Darlehen bereits vollständig getilgt und der Darlehensvertrag sei damit abgewickelt.

Kann K von B mit Erfolg die Zahlung der 100.000 € verlangen?

> Hinweis: Die Fristen für eventuelle Anfechtungen der Willenserklärungen des K sind verstrichen.

Lösung

Vorüberlegung zu den in Betracht kommenden Lösungswegen[3]

1. Zur Lösung des Falles kommen zwei Wege in Betracht. Beide Lösungswege gehen von der gesetzlichen Regelung zu den verbundenen Verträgen aus (§ 358).[4] Bei dem ersten, rein vertragsrechtlichen Lösungsweg, tritt die B nach § 358 Abs. 4 S. 3 in die Pflichten des V aus dem Kaufvertrag ein und ist ein Anspruch des K gegen B aus §§ 346 Abs. 1 S. 1 iVm §§ 357 Abs. 1 S. 1 sowie 358 Abs. 4 S. 3 in entsprechender Anwendung zu prüfen.[5] Beim zweiten Lösungsweg bilden die §§ 812 Abs. 1 S. 1 Alt. 1, 813 Abs. 1 S. 1, 359 S. 1 die Grundlage der Prüfung. Da der bereicherungsrechtliche

---

3 Siehe zur Problematik verbundener Verträge *Medicus/Petersen*, Bürgerliches Recht, 22. Aufl. (2009), Rn 776–776d mwN.

4 Die im Folgenden zitierten §§ entstammen, wenn nicht anders gekennzeichnet, dem BGB. Die erste Schwierigkeit bei der Lösung des Falles besteht darin, die Problematik bei den §§ 358f zu verorten. Im Anschluss ist eine sorgfältige Lektüre des Gesetzestextes und der, vielen Studierenden wenig geläufigen, §§ 358f erforderlich einschließlich des § 358 Abs. 4 S. 3 bzw. des § 359 S. 1. Der Fall illustriert nicht zuletzt, wie wichtig es ist, die einschlägigen Gesetzesvorschriften sorgfältig und vollständig zu lesen.

5 Bei dieser Anspruchsgrundlage wird die Analogie nicht allein auf den § 358 Abs. 4 S. 3 erstreckt, sondern auch auf die in § 358 für den Fall des Widerrufs vorgesehene Rechtsfolgen.

Lösungsweg inzwischen herrschend ist,[6] soll er im Folgenden zunächst aufgezeigt werden. Im Anschluss wird als Alternative die rein vertragsrechtliche Lösung skizziert.[7] Beide Lösungen setzen voraus, dass es gelingt, den Kaufvertrag zwischen dem Veräußerer V und dem Erwerber K und den Darlehensvertrag zwischen dem Darlehensgeber B und K miteinander zu verbinden, so dass K gegenüber der Bank die behauptete Nichtigkeit des Kaufvertrages geltend machen kann.

2. Nicht zielführend sind dagegen Überlegungen zum Widerruf der auf den Abschluss des *Darlehens*vertrages selbst gerichteten Willenserklärung des K ohne Rückgriff auf § 358.[8] Würde K den *Darlehens*vertrag wieder aus der Welt schaffen, so führte dies nämlich über § 357 Abs. 1 S. 1 zur Anwendung der gesetzlichen Rücktrittsfolgen des § 346 Abs. 1 S. 1. Hiernach hätten die Parteien (hier: Bank B und Verbraucher K) einander die empfangenen Leistungen zurückzugewähren, d.h. K müsste die Darlehenssumme an B zurückzahlen – was bereits geschehen ist – und B müsste dem K die Darlehenszinsen zurückerstatten (worum es nach der Fallfrage nicht geht). K begehrt von B dagegen Zahlung von 100.000 €. Insoweit kommt entweder eine endgültige Rückerstattung seiner Tilgungsleistung für das Darlehen durch B (Lösungsweg A) oder die Erstattung des Kaufpreises wiederum durch B, der insoweit in die Pflichten des V eintritt (Lösungsweg B), in Betracht. § 346 Abs. 1 S. 1 sieht eine solche Rückerstattungspflicht nach Widerruf des *Darlehens*vertrages zugunsten des Darlehensnehmers nicht vor; die Pflicht zur Zahlung der 100.000 € kann sich vielmehr erst im Hinblick auf Probleme beim Kauf ergeben. Erforderlich ist mithin eine Verbindung beider Verträge, die aus der Anwendung des § 358 resultiert.

Gliederung der Lösung

6 Vgl BGHZ 174, 334, 340 m. umfangr. w. Nachw.
7 Zu ihr BGHZ 156, 46, 54 ff; Grundlegende Besprechung bei *Schwab*, Einwendungsdurchgriff bei kreditfinanziertem Erwerb einer Gesellschaftsbeteiligung, ZGR 2004, 861 ff; S. dazu auch *Bülow*, Einwendungsdurchgriff und Rückforderungsdurchgriff in neuer Sicht, WM 2004, 1257 ff; Anm. *Schäfer*, JZ 2004, 258 ff. In einer Klausur sind unseres Erachtens beide Lösungswege vertretbar.
8 Eine Reihe von Bearbeitern hat geprüft, ob K den Darlehensvertrag nach §§ 495 Abs. 1, 355 widerrufen konnte. Ein Widerruf nach diesen Vorschriften hätte jedoch gemäß § 355 Abs. 1 S. 2 innerhalb von 2 Wochen erfolgen müssen und war daher verfristet. Zudem würde der Widerruf des Darlehensvertrages, wie oben erwähnt, nur zur Rückgewähr der empfangenen Darlehensleistungen führen und nicht dazu, dass K seinerseits die gezahlten 100.000 € zurückfordern könnte. – Andere Bearbeiter haben Widerrufsrechte bezüglich des *Darlehens*vertrages aus den Vorschriften zum verbundenen Vertrag hergeleitet, was aber ebenfalls nicht zu einem Anspruch des K auf Rückzahlung der 100.000 € führen konnte.

A. Anspruch des K gegen B aus §§ 812 Abs. 1 S. 1 Alt. 1, 813 Abs. 1 S. 1, 359 S. 1 BGB auf Zahlung der begehrten 100.000 €

K begehrt von B die Zahlung von 100.000 €. K hat zur Tilgung eines Anspruchs des B auf Darlehensrückzahlung an diese einen Betrag von 100.000 € überwiesen, obwohl er sich gegenüber B eventuell darauf berufen konnte, er habe dem V den Kaufpreis für die Wohnung nicht geschuldet, der mit dem Darlehen finanziert werden sollte. Möglicherweise kann K Einwände, die ihm aus dem Kaufvertrag gegenüber V zustehen, auch gegenüber dem Rückzahlungsanspruch des B aus dem Darlehensvertrag geltend machen, so dass er den Betrag an B zurück zahlte, obwohl ihm gegenüber B ein dauerhafter Einwand zustand. Der Anspruch des K gegen B auf Rückerstattung der zur Tilgung des Darlehens gezahlten 100.000 € könnte sich daher darauf stützen, er habe gezahlt, obwohl ihm eine Einrede zustand, welche die Geltendmachung des Zahlungsanspruchs der B dauernd ausschloss. Als Anspruchsgrundlage für ein solches Begehren auf Rückzahlung kommen die §§ 812 Abs. 1 S. 1, 813 Abs. 1 iVm § 359 S. 1 in Betracht.[9]

---

9   Eine erste Schwierigkeit des Falles besteht darin, die einschlägige Anspruchsgrundlage zu finden und ihr Zusammenspiel mit den Anspruchsvoraussetzungen bei „verbundenen Geschäften" zu überschauen. Da es keineswegs offenkundig ist, woraus sich – bei bestehendem Darlehensvertrag zwischen B und K – ein Bereicherungsanspruch des K gegen B ergeben kann, empfiehlt es sich unseres Erachtens, hier den erläuternden *Bezug zum Sachverhalt* relativ ausführlich zu gestalten. Wer diese Zusammenhänge nicht erkennt, wird den 2. Lösungsweg wählen und kann so zu einer ebenfalls gut vertretbaren Lösung des Falles gelangen, vgl. unten, B.

I. Anspruch entstanden

1. Erlangtes etwas

B müsste etwas erlangt haben. Unter dem erlangten Etwas ist jeder Vorteil zu verstehen, der das Vermögen des Kondiktionsschuldners mehrt. K hat an B einen Betrag in Höhe von 100.000 € überwiesen. Damit wurde das Vermögen des B entsprechend vermehrt.

2. Leistung des K an B

B müsste die 100.000 € durch Leistung des K erlangt haben. Leistung ist die bewusste und zweckgerichtete Mehrung fremden Vermögens. K hat die Zahlung an B vorgenommen, um eine Darlehensrückzahlungsforderung des B aus § 488 Abs. 1 S. 2 zu tilgen. Er hat die 100.000 € mithin an B geleistet.

3. Fehlen eines Rechtsgrundes

Die Leistung müsste ohne Rechtsgrund erfolgt sein. K hat die 100.000 € zum Zwecke der Tilgung des Darlehensrückzahlungsanspruchs des B aus § 488 Abs. 1 S. 2 geleistet. Der Rechtsgrund für die Leistung des K könnte also in einem Darlehensvertrag zwischen K und B liegen.

Dann müssten sich B und K über den Abschluss eines Darlehensvertrages geeinigt haben. Es ist sowohl denkbar, dass bereits B durch M als Erklärungsboten im Zeitpunkt der Vorlage der Vertragsunterlage das Angebot (§ 145) zum Vertragsschluss abgab, oder erst K mittels des M, dem er insoweit Vertretungsmacht erteilt hatte (§ 167 Abs. 1). In beiden Fällen liegt eine Einigung zwischen K und B zum Abschluss eines Darlehensvertrages vor.

Bei dem Vertrag könnte es sich um einen Verbraucherdarlehensvertrag iSd § 491 Abs. 1 handeln mit der Folge, dass das Schriftformerfordernis des § 492 Abs. 1 S. 1 einzuhalten war. Voraussetzung für das Vorliegen eines Verbraucherdarlehensvertrags ist der Abschluss eines entgeltlichen Darlehensvertrags zwischen einem Unternehmer als Darlehensgeber und einem Verbraucher als Darlehensnehmer (§ 491 Abs. 1 BGB).

B gewährte das Darlehen zu einem üblichen Zinssatz; es war mithin entgeltlich. Dabei handelte B als Unternehmer iSd § 14 BGB; die Vergabe von Krediten stellt die Ausübung seiner normalen gewerblichen Tätigkeit dar. Es ist nicht ersichtlich, dass K den Vertrag zu einem gewerblichen oder selbständigen beruflichen Zweck abgeschlossen hätte. Mithin ist er Verbraucher iSd § 13.

Damit galt für den Vertrag das Schriftformerfordernis des § 492 Abs. 1 S. 1. K hat das Antragsformular für das Darlehen unterzeichnet. Es ist davon auszugehen, dass ein Bevollmächtigter des B bei Empfangnahme des Formulars von M gegengezeichnet hat. Somit ist der Vertrag zu diesem Zeitpunkt formgerecht zustande gekommen.[10]

Die Leistung des K an B erfolgte also mit Rechtsgrund.[11]

---

10 Einige Studierende haben das Zustandekommen des Darlehensvertrags unnötig breit geprüft, v.a. im Hinblick auf eine eventuelle Formnichtigkeit nach § 494 Abs. 1, 492 Abs. 1 S. 3 BGB. Bei lebensnaher Sachverhaltsauslegung ist jedoch davon auszugehen, dass das Schriftformerfordernis auch auf der Seite des B eingehalten wurde.
11 Viele Bearbeiter haben nun ausführlich geprüft, ob K den Rechtsgrund Darlehensvertrag durch Widerruf oder auf anderen Wegen wieder aus der Welt schaffen kann. Ein Widerruf wür-

4. Leistung trotz dauerhafter Einrede (§ 813 Abs. 1 S. 1)

Wurde auf eine bestehende Schuld (hier: den Anspruch des B auf Rückzahlung des Darlehens) geleistet, obwohl dem Anspruch eine dauernde Einrede[12] entgegenstand, so stellt § 813 Abs. 1 S. 1 dies der Leistung auf eine Nichtschuld gleich. Wurde trotz einer solchen Einrede geleistet, so kann die Leistung nach § 813 Abs. 1 S. 1 mithin zurückgefordert werden.[13]

In Bezug auf den Rückzahlungsanspruch des B aus § 488 Abs. 1 S. 2 könnte dem K eine solche Einrede zugestanden haben. Das Darlehen sollte dem Erwerb einer Wohnung durch K dienen. Der Kaufvertrag zum Erwerb der Wohnung zwischen K und V und der Darlehensvertrag zwischen K und B könnten „verbundene Verträge" iSd § 358 sein mit der Folge, dass der K gegenüber dem Anspruch des B aus dem Darlehensvertrag auch Einwendungen aus seinem Verhältnis zum Verkäufer der Wohnung geltend machen kann.

§ 359 S. 1 sieht einen solchen Einwendungsdurchgriff vor,[14] wenn folgende Voraussetzungen erfüllt sind:

– Bei dem Vertrag zwischen K und B müsste es sich um einen Verbraucherdarlehensvertrag iSv § 358 Abs. 1 handeln. Dies ist, wie unter 3. geprüft, der Fall.
– Der Wohnungskaufvertrag zwischen K und V und der Darlehensvertrag zwischen K und B müssten „verbundene Verträge" iSd § 358 sein (dazu a.).
– Aus dem Kaufvertrag müsste dem K eine Einwendung (i.w.S.) gegen den V zustehen, die K zur Verweigerung seiner Leistung gegenüber V berechtigte (dazu b.).

---

de ihn jedoch im Hinblick auf sein Begehren nicht weiter bringen (siehe schon oben, Vorüberlegung, 2.), Zudem würde der Darlehensvertrag im Falle des Widerrufs in ein Rückgewährschuldverhältnis umgewandelt und es würden die §§ 346 ff gelten. Der Rücktritt würde den Vertrag nicht beseitigen, sondern in ein Abwicklungsverhältnis umwandeln; er würde den Vertrag und damit den Rechtsgrund also nicht als Ganzes aufheben, sondern seinen Inhalt verändern, vgl. Palandt/*Grüneberg*, 69. Aufl (2010), Einf v § 346 Rn 6. Die §§ 812 ff sind daher im Falle des Rücktritts nicht anwendbar.

12 *Einreden* geben dem Schuldner ein Leistungsverweigerungsrecht, das er geltend machen muss, damit es im Prozess Wirkung entfaltet. *Einwendungen* wirken dagegen auf den Bestand des Anspruchs als solchem, der durch eine *Einrede* nicht in Frage gestellt wird. *Einwendungen* sind, sobald die sie begründenden Tatsachen von der darlegungspflichtigen Partei in den Prozess eingebracht werden, vom Gericht von Amts wegen zu berücksichtigen, vgl. *Larenz/Wolf*, BGB AT, 9. Aufl (2004), § 18 Rn 47, 55. Da *Einwendungen* den Anspruch als solchen beseitigen, führt ihr Vorliegen zur Anwendung von § 812 Abs. 1 und nicht § 813 Abs. 1, vgl. Palandt/*Sprau*, § 813 Rn 2.

13 Ausnahme: Leistung auf einen verjährten Anspruch, vgl. § 813 Abs. 1.

14 § 359 ist nach dem eben Gesagten (Fn 11) eine *Einrede*, da er dem Schuldner (K) im Verhältnis zum Darlehensgeber (B) die Möglichkeit gibt, die Zahlung zu verweigern. Obwohl § 359 von „Einwendungsdurchgriff" spricht, erfordert er nicht, dass der Verbraucher dem Unternehmer auch *Einwendungen* im technischen Sinne (vgl. Fn 11) entgegen halten kann. Der Begriff der *Einwendung* iSv § 359 ist vielmehr sehr weit zu verstehen und erfasst mithin auch alle rechtshemmenden *Einreden*, wie die Einrede der Verjährung oder die Einrede des nichterfüllten Vertrags, vgl. BGHZ 149, 43, 45; Staudinger/*Kessal-Wulf*, § 359 Rn 7.

a) Vorliegen verbundener Verträge

Der Kaufvertrag zwischen V und K müsste ein mit dem Darlehensvertrag zwischen B und K „verbundener Vertrag" sein. Ob dies der Fall ist, richtet sich nach § 358 Abs. 3. Danach sind beide Verträge verbunden, wenn das Darlehen aa) ganz oder teilweise der Finanzierung des Kaufs dient und bb) beide Verträge eine „wirtschaftliche Einheit" bilden (§ 358 Abs. 1 S. 1).

aa) Das Darlehen dient dann der Finanzierung des Erwerbs, wenn beide Verträge so verknüpft sind, dass das Darlehen zu dem Zweck gewährt wird, das für den Erwerb geschuldete Entgelt zu begleichen.[15] Vorliegend sahen die zwischen V, B und M getroffenen Vereinbarungen sowie der Vertrag zwischen B und K vor, dass das Darlehen unmittelbar zur Tilgung (§§ 267 Abs. 1, 362 Abs. 1 BGB) der Schuld des K gegenüber V zu verwenden ist. Das Darlehen diente somit der Finanzierung des Kaufs.

bb) Des Weiteren müssten beide Verträge eine wirtschaftliche Einheit bilden (§ 358 Abs. 3 S. 1 Hs. 2 BGB). Ob eine wirtschaftliche Einheit vorliegt, richtet sich nach § 358 Abs. 3 S. 2 und 3, wobei Satz 3 die Voraussetzungen der „wirtschaftliche Einheit" für den finanzierten Erwerb von Grundstücken und grundstücksgleichen Rechten konkretisiert. H wollte eine Eigentumswohnung erwerben. Wohnungseigentum steht einem Grundstück gleich[16] (siehe auch § 4 Abs. 3 WEG). Für die Frage, ob ein verbundenes Geschäft vorliegt, kommt es mithin auf § 358 Abs. 3 S. 3 an.

Nach § 358 Abs. 3 S. 3 Alt. 1 liegt eine wirtschaftliche Einheit zwischen Grundstückskauf und Darlehensvertrag vor, wenn der Darlehensgeber das Grundstück selbst verschafft. Darunter werden Fälle verstanden, in denen der Darlehensgeber das Verhalten des Verkäufers steuern kann, besonders aufgrund gesellschaftsrechtlicher Einwirkung oder auch aufgrund schuldrechtlicher Ansprüche.[17] Ein solcher Fall liegt in Hinblick auf V und B nicht vor.

Nach § 358 Abs. 3 S. 3 Alt. 2 liegt eine wirtschaftliche Einheit auch dann vor, wenn der Darlehensgeber (hier: B) über das Zurverfügungstellen des Darlehens hinaus den Erwerb der Wohnung durch Zusammenwirken mit dem Unternehmer (hier: V) gefördert hat entweder, i) indem er sich dessen Veräußerungsinteressen zumindest teilweise zu eigen macht oder ii) er Funktionen des Veräußerers bei Planung, Werbung oder Durchführung des Projekts übernimmt oder iii) er den Veräußerer einseitig begünstigt.

Zwischen B und V (und auch M) besteht eine Absprache, aufgrund derer immer gleichlaufende Geschäftsabläufe zur Finanzierung von Eigentumswohnungen vorgenommen werden sollten. Die einzelnen Beiträge der Beteiligten greifen ineinander und sind voneinander abhängig, so dass ein Zusammenwirken zwischen Veräußerer und Darlehensgeber vorliegt. Des Weiteren müsste eine Förderung durch B mittels einer der drei genannten Varianten gegeben sein.

---

15 Palandt/*Grüneberg*, § 358 Rn 11; MüchKomm-*Habersack*, 5. Aufl (2007), § 358 Rn 29.
16 Palandt/*Grüneberg*, § 311b Rn 3; MüKo/*Kanzleiter*, § 311b Rn 11.
17 Vgl MüKo/*Habersack*, § 358 Rn 52; S. besonders auch die Fälle von Personenidentität, vgl. Staudinger/*Kessal-Wulf*, § 358 Rn 52.

i) Zum einen könnte B sich die Veräußerungsinteressen des K ganz oder teilweise zu Eigen gemacht haben. Hierunter fallen insbesondere Konstellationen, in denen der Darlehensgeber auch als Makler auftritt und beratend tätig wird.[18] Hier tritt allerdings M als Berater auf. M wird dabei nicht als Vertreter des B tätig. Dass sein Handeln dem gemeinsamen Plan mit B und V entspricht, steht seiner Unabhängigkeit insofern nicht entgegen. Diese Fallgruppe ist daher nicht einschlägig.

ii) B könnte bei der Planung, Werbung oder Durchführung des Projekts Funktionen des Veräußerers übernommen haben. Fraglich ist, ob sich der B maßgeblich und aktiv in die Veräußerung eingeschaltet hat[19] und damit – aus Sicht des K[20] – über seine Rolle als Kreditgeber hinausgegangen ist.[21]

Werbung für das Projekt ist grundsätzlich die Sache dessen, der es veräußert, mithin des V. Die ursprüngliche Absprache zwischen V, B und M sah vor, dass B nur die Unterlagen über die mit ihm abzuschließenden Verträge beisteuern sollte. Die Präsentation der Eigentumswohnungen sollte den Unterlagen des V und dem Verhandlungsgeschick des M überlassen bleiben. Als sich die Geschäfte nicht entwickeln wie gewünscht, vereinbaren V und B jedoch, dass B seinen Kreditangeboten eine eigene Werbeunterlage beilegt, in der B zum Ziele der Absatzförderung eigene Angaben macht und Bewertungen abgibt („Geldquelle für die Zukunft"). Diese Unterlage stammte, für K erkennbar, eindeutig von B. Indem B so das Projekt im Hinblick auf dessen (scheinbare) Rentabilität anpries, übernahm er eine Funktion bei der Vermarktung der Objekte des V. Damit hat B eine Veräußererfunktion iSd § 358 Abs. 3 S. 3 Alt. 2 ausgeübt.

iii) B könnte den Veräußerer K zudem einseitig begünstigt haben. Diese Fallgruppe soll v.a. Konstellationen erfassen, in denen von der Rechtsprechung seit jeher eine Hinweispflicht des Darlehensgebers angenommen wurde.[22] So ist der Darlehensgeber dann zur Aufklärung verpflichtet, wenn er gegenüber dem Darlehensnehmer einen konkreten Wissensvorsprung in Bezug auf das Risiko des Vorhabens hat. Grundsätzlich darf der Darlehensgeber zwar auf eine eigene Prüfung des Darlehensnehmers vertrauen. Das gilt aber dann nicht, wenn er weiß, dass das Objekt Mängel hat, welche der Darlehensnehmer nicht kennt.[23]

B weiß davon, dass das Geschäft nicht den erhofften Erfolg hat. Das ist gerade der Grund für seine Intervention zugunsten des V. Er muss wissen, dass sein Werbeprospekt auf den K als Interessenten wichtigen Einfluss ausüben kann, da er scheinbar von einem unabhängigen Dritten kommt. Die Werbeunterlage lässt die Lage der Eigentumswohnungen in einem besonders günstigen Licht erscheinen. Diese Aussage steuert B bei, um den K und andere potentielle Interessenten zur Eingehung des Kaufver-

---

18   Palandt/*Grüneberg*, § 358 Rn 16; MüKo/*Habersack*, § 358 Rn 53 Fn 175.
19   Vgl. BGH NJW 1980, 41, 43.
20   Vgl. Palandt/*Grüneberg*, § 358 Rn 17.
21   Vgl. BGH WM 1992, 901, 905.
22   Vgl zB BGH NJW 1988, 1583, 1584; MüKo/*Habersack*, § 358 Rn 53; Staudinger/*Kessal-Wulf*, § 358 Rn 53.
23 BGH NJW 1988, 1583, 1584; Staudinger/*Kessal-Wulf*, § 358 Rn 53.

trags mit V zu motivieren. Damit hat B den Veräußerer K iSd § 358 Abs. 3 S. 3 Alt. 2 entgegen dem Gebot der Neutralität[24] einseitig begünstigt.

Der Kaufvertrag bildet mithin mit dem Darlehensvertrag aus beiden erwähnten Gesichtspunkten eine „wirtschaftliche Einheit". Die Verträge sind „verbundene Verträge" iSd § 358 Abs. 3 BGB.

b)   Einwendung des K aus dem verbundenen Geschäft, die ihn zur dauernden Leistungsverweigerung berechtigt

Weitere Voraussetzung für den Einwendungsdurchgriff nach § 359 S. 1 ist, dass dem K aus dem Kaufvertrag Einwendungen gegen den Unternehmer (V) zustanden, die K zur Leistungsverweigerung gegenüber V berechtigten.

Der K könnte dem V möglicherweise entgegen halten, dass kein wirksamer Kaufvertrag über die Wohnung zustande gekommen ist. K selbst hat keine Willenserklärung gegenüber V abgegeben. M hat allerdings mit V einen Kaufvertrag abgeschlossen und ist dabei als Vertreter des K aufgetreten. Fraglich ist mithin, ob die Willenserklärung des M dem K zuzurechnen ist. Das wäre der Fall, wenn M bei Abgabe des Kaufangebots an V Stellvertreter des K war (§ 164 Abs. 1 S. 1). Hierfür ist erforderlich, dass M eine eigene Willenserklärung in fremdem Namen abgegeben hat und er im Rahmen einer ihm zustehenden Vertretungsmacht handelte.

M legt V die Urkunde vor, welche die Bevollmächtigung des M durch K zum Abschluss des Kaufvertrags enthält. Er gibt mit der Abgabe des Kaufangebots eine eigene Willenserklärung ab und legt dem V offen, dass er im Namen des K handelt. Die Einigung über den Wohnungskauf wird notariell beurkundet, so dass auch die gebotene Form gewahrt ist.

Fraglich ist jedoch, ob M innerhalb einer ihm übertragenen Vertretungsmacht gehandelt hat.

aa)   Rechtsgeschäftlich erteilte Vollmacht (§ 167 Abs. 1)

M könnte von K bevollmächtigt worden sein. Die wirksame Bevollmächtigung erfordert eine Erklärung gegenüber dem zu Bevollmächtigenden oder dem Dritten, dem gegenüber die Vertretung stattfinden soll, § 167 Abs. 1. Die Erklärung ist eine empfangsbedürftige Willenserklärung, die dem Empfänger zugehen muss, um wirksam zu werden. Beim hier vorliegenden Fall einer *verkörperten* Willenserklärung unter Anwesenden ist für den Zugang die Übergabe an den Empfänger erforderlich.[25] Der K hatte die Vollmachtsurkunde jedoch im Unterschied zu den anderen Dokumenten gerade nicht dem M ausgehändigt, sondern sie auf den Tisch zu seinen Unterlagen gelegt. Dazu erklärte er gegenüber M, dass er ihm die Vollmacht erst später zuschicken wollte. Er hat den M daher nicht bevollmächtigt, den Grundstückskaufvertrag für ihn abzuschließen.

Die Erteilung der rechtsgeschäftlichen Vollmacht an M könnte zudem aufgrund des Verstoßes gegen ein Formgebot nichtig sein (§ 125 S. 1). Die Bevollmächtigung selbst könnte nämlich dem Formerfordernis der notariellen Beurkundung (§§ 311 b

---

24   MüKo/*Habersack*, § 358 Rn 53.
25   Palandt/*Ellenberger*, § 130 Rn 13; MüKo/*Einsele*, 5. Aufl (2006), § 130 Rn 27.

Abs. 1, 128) unterlegen haben. Grundsätzlich ist die Erteilung einer Vollmacht zum Kauf eines Grundstücks nicht der für den Abschluss des Kaufvertrags geltenden Form unterworfen (§ 167 Abs. 2). Dennoch könnte das Formerfordernis des § 311 Abs. 1 auf die Bevollmächtigung anwendbar sein, wenn nämlich dessen Sinn und Zweck auch für die Erteilung der unwiderruflichen Vollmacht einschlägig ist. Zweck des Formerfordernisses ist es v.a., die Beteiligten vor einem unüberlegten Geschäft zu bewahren, das einen bedeutenden Bestandteil ihres Vermögens betrifft. Durch die vorgeschriebene Form wird die große Bedeutung des Geschäfts unterstrichen.[26] Fraglich ist, ob bei der Bevollmächtigung im vorliegenden Fall eine vergleichbare Interessenlage vorliegt, die zugunsten eines Beteiligten den Formzwang verlangt.

Die von K unterzeichnete Vollmacht sollte den M *ohne Widerrufsmöglichkeit* zum Abschluss des Kaufvertrags über eine Eigentumswohnung ermächtigen. Faktisch bedeutet die Erteilung einer unwiderruflichen Vollmacht bereits eine Bindung zum Abschluss des Grundstückskaufvertrags, da der Vollmachtgeber sich von ihr nicht mehr lösen kann. Mithin wird die Problematik des Schutzbedürfnisses vor Übereilung für den Käufer gleichsam auf den Moment der Vollmachtserteilung vorverlegt. Die Erteilung einer unwiderruflichen Vollmacht zum Abschluss eines Grundstückskaufvertrags steht in Bezug auf die sich aus ihr ergebende bindende Wirkung für den Käufer der Abgabe eines Kaufangebots gleich. Das rechtfertigt die Anwendung des Formerfordernisses des § 311b Abs. 1 auf den Fall der Erteilung einer unwiderruflichen Vollmacht zum Erwerb einer Immobilie.[27] Die Erteilung der Vollmacht war mithin notariell zu beurkunden (§ 128). Da dieses Formerfordernis nicht eingehalten wurde, ist die Bevollmächtigung des M durch den K auch aus diesem Grund nichtig (§ 125 Abs. 1).

Der M hatte bei Abschluss des Kaufvertrages über die Wohnung mithin keine rechtsgeschäftliche Vertretungsmacht für den K.

bb) Vorliegen einer Rechtsscheinsvollmacht (§ 172 in direkter oder analoger Anwendung)

Möglich ist aber, dass K den Rechtsschein einer bestehenden Vollmacht gesetzt hat und sich hieran halten lassen muss. Dann müsste ein Rechtsscheinstatbestand vorliegen. Ein Rechtsscheinstatbestand könnte sich aus § 172 ergeben. Nach § 172 Abs. 1 ist der Vertreter dann dem Dritten gegenüber zur Vertretung befugt, wenn der Vertretene dem Vertreter eine Vollmachtsurkunde aushändigt und dieser sie dem Dritten vorlegt. Der Rechtsschein der Urkunde erlischt erst, wenn sie zurückgegeben oder für kraftlos erklärt wird (§ 172 Abs. 2).

Der Rechtsscheintatbestand des § 172 ist hier aber schon deshalb nicht einschlägig, weil er die Aushändigung der Urkunde vom Vertretenen an den Vertreter erfordert. K hat dem M die Vollmachtsurkunde jedoch nicht ausgehändigt.

§ 172 könnte allerdings analog anwendbar sein. Es wird vertreten, § 172 auf den Fall analog anzuwenden, dass der Aussteller es fahrlässig ermöglicht, dass ein Unbe-

---

26 MüKo/*Kanzleiter*, § 311b Rn 3.
27 Vgl schon BGH NJW 1952, 1210, 1211; 1979, 2306; MüKo/*Kanzleiter*, § 311b Rn 44.

fugter die Urkunde in den Rechtsverkehr einbringt (Problem der abhanden gekommenen Vollmachtsurkunde).[28]

Es ist jedoch nicht ersichtlich, dass K im Verhältnis zu M die im Verkehr erforderliche Sorgfalt außer acht gelassen hat (§ 276 Abs. 2). Das Verhalten des K war eindeutig: Er hat dem M die Urkunde nicht nur nicht übergeben, sondern unmissverständlich deutlich gemacht, dass M noch nicht für ihn tätig werden sollte. Es gab für K auch keine Anzeichen, die ihn hätten veranlassen können, an der Verlässlichkeit des M zu zweifeln. Damit, dass M die Urkunde heimlich an sich bringt, musste K nicht rechnen. Er hat das Inverkehrbringen der Urkunde nicht fahrlässig ermöglicht. V konnte sich nicht an den Rechtsschein der Urkunde halten.

cc) Grenzen des Rechtsscheins

Eine wirksame Vertretung scheitert schließlich auch daran, dass die vorgelegte Urkunde keine geeignete Rechtsscheinsgrundlage bildete. Der Dritte, dem eine Urkunde vorgelegt wird, ist nur im Glauben daran geschützt, dass die Vollmacht nicht aus außerhalb der Urkunde liegenden Umständen unwirksam ist. Ergibt sich die Nichtigkeit der Vollmacht dagegen schon aus der Urkunde selbst, so fehlt es an einem tauglichen Rechtsschein zugunsten des Dritten.[29]

Dies ist hier der Fall. Die Vollmacht war, ausweislich des Textes der Urkunde, unwiderruflich erteilt. Wie festgestellt ist für die Erteilung einer unwiderruflichen Vollmacht zum Erwerb von Grundeigentum die Beachtung der Schriftform nicht ausreichend; erforderlich ist vielmehr die notarielle Beurkundung. Dieser Wirksamkeitsmangel ergab sich aus der Urkunde selbst, was dem V erkennbar war.

M handelte bei Abschluss des Kaufvertrages über die Wohnung mithin als Vertreter ohne Vertretungsmacht.[30]

dd) Genehmigung des Abschlusses des Kaufvertrages (§§ 177 Abs. 1, 182 Abs. 2, 184 Abs. 1)?

Der aufgrund der fehlenden Vertretungsmacht des M schwebend unwirksame Kaufvertrag könnte durch eine Genehmigung durch K wirksam geworden sein (§§ 177 Abs. 1, 182 Abs. 2, 184 Abs. 1). Eine Genehmigung ist nicht dem Formerfordernis der ausnahmsweise formbedürftigen Vollmacht unterworfen (§ 182 Abs. 2).[31] K hat eine Genehmigung nicht ausdrücklich erklärt. Auch in dem bloßen Schweigen des K kann eine Genehmigung nicht gesehen werden, da Schweigen nur dann ausnahmsweise als Erklärung angesehen werden kann, wenn der Vertretene nach Treu und Glauben

---

28 Vgl Staudinger/*Schilken*, § 172 Rn 7 mwN.

29 Vgl OLG Karlsruhe, NJW 2003, 2690, 2691; MüKo/*Schramm*, § 172 Rn 11, § 173 Rn 3.

30 Um an diesem zentralen Punkt Fehler der Studierenden auszuschließen, enthielt der Sachverhalt, wie gesehen, für die Bevollmächtigung gleich mehrere Unwirksamkeitsgründe. Wenn die Bearbeiter einen Unwirksamkeitsgrund übersehen haben, war dies daher unschädlich, solange im Ergebnis keine wirksame Bevollmächtigung des M durch K angenommen wurde.

31 Eine einschränkende Auslegung der Vorschrift, vergleichbar mit derjenigen zu § 167 Abs. 2, wird von der Rspr. trotz guter Gegenargumente abgelehnt, vgl. nur BGHZ 125, 218.

(§ 242) verpflichtet gewesen wäre, seinen abweichenden Willen zu erklären, wofür es hier keine Anhaltspunkte gibt.

K könnte die Genehmigung allerdings schlüssig erklärt haben. Indem er das ursprünglich der Finanzierung des Kaufs dienende Darlehen zurückzahlte, könnte er schlüssig erklärt haben, den Kaufvertrag als bindend anzusehen. Eine solche Genehmigung erfordert jedoch, dass der Genehmigende die schwebende Unwirksamkeit des Geschäfts kennt oder mit ihr rechnet.[32] Der bloße Wille, an einem Vertrag festzuhalten, dessen Unwirksamkeit man nicht erkannt hat, reicht für eine Genehmigung nicht aus.[33] Laut Sachverhalt glaubte K, an seine Unterschrift auf der Vollmachtsurkunde gebunden zu sein. In der Rückzahlung des Darlehens, wie auch in dem Eingehen einer günstigeren Finanzierungsmöglichkeit, kann daher keine schlüssige Genehmigung gesehen werden.

K ist somit nicht Partei des Kaufvertrages über die Wohnung geworden. Er war dem V nicht zur Zahlung des Kaufpreises für die Wohnung verpflichtet. Dieser Einwand berechtigte den K gegenüber dem V, die Zahlung des Kaufpreises für die Wohnung zu verweigern.

5. Ergebnis

Bei dem Vertrag zwischen K und B handelt es sich um einen Verbraucherdarlehensvertrag iSd §§ 359, 358, 491; dieser Vertrag und der Wohnungskaufvertrag zwischen K und V sind verbundene Verträge iSd §§ 359, 358; schließlich steht dem K aus dem Kaufvertrag eine Einwendung gegen den V zu, die den K zur dauernden Leistungsverweigerung berechtigt. Die Voraussetzungen des § 359 S. 1 sind somit erfüllt.

K konnte die Einwendung der Nichtigkeit des Kaufvertrages nach § 359 S. 1 daher auch gegenüber B geltend machen. Hat er die Darlehensvaluta dennoch an B zurückerstattet, so geschah dies, obwohl dem Anspruch eine Einrede entgegenstand, die ihn dauerhaft zur Verweigerung der Leistung berechtigte. Gemäß § 813 Abs. 1 S. 1 kann er daher das zum Zwecke der Erfüllung des Anspruchs des B Geleistete (d.h. die 100.000 €) von B zurückfordern.

II. Durchsetzbarkeit

Der Anspruch des K auf Rückzahlung des getilgten Darlehens müsste schließlich durchsetzbar sein. Das wäre dann nicht der Fall, wenn K das Darlehen getilgt hat, obwohl er wusste, dass er zu dieser Leistung nicht verpflichtet war (§ 814 1. Alt.).[34] Vor-

---

32   BGHZ 2, 150, 152 f; 47, 341, 351 f; BGH NJW 1997, 312, 313; MüKo/*Schramm*, § 177 Rn 26.
33   BGH NJW 1988, 1199, 1200.
34   § 814 1. Alt. ist eine Ausprägung des Grundsatzes von Treu und Glauben. Es steht dem Leistenden frei, auch auf eine nicht bestehende Schuld zu leisten oder auf eine Schuld, der eine dauerhafte Einrede entgegen steht. Wenn er trotz Kenntnis dieser Umstände leistet, sich dann aber auf das Fehlen des Rechtsgrunds oder auf die dauerhafte Einrede beruft und das Geleistete zurück verlangt, verhält er sich widersprüchlich (*venire contra factum proprium*). § 814 1. Alt. gibt dem Kondiktionsschuldner insoweit eine rechtshindernde Einwendung, vgl. BGHZ 73, 202, 205; MüKo/*Lieb*, 5. Aufl (2009), § 814 Rn 2; Palandt/*Sprau*, § 814 Rn 1.

aussetzung ist positive Kenntnis[35] des K davon, dass er dem B nicht zur Rückzahlung des Darlehens verpflichtet war.

Aufgrund der komplizierten Konstruktion der Rechtsverhältnisse ist davon auszugehen, dass K nicht wusste, dass er B gegenüber die Rückzahlung nach § 359 S. 1 BGB verweigern durfte. Laut Sachverhalt glaubte K, durch den Kaufvertrag gebunden zu sein, so dass er nicht von einem Leistungsverweigerungsrecht gegenüber der Bank ausging. Er gelangte erst durch die Konsultation eines Rechtsanwalts zu einer anderen Überzeugung. § 814 1. Alt. steht der Durchsetzung des Anspruchs des K gegen B daher nicht entgegen.

Sofern B allerdings Abtretung des Kondiktionsanspruchs verlangt, der K gegen V hinsichtlich des Kaufpreises für die Wohnung zusteht, kann K die Rückzahlung der 100.000 € nur Zug-um-Zug gegen Abtretung dieses Anspruchs an B verlangen.[36]

III.   Gesamtergebnis zu A

K hat gegen B einen Anspruch aus §§ 812 Abs. 1 S. 1, 813 Abs. 1 iVm § 359 S. 1 auf Rückzahlung des an den B zur Tilgung der Darlehensforderung überwiesenen Betrages i. H. v. 100.000 €.

B.   Alternative:[37] Anspruch des K gegen B aus §§ 346 Abs. 1 S. 1, 357 Abs. 1 S. 1 iVm § 358 Abs. 4 S. 3 analog auf Zahlung der 100.000 €

Dem K könnte gegen B ein Anspruch auf Rückzahlung des mit dem Darlehen finanzierten Kaufpreises für die Wohnung i. H. v. 100.000 € aus §§ 346 Abs. 1 S. 1, 357 Abs. 1 S. 1 iVm § 358 Abs. 4 S. 3 analog zustehen.

Liegen verbundene Verträge iSd §§ 358 f vor und ist die Darlehenssumme dem Unternehmer – wie vorliegend – bereits zugeflossen, so tritt der Darlehensgeber gemäß § 358 Abs. 4 S. 3 im Verhältnis zum Verbraucher bei einem Widerruf des mit dem Darlehen finanzierten Geschäfts hinsichtlich der Rechtsfolgen dieses Widerrufs in die Rechte und Pflichten des Unternehmers aus dem verbundenen Vertrag ein. Hätte K seine auf Abschluss des Kaufvertrags mit V gerichtete Willenserklärung also wirksam widerrufen, so würde § 358 Abs. 4 S. 3 dazu führen, dass B gegenüber K in die Rechte und Pflichten des V aus dem Kaufvertrag über die Wohnung eintritt. B würde hinsichtlich der Rückgewähr der infolge des Kaufvertrags erfolgten Leistungen an die Stelle des Verkäufers V treten und dem K grundsätzlich Erstattung des zur Begleichung des Kaufpreises an V geleisteten Betrages in Höhe von 100.000 € schulden (§§ 358

---

35   Palandt/*Sprau*, § 814 Rn 3.
36   Vgl MüKo/*Habersack*, § 359 Rn 67; *Coester*, JURA 1992, 617, 623 f.
37   Als Alternative (und für Bearbeiter, welche die unter A. dargelegte Lösung nicht erkennen), kommt eine rein vertragsrechtliche Lösung des Falles in Betracht, ohne Rückgriff auf die §§ 812, 813. Diese Lösung setzt voraus, dass die Bearbeiter die Problematik der verbundenen Verträge erkennen und § 358 präzise und bis zu Ende lesen. Auf der Suche nach einer Grundlage, auf die K sein Begehren stützen kann, stoßen sie dann auf § 358 Abs. 4 S. 3. Da sich dieser Lösungsweg bereits aus der Lektüre allein des § 358 ergibt, sollte er vielleicht sogar der leichter aufzufindende Weg sein.

Abs. 4 S. 1, 357 Abs. 1 S. 1, 346 Abs. 1).[38] Lägen die Voraussetzungen des § 358 Abs. 4 S. 3 vor, so hätte das Begehren des K auf Zahlung der 100.000 € also Erfolg.

Im Einzelnen setzt § 358 Abs. 4 S. 3 für einen solchen Anspruch voraus:

– Bei dem Vertrag zwischen B und K muss es sich um einen Verbraucherdarlehensvertrag iSd § 491 handeln (§ 358 Abs. 1).
– Der Kaufvertrag zwischen V und K sowie der Darlehensvertrag zwischen B und K müssen verbundene Verträge iSd § 358 sein.
– Das Darlehen muss dem Unternehmer (hier: V) bereits zugeflossen sein (§ 358 Abs. 4 S. 3 am Ende).
– Schließlich müsste K seine auf den Abschluss des Kaufvertrages mit V gerichtete Willenserklärung widerrufen haben.

Wie dargelegt, handelt es sich bei dem Vertrag zwischen B und K um einen Verbraucherdarlehensvertrag[39] und sind die Verträge zwischen V und K sowie zwischen B und K verbundene Verträge iSd § 358.[40] Auch wurde die Darlehenssumme bereits an den Unternehmer V ausbezahlt.

Zudem müsste K seine auf den Abschluss des Kaufvertrags mit V gerichtete Erklärung widerrufen haben. K hat jedoch kein Angebot widerrufen. Wie gesehen, war der Kaufvertrag nichtig,[41] so dass es eines Widerrufs nicht bedurfte.[42] Die Nichtigkeit stellt eine rechtshindernde Einwendung dar,[43] welche die Rückabwicklung des Kaufvertrags nach sich zieht. Fraglich ist, ob diese Situation derjenigen nach Widerruf im Rahmen des § 358 vergleichbar ist und ob § 358 Abs. 4 S. 3 hier daher analog angewendet werden kann.

Hierfür müssten die Voraussetzungen einer Analogie vorliegen. Analogie ist die Übertragung einer Norm, die für einen vom Gesetz geregelten Sachverhalt gilt, auf einen anderen, vom Gesetzgeber planwidrig nicht geregelten Sachverhalt, welcher dem geregelten Sachverhalt vergleichbar ist.[44] Maßgeblich für die Vergleichbarkeit des

---

38 Grundsätzlich würde dieser Anspruch mit dem Anspruch des B auf Rückzahlung des Darlehensbetrags aus §488 Abs. 1 S. 2 Hs. 2 kraft Gesetzes verrechnet bzw. saldiert, falls das Darlehen noch nicht vollständig zurückgezahlt wurde, vgl. MüKo/Habersack, § 358 Rn 84 mwN; s. auch Schwab, ZGR 2004, 861, 889. Der Verbraucher soll nämlich nicht pauschal das an den Unternehmer geleistete darlehensfinanzierte Entgelt erhalten, sondern nur die tatsächlich aus seinem Vermögen erbrachten Leistungen, vgl. OLG Stuttgart, WM 2009, 1361, 1362. Da im vorliegenden Fall der K den Darlehensbetrag aber bereits vollständig an die V zurückgezahlt hat, scheidet eine solche Saldierung hier aus und K könnte einen Anspruch auf Erstattung des vollen Kaufpreises geltend machen.
39 Siehe oben, A.I.3.
40 Siehe oben, A.I.4.a.
41 Siehe oben, A.I.4.b.
42 Ob dem K ein Widerrufsrecht zugestanden hätte, ist fraglich. Manche Bearbeiter haben ein Rücktrittsrecht des K – bei entsprechender Argumentation durchaus vertretbar – wegen eines Sachmangels der Wohnung aus §§ 437 Nr. 2, 323, 326 Abs. 5, 346 ff angenommen. Die Mangelhaftigkeit der Wohnung wurde im Hinblick auf die werbenden Äußerungen des B begründet, vgl. § 434 Abs. 1 S. 3.
43 *Larenz/Wolf*, § 18 Rn 49.
44 *Larenz/Canaris*, Methodenlehre der Rechtswissenschaft, 3. Aufl (1995), 196, 202 f; *Larenz/Wolf*, § 4 Rn 80.; Palandt/*Sprau*, vor § 1 Einl 48.

Sachverhalts ist, ob er ebenfalls der *ratio legis* der betreffenden gesetzlichen Regelung unterfallen würde.[45]

I. *Ratio legis* des § 358 Abs. 4 S. 3 BGB

Sinn und Zweck des Eintretens des Darlehensgebers in die Rechte und Pflichten des Unternehmers aus dem verbundenen Vertrag ist es, dem Käufer zu ersparen, nach Ausübung des Widerrufs dem Darlehensgeber weiter zur Rückerstattung des Darlehens verpflichtet zu sein, sich aber wegen der Rückgewähr des Kaufpreises gleichzeitig an den Verkäufer halten zu müssen. Zugunsten des Käufers soll eine rein *bilaterale Rückabwicklung* stattfinden.[46] Diese bilaterale Rückabwicklung und die zentrale Stellung des Darlehensgebers in der Rückabwicklung hat ihren Grund darin, dass zwischen der Gewährung des Darlehens und dem mit dem Darlehen finanzierten Geschäft (hier dem Kauf der Wohnung) eine wirtschaftliche Einheit besteht und der Käufer über das Darlehen nicht frei verfügen kann. Wegen der wirtschaftlichen Einheit auf Veräußerer- und Darlehensgeberseite entfällt der Grund für die Rückabwicklung innerhalb der jeweiligen Leistungsbeziehungen, nämlich, dass jeder Beteiligte nur den Einwendungen seines Vertragspartners ausgesetzt sein soll.[47]

II. Vergleichbarkeit der Sachverhalte

Beide Sachverhalte müssten in Bezug auf die *ratio legis* vergleichbar sein. Auch im Fall der Nichtigkeit des Kaufvertrages, die zur Rückabwicklung führt, steht der Käufer vor dem Dilemma, dass seine Vertragsbeziehungen innerhalb des Verbunds aufgespalten sind. Ist dem Verkäufer das Darlehen bereits vollständig zugeflossen, so hat der Käufer, wenn er gegenüber dem Verkäufer die Nichtigkeit des Vertrages geltend machen will, kein Druckmittel mehr. Er müsste genauso wie im Fall des Widerrufs (s. o.) weiterhin das Darlehen an den Darlehensgeber zurückzahlen und sich seinerseits wegen Rückzahlung des Kaufpreises an den Unternehmer/Verkäufer halten, mit all den damit verbundenen Risiken und Unwägbarkeiten, insbesondere dem Risiko von dessen Insolvenz. Mithin stellt sich für ihn die Aufspaltung der Vertragsverhältnisse bei Nichtigkeit des Kaufs ebenso als Nachteil dar wie bei Widerruf seiner auf Abschluss des Kaufvertrages gerichteten Willenserklärung. Beide Sachverhalte sind daher vergleichbar.[48]

III. Vorliegen einer Regelungslücke

Die analoge Anwendung des § 358 Abs. 4 S. 3 setzt, wie jede Analogie, des Weiteren eine planwidrige Regelungslücke voraus. Eine analoge Anwendung der Vorschrift ist

---

45 *Larenz/Canaris*, 202 f; *Larenz/Wolf*, § 4 Rn 80.
46 MüKo/*Habersack*, § 358 Rn 79; Palandt/*Grüneberg*, § 358 Rn 1; *Vollkommer*, Zum Rückforderungsdurchgriff bei „verbundenen Geschäften", FS für Franz Merz, Köln (1992), 604.
47 MüKo/*Habersack*, § 358 Rn 82.
48 Dies gilt auch dann, wenn das Darlehen – wie hier – bereits in voller Höhe zurückgezahlt ist, da das Risiko der Insolvenz des Verkäufers anderenfalls vom Darlehensgeber auf den Verbraucher verlagert würde.

Kadner/Matz

dagegen ausgeschlossen, wenn sich der Rückforderungsdurchgriff im Fall von Einwendungen schon aus anderen Vorschriften des BGB herleiten lässt.

In Betracht kommt der oben festgestellte Anspruch aus §§ 812 Abs. 1 S. 1 Alt. 1, 813 Abs. 1 S. 1 iVm § 359 S.1. Wie gesehen kann das zum Zwecke der Erfüllung einer Verbindlichkeit Geleistete (d.h. der Betrag von 100.000 €, der zur Rückzahlung der Darlehenssumme geleistet wurde) zurückgefordert werden, wenn dem Anspruch eine Einrede entgegenstand, durch welche die Geltendmachung des Anspruchs dauernd ausgeschlossen war. In der vorliegenden Konstellation kann sich K gegenüber B gemäß § 359 S. 1 auf die Nichtigkeit des Kaufvertrages, den er mit V geschlossen hat, berufen und daher die Rückzahlung der Darlehenssumme an B verweigern. Hat er das Darlehen bereits getilgt, so kann er von B Rückzahlung des Betrages aus §§ 812 Abs. 1 S. 1 Alt. 1, 813 Abs. 1 S. 1 iVm § 359 S. 1 verlangen.[49]

Fraglich ist, ob dieser Anspruch einer Regelungslücke im Gesetz und damit auch einer analogen Anwendung des § 358 Abs. 4 S. 3 entgegensteht.[50] Hiergegen ließe sich anführen, dass die Ansprüche rechtlich einen unterschiedlichen Gegenstand haben. So ist der Anspruch aus §§ 812 Abs. 1 S. 1 Alt. 1, 813 Abs. 1 S. 1 iVm § 359 S. 1 auf Rückerstattung der *Tilgungssumme* gerichtet, während sich der Anspruch aus der analogen Anwendung des § 358 Abs. 4 S. 3 auf Rückgewähr des *Kaufpreises* für die Wohnung richtet.

Andererseits sind beide Ansprüche wirtschaftlich betrachtet auf das Gleiche gerichtet. Für den K besteht insoweit kein Unterschied; er erhält in beiden Fällen von B die 100.000 € erstattet, die er eingesetzt hatte. Ob es sich dabei rechtlich gesehen um den Kaufpreis handelt oder um das zurückbezahlte Darlehen, macht für ihn keinen Unterschied.

IV. Ergebnis zu B

In Fällen wie dem vorliegenden kann, alternativ, durchaus ein Anspruch des K gegen B. i.H.v. 100.000 € aus §§ 346 Abs. 1 S. 1, 357 Abs. 1 S. 1 iVm § 358 Abs. 4 S. 3 analog erwogen werden. Problematisch ist allein die Frage einer planwidrigen Regelungslücke im Gesetz. Wer einen Anspruch des K aus §§ 812 Abs. 1 S. 1, 813 Abs. 1 S. 1 BGB bejaht, wird eine analoge Anwendung des § 358 Abs. 4 S. 3 nicht mehr prüfen. In einer Klausur erscheint uns jedoch auch der zweite dargestellte Weg, d.h. die analoge Anwendung des § 358 Abs. 4 S. 3, zur Lösung der Problematik sehr gut vertretbar.[51]

---

[49] Diese Lösung ist im Vergleich mit der analogen Anwendung des § 358 Abs. 4 S. 3 BGB insofern einfacher, als es bei ihr, anders als bei der (analogen) Anwendung des 358 Abs. 4 S. 3 nicht auf ein Eintreten des Darlehensgebers in die Position des Verkäufers ankommt; der Darlehensgeber haftet dem Käufer also nach dieser Lösung nicht für die Erfüllung der Leistungspflicht eines Dritten. Die Rückgewähr vollzieht sich vielmehr im Leistungsverhältnis Darlehensnehmer – Darlehensgeber.

[50] Gegen Regelungslücke und Analogie BGHZ 157, 334, 342; siehe dagegen noch BGHZ 156, 46, 55 (nach alter Rechtslage).

[51] Die Bearbeiter der Klausur in Genf haben ganz überwiegend diesen rein vertragsrechtlichen Lösungsweg gewählt.

C. Gesamtergebnis

K hat gegen den B einen Anspruch aus §§ 812 Abs. 1 S. 1, 813 Abs. 1 iVm § 359 S. 1
auf Rückzahlung des an den B zur Tilgung der Darlehensforderung überwiesenen Betrages i. H. v. 100.000 €. In einer Klausur ist auch sehr gut vertretbar, dem K einen Anspruch gegen B aus §§ 346 Abs. 1 S. 1, 357 Abs. 1 S.1 iVm § 358 Abs. 4 S. 3 analog auf
Rückerstattung des Kaufpreises für die Wohnung zu gewähren, ebenfalls gerichtet auf
Zahlung von 100.000 €.[52]

---

52 Beide Anspruchsgrundlagen können natürlich nur alternativ zum Erfolg führen.

Zivilrecht – Fall 2

Bürgschaft und Gesamtschuld

Von Prof. Dr. Tilman Bezzenberger, Potsdam, und Dr. Ralf Willer,
maître en droit, Berlin[1]

> **Gesamtschuld – Gesamtschuldnerausgleich – Bürgschaft – Bürgenregress – Forderungsübergang – Freistellungsanspruch – Abtretung – Vertragsauslegung**

Sachverhalt

Der Vermieter Volker Voß (V) hat in seinem Bürohaus eine Etage an die beiden Gewerbemieter Max Meier (M-1) und Moritz Müller (M-2) vermietet. Der Mietvertrag, dessen Inhalte von den Parteien im Einzelnen ausgehandelt worden sind, lautet wie folgt:

„Mietvertrag
zwischen Volker Voss (nachfolgend ‚Vermieter')
und Max Meier sowie Moritz Müller (nachfolgend gemeinsam: die ‚Mieter')

1. Der Vermieter vermietet den Mietern die dritte Etage des Bürogebäudes August-Bebel-Straße 89 a, 14482 Potsdam.
2. Die Miete beträgt 12.000 € pro Monat und ist bis zum ersten Tag eines jeden Monats für diesen Monat im Voraus auf das Bankkonto Nr. 123 456 des Vermieters bei der Mittelbrandenburgischen Sparkasse, Blz. 160 500 00, zu entrichten.
3. Die Nutzung der Mietsache, insbesondere die Aufteilung der Räume, regeln die Mieter unter sich.
4. Der Mieter Moritz Müller verpflichtet sich, für mögliche künftige Ansprüche des Vermieters aus dem Mietvertrag, höchstens jedoch bis zur Höhe von drei Monatsmieten, eine selbstschuldnerische Bürgschaft zu Gunsten des Vermieters beizubringen.

Unterschrift des V   Unterschrift des M-1   Unterschrift des M-2"

---

1 Tilman Bezzenberger ist Professor für Bürgerliches Recht, Gesellschaftsrecht und Europäisches Zivilrecht an der Universität Potsdam. Ralf Willer war ebenda akademischer Mitarbeiter und ist nunmehr Rechtsanwalt bei der Sozietät Hengeler Mueller in Berlin. Die Klausur wurde in Berlin und Brandenburg im April 2008 als Aufsichtsarbeit im Pflichtfach Zivilrecht in der Ersten Juristischen Prüfung gestellt. Das Durchschnittsergebnis lag damals bei 6,23 Punkten. Der Grundgedanke der Klausuraufgabe ist folgender: Der ganze Teil A. und auch die Teile B. I. und B. II. 1. sind einfach. Auch mit mäßigen BGB-Kenntnissen kann man daher die Klausur bestehen. Der letzte Teil B. II. 2 der Aufgabe ist dagegen wirklich schwer und soll guten Bearbeitern die Möglichkeit geben, mit eigenen Gedanken hohe Punktzahlen zu erzielen; vgl. auch Fn 20.

Einige Tage darauf erhält V von Frau Beier (B) folgenden Brief:

„Sehr geehrter Herr Voß,
    hiermit übernehme ich zu Ihren Gunsten die selbstschuldnerische Bürgschaft für
Ihre möglichen künftigen Ansprüche gegen Herrn Moritz Müller aus dem mir vorliegenden Mietvertrag, höchstens jedoch bis zur Höhe von drei Monatsmieten.
    Unterschrift der B“

V bestätigt der B den Eingang des Briefs. M-1 und M-2 nehmen die Mieträume in Besitz, teilen sie hälftig auf, und jeder geht in seiner Hälfte seinen eigenen Geschäften
nach. Anfangs zahlen M-1 und M-2 monatlich jeweils pünktlich 6.000 € auf das Konto
des V ein. Für den gegenwärtig laufenden Monat hat V jedoch keine Mietzahlung erhalten.

A. V erwägt jetzt, sich an M-1 zu wenden, denn dieser ist finanziell leistungsfähiger als
    M-2. Hierzu folgende Fragen:
    I. Kann V von M-1 die volle ausstehende Monatsmiete von 12.000 € für die ganze
        Büroetage verlangen?
    II. Angenommen, V hat einen solchen Anspruch gegen M-1 und macht diesen
        Anspruch auch geltend. Hat M-1 dann Rechte gegen M-2,
        1. wenn V von M-1 die Zahlung von 12.000 € verlangt?
        2. wenn M-1 die 12.000 € an V gezahlt hat?
    III. Angenommen, M-1 hat hiernach Ansprüche gegen M-2, nachdem er alleine an
        V gezahlt hat, und M-2 erfüllt diese nicht. Kann M-1 dann die Bürgin B in An-
        spruch nehmen, und wenn ja, auf wie viel?

B. Alternativ überlegt V, sich an M-2 zu wenden, denn hinter diesem steht die Bürgin
    B, die Geld hat. Auch hierzu gibt es Fragen:
    I. Kann V, falls M-2 nicht zahlt, die B für die Monatsmiete von 12.000 € ganz
        oder teilweise in Anspruch nehmen?
    II. Angenommen, V hat B mit Recht auf Zahlung von 12.000 € in Anspruch ge-
        nommen, und B hat diesen Betrag auch an V gezahlt.
        1. Hat B dann Rechte gegen M-2?
        2. Und vor allem: Hat B Rechte gegen M-1?

Gliederung der Lösung

Lösung

A. Rechtslage bei Inanspruchnahme des M-1

I. Anspruch des V gegen M-1 auf Zahlung der ganzen Monatsmiete von 12.000 € (§§ 535 II, 421 BGB)[2]

V könnte nach §§ 535 II und 421 gegen M-1 einen Anspruch auf Zahlung der ausstehenden Monatsmiete in Höhe von 12.000 € für die ganze Büroetage haben.

---

2 Paragrafen ohne Bezeichnung des Gesetzes verweisen auf das BGB.

1. Bestehen einer Mietforderung

Zwischen V als Vermieter und M-1 auf Mieterseite ist ein Mietvertrag zu Stande gekommen. Die fällige Miete für den laufenden Monat steht noch aus. M-1 ist daher Mietschuldner.

2. Gesamtschuldnerische Haftung des M-1 für die ganze Miete

Die ganze Etagenmiete von 12.000 € kann V allerdings von M-1 nur verlangen, wenn M-1 und M-2 gegenüber V gesamtschuldnerisch verpflichtet sind.

a) Begriff der Gesamtschuld

Bei der Gesamtschuld „schulden" nach der gesetzlichen Definition in § 421 „mehrere eine Leistung in der Weise, dass jeder die ganze Leistung zu bewirken verpflichtet, der Gläubiger aber die Leistung nur einmal zu fordern berechtigt ist"; dann „kann der Gläubiger die Leistung nach seinem Belieben von jedem der Schuldner ganz oder zu einem Teil fordern."

b) Vorliegen einer Gesamtschuld

Ob vorliegend eine Gesamtschuld vereinbart worden ist, muss in erster Linie durch Auslegung des Mietvertrags ermittelt werden (§§ 133, 157). M-1 und M-2 sind nach Ziffern 1 und 3 des Vertrags im Verhältnis zu V zur Nutzung der ganzen Büroetage berechtigt und sollen die Aufteilung unter sich regeln. Die Nutzung ist also im Außenverhältnis zu V nicht aufgeteilt. Dann kann man auch die Zahlung der Miete im Außenverhältnis nicht aufteilen. M-1 und M-2 schulden die Miete vielmehr als Gesamtschuldner, jeder aufs Ganze, so wie es bei einer Mehrzahl von Mietern dem Regelfall entspricht.[3] Nach der Auslegungsregel des § 427 ist überdies im Zweifel eine Gesamtschuld anzunehmen, wenn sich mehrere durch Vertrag gemeinschaftlich zu einer teilbaren Leistung verpflichten, wie vorliegend M-1 und M-2 zur Zahlung der Miete. Doch kommt es auf diese Bestimmung letztlich nicht an, weil die Vertragsauslegung schon aus sich heraus ergibt, dass eine Gesamtschuld vorliegt.[4]

---

3 MünchKomm-BGB/*Häublein* 5. Aufl 2008, § 535 Rn 48.
4 Dass es sich hier um eine Gesamtschuld handelt, ist ziemlich eindeutig. Wenn man ganz gründlich an die Sache herangeht (aber wer schafft das schon in einer Klausur?), kann man diesen Befund noch von benachbarten Erscheinungen abgrenzen. (1) Keine Teilschuld: Wenn mehrere eine teilbare Leistung (wie Geld) schulden, ist zwar nach § 420 im Zweifel jeder Schuldner nur zu einem gleichen Anteil verpflichtet. Vorliegend aber ergibt die Vertragsauslegung, dass M-1 und M-2 nicht Teilschuldner, sondern Gesamtschuldner sind (siehe oben im Text). Außerdem wird § 420 bei Schuldnermehrheiten aus gemeinschaftlicher vertraglicher Verpflichtung durch die spezielle und daher vorrangige Auslegungsregel des § 427 verdrängt (Erman/*Ehmann* BGB, 12. Aufl 2008, § 420 Rn 1). (2) Keine Gesellschaft bürgerlichen Rechts: Wären M-1 und M-2 dem V als Außengesellschaft bürgerlichen Rechts entgegengetreten, so hätte V nach § 535 II einen Mietanspruch in Höhe von 12.000 € gegen die Gesellschaft als eigenständige Rechtsträgerin. Für diese Gesellschaftsverbindlichkeit würden die Gesellschafter M-1 und M-2 dem V analog § 128 HGB haften, und zwar unter sich als Gesamtschuldner (BGHZ 146, 341, seither st Rspr). Zwischen M-1 und M-2 besteht jedoch kein Gesellschaftsverhältnis, weil sie keinen gemeinsamen Zweck verfol-

3. Ergebnis

V kann folglich von M-1 nach §§ 535 II und 421 die volle Monatsmiete in Höhe von 12.000 € fordern.

II. Rechte des M-1 gegen M-2 bei begründeter Inanspruchnahme durch V

1. Gesamtschuldner-Innenausgleich nach § 426 I 1

a) § 426 I 1 als Anspruchsgrundlage

Nimmt V den M-1 auf die gesamte Monatsmiete von 12.000 € in Anspruch, so bestimmen sich die Rechte des M-1 gegen seinen Mitmieter M-2 nach § 426 I 1. Hiernach sind „die Gesamtschuldner [...] im Verhältnis zueinander zu gleichen Anteilen verpflichtet, soweit nicht ein anderes bestimmt ist." Die Norm betrifft nicht nur den Verteilungsschlüssel, sondern begründet Ansprüche der Gesamtschuldner untereinander. Jeder von ihnen kann von dem anderen verlangen, dass dieser an der Schuldenbereinigung in dem Umfang mitwirkt, der durch das Innenverhältnis der Gesamtschuldner zueinander vorgegeben ist. Der Inhalt dieser Ansprüche hängt davon ab, ob die Zahlung an den Gläubiger lediglich fällig oder schon erfolgt ist.

b) Befreiungsanspruch vor Leistung des M-1 an V

Vor Leistung der gesamten Monatsmiete an V hat M-1 nach § 426 I 1 gegen M-2 einen Befreiungs- oder Freistellungsanspruch dahingehend, dass M-2 seinen Innenanteil der Mietschuld in Höhe von 6.000 € an V bezahlt, damit M-1 insoweit von seiner Außenverpflichtung frei wird.[5]

c) Zahlungsanspruch nach Leistung des M-1 an V

Wenn M-1 die volle Miete allein an V zahlt, verwandelt sich sein Befreiungsanspruch gegen M-2 nach § 426 I 1 in einen Zahlungsanspruch. M-2 muss dem M-1 jetzt den Geldbetrag erstatten, den M-1 im Außenverhältnis an V gezahlt hat, obwohl nach Maßgabe des Innenverhältnisses M-2 hätte zahlen müssen.[6] M-1 kann also 6.000 € von M-2 fordern.

2. Anspruch des M-1 gegen M-2 aus übergegangener Mietforderung (§§ 535 II, 426 II)

Zahlt M-1 die Monatsmiete von 12.000 € an V, so geht zudem nach § 426 II die gegen M-2 gerichtete Mietforderung des V insoweit auf den leistenden Gesamtschuldner

---

gen. Zwar kann eine Gesellschaft auch konkludent im Zusammenhang mit der gemeinsamen Anmietung von Räumen begründet werden. Erforderlich ist dann aber eine anschließende gemeinschaftliche Nutzung der Mieträume für ein gemeinsames Projekt (vgl OLG Rostock OLG-R Rostock 2001, 386). Hieran fehlt es vorliegend, denn M-1 und M-2 nutzen die Räume getrennt, jeder für sich.

5 Palandt/*Grüneberg* BGB, 70. Aufl 2011, § 426 Rn 4 ff.
6 *Grüneberg* (Fn 5) § 426 Rn 6.

M-1 über, als dieser von dem passiven Gesamtschuldner M-2 gemäß § 426 I Ausgleichung verlangen kann, also in Höhe von 6.000 €. M-1 kann daher die Zahlung dieses Betrags auch nach § 535 II iVm § 426 II von M-2 verlangen.

III. Anspruch des M-1 gegen B aus der Mietbürgschaft (§ 765 I, §§ 401 I, 412)

M-1 kann sich nicht nur an seinen Mitmieter M-2 halten, sondern nach § 765 I auch die Bürgin B in Anspruch nehmen, wenn diese für die Mietverbindlichkeit des M-2 haftet und die Rechte aus der Bürgschaft nach §§ 401 I und 412 zusammen mit der Mietforderung auf M-1 übergegangen sind.

1. Abschluss des Bürgschaftsvertrags

Zwischen V als Gläubiger und B als Bürgin müsste ein Bürgschaftsvertrag hinsichtlich der Mietforderung des V gegen M-2 als Hauptschuldner zu Stande gekommen sein. Auch mögliche künftige Ansprüche können durch eine Bürgschaft gesichert werden (§ 765 II). B hat dem V ein dahin gehendes Vertragsangebot, die „Bürgschaftserklärung", in der gesetzlich gebotenen Schriftform (§ 766 Satz 1) unterbreitet. Und V hat dieses Vertragsangebot konkludent angenommen, indem er B dessen Eingang bestätigte. V und B haben sonach einen Bürgschaftsvertrag geschlossen.

2. Übergang der Rechte aus der Bürgschaft auf M-1 (§§ 401 I, 412)

Wie gezeigt, ist die Mietforderung des V gegen M-2 nach § 426 II in Höhe von 6.000 € auf M-1 übergegangen (A. II. 2.). Damit gehen auch die Rechte aus der Bürgschaft auf M-1 über (§§ 401 I, 412), weil die Bürgschaft als akzessorisches Sicherungsrecht an der Hauptforderung haftet.

3. Umfang der Bürgschaftsverpflichtung

Der Umfang der Bürgenschuld richtet sich nach der Hauptforderung (§ 767 I 1), also der Mietforderung gegen M-2. Diese besteht in den Händen des M-1 nur in Höhe von 6.000 € (vgl. A. II. 2.). In diesem Umfang haftet dem M-1 daher nach § 765 I die Bürgin B.[7]

4. Eintritt des Bürgschaftsfalls und Fehlen von Einreden der Bürgin

Wenn M-2 die Miete von 6.000 € nicht an M-1 zahlt (wovon nach der Aufgabenstellung auszugehen ist), tritt der Bürgschaftsfall ein, und die Haftpflicht der B aus dem Bürgschaftsvertrag (§ 765 I) verdichtet sich zu einer Zahlungspflicht.

Die Einrede der Vorausklage (oder eigentlich Vorausvollstreckung, §§ 771 f) steht der B nicht zu, weil sie sich selbstschuldnerisch verbürgt und damit auf die Einrede

---

7 Es kommt daher hier noch nicht darauf an, ob sich die Bürgschaftsverpflichtung der B für Mietschulden des M-2 auf die gesamte Etagenmiete von 12.000 € bezieht oder nur auf den Innenanteil des M-2 von 6.000 € (siehe hierzu unten B. I.). Denn M-1 kann im vorliegenden Zusammenhang ohnehin nur diese 6.000 € von B fordern.

verzichtet hat (§ 773 I Nr. 1). Auch andere Einreden gegen den Bürgschaftsanspruch sind nicht ersichtlich.

5. Ergebnis

M-1 kann somit von B nach § 765 I Zahlung von 6.000 € verlangen.

B. Rechtslage bei erfolgloser Inanspruchnahme des M-2

I. Anspruch des V gegen B nach § 765 I auf 12.000 €

Wenn V die ihm als Miete gebührenden 12.000 € von M-2 einfordert, aber nicht erhält, kann er auf Grund des Bürgschaftsvertrags nach § 765 die Bürgin B in Anspruch nehmen. Es fragt sich allerdings, ob deren Bürgschaft sich auf die volle Monatsmiete von 12.000 € für die ganze Etage bezieht oder nur auf den Innenanteil des M-2 in Höhe von 6.000 €. Das ist durch Auslegung der Bürgschaftserklärung nach dem objektiven Empfängerhorizont zu ermitteln (§§ 133, 157). Für eine Beschränkung der Bürgschaftsverpflichtung auf den Innenanteil des M-2 spricht, dass B sich nur für diesen Mieter verbürgt hat, nicht auch für M-1. Die Bürgschaft umfasst indessen die „möglichen künftigen Ansprüche [des V gegen M-2] aus dem ... Mietvertrag". Nach diesem Vertrag war M-2 gegenüber V als Gesamtschuldner mit bis zu 12.000 € pro Monat in der Pflicht. Und Sinn und Zweck einer Bürgschaft liegen darin, dass der Gläubiger dasjenige, was ihm der Hauptschuldner leisten muss, beim Eintritt des Bürgschaftsfalls vom Bürgen verlangen kann. Die Bürgschaft erstreckt sich daher auf die ganze Miete von 12.000 €.[8] Diesen Betrag kann V nach § 765 I von B fordern.

II. Rückgriffsansprüche der B bei begründeter Zahlung an V

Wenn B die 12.000 € an V zahlt, könnte sie Rückgriffsansprüche gegen M-1 und M-2 haben.

1. Auf B übergegangene Mietforderung gegen M-2 (§§ 535 II, 774 I 1)

B könnte M-2 nach §§ 533 II und 774 I aus übergegangener Mietforderung in Anspruch nehmen. Die Mietforderung gegen M-2 stand ursprünglich dem V zu. Nach § 774 I 1 geht indessen die Forderung des Gläubigers gegen den Hauptschuldner auf den Bürgen über, soweit dieser den Gläubiger befriedigt. Besondere Probleme stellen sich, wenn die Bürgschaft für eine Forderung übernommen wird, bei der auf Schuldnerseite Gesamtschuldner stehen.[9] Hat sich der Bürge für alle Gesamtschuldner verbürgt und dann an den Gläubiger gezahlt, so geht die Forderung des Gläubigers gegen sämtliche Gesamtschuldner in vollem Umfang nach § 774 I auf den leistenden Bürgen

---

8 Ebenso in einem vergleichbaren Fall LG Kassel NJW-RR 1998, 661.
9 Hierzu und zum Folgenden BGH NJW 1966, 1912 f (= BGHZ 46, 14, dort allerdings verkürzt und ohne Sachverhalt); *Reinicke/Tiedtke* Kreditsicherung, 5. Aufl 2006, Rn 429–434; Münch-Komm-BGB/*Habersack* 5. Aufl 2009, § 765 Rn 108, § 774 Rn 7, 28; *Schürnbrand* Der Schuldbeitritt zwischen Gesamtschuld und Akzessorietät, 2003, S 139–147; *Reinicke* NJW 1966, 2141–2146; *Medicus/Petersen* Bürgerliches Recht, 22. Aufl 2009, Rn 942–944.

über.[10] Vorliegend aber hat sich B nur für einen der beiden Gesamtschuldner verbürgt, nämlich für M-2. In solchen Fällen geht auf den leistenden Bürgen nach § 774 I 1 jedenfalls die Forderung des Gläubigers gegen denjenigen Gesamtschuldner über, für dessen Verbindlichkeit die Bürgschaft übernommen wurde.[11] Der Übergang erfasst die vom Bürgen besicherte und beglichene Forderung in ihrem vollen Umfang. Denn im Verhältnis zwischen dem Bürgen und „seinem" Hauptschuldner soll die finanzielle Belastung auf den Hauptschuldner durchgeleitet und der Bürge entlastet werden. Was der Hauptschuldner ursprünglich dem Gläubiger schuldete, das schuldet er jetzt dem Bürgen, der den Gläubiger ausbezahlt hat.[12] B kann somit nach §§ 535 II und 774 I 1 von M-2 Zahlung von 12.000 € verlangen.[13]

2. Rechte der B gegen M-1

a) Auf B übergegangene Mietforderung gegen M-1 (§§ 535 II, 774 I 1)

Möglicherweise hat B nicht nur gegen M-2, sondern auch gegen M-1 einen Anspruch aus übergegangener Mietforderung nach §§ 535 II und 774 I 1. Allerdings hat sich B nicht für M-1 verbürgt, sondern nur für M-2. Es ist daher fraglich, ob auch die Mietforderung des V gegen M-1 nach § 774 I 1 auf B übergeht, wenn diese aufgrund der Bürgschaft an V zahlt. Drei Lösungen sind denkbar: (aa) Die Mietforderung geht in voller Höhe von 12.000 € auf B über. (bb) Die Mietforderung geht überhaupt nicht über. (cc) Die Forderung geht in dem Maße auf B über, in dem M-1 im Innenverhältnis gegenüber M-2 verpflichtet ist, also nur in Höhe von 6.000 €.

aa) Erste Lösungsmöglichkeit: Übergang der ganzen Mietforderung nach § 774 I

Grundsätzlich geht nach § 774 der Anspruch des Gläubigers gegen den Hauptschuldner so auf den leistenden Bürgen über, wie er in den Händen des Gläubigers bestand.

---

10 BGH NJW 1966, 1912f = BGHZ 46, 14, 15; Palandt/*Sprau* BGB, 70. Aufl 2011 § 774 Rn 8 und allg M.

11 BGH NJW 1966, 1912, 1913 und Leitsatz = BGHZ 46, 14, 16; *Reinicke/Tiedtke* (Fn 9) Rn 430.

12 Der vom Bürgen auf Grund der übergegangenen Hauptforderung in vollem Umfang in Anspruch genommene Gesamtschuldner kann dann nach § 426 bei dem anderen Gesamtschuldner Innenregress nehmen, vgl. unten zu B. II. 2. b) aa).

13 Man könnte außerdem an einen Ersatzanspruch der B gegen M-2 in Höhe von 12.000 € nach § 670 denken. Dass sich der Bürge gegenüber dem Gläubiger verbürgt, kann Gegenstand eines Auftrags oder Geschäftsbesorgungsvertrags zwischen dem Bürgen als Beauftragtem und dem Hauptschuldner als Auftraggeber sein, wenn diese rechtsverbindlich vereinbaren, dass der Bürge sich gegenüber dem Gläubiger des Hauptschuldners verbürgen soll. Muss dann der Bürge an den Gläubiger zahlen, kann er vom Hauptschuldner als seinem Auftraggeber nach § 670 Ersatz dieser Aufwendung verlangen. Die Ausführung des Auftrags liegt zwar nicht unmittelbar in der Zahlung der Bürgschaftssumme, sondern nur in der Übernahme der Bürgschaft. Zu den Aufwendungen, die nach § 670 zu ersetzen sind, gehören indessen auch solche, die sich als notwendige Folge der Ausführung des Auftrags ergeben (*Sprau* [Fn 10] § 670 Rn 3), wie namentlich die Zahlung auf eine auftragsweise übernommene Bürgschaft (*Sprau* [Fn 10] § 774 Rn 2). Der Sachverhalt sagt jedoch nicht, ob die Bürgschaftsübernahme zwischen B und M-2 verbindlich vereinbart war, so dass es wenig Sinn ergibt, sich hierüber im Klausurtext Gedanken zu machen. Außerdem hat B ohnehin schon die übergegangene Mietforderung gegen M-2.

Wenn die Hauptforderung des Gläubigers gegen Gesamtschuldner gerichtet ist, könnte man sich daher auf den Standpunkt stellen, dass auch der Bürge auf alle Gesamtschuldner zugreifen kann, und zwar unabhängig davon, für welchen er sich verbürgt hat. Der leistende Bürge rückt eben in die Rechtsstellung des Gläubigers ein.

Bei genauem Hinsehen stellen sich hier jedoch Zweifel ein. Die Forderungen des Gläubigers gegen verschiedene Gesamtschuldner können unterschiedliche Schicksale haben (§§ 425 und 423), und sie können insbesondere auch unterschiedlich besichert sein,[14] wie gerade der vorliegende Fall zeigt. Der Übergang der gegen M-2 gerichteten Mietforderung auf B (oben zu B. II. 1.) bedeutet daher nicht, dass B auch die Forderung gegen M-1 erlangt. Das Gesetz sieht in den Fällen, in denen ein anderer an Stelle des Schuldners leistet, nicht ohne Weiteres einen Forderungsübergang auf den Leistenden vor (arg. § 267). Ein solcher Übergang erfolgt vielmehr nur auf Grund besonderer rechtlicher Anordnung (vgl. §§ 268 III, 426 II, 774, 1143, 1225), und eine solche ist hier nicht ohne Weiteres ersichtlich.

bb) Zweite Lösungsmöglichkeit: Kein Übergang der Mietforderung nach § 774 I

Man könnte daher meinen, dass der leistende Bürge beim Zusammentreffen von Gesamtschuld und Bürgschaft ausschließlich den Anspruch des Gläubigers gegen denjenigen Gesamtschuldner erwirbt, für dessen Verbindlichkeit er sich verbürgt hat.[15] Hiernach hätte B vorliegend nur die Mietforderung des V gegen M-2 erworben, nicht aber die Forderung gegen M-1.

Diese Lösung führt jedoch zu Wertungswidersprüchen. Im Außenverhältnis gegenüber V müssen sowohl die Gesamtschuldner M-1 und M-2 als auch die Bürgin B für die Miete einstehen. Wenn nun M-1 an V zahlt, kann er bei B Rückgriff nehmen; das hat sich schon gezeigt (vgl. A. III.). Dann kann man umgekehrt der B eine Rückgriffsmöglichkeit gegen M-1 schlecht versagen. Es gibt keinen Grund, die Rückgriffsrechte des Bürgen schwächer auszugestalten als die Rückgriffsrechte desjenigen, der als Gesamtschuldner und Vertragspartner für die beglichene Hauptforderung mithaftet.

cc) Dritte Lösungsmöglichkeit: Übergang der halben Mietforderung nach § 774 I

Nach verbreiteter und wohl herrschender Ansicht geht in den Fällen, in denen sich der Bürge nur für die Verbindlichkeit eines von mehreren Gesamtschuldnern verbürgt hat, die Forderung des Gläubigers gegen den anderen Gesamtschuldner insoweit auf den leistenden Bürgen über, als der Gesamtschuldner, für den sich der Bürge verbürgt hat, von dem anderen Gesamtschuldner nach § 426 Ausgleichung verlangen könnte.[16] Dann

---

14 *Medicus/Petersen* (Fn 9) Rn 944; *Reinicke/Tiedtke* (Fn 9) Rn 430.

15 Hierfür *Habersack* (Fn 9) § 765 Rn 108, auch § 774 Rn 7; *Schürnbrand* Schuldbeitritt (Fn 9), S 147, auch S 137 f; beide wollen allerdings dem leistenden Bürgen einen Anspruch gegen den Gläubiger zuerkennen, dass dieser dem Bürgen die gegen den anderen Gesamtschuldner gerichtete Forderung rechtsgeschäftlich abtritt.

16 BGH NJW 1966, 1912, 1913 = BGHZ 46, 14, 16; *Reinicke/Tiedtke* (Fn 9) Rn 431 f; *Reinicke*

kann B von M-1 nach § 535 II aus übergegangenem Recht Miete in Höhe von 6.000 € fordern.

Die Lösung überzeugt, wenn es sich um eine Gesamtschuld mit gemeinsamem Schuldgrund handelt, also um eine Vertragspartnerschaft, wie sie hier zwischen M-1 und M-2 besteht. Der Forderungsübergang lässt sich in solchen Fällen entsprechend § 774 I 1 begründen.[17] Der ausbezahlte Gläubiger braucht die Forderung gegen den anderen Gesamtschuldner nicht mehr. Dieser Gesamtschuldner soll aber durch die Bürgschaft sowie die Leistung des Bürgen nicht entlastet werden. Und für den Umfang des Forderungsübergangs auf den Bürgen enthält das Innenausgleichsverhältnis der Gesamtschuldner ein passendes Maß. Hätte vorliegend nämlich nicht B, sondern M-2 die Monatsmiete von 12.000 € an V gezahlt, so würde ihm nach § 426 I 1 ein hälftiger Ausgleichsanspruch in Höhe von 6.000 € gegen M-1 zustehen. Außerdem würde die Mietforderung nach § 426 II in dieser Höhe auf M-2 übergehen. So könnte M-2 bei M-1 Rückgriff nehmen (vgl. oben zu A. II. 2.). Wenn nun an Stelle des M-2 die hinter ihm stehende Bürgin B an V zahlt, darf für sie nichts anderes gelten. Für M-1 bedeutet es ja keinen Unterschied, ob M-2 persönlich zahlt oder seine Bürgin B für sich zahlen lässt. M-1 muss sich im letzteren Fall ebenso behandeln lassen, als hätte M-2 gezahlt.[18] Das spricht in der Tat dafür, die Mietforderung des V gegen M-1 entsprechend § 774 I 1 in Höhe von 6.000 € auf die leistende B übergehen zu lassen.

In dieselbe Richtung führt ein vergleichender Blick auf den Schuldbeitritt, den man auch als Sicherungs-Gesamtschuld bezeichnen kann. Hier tritt neben den Schuldner, der gegenüber dem Gläubiger als Vertragpartner in der Pflicht ist, noch ein weiterer Gesamtschuldner, um die Forderung des Gläubigers zu sichern. Wenn sich daneben noch ein Bürge für die Forderung des Gläubigers gegen den Vertragspartner-Gesamtschuldner verbürgt, werden der Bürge und der weitere, sichernde Gesamtschuldner wie Mitbürgen behandelt. Zahlt also der Bürge an den Gläubiger, so kann er grundsätzlich bei dem sichernden Gesamtschuldner entsprechend §§ 774 II und 426 Rückgriff nehmen.[19] Ein gesetzliches Rückgriffsrecht des leistenden Bürgen gegen den weiteren Gesamtschuldner muss im Fall der Gesamtschuld mit gemeinsamem Schuldgrund erst recht bestehen, denn hier ist der weitere Gesamtschuldner selbst Vertrags-

---

NJW 1966, 2141 ff; Staudinger/*Horn* § 774 BGB Rn 17 (13. Bearbeitung 1997); *Selb* Mehrheiten von Gläubigern und Schuldnern, 1984, § 7 VII, S 122; Jauernig/*Stadler* BGB, 13. Aufl 2009, Vor § 765 Rn 3. Ebenso OLG Hamm OLGZ 1990, 336, 338 f für den hier vorliegenden Fall der Gesamtschuld mit gemeinsamem Schuldgrund. Anders liegt es dagegen nach heutiger Auffassung bei der – hier nicht gegebenen – Gesamtschuld in Gestalt des Schuldbeitritts, der lediglich Sicherungszwecken dient; siehe Fn 19.

17 Ebenso im Ansatz *Reinicke/Tiedtke* (Fn 9) Rn 431; *Reinicke* NJW 1966, 2141, 2144 ff.

18 BGH NJW 1966, 1912, 1913 = BGHZ 46, 14, 16; *Reinicke/Tiedtke* (Fn 9) Rn 431 aE; auch *Schürnbrand* Schuldbeitritt (Fn 9), S 146.

19 OLG Hamm OLGZ 1990, 336, 339 f; OLG Celle NJW 1986, 1761 f; *Habersack* (Fn 9) § 774 Rn 7, 28; *Schürnbrand* Schuldbeitritt (Fn 9), S 142–145; ebenso im Grundsatz *Medicus/Petersen* (Fn 9) Rn 944. Hier wird also im Unterschied zur Vertragspartner-Gesamtschuld (vgl. oben bei Fn 16–17) nicht auf das Innenverhältnis der Gesamtschuldner abgestellt, sondern auf das Innenverhältnis zwischen dem Bürger und dem weiteren Gesamtschuldner. Anders insoweit noch BGH NJW 1966, 1912 f = BGHZ 46, 14 ff.

partner und daher noch stärker in der Pflicht. Er darf nicht besser stehen als ein bloßer Sicherungs-Gesamtschuldner, auch nicht im Verhältnis zum Bürgen.

Die Mietforderung des V gegen M-1 (§ 535 II) ist somit entsprechend § 774 I 1 und nach Maßgabe von § 426 in Höhe von 6.000 € auf B übergegangen.[20]

b) Hilfsweise: Rechtsgeschäftliche Ausweichmöglichkeit

Wenn man den vorangegangenen Überlegungen nicht folgt und die Mietforderung des V gegen M-1 nicht kraft Gesetzes auf B übergehen lässt, kommt eine andere, rechtsgeschäftliche Lösung in Betracht: B könnte sich von „ihrem" Gesamtschuldner M-2 die Ansprüche abtreten lassen, die dieser gegen den anderen Gesamtschuldner M-1 hat.

aa) Befreiungsanspruch des M-2 gegen M-1 (§ 426 I 1)

Wenn M-2 von V auf die volle Miete von 12.000 € in Anspruch genommen wird, hat er nach § 426 I 1 einen Befreiungsanspruch oder Freistellungsanspruch gegen M-1 dahingehend, dass dieser hälftig an der Zahlung mitwirke (oben zu A. II. 1.b). Nichts anderes kann gelten, wenn die Mietforderung gegen M-2 nach § 774 I 1 auf die leistende Bürgin B übergegangen ist. Auch dann bleibt M-1 gegenüber M-2 verpflichtet, seinen Innenanteil von 6.000 € beizusteuern. Die Bürgschaft der B zu Gunsten des V und ihre Erfüllung hatten ja nicht den Zweck, M-1 im Innenverhältnis zu M-2 zu entlasten.

bb) Mögliche Abtretung des Befreiungsanspruchs an B (§ 398)

Diesen auf § 426 I 1 gestützten Befreiungsanspruch gegen M-1 kann M-2 erfüllungshalber oder an Erfüllungs Statt an B abtreten. Zwar sind Freistellungsansprüche als persönliche Ansprüche nach § 399 grundsätzlich unabtretbar,[21] weil eine Abtretung zu einer Inhaltsänderung des Anspruchs führen würde.[22] Dies gilt jedoch nicht, wenn der Freistellungsanspruch an diejenige Person (nämlich an B) abgetreten wird, von deren Forderungen der Freistellungsverpflichtete (also M-1) den Freistellungsberechtigten (M-2) freistellen sollte. In diesem Fall verwandelt sich der Freistellungsanspruch in den Händen des Abtretungsempfängers in einen Zahlungsanspruch.[23] B kann dann M-1 aus abgetretenem Recht nach §§ 426 I 1 und 398 auf Zahlung von 6.000 € in Anspruch nehmen.

---

20 Andere Ansichten sind hier gut vertretbar. Der Prüfungszweck der Klausuraufgabe liegt nicht darin, BGH-Rechtsprechung aus den 1960er Jahren und Literaturmeinungen zu Spezialfragen des Bürgschafts- und Gesamtschuldrechts abzufragen. Kaum ein Studierender wird das wissen, und vielleicht haben es auch die Aufgabensteller in ihrer Studienzeit nicht gewusst. Es wird auch von den Klausurbearbeitern letzten Endes nicht erwartet, dass sie die hier dargestellte Lösung aus eigener Kraft nacherfinden. Die Bearbeiter sollen und können aber erkennen, dass ein Rückgriff der B gegen M-1 Probleme bereitet, eine eigenständige, zusammenhängende Problemlösung entwickeln und diese nachvollziehbar begründen.

21 BGHZ 12, 136, 141; BGH WM 2004, 422, 423.

22 Staudinger/*Busche* BGB (2005) § 399 Rn 37.

23 BGHZ 23, 17, 22; MünchKomm-BGB/*Roth* 5. Aufl 2006, § 399 Rn 15.

Zivilrecht – Fall 3

Von Stretch-Limousinen und Firmenstempeln

Von Wiss. Ang. Dr. Christoph Weber und Wiss. Hilfskraft Stephan Dangelmayer, Tübingen*

Stellvertretung – unternehmensbezogenes Geschäft – Rechtsscheinsgrundsätze – gutgläubiger Erwerb des Werkunternehmerpfandrechts – nicht mehr berechtigter Fremdbesitzer

Die Klausur ist durch die Entscheidung BGH NJW 2008, 1214 inspiriert. Abgeprüft werden unter einem „neuen Aufhänger" allgemeine Grundsätze und examensrelevante Probleme des Stellvertretungs- und des Mobiliarsachenrechts. Spezialkenntnisse zum Franchising werden von den Bearbeitern nicht erwartet.

Sachverhalt

Die FunkyCar Stuttgart Bäuerle GmbH (kurz „FCB") betreibt seit vielen Jahren eine Autovermietung in Stuttgart, die sich auf Sportwagen und Stretch-Limousinen spezialisiert hat. Das Geschäftsmodell stammt von der in Frankfurt niedergelassenen FunkyCar Köhler & Weber GmbH (FCKW), die es im Wege des Franchising lokalen Autovermietern in der ganzen Bundesrepublik zur Verfügung stellt. Die einzelnen lokalen Autovermietungen (wie z. B. FCB) dürfen – und müssen – die Marke „FunkyCar" verwenden und ihre Geschäftsräume in einem einheitlichen, von FCKW vorgegebenen Design ausstatten. FCKW erledigt als Franchisegeberin zentral die Werbung für die Marke „FunkyCar" im Fernsehen und in anderen Medien und stellt u.a. Arbeitskleidung und Arbeitsmittel in einheitlichem Design zur Verfügung.

Alle Fahrzeuge stehen zur Absicherung des Anspruchs der FCKW auf Zahlung der Franchisegebühren im Sicherungseigentum der FCKW, werden aber von den Franchisenehmern auf eigene Rechnung vermietet. Im Franchisingvertrag, den FCB mit FCKW geschlossen hat, heißt es: *„Der Franchisenehmer ist nicht berechtigt, im Namen der FCKW GmbH zu handeln. Er hat (ungeachtet der Pflicht zur Verwendung der Marke FunkyCar) auf seinem Briefpapier und auch sonst bei Geschäftsabschlüssen deutlich zu machen, dass er sein Unternehmen eigenständig betreibt. (…) Der Franchisenehmer ist verpflichtet, die von ihm vermieteten Fahrzeuge stets in technisch einwandfreiem Zustand zu halten und fällige Reparaturen selbständig und auf eigene Kosten durchzuführen."*

---

* Der Autor Dr. *Weber* ist Wissenschaftlicher Angestellter am Lehrstuhl für Bürgerliches Recht, Handels- und Wirtschaftsrecht, Rechtsvergleichung (Prof. *Dr. Mathias Habersack*) an der Eberhard Karls Universität Tübingen; der Autor *Dangelmayer* ist Wissenschaftliche Hilfskraft am selben Lehrstuhl. Der Fall beruht auf einer Probeklausur aus dem Examinatorium im Wintersemester 2009/2010. Der Notendurchschnitt lag bei 5,8 Punkten.

Am 15. 9. hat die FCB eine infolge eines Unfalls stark beschädigte Stretch-Limousine bei der Autowerkstatt Schrauberle e. K. (S) in Stuttgart in Reparatur gegeben. Das von S vorgelegte „Auftragsformular" hat der Geschäftsführer der FCB, Herr Bäuerle (B), mit seinem Namen unterschrieben. Darunter setzte er, wie bei jeder Unterschrift, einen Stempel mit dem stilisierten Schriftzug „FUNKYCAR", wie er in der Werbung verwendet wird, der kleiner, aber gut lesbar, den Zusatz „Stuttgart Bäuerle" enthält. Am 25. 9. meldet sich S bei B und erklärt, die fertig reparierte Limousine könne jetzt abgeholt werden.

Inzwischen ist FCB allerdings in eine prekäre finanzielle Situation geraten. FCKW kündigt den Franchisingvertrag mit FCB am 26. 9. wirksam mit sofortiger Wirkung, weil FCB inzwischen mit mehreren Raten der Franchisegebühren im Verzug ist. FCB kann auch die Rechnung des S über € 8.700 nicht bezahlen. Deshalb wendet sich S an FCKW, wo man ihm aber entgegnet, FCB sei eine eigenständige Gesellschaft, für deren Verbindlichkeiten FCKW nicht hafte. Dass S es versäumt habe, sich mit Hilfe des Handelsregisters Klarheit über die handelnden Gesellschaften zu verschaffen, könne FCKW nicht angelastet werden. Außerdem fordert FCKW den S zur Herausgabe der Limousine auf, da FCKW das ihr sicherungsübereignete Fahrzeug nun verwerten will.

S zeigt sich empört. Er habe gedacht, *„mit der Firma FunkyCar"*, die ihm aus der Fernsehwerbung als großes renommiertes Unternehmen bekannt sei, Geschäfte zu tätigen; mit *„formaljuristischen Spitzfindigkeiten"* wie dem Auftreten *„verschiedener Firmen mit derart ähnlichen Firmennamen"* könne und müsse er als kleiner Handwerker nicht rechnen. Das Fahrzeug werde er erst nach Zahlung seiner Rechnung herausgeben. Er habe gerade mit seinem Rechtsanwalt gesprochen. Dieser habe ihm mitgeteilt, dass ihm ein Pfandrecht zustehe und zwar unabhängig davon, ob *„der Auftrag nun auf FCKW oder auf FCB läuft"*.

Kann FCKW von S die Herausgabe der Stretch-Limousine verlangen? Es ist ein Rechtsgutachten zu fertigen, in dem (ggf. hilfsgutachterlich) auf alle aufgeworfenen Rechtsfragen einzugehen ist.

Gliederung der Lösung

Lösung

A. Anspruch der FCKW gegen S auf Herausgabe der Limousine aus § 631 I 1 BGB

I. Vorüberlegungen

Der Werkvertrag verpflichtet den Werkunternehmer nicht nur zur Herstellung des Werkes, sondern auch dazu, dem Besteller den Besitz (und, falls erforderlich, auch das Eigentum) daran zu verschaffen.[1] Ein vertraglicher Herausgabeanspruch ist damit denkbar.

II. Wirksamer Werkvertrag zwischen S und FCWK?

FCKW hat selbst keine auf Abschluss eines Werkvertrags gerichtete Willenserklärung abgegeben; sie könnte aber wirksam durch die (wiederum durch B vertretene) FCB vertreten worden sein, § 164 I BGB.

1. Wirksame Vertretung der FCKW?

FCB müsste eine Willenserklärung im Namen der FCKW mit Vertretungsmacht abgegeben haben.

a) Allgemeine Grundsätze: Problematisch ist, ob ein Handeln im Namen (oder ggf. auch unter dem Namen) der FCKW vorliegt. Dafür muss die Erklärung des B ausgelegt werden, §§ 133, 157 BGB.[2] Die „firmenmäßige" Verwendung der Marke „FunkyCar" könnte in Verbindung mit der zentralen Werbung zunächst den Eindruck erwecken, es werde für die „Zentrale", d.h. den Franchisegeber, gehandelt.[3] Dagegen spricht jedoch der Zusatz „Stuttgart Bäuerle", der allerdings ebenfalls nicht ganz eindeutig ist, weil die Angabe „Stuttgart" auch eine rechtlich unselbständige Filiale kennzeichnen könnte (allenfalls von geringer Bedeutung ist hingegen, dass der Rechtsformzusatz „GmbH" fehlt, weil ihn Franchisegeber und Franchisenehmer führen, so dass er ohnehin nicht unterscheidungskräftig ist). Wäre FCB eine unselbständige Filiale, würde allerdings der Zusatz „Bäuerle" keinen rechten Sinn ergeben – so heißt zwar der Unterzeichner der Erklärung, es ist aber unüblich, den Namen eines Filialleiters (so müsste wohl ein Dritter, der von einem einheitlichen Unternehmen „Funky Car" ausgeht, Herrn Bäuerle einordnen) in den Firmenstempel mit aufzunehmen. Nur mit dem Wortlaut des Stempels lässt sich das Auslegungsproblem daher nicht lösen. Also muss versucht werden, auf Auslegungsregeln oder sonst auf allgemeine Grundsätze zurückzugreifen.

b) Geschäft für den, den es angeht? Die Probleme, die das Offenkundigkeitserfordernis im vorliegenden Fall bereitet, würden sich nicht stellen, wenn ein „Geschäft für den, den es angeht" vorläge. In diesem Fall wäre wohl eher von einem Geschäft auszu-

---

1 Palandt/*Sprau*, BGB, 69. Aufl, § 631 Rn 12.
2 Vgl BGH NJW 2000, 3345.
3 *Buck-Heeb/Dieckmann* JuS 2008, 583, 585f.

gehen, das den Franchisenehmer (also FCB) angeht, denn der Franchisenehmer will und muss nach dem Franchisevertrag im eigenen Namen auftreten.[4] Dies kann aber dahinstehen. Ein „Geschäft für den, den es angeht", ist hier ohnehin fernliegend, da die Reparatur eines Fahrzeuges für einen hohen Geldbetrag kein Bargeschäft des täglichen Lebens darstellt, insbesondere, weil die Bezahlung nicht sofort erfolgt und sich später Gewährleistungsfragen stellen können, so dass es für die Beteiligten wichtig ist, ihren Vertragspartner zu kennen.[5]

c) Im Zweifel Eigenhandeln des Franchisenehmers?

aa) Meinungsstand: Teilweise wird angenommen, § 164 II BGB enthalte eine gesetzliche Auslegungsregel, nach der im Zweifel ein Handeln im eigenen Namen vorliege. Daher gebe der Franchisenehmer seine Erklärung im eigenen Namen und nicht im Namen des Franchisegebers ab.[6] Dem wird entgegengehalten, § 164 II betreffe diese Konstellation nicht. Es würden praktisch immer Angestellte des Franchisenehmers auftreten, die offensichtlich in fremdem Namen handelten. Damit stelle sich nur die Frage, in wessen Namen gehandelt werde, aber diese Frage beantworte § 164 II BGB nicht.[7]

bb) Stellungnahme: Der zuletzt genannte Einwand überzeugt nicht. Nach der Rechtsprechung ist aufgrund von § 164 II BGB davon auszugehen, dass das Handeln im eigenen Namen der Regelfall und die Stellvertretung die beweisbedürftige Ausnahme ist.[8] Will man in derartigen Konstellationen ein Handeln im Namen des Franchisegebers annehmen, so handelt es sich um eine zweistufige Stellvertretungskonstellation: Der Geschäftsführer des Franchisenehmers handelt für den Franchisenehmer und der Franchisenehmer (möglicherweise) zugleich im Namen des Franchisegebers. Es spricht nichts dagegen, § 164 II BGB auf beiden Stufen anzuwenden und jeweils im Zweifel von einem Eigenhandeln auszugehen. Nach der zweitgenannten Ansicht würde die Beweislastverteilung, ob im Namen des Franchisegebers oder des Franchisenehmers gehandelt wird, davon abhängen, ob für den Franchisenehmer ein Angestellter handelt oder der Inhaber selbst (im Letzteren Fall würde § 164 II BGB sogar nach dieser Ansicht gelten). Daher kann § 164 II BGB grundsätzlich auch in der vorliegenden Konstellation angewendet werden. Anders wäre dies allerdings, falls die Grundsätze des betriebsbezogenen Geschäfts eingreifen, denn sie gehen den aus § 164 II BGB entwickelten allgemeinen Grundsätzen vor:

d) Handeln für den Betriebsinhaber

aa) BGH: Der BGH löst die Frage, in wessen Namen bei derartigen Franchisingkonstellationen gehandelt wird, mit den Grundsätzen des Handelns für den Betriebsinhaber bzw. des unternehmensbezogenen Geschäfts.[9] Danach ist der Wille beider Seiten im

---

4 Vgl *Bräutigam* Deliktische Außenhaftung im Franchising, 1994, 38 f.
5 Vgl *Wolf/Ungeheuer* BB 1994, 1027, 1028 f; *Buck-Heeb/Dieckmann* JuS 2008, 583, 585.
6 *Bräutigam* Deliktische Außenhaftung im Franchising, 1994, 39 f.
7 *Buck-Heeb/Dieckmann* JuS 2008, 583, 584.
8 BGH NJW 1986, 1675.
9 BGH NJW 2008, 1214; vgl auch *Canaris* Handelsrecht, 24. Aufl, § 18 Rn 70.

Zweifel darauf gerichtet, dem wahren Inhaber des jeweiligen Unternehmens die Stellung des Vertragspartners zuzuweisen. Diese Grundsätze gelten auch bei falscher Bezeichnung des Unternehmensinhabers oder sonstigen Fehlvorstellungen über ihn.[10] Erforderlich ist aber, dass sich das Geschäft erkennbar auf ein bestimmtes Unternehmen bezieht.[11] Bei Zweifeln an der Unternehmensbezogenheit des Geschäfts soll es hingegen bei § 164 II BGB bewenden (also beim o.g. Grundsatz, dass Eigenhandeln der auftretenden Person zu unterstellen ist, wenn die Erklärung nicht erkennbar in fremdem Namen abgegeben wird[12]). In der zugrundeliegenden Entscheidung[13] hat der BGH ein auf das Unternehmen des Franchisenehmers bezogenes Geschäft angenommen und mit dieser Begründung ein Handeln im Namen des Franchisegebers abgelehnt.[14] Danach wäre auch im vorliegenden Fall davon auszugehen, dass der Vertrag (bei Vorliegen der übrigen Voraussetzungen) mit FCB als Franchisenehmerin und nicht mit FCKW zustande kommt, weil er sich auf das in Stuttgart betriebene Autovermietungsunternehmen und nicht auf dasjenige des Franchisegebers bezieht.

bb) Literatur: Einige Autoren[15] vertreten demgegenüber die Ansicht, bei gemeinsamer überregionaler Werbung, die massiv den Eindruck eines einheitlichen Unternehmens hervorrufe und den einzelnen Betrieb als Filiale erscheinen lasse, müsse der Franchisegeber das so geschaffene Vorverständnis der Kunden durch einen deutlich sichtbaren Hinweis korrigieren, um ein Handeln im Namen des Franchisegebers auszuschließen. Im vorliegenden Fall gibt es nur einen nicht eindeutigen und eher in den Hintergrund tretenden Hinweis auf dem von B verwendeten Stempel. Danach wäre von einem Handeln im Namen der FCKW auszugehen. Ebenso wäre ein Handeln unter dem Namen der FCKW vertretbar. In diesem Fall wäre die Konstellation „Geschäft des Namensträgers" (hier also des Franchisegebers FCKW) gegeben, d.h., der Vertrag käme mit FCKW und nicht mit FCB zustande.[16]

cc) Stellungnahme: Gegen letztere Auffassung spricht, dass Maßstab der Auslegung nicht der tatsächliche, sondern der objektive Empfängerhorizont ist. Ob ein unaufmerksamer Kunde tatsächlich merkt, dass er es mit einem Franchisesystem zu tun hat und den richtigen rechtlichen Schluss zieht, dass der örtliche Betrieb einem eigenständigen Rechtsträger zuzuordnen ist, ist nicht entscheidend. Maßgeblich ist vielmehr, welchen Grad an Deutungssorgfalt dem Empfänger einer Erklärung zugemutet werden kann. Gerade im kaufmännischen Verkehr, wie er hier gegeben ist, kann erwartet werden, dass ein Kunde zwischen einer Marke oder einem Logo einerseits und dem Rechtsträger eines Unternehmens andererseits unterscheiden kann.[17] Bleibt der genaue Rechtsträger eines Unternehmens, für das gehandelt wird, unklar, greifen die

---

10 BGH NJW 1998, 2897.
11 BGH NJW 2008, 1214; BGH NJW 1995, 44.
12 BGH NJW 1995, 44.
13 BGH NJW 2008, 1214.
14 Dem zustimmend K. *Schmidt* JuS 2008, 665, 667 f.
15 Etwa *Buck-Heeb/Dieckmann* JuS 2008, 583, 585 f; *Wolf/Ungeheuer* BB 1994, 1027, 1029.
16 A.A. für derartige Konstellationen *Canaris* Handelsrecht, 24. Aufl, § 18 Rn 71.
17 Vgl *Canaris* Handelsrecht, 24. Aufl, § 18 V, Rn 70.

Grundsätze des unternehmensbezogenen Geschäfts ein. Durch den Zusatz „Bäuerle Stuttgart" auf dem der Unterschrift beigefügten Stempel ist das betroffene Unternehmen klar erkennbar, auch wenn sein Rechtsträger nicht ganz exakt benannt wird. Daher spricht viel dafür, mit dem BGH von einem Handeln im Namen des Franchisenehmers (hier also FCB) auszugehen. Wird der gegenteiligen Ansicht gefolgt, so sollte an dieser Stelle eine Auseinandersetzung mit den Grundsätzen der Anscheins- oder Duldungsvollmacht[18] sowie mit § 15 II HGB stattfinden.

e) **Zwischenergebnis:** Es fehlt an einem Handeln im Namen der FCKW; B hat seine Willenserklärung ausschließlich im Namen der FCB abgegeben. FCKW wurde nicht wirksam vertreten, so dass kein Werkvertrag zwischen ihr und S zustande gekommen ist. Vertragspartnerin des S ist vielmehr FCB.

2. Korrektur durch Rechtsscheingrundsätze?

Der Werkvertrag ist zwar zwischen FCB und S zustande gekommen. Es erscheint aber dennoch denkbar, dass FCKW sich aus Rechtsscheingründen so behandeln lassen muss, als wäre der Werkvertrag mit ihr zustande gekommen.

a) **Ansicht von Canaris:** Teilweise wird vertreten, der Franchisenehmer handele zwar nicht im Namen des Franchisegebers. Darauf könne sich der Franchisegeber gegenüber gutgläubigen Vertragspartnern des Franchisenehmers aber nach Rechtsscheingrundsätzen nicht berufen, wenn er den Eindruck eines einheitlichen Unternehmens erwecke.[19] *Canaris* betont allerdings zugleich die Bedeutung des § 15 II HGB: Die Firmen der verschiedenen Gesellschaften seien im Handelsregister eingetragen und bekannt gemacht. Ihre Unterschiedlichkeit könne Dritten entgegengehalten werden, auch wenn sie diesen nicht bekannt sei. Anders sei dies nur, wenn ein „besonderer" Rechtsscheintatbestand geschaffen werde, der die Wirkungen des § 15 II HGB überspiele.[20] Dafür will *Canaris* die gemeinsame Verwendung der Marke des Franchisegebers und das einheitliche Erscheinungsbild der am Franchising teilnehmenden Unternehmen aber nicht genügen lassen, weil diese Umstände den Schluss auf eine rechtliche Einheit nicht erlaubten. In diese Richtung argumentieren auch weitere Autoren mit dem Hinweis, dass der Verkehr erfahrungsgemäß wisse, dass es Franchise-Systeme im Rechtsverkehr gebe, bei denen ein einheitliches Erscheinungsbild gepflegt werde.[21] Danach ließe sich vorliegend eine Rechtsscheinhaftung allenfalls mit dem von B verwendeten Stempel begründen. Dieser gibt die Firma der FCB allerdings, bis auf das Fehlen des (ohnehin in beiden Firmen enthaltenen und daher nicht unterscheidungskräftigen) Rechtsformzusatzes „GmbH", richtig wieder, so dass eine Rechtsscheinhaftung nach diesem Ansatz abzulehnen ist.

b) **Ansicht des BGH:** Auch der BGH prüft der Sache nach eine solche Rechtsscheinhaftung,[22] wenngleich unter dem Gesichtspunkt der Anscheinsvollmacht (der dogma-

---

18 Vgl *Buck-Heeb/Dieckmann* JuS 2008, 583, 586; *Wolf/Ungeheuer* BB 1994, 1027, 1032.
19 *Canaris* Handelsrecht, 24. Aufl, § 18 Rn 72.
20 *Canaris* Handelsrecht, 24. Aufl, § 18 Rn 72.
21 *Ullmann* NJW 1994, 1256.
22 BGH NJW 2008, 1215.

tisch nicht ganz passend erscheint, weil eine Anscheinsvollmacht nur über das Fehlen der Vertretungsmacht hinweghelfen kann, nicht aber über das fehlende Handeln im Namen des Franchisegebers). Hierfür soll die bloße Tatsache, dass die Firmen von Franchisegeber und Franchisenehmer einen gemeinsamen Kern enthalten und sich durch bestimmte Zusätze unterscheiden, aber nicht ausreichen. Vielmehr bedarf es dafür zusätzlicher Anhaltspunkte, die hier allenfalls in der gemeinsamen Werbung und dem einheitlichen Design gesehen werden könnten. Dagegen spricht aber die unter a) ausgeführte Überlegung, dass ein einheitliches Erscheinungsbild noch nicht auf einen einheitlichen Rechtsträger schließen lässt.

c) **Zwischenergebnis:** Da beide Auffassungen zu demselben Ergebnis kommen, ist ein Streitentscheid entbehrlich. FCKW muss sich auch aus Rechtsscheingründen nicht so behandeln lassen, als wäre der Vertrag mit ihr zustande gekommen. Deshalb kann das Folgeproblem offen bleiben, ob FCKW überhaupt den vertraglichen Herausgabeanspruch geltend machen könnte, wenn sie nicht wirklich Vertragspartnerin des S wäre, sondern von diesem nur aus Rechtsscheingründen in Anspruch genommen würde.

III. Ergebnis

Mangels wirksamer Stellvertretung entfaltet die Willenserklärung der FCB nur Wirkung für und gegen diese. Da somit ein Vertrag zwischen FCKW und S nicht zustande kam, scheidet ein Herausgabeanspruch aus § 631 I 1 BGB aus. Selbst gesetzt den Fall, dass ein vertraglicher Herausgabeanspruch bestünde, so wäre dieser lediglich Zug-um-Zug gegen Zahlung des Werklohns durchsetzbar (§ 320 BGB), den FCKW gerade nicht leisten will.

B. Anspruch der FCKW gegen S auf Herausgabe der Limousine aus § 985 BGB

I. Eigentum der FCKW, Besitz des S

Die Limousine steht zur Absicherung des Anspruchs der FCKW auf Zahlung der Franchisegebühren im (Sicherungs-)Eigentum der FCKW. Da sie sich noch immer in der Autowerkstatt des S befindet, ist dieser Besitzer. Fraglich ist allein, ob S ein Recht zum Besitz im Sinne von § 986 BGB zusteht.

II. Besitzrechtskette FCKW-FCB-S

Der Franchisingvertrag wurde wirksam gekündigt, so dass zwischen FCKW und FCB kein Besitzrecht besteht. Damit ist die ursprünglich bestehende Besitzrechtskette zerstört worden.

III. Werkunternehmerpfandrecht des S, § 647 BGB?

1. Pfandrechtserwerb vom Berechtigten (also von FCKW)

FCKW ist zwar Eigentümerin der Limousine, was nach dem Wortlaut des § 647 BGB Voraussetzung für den Erwerb des Werkunternehmerpfandrechts vom Berechtigten ist.

Allerdings ist FCKW nicht Vertragspartnerin des Werkvertrags und haftet auch nicht aus Rechtsscheingründen so, als wäre sie Bestellerin. Damit liegen die Voraussetzungen des § 647 BGB nicht vor. S hat kein Werkunternehmerpfandrecht vom Berechtigten erworben.

2. Pfandrechtserwerb vom Nichtberechtigten

a) **Analoge Anwendung des § 185 BGB?** Teilweise wird vertreten, der Werkunternehmer könne auch an einer bestellerfremden Sache ein Pfandrecht erwerben, wenn der Eigentümer den Besteller nach § 185 BGB zur Verfügung über die Sache ermächtigt habe.[23] Anknüpfungspunkt für eine solche Ermächtigung könnte hier die Bestimmung im Franchisingvertrag sein, dass der Franchisenehmer die Limousine in einwandfreiem Zustand halten und notwendige Reparaturen durchführen muss. Die Rechtsprechung lehnt diesen Ansatz ab,[24] da die Entstehung des Werkunternehmerpfandrechts nicht auf einer Verfügung beruhe, sondern sich kraft Gesetzes vollziehe. Welcher Ansicht zu folgen ist, kann dahinstehen, weil aus dem Einverständnis der FCKW mit Reparaturen nicht gefolgert werden kann, dass FCKW mit der Belastung ihres Eigentums durch dingliche Rechte einverstanden wäre, denn eine solche Belastung bringt für FCKW nur Nachteile mit sich.[25] Es verstößt auch nicht gegen Treu und Glauben, wenn der Eigentümer einerseits den Besteller zur Reparatur verpflichtet und andererseits ein Pfandrecht an seiner Sache nicht dulden will, denn der Besteller kann die Sache auch reparieren lassen, ohne dass ein solches Pfandrecht entsteht[26] – etwa, indem er Vorkasse leistet oder dem Werkunternehmer anderweitige Sicherheiten bietet.

b) **Gutgläubiger Pfandrechtserwerb?**

aa) **Rechtsprechung und h.M.:** Die Rechtsprechung und die h.M. lehnen einen gutgläubigen Erwerb des Werkunternehmerpfandrechts nach §§ 1257, 1207, 932 BGB ab und argumentieren, § 1257 BGB betreffe nur ein „kraft Gesetzes entstandenes" Pfandrecht. Der Rechtserwerb des Werkunternehmers nach § 647 BGB vollziehe sich nicht rechtsgeschäftlich, wie es § 932 BGB voraussetze, sondern kraft Gesetzes. Bei gesetzlichen Erwerbstatbeständen sei ein gutgläubiger Rechtserwerb grundsätzlich nicht möglich und auf § 366 III HGB könne nicht zurückgegriffen werden, da es sich um eine analogiefeindliche Ausnahmevorschrift für bestimmte handelsrechtliche Pfandrechte handele.[27] Einer Analogie bedürfe es auch gar nicht, weil sich dem Interesse des Werkunternehmers ebenso im Rahmen der §§ 994, 1000 BGB Rechnung tragen lasse.[28]

---

23 So etwa MünchKomm-BGB/*Baldus*, 5. Aufl, § 994 Rn 27; *Medicus/Petersen* Bürgerliches Recht, 22. Aufl, Rn 594.
24 BGHZ 34, 125 f.
25 Vgl *Derleder/Pallas* JuS 1999, 367, 369 f.
26 *Stock* JA 1997, 458, 462.
27 BGHZ 34, 122; vgl auch *Derleder/Pallas* JuS 1999, 367, 369 f.
28 So i. E. auch *Eckert* Sachenrecht, 4. Aufl, Rn 504, nach dessen Ansicht das Schutzbedürfnis des Unternehmers jedoch nicht mit Hinweis auf die §§ 994, 1000 BGB entfällt.

bb) Minderheitsansicht in der Literatur: Teilweise wird vertreten, der gutgläubige Erwerb sei in Analogie zu § 1257, 1207, 932 BGB zu bejahen. § 366 III HGB zeige, dass der Gesetzgeber von der Möglichkeit des gutgläubigen Erwerbs gesetzlicher Besitzpfandrechte ausgegangen sei.[29] Zudem trage § 647 BGB dem mutmaßlichen Parteiwillen Rechnung und solle eine rechtsgeschäftliche Verpfändung unnötig machen.[30]

cc) Stellungnahme: Der Minderheitsansicht ist zuzustimmen. Die Rechtsprechung und die h.M. berücksichtigen die Funktion des dispositiven Rechts nicht ausreichend: § 647 BGB regelt nur, was vernünftige Vertragspartner, wenn sie Zeit für ausführliche Verhandlungen und Überlegungen hätten, im Regelfall rechtsgeschäftlich vereinbaren würden. Diese „Entlastungsfunktion"[31] konterkariert die Rechtsprechung, indem sie die Vertragspartner zwingt, das Pfandrecht ausdrücklich vertraglich vorzusehen, wenn sie den gutgläubigen Erwerb ermöglichen wollen. Damit läuft die Lösung der Rechtsprechung auf unnötigen Formalismus hinaus und berücksichtigt die Interessenlage nicht hinreichend: Die Schutzbedürftigkeit des wahren Eigentümers der reparierten Sache wird nicht dadurch geringer, dass zwei andere Personen (Werkunternehmer und Besteller) ein Pfandrecht, das ohnehin schon im Gesetz vorgesehen ist, zusätzlich ausdrücklich vereinbaren. Den begrifflichen Bedenken der Rechtsprechung kann ohne Weiteres dadurch Rechnung getragen werden, dass die Vorschriften nicht direkt, sondern analog angewendet werden.

Der Grundsatz, dass bei gesetzlichen Erwerbstatbeständen kein gutgläubiger Erwerb möglich ist, betrifft andere Konstellationen: Natürlich ist es z.B. nicht möglich, gutgläubig zu erben; in der vorliegenden Konstellation besteht aber ein sehr enger Bezug zu einem Rechtsgeschäft. Aus dem gleichen Grund ist auch der gutgläubige Zweiterwerb der Hypothek und der Vormerkung möglich, obwohl er sich ebenfalls kraft Gesetzes vollzieht (§§ 1153 I, 401 BGB).[32] Da am guten Glauben des S kein Zweifel besteht (eine Vorlage des Fahrzeugbriefs ist in derartigen Konstellationen nicht nötig[33]), hat er das Werkunternehmerpfandrecht gutgläubig erworben.

c) Zwischenergebnis: S ist Inhaber eines Werkunternehmerpfandrechts geworden. Ihm steht damit ein Recht zum Besitz an der Limousine zu.

IV. Ergebnis

FCKW hat keinen Anspruch gegen S auf Herausgabe der Limousine aus § 985 BGB.

Wer der Minderheitsansicht folgt, muss die Klausur zwingend mit einem Hilfsgutachten fortsetzen, weil er sich ansonsten wesentliche Teile eines klassischen Streitstandes abschneidet.

---

29 *Habersack* Examens-Repetitorium Sachenrecht, 6. Aufl, Rn 194.
30 *Baur/Stürner* Sachenrecht, 18. Aufl, § 55 Rn 40; *Habersack* Examens-Repetitorium Sachenrecht, 6. Aufl, Rn 194; Soergel/*Habersack,* 13. Aufl, § 1257 Rn 6.
31 Schäfer/Ott, Lehrbuch der ökonomischen Analyse des Zivilrechts, 4. Aufl., S. 426.
32 Palandt/*Bassenge,* 69. Aufl, § 1153 Rn 1f.
33 Vgl BGHZ 87, 274.

V. Hilfsgutachten: Zurückbehaltungsrecht nach § 273 II oder § 1000 BGB

Ob Zurückbehaltungsrechte ein Recht zum Besitz gewähren oder nur zu einer Zug-um-Zug-Verurteilung führen (also nur eine Einrede gegen den Anspruch aus § 985 BGB gewähren und ihn nicht ausschließen), ist umstritten.[34] Diese Frage muss nur beantwortet werden, falls ein Gegenanspruch besteht:

1. Gegenanspruch des S aus §§ 677, 683, 670 BGB

Ein Aufwendungsersatzanspruch des S gegen FCKW aus einer Geschäftsführung ohne Auftrag scheidet aus, denn S hat mit der Reparatur kein Geschäft der FCKW geführt (auch nicht in Form des „auch-fremden" Geschäfts), sondern einen Vertrag mit FCB erfüllt.[35]

2. Zurückbehaltungsrecht nach §§ 1000 S. 1 iVm 994 I BGB

Möglicherweise kann S dem Herausgabeverlangen der FCKW einen Verwendungsersatzanspruch nach § 994 I BGB entgegenhalten (Zurückbehaltungsrecht nach § 1000 S. 1 BGB). Dafür müsste eine Vindikationslage vorliegen, d. h., die Voraussetzungen des § 985 BGB müssten erfüllt sein. Problematisch ist hier, dass die Reparatur vor der Kündigung des Franchisingvertrags erfolgte, so dass S bei Vornahme der Verwendungen noch berechtigter Besitzer war.

a) **Die Rechtsprechung zum „nicht mehr Berechtigten":** Nach der Rechtsprechung soll es im Rahmen des § 994 BGB genügen, dass die notwendigen Verwendungen von einem berechtigten Besitzer vorgenommen werden, sofern später sein Besitzrecht wegfällt und damit nachträglich eine Vindikationslage entsteht. Der BGH führt dafür an, diese Lösung sei mit dem Wortlaut des § 994 BGB vereinbar. Die Verwendungen kämen dem Eigentümer, der die Sache nach § 985 BGB herausverlange, zu Gute, so dass es der Billigkeit entspreche, dem Besitzer, der die Sache herausgeben müsse, Ersatz dafür zu gewähren. Dies müsse auch gelten, wenn dem Besitzer zur Zeit der Verwendungsvornahme noch ein Besitzrecht zustand, denn ansonsten stünde der von Anfang an unrechtmäßige Besitzer (dem der Anspruch nach § 994 BGB zustehe) besser als der anfangs noch berechtigte Besitzer.[36]

b) **Gegenansicht:** Gegen die Konstruktion des „nicht mehr Berechtigten" wird eingewendet, die §§ 994 ff BGB setzten grundsätzlich eine Vindikationslage bei Verwirklichung des maßgeblichen Tatbestands (hier der Verwendungsvornahme) voraus. Fehle es daran, so bestimme das zugrunde liegende Schuldverhältnis, ob Ersatz für Schäden, Nutzungen oder Verwendungen verlangt werden könne. Ein Rückgriff auf die §§ 987 ff BGB sei nicht möglich, weil ansonsten die einschlägigen Spezialvorschriften umgangen würden.[37] Zudem könne bei einem zur Zeit der Verwendungsvornah-

---

34 Vgl Palandt/*Bassenge,* 69. Aufl, § 986 Rn 5.

35 Vgl BGHZ 87, 274.

36 BGHZ 34, 131 f.

37 *Vieweg/Werner* Sachenrecht, 4. Aufl, § 8 Rn 52.

me berechtigten Besitzer schon logisch die in § 994 vorausgesetzte Unterscheidung zwischen dem gutgläubigen und dem bösgläubigen unrechtmäßigen Besitzer nicht getroffen werden.[38] Außerdem tätige der Werkunternehmer keine Verwendungen iSd § 994 auf die Sache, wenn er seine Werkleistung erbringe. Als Verwender könne vielmehr allenfalls der Besteller angesehen werden.[39]

c) **Stellungnahme:** Der Gegenansicht ist zuzustimmen. Auch der BGH erkennt grundsätzlich an, dass eine Vindikationslage im Zeitpunkt der Tatbestandsverwirklichung unabdingbare Voraussetzung für die Anwendung der §§ 987 ff BGB ist.[40] Eine Ausnahme für nicht mehr berechtigte Fremdbesitzer lässt sich nicht begründen. Insbesondere das Argument der Literatur, schuldrechtliche Spezialvorschriften dürften nicht umgangen werden, überzeugt. So käme niemand auf die Idee, dem Besteller beim Werkvertrag, zusätzlich zu seinen Schadensersatzansprüchen aus §§ 634 Nr. 4, 280 ff BGB, noch Schadensersatzansprüche aus §§ 989, 990 BGB zuzubilligen,[41] falls das Besitzrecht des Werkunternehmers später wegfällt (was im übrigen immer der Fall ist, da der Werkunternehmer das Werk nach Erbringung seiner Leistung und Abnahme nicht dauerhaft behalten darf). Die Figur des „nicht mehr Berechtigten" ist lediglich ein Kunstgriff, um einen Durchgriffsanspruch des Werkunternehmers gegen den Eigentümer zu konstruieren, obwohl dieser im Rahmen des Bereicherungsrechts aus gutem Grund abgelehnt wird. Zudem geht die Lösung des BGH weiter als diejenige über den gutgläubigen Pfandrechtserwerb, weil der Anspruch aus § 994 BGB auch besteht, wenn der Werkunternehmer weiß, dass es sich um eine bestellerfremde Sache handelt und damit (insoweit, nicht aber bzgl. seines Besitzrechts) bösgläubig ist.[42] Der bösgläubige Werkunternehmer ist allerdings nicht schutzbedürftig, denn er kann auf Vorkasse bestehen oder sonstige Sicherheiten verlangen. Auch das Argument des BGH, die Verwendungen kämen dem Eigentümer zu Gute, so dass es der Billigkeit entspreche, ihn dafür zahlen zu lassen, überzeugt nicht: Im vorliegenden Fall ist die Franchisegebühr auf der Basis kalkuliert, dass der Franchisingnehmer für Reparaturen aufkommt. Wäre es anders, würde das Franchisingentgelt entsprechend höher ausfallen. Die Lösung des BGH zerstört, indem der Durchgriff unter Umgehung der Kausalketten zugelassen wird, die Kalkulation der Vertragspartner und führt im wirtschaftlichen Ergebnis dazu, dass der Franchisegeber hier die Reparatur doppelt „bezahlt" (einmal durch günstige Bemessung der Franchisegebühr auf der Grundlage, dass er nicht reparieren muss und ein zweites Mal durch die Forderung des Werkunternehmers). Daher besteht kein Zurückbehaltungsrecht des S nach § 1000 S. 1 BGB.

---

38 MünchKomm-BGB/*Baldus*, 5. Aufl, vor §§ 987 ff Rn 11; vgl auch *Schwerdtner* JURA 1988, 251, 254; *Stock* JA 1997, 458, 463.
39 Vgl *Stock* JA 1997, 458, 462 f.
40 BGH NJW-RR 2008, 1398.
41 *Vieweg/Werner* Sachenrecht, 4. Aufl, § 8 Rn 52.
42 *Schnee-Gronauer* JA 1998, 642, 646.

Weber/Dangelmayer

3.   Gegenanspruch des S aus §§ 951 I 1, 812 I 1 Alt. 2 BGB

Da oben das Vorliegen einer Vindikationslage verneint wurde, stellt sich die Frage einer Sperrwirkung der Vorschriften des Eigentümer-Besitzer-Verhältnisses hier nicht. Anders wäre dies, falls man mit der Rechtsprechung einen Anspruch des nicht mehr berechtigten Fremdbesitzers aus § 994 BGB bejahen wollte, da Rechtsprechung und h.L. die §§ 994 ff. BGB gegenüber dem Anspruch aus §§ 951, 812 I 1 Alt. 2 BGB als abschließende Sonderregelung auffassen.[43]

Ob es sich bei § 951 I 1 BGB um eine Rechtsgrund- oder Rechtsfolgenverweisung handelt, ist ebenso umstritten wie die Frage, ob der Verweis sich nur auf die Nichtleistungs-, oder auch auf die Leistungskondiktion bezieht.[44] Richtigerweise ist von einer Rechtsgrundverweisung auszugehen, wobei die Frage, ob auch die Leistungskondiktion erfasst ist, vorliegend offen bleiben kann, da nur eine Nichtleistungskondiktion in Betracht kommt.

Nach der Rechtsprechung steht einem Anspruch des Werkunternehmers aus §§ 951, 812 I 1 Alt. 2 BGB in solchen Fallkonstellationen der Grundsatz der Subsidiarität der Nichtleistungskondiktion entgegen, da eine vorrangige Leistungsbeziehung (hier zwischen S und FCB) besteht.[45] Das in der Literatur vertretene Wertungsmodell, das (u.a.) die Wertungen der §§ 932, 935, 816 I 2, 822 BGB heranziehen will,[46] kommt hier zum gleichen Ergebnis, so dass weitere Ausführungen dazu entbehrlich sind.

4.   Zwischenergebnis

Zurückbehaltungsrechte des S aus § 273 II oder § 1000 BGB bestehen nicht.

VI.   Ergebnis

Ein Herausgabeanspruch der FCKW gegen S aus § 985 BGB besteht nicht, da dieser gutgläubig ein Werkunternehmerpfandrecht erworben hat. Lehnt man den gutgläubigen Pfandrechtserwerb ab, ist der Herausgabeanspruch zu bejahen, da dem S in diesem Fall ein Zurückbehaltungsrecht weder aus § 273 II BGB noch aus § 1000 BGB zusteht.

---

43 BGHZ 41, 158; *Vieweg/Werner* Sachenrecht, 4. Aufl, § 8 Rn 58, 60; *Wieling* Sachenrecht, 5. Aufl, § 12 V 5; a.A. *Medicus/Petersen* Bürgerliches Recht, 22. Aufl, Rn 897.
44 Vgl Palandt/*Bassenge*, 69. Aufl, § 986 Rn 2.
45 BGH NJW 2008, 1215; BGHZ 87, 274.
46 Juris-PK/*Martinek*, 4. Aufl, § 812 Rn 150.

Zivilrecht – Fall 4

Nicht gefreit und doch gereut?

Von Wiss. Ass. Dr. Katharina Hilbig, Göttingen

> **Ausgleichsansprüche nach Beendigung der nichtehelichen Lebensgemein-
> schaft – Abgrenzung Schenkung und gemeinschaftsbedingte Zuwendung –
> Grundsatz der Nichtausgleichung und Ausnahmen – Ausgleichsmechanis-
> men über Gesellschafts-, Werk- und Dienstvertrag – Ausgleich über Wegfall
> der Geschäftsgrundlage und Zweckverfehlungskondiktion – Ausgleich von
> Zuwendungen von de facto-Schwiegereltern**

Sachverhalt

Als Schreiner Max (M) und Floristin Felicitas (F) sich im Sommer 2010 endgültig
voneinander trennten, waren sie gut zehn Jahre lang ein unverheiratetes Paar gewesen,
hatten seit acht Jahren einen Haushalt geteilt und waren seit zwei Jahren Eltern ihres
Kindes Kim (K).

Zum Zehnjährigen hatte M von F eine teure Uhr bekommen. Entrüstet darüber,
dass M sie und K nun im Stich lässt, verlangt sie die Uhr zurück.

Zu Beginn ihrer Beziehung hatte M eine Stereoanlage eingebracht, die im Wohnzimmer stand und von beiden gleichermaßen genutzt wurde. Nachdem sie vor an-
derthalb Jahren kaputt gegangen war, bestellte M im Internet eine neue Stereoanlage
und bezahlte sie vom gemeinsamen Haushaltsgeldkonto. Die neue Anlage wurde wiederum im Wohnzimmer aufgestellt und gemeinsam genutzt. Im Zuge eines Streits
hatte F sie vor kurzem entfernt und zu ihren Eltern geschafft, dabei hatte sie sie leicht
fahrlässig beschädigt. M ist der Ansicht, er als Eigentümer könne von F als bloßer Besitzerin der Stereoanlage ihre Herausgabe verlangen. Außerdem verlangt er Schadensersatz wegen der Beschädigung.

Seit einem Jahr hatte nur noch M auf das gemeinsame Haushaltsgeldkonto einge-
zahlt – € 600 monatlich, die jeweils vollständig für die laufenden Ausgaben des Haushalts
verbraucht wurden. Jeweils 1/3 davon kam F zugute. M verlangt von F € 2.400 zurück.

Auf ihren gemeinsamen Beschluss hin und um beiden den Alltag zu erleichtern,
hatte F sich vor einem Jahr ein Auto gekauft; sie ist dessen Alleineigentümerin. Zur
Finanzierung des Kaufpreises hatten beide gemeinsam ein Darlehen bei einer Bank
aufgenommen. Bislang hatte M die Monatsraten à € 300 gezahlt. Zwei der zwölf ver-
gangenen Raten war er wegen chronischer Liquiditätsprobleme schuldig geblieben. 24
Raten werden erst in der Zukunft fällig. M verlangt von F die Rückzahlung der zehn
Raten sowie die Freistellung von den Forderungen der Bank im Hinblick auf ausste-
hende und künftige Raten.

F hatte vor sieben Jahren ein Grundstück vor der Stadt gekauft, sie ist dessen Alleineigentümerin. Gemeinsam hatten sie für den Abriss der alten Bebauung und den

Neubau einer Blockhütte für gemeinsame Wochenenden und Urlaube gesorgt. M hatte im ersten Jahr ca. 2.000 Stunden Arbeit investiert. An Bezahlung dachte er damals nicht, er wollte für sie beide einfach einen schönen Ort schaffen. Der Wert des Grundstücks stieg durch seine Arbeit um € 30.000. M verlangt von F, ihm seine Arbeit mit dem marktüblichen Preis für derartige Schreinerarbeiten von € 25/h zu vergüten.

Den Kauf des Grundstücks hatte F über ein Darlehen i.H.v. € 100.000 finanziert. Die Eltern des M (E) hatten damals der F € 60.000 für die Tilgung des Darlehens zur Verfügung gestellt. Sie glaubten dabei fest daran – nicht anders als M und F –, dass M und F zusammenbleiben und ihre nichteheliche (oder eines Tages eheliche) Gemeinschaft fortführen würden. Für das gemeinsame Leben von M, F und etwaigen Kindern hatten sie das Geld hingegeben. Nun verlangen die E von F € 60.000 zurück.

Bearbeitervermerk: Bestehen die geltend gemachten Ansprüche? Prüfen Sie in der Reihenfolge, in der sie im Sachverhalt erscheinen.

Hinweise:
– M und F waren zu keinem Zeitpunkt verlobt.
– Es ist davon auszugehen, dass die Forderungen der Bank wie angegeben bestehen.

Gliederung der Lösung

Lösung[1]

Teil 1: Anspruch F gegen M auf Herausgabe der Uhr

Fraglich ist, ob F von M die Uhr herausverlangen kann.

1.   Anspruch auf Herausgabe aus § 1301 S. 1 iVm §§ 812 ff BGB[2]

Fraglich ist, ob F gegen M einen Anspruch auf Herausgabe aus § 1301 S. 1 BGB iVm §§ 812 ff. BGB hat.[3] Danach kann ein Verlobter nach jeder irregulären Beendigung des Verlöbnisses Geschenke und Verlöbniszeichen nach Bereicherungsrecht herausverlangen.[4] Für eine direkte Anwendung des § 1301 S. 1 BGB müsste ein gültiges Verlöbnis bestanden haben (§§ 1297 ff BGB). Ein Verlöbnis ist ein Vertrag, durch den die Partner sich versprechen, miteinander die Ehe einzugehen.[5] Daran fehlt es hier.

---

1 Die Klausur wurde als Probeexamensklausur an der Universität Göttingen im Sommer 2010 gestellt. Mit der Klausur sollen Grundkenntnisse der Bewältigung der Ansprüche nach Auflösung der nichtehelichen Lebensgemeinschaft abgeprüft werden. Gleichzeitig bietet der Fall Gelegenheit, die neuesten Entwicklungen der Rechtsprechung anzuwenden. Für die Ansprüche nach Auflösung einer nichtehelichen Lebensgemeinschaft wird *jeweils* eine ganze Reihe von Grundlagen in Frage kommen. Im Folgenden wird stets nur eine kleine Auswahl möglicher Anspruchsgrundlagen behandelt.
2 Zuvor wurde von einigen Bearbeitern § 985 BGB geprüft, in der Skizze wurde er, da unergiebig (selbst iVm § 123 BGB), ausgelassen.
3 Zu diesem Anspruch s. etwa *Röthel*, JURA 2006, 641.
4 *Gernhuber/Coester-Waltjen*, Familienrecht, 6. Aufl 2010, § 8 Rn 55.
5 Vgl *Gernhuber/Coester-Waltjen*, Familienrecht, 6. Aufl 2010, § 8 Rn 2, 5 ff.

2. Anspruch auf Herausgabe aus § 1301 S. 1 analog iVm §§ 812 ff BGB

Fraglich ist, ob § 1301 S. 1 BGB analog auf nichteheliche Lebensgemeinschaften[6] angewendet werden kann. Dies wäre der Fall, wenn eine ähnliche Interessenlage und eine planwidrige Regelungslücke bestünden.

Eine nichteheliche Lebensgemeinschaft ist eine auf Dauer angelegte, nicht nur vorübergehende Verbindung zwischen zwei nicht miteinander verheirateten und nicht miteinander verwandten Personen, die sich durch enge emotionale Verbundenheit auszeichnet, eine Wirtschafts-, Einstands- und Verantwortungsgemeinschaft bildet und daneben keine weiteren Bindungen gleicher Art zulässt.[7] Danach lebten M und F bislang in einer nichtehelichen Lebensgemeinschaft.

Die analoge Anwendung von Vorschriften des Verlöbnis- und Eherechts wird von der Rspr. von Fall zu Fall entschieden und insgesamt sehr restriktiv gehandhabt.[8] Gegen die Ähnlichkeit der Interessenlage spricht – grundsätzlich und auch mit Blick auf § 1301 BGB –, dass die Rechtsfolgen (des Verlöbnisses und) der Ehe bei der nichtehelichen Lebensgemeinschaft typischerweise nicht gewollt sind und daher den Partnern gerade nicht aufgezwungen werden dürfen (insbesondere im Hinblick auf die negative Eheschließungsfreiheit aus Art. 6 I GG). Wenn Partner (Verlöbnis- oder) Ehewirkungen wünschen, können sie (sich verloben und) heiraten oder eine Reihe der Rechtsfolgen des Verlöbnisses und der Ehe vertraglich nachbilden.[9] Darüber hinaus ist zu bedenken, dass die nichteheliche Lebensgemeinschaft tatbestandlich oft schwer auszumachen ist und eine Abgrenzung, wann eine nichteheliche Lebensgemeinschaft mit eheähnlichen Wirkungen vorliegen sollte, in Grenzfällen unmöglich sein kann. (Teilweise wird auch darauf hingewiesen, dass Art. 6 GG[10] den besonderen Schutz gerade der Ehe als solcher gewährleisten soll und dieser Schutz nicht auch

---

6 Die verschiedenen Bezeichnungen für die Gemeinschaft – faktische Lebensgemeinschaft, nichteheliche Lebensgemeinschaft, eheähnliche Gemeinschaft – sind zwar in Nuancen mit unterschiedlichen Inhalten belegt, werden aber in Rspr. und Lit. doch so austauschbar verwendet, dass es für die Korrektur keinen Unterschied machen sollte, für welchen Begriff sich die Bearbeiter entscheiden. Letztlich erscheint der Begriff „faktische Lebensgemeinschaft" vorzugswürdig (ihn verwenden etwa *Gernhuber/Coester-Waltjen* in der aktuellen Auflage ihres Lehrbuchs und Staudinger/*Löhnig* in der Neubearb. 2007, Anh. §§ 1297 ff BGB), weil ihm, anders als dem Begriff der „nichtehelichen" Lebensgemeinschaft keine gegenüber der Ehe pejorative Andeutung entnommen werden kann und weil er die Ehe als Bezugspunkt vermeidet. Da jedoch der Begriff „nichteheliche Lebensgemeinschaft" in Schrifttum und Rechtsprechung noch herrschend ist, wird er hier gleichwohl verwendet.
7 Nach *Dethloff*, Gutachten zum 67. djt 2008, D.II.2.b.bb. und BVerfG, FamRZ 1993, 164, 168. Vgl weitere Definitionsansätze bei *Gernhuber/Coester-Waltjen*, Familienrecht, 6. Aufl 2010, § 41 Rn 1.
8 Vgl Nachw. bei Palandt/*Brudermüller*, 69. Aufl 2010, Einl v § 1297 Rn 13 ff.
9 Ob *de lege ferenda* ein minimales Ausgleichssystem zum Schutze des schwächeren Partners eingeführt werden sollte, ist eine andere Frage.
10 Nach praktisch einhelliger Meinung fällt die nichteheliche Lebensgemeinschaft nicht unter den Ehebegriff des Art. 6 GG (anders für den Familienbegriff), auch nicht mit Kindern, auch nicht analog. Achtung: Nach BVerfG FamRZ 1990, 727 kann aus dem grundgesetzlichen Schutz der Ehe kein Nichtschutz der nichtehelichen Lebensgemeinschaft abgeleitet werden. Siehe zum Zusammenspiel mit Art. 6 GG auch *Coester-Waltjen*, JURA 2008, 108.

anderen Lebensformen zuteil werden soll.[11]) Es bleibt daher in aller Regel bei der Anwendung der allgemeinen, insbesondere schuldrechtlichen Regeln ohne Rückgriff auf das Verlöbnis- und Eherecht. Eine analoge Anwendung des § 1301 BGB scheidet aus.[12]

3.   Anspruch auf Herausgabe aus §§ 531 II, 530 I iVm § 812 I 1 Alt. 1 BGB

Fraglich ist, ob F gegen M einen Anspruch auf Herausgabe der Uhr aus §§ 531 II, 530 I iVm § 812 I 1 Alt. 1 BGB[13] hat.

a)   Schenkung, § 516 I BGB

aa)   Zuwendung

Hierfür müsste es sich bei der Zuwendung der Uhr zunächst um eine Schenkung iSv § 516 I BGB gehandelt haben. Erforderlich ist zum einen eine Zuwendung, also eine Bereicherung des Vermögens des Beschenkten durch Hingabe eines Vermögensgegenstandes mit vermögensmindernder Wirkung für den Schenker.[14] F wendete dem M die Uhr in diesem Sinne zu.

bb)   Unentgeltlichkeit

Erforderlich ist zum anderen Unentgeltlichkeit in objektiver und subjektiver[15] Hinsicht. Die Zuwendung ist objektiv unentgeltlich, wenn sie unabhängig von einer Gegenleistung ist.[16] Die nichteheliche Lebensgemeinschaft ist Ort vielfältiger Austauschbeziehungen und regelmäßig sind Zuwendungen, die einen Bezug zur nichtehelichen Lebensgemeinschaft aufweisen, keine Schenkungen (sondern sog. unbenannte oder gemeinschaftsbedingte Zuwendung).[17] Subjektiv unentgeltlich im Sinne echter Freigiebigkeit ist die Zuwendung nur, wenn sie zur freien Verfügung des Empfängers geleistet wird und ihr nicht die Vorstellung oder Erwartung zugrunde liegt, dass die nichteheliche Gemeinschaft Bestand haben werde, oder die sonst um der nichtehelichen Lebensgemeinschaft Willen oder als Beitrag zur Verwirklichung oder Ausgestaltung der nichtehelichen Lebensgemeinschaft erbracht wird.[18]

---

11   Dieses Argument (Art. 6 GG) wird noch vertreten und muss daher als vertretbar gelten.

12   A. A. nur mit sehr guter Begründung vertretbar.

13   Rechtsgrundverweisung – vgl nur Staudinger/*Wimmer-Leonhardt*, Neubearb. 2005, § 531 BGB Rn 6.

14   Palandt/*Weidenkaff*, 69. Aufl 2010, § 516 Rn 5 f.

15   Unentgeltlichkeitsabrede – die Zuwendung muss von den Parteien subjektiv als unentgeltliche gewollt sein, vgl MüKoBGB/*J. Koch*, 5. Aufl 2008, § 516 Rn 24.

16   Palandt/*Weidenkaff*, 69. Aufl 2010, § 516 Rn 8.

17   Allg. M., vgl. nur BGHZ 177, 193 Rn 15 f und Palandt/*Brudermüller*, 69. Aufl 2010, Einl v § 1297, Rn 24. Gleichwohl werden von einigen Zweifel an der Sinnhaftigkeit der Rechtsfigur erhoben – s. für Ehegatten *Gernhuber/Coester-Waltjen*, Familienrecht, 6. Aufl 2010, § 19 Rn 76 f; für das Verhältnis von Schwiegereltern zu Schwiegerkind (nun von der Rspr. anders beurteilt, s. u. Teil 6) *Wellenhofer*, LMK 2010, 34950.

18   BGHZ 177, 193 Rn 15 f mwN.

Hilbig

Hier liegt ausnahmsweise keine unbenannte, gemeinschaftsbedingte Zuwendung vor, sondern eine Zuwendung aus besonderem Anlass, die eine echte Schenkung darstellt. Zwar hatte die Schenkung eine klare Verbindung zur nichtehelichen Lebensgemeinschaft – mit ihr wurde ihr zehnjähriges Bestehen gefeiert –, aber sie stand nicht in Bezug zu den alltäglichen vielfältigen Austauschbeziehungen der Gemeinschaft und sollte nicht ihrer Ausgestaltung oder Ermöglichung dienen, sondern erfolgte aus dem speziellen Grund des zehnjährigen Bestehens der nichtehelichen Lebensgemeinschaft. Diese Zuwendung war nicht Teil des täglichen Gebens und Nehmens in der nichtehelichen Lebensgemeinschaft, sondern von echter Freigebigkeit getragen. Eine Schenkung iSv § 516 BGB liegt daher vor.

b) Grober Undank, § 530 I BGB

Fraglich ist, ob Ms Verhalten groben Undank (§ 530 I BGB) darstellt. Grober Undank erfordert i) eine schwere Verfehlung, die ii) objektiv gegen den Schenker gerichtet und iii) subjektiv von tadelnswerter, auf groben Undank hindeutender Gesinnung getragen ist.[19]

Die schlichte Auflösung oder Veranlassung der Auflösung der nichtehelichen Lebensgemeinschaft genügt nicht,[20] da von der durch Verzicht auf eine rechtliche Regelung bewahrten Freiheit Gebrauch gemacht wird.[21] Allgemeiner gesagt: Es gibt keinen Rechtssatz, wonach der Partner einer nichtehelichen Lebensgemeinschaft einer Verpflichtung zu ihrer Fortsetzung unterliegt. Das ändert sich auch nicht dadurch, dass die Partner ein gemeinsames kleines Kind haben. Die Beendigung der nichtehelichen Lebensgemeinschaft durch M ist daher noch kein grober Undank iSv § 530 I BGB.[22]

---

19 Palandt/*Weidenkaff*, 69. Aufl 2010, § 530 Rn 5 m. Nachw. zur st. Rspr. Beispiele für groben Undank können Bedrohung des Lebens oder der Freiheit, vorsätzliche (auch leichte) körperliche Misshandlungen, schwere Beleidigungen, grundlose Strafanzeigen, vorsätzliche erhebliche Vermögensbeschädigungen sein – Staudinger/*Wimmer-Leonhardt*, Neubearb. 2005, § 530 BGB Rn 21; MüKoBGB/*J. Koch*, 5. Aufl 2008, § 530 BGB Rn 9.
20 So auch MüKoBGB/*J. Koch*, 5. Aufl 2008, § 530 BGB Rn 11.
21 Auch unter Ehegatten genügen der Ehebruch als solcher oder ein sonstiges Verhalten, das zur Scheidung geführt hat, für sich genommen nicht (vgl. Nachw. bei Staudinger/*Wimmer-Leonhardt*, Neubearb. 2005, § 530 BGB Rn 24); etwas strenger (Ehebruch Indiz für groben Undank) MüKoBGB/*J. Koch*, 5. Aufl 2008, § 530 BGB Rn 11.
22 Einige Bearbeiter prüften hier, ob ein Widerruf an § 534 Alt. 2 BGB scheitert – weil sie den groben Undank bejahten oder um die Prüfung des groben Undanks entbehrlich zu machen. Wollte man dies diskutieren, wäre hier Folgendes zu bedenken: Gem. § 534 BGB unterliegen Schenkungen, durch die einer sittlichen Pflicht oder einer auf den Anstand zu nehmenden Rücksicht entsprochen wird, nicht dem Widerruf. Als Anstandsschenkungen gelten solche, deren Unterbleiben gegen die Regeln des gesellschaftlichen Anstands verstoßen würde; m.a.W. solche Schenkungen, die nach den Anschauungen, wie sie in den dem Schenkenden sozial gleichgestellten Kreisen vorherrschen, nicht unterbleiben könnten, ohne dass dort der Schenkende an Ansehen verlieren würde (so MüKoBGB/*J. Koch*, 5. Aufl 2008, § 534 BGB Rn 4; Jauernig/*Mansel*, 13. Aufl 2009, § 534 Rn 2; BeckOK/Bamberger/Roth/*Gehrlein*, Stand 1. 2. 2010, § 534 BGB Rn 2.). Anerkannte Fallgruppen sind die gebräuchlichen Gelegenheitsgeschenke geringen Werts und angemessene Geburtstags-, Weihnachts-, Hochzeits-, Jubiläums-, Besuchergeschenke. Letzteres wird vom BGH und Teilen der Lit. auf Geschenke unter nahen Verwandten beschränkt (so

c)   Ergebnis

Es besteht kein Anspruch auf Herausgabe aus §§ 531 II, 530 I iVm § 812 I 1 Alt. 1 BGB.

Teil 2: Ansprüche M gegen F wegen der Stereoanlage

Fraglich ist, ob M von F die Stereoanlage herausverlangen und wegen der Beschädigung Schadensersatz verlangen kann.

1.   Herausgabeanspruch aus § 985 BGB

Fraglich ist, ob M gegen F ein Anspruch aus § 985 BGB zusteht. Hierfür müsste F Besitzerin (§ 854 BGB oder zumindest § 868 BGB) und M Eigentümer (§ 903 BGB) der Stereoanlage sein. Fraglich ist, ob M Eigentümer der Stereoanlage ist.

a)   Vorüberlegungen

aa)   Keine analoge Anwendung von § 1370 BGB a.F. BGB

Die Eigentumsverhältnisse an der alten Stereoanlage spielen keine direkte Rolle. Unter Ehegatten im gesetzlichen Güterstand kam es bis vor kurzem zu einer dinglichen Surrogation an Haushaltsgegenständen (§ 1370 BGB a.F.). Aber § 1370 BGB a.F. wurde zum 1. 9. 2009 aufgehoben und selbst während seiner Geltung konnte er aus den bekannten Gründen nach herrschender Meinung nicht analog auf die nichteheliche Lebensgemeinschaft angewandt werden.

bb)   Irrelevanz von §§ 1357 und 1362 BGB[23]

§ 1357 BGB führt zu Gesamtschuldner- und Gesamtgläubigerschaft der Ehegatten. Die Norm enthält keinen selbständigen Eigentumserwerbstatbestand; die dingliche Rechtslage richtet sich nach allgemeinen sachenrechtlichen Regeln.[24] Ohnehin lehnt die ganz herrschende Meinung die analoge Anwendung von § 1357 BGB auf nichteheliche Lebensgefährten ab.[25]

MüKoBGB/*J. Koch,* 5. Aufl 2008, § 534 BGB Rn 4; BeckOK/Bamberger/Roth/*Gehrlein,* Stand 1. 2. 2010, § 534 BGB Rn 2; BGH, NJW 1981, 111), von anderen Teilen der Lit. nicht (Palandt/ *Weidenkaff,* 69. Aufl 2010, § 534 Rn 3; Jauernig/*Mansel,* 13. Aufl 2009, § 534 Rn 2.). Jedenfalls ist stets einzelfallbezogen zu prüfen (Palandt/*Weidenkaff,* 69. Aufl 2010, § 534 Rn 3; BGH, NJW 1981, 111). Danach fehlen hier zu viele Sachverhaltsangaben, um eine Anstandsschenkung bejahen oder verneinen zu können. Problematisch ist insbesondere, dass wir über den Wert der Uhr und die wirtschaftlichen Verhältnisse von M und F zu wenig wissen, um die Adäquanz und Erforderlichkeit eines solchen Geschenks beurteilen zu können.

23   Der Abschnitt bb. war ursprünglich kein Bestandteil der Lösungsskizze. Er wurde eingefügt, weil viele Bearbeiter hier § 1362 BGB und/oder § 1357 BGB ansprachen und sich in der Besprechung Klärungsbedarf in Bezug auf die Funktion der Normen zeigte.

24   BGH NJW 1991, 2283 (2284) mwN; *Gernhuber/Coester-Waltjen,* Familienrecht, 6. Aufl 2010, § 19 Rn 52 ff, 56; MüKoBGB/*Roth,* 5. Aufl 2010, § 1357 BGB Rn 42; BeckOK/Bamberger/ Roth/*Hahn,* Stand: 1. 8. 2010, § 1357 Rn 27 ff, 33.

25   MüKoBGB/*Roth,* 5. Aufl 2010, § 1357 BGB Rn 14; BeckOK/Bamberger/Roth/*Hahn,* Stand: 1. 8. 2010, § 1357 Rn 7.

Hilbig

§ 1362 BGB dient dem Gläubigerschutz. Die Norm weicht für bewegliche Sachen von der allgemeinen Beweislastregel des § 1006 BGB ab, da ansonsten der vollstreckende Gläubiger regelmäßig in Beweisnotstand geraten und scheitern würde, da wegen typischerweise bestehenden Mitbesitzes an den beweglichen Sachen in der Ehewohnung § 1006 BGB Miteigentum vermutet wird, sofern nicht ausnahmsweise die Ehegatten als Gesamtschuldner haften.[26] Für unseren Fall bleibt § 1362 BGB ohne Bedeutung. Erstens gilt die Vermutung des § 1362 I BGB nur zugunsten der Gläubiger eines Ehegatten, nicht im Verhältnis der Ehegatten zueinander oder zu Dritten.[27] Zweitens ist § 1362 BGB nach überwiegender Ansicht in der Lit. und nach der jüngeren Rspr. des BGH nicht analog auf nichteheliche Lebensgefährten anzuwenden.[28]

b) Eigentumsverhältnisse an der neuen Stereoanlage nach allgemeinen sachenrechtlichen Regeln

Die nichteheliche Lebensgemeinschaft als solche führt nicht zu einer Änderung der Güterzuordnung.[29] Die Güterzuordnung richtet sich nach allgemeinen Regeln. Es besteht keine Vermutung, dass ein Partner der nichtehelichen Lebensgemeinschaft an gemeinsam benutzten Gegenständen hälftiges Miteigentum übertragen will.[30]

aa) Vermutung des Miteigentums, § 1006 BGB

Die Partner der nichtehelichen Lebensgemeinschaft haben Mitbesitz an allen Gegenständen, die zu dem im gemeinsamen Gebrauch stehenden Haushalt gehören.[31] Da M und F Mitbesitz an der Stereoanlage hatten, besteht gem. § 1006 II BGB eine Vermutung des Miteigentums während der Dauer des Mitbesitzes.[32] Genauer: Bei Mitbesitz wird grundsätzlich Miteigentum nach Bruchteilen vermutet (§§ 741, 1008 BGB); ohne dass eine Vermutung für eine bestimmte Miteigentumsquote bestünde.[33]

bb) Widerlegung?

Fraglich ist, ob diese Vermutung widerlegt werden kann. Die Widerlegungsschwelle ist nicht zu hoch anzusetzen, da anderenfalls die nichtehelichen Lebensgefährten in eine

---

26 MüKoBGB/*Weber-Monecke,* 5. Aufl 2010, § 1362 BGB Rn 2; BeckOK/Bamberger/Roth/*Beutler,* Stand: 1.5.2009, § 1362 Rn 1.
27 MüKoBGB/*Weber-Monecke,* 5. Aufl 2010, § 1362 BGB Rn 17.
28 BGHZ 170, 187 Rn 11 ff = NJW 2007, 992 = FamRZ 2007, 457; *Gernhuber/Coester-Waltjen,* 6. Aufl 2010, § 43 Rn 7; MüKoBGB/*Weber-Monecke,* 5. Aufl 2010, § 1362 BGB Rn 10; BeckOK/Bamberger/Roth/*Beutler,* Stand: 1.5.2009, § 1362 Rn 7; s. mwN Staudinger/*Voppel,* Neubearb. 2007, § 1362 BGB Rn 11–13.
29 Die Ehe auch nicht, solange die Ehegatten im Güterstand der Gütertrennung oder Zugewinngemeinschaft leben (anders beim Güterstand der Gütergemeinschaft).
30 Palandt/*Brudermüller,* 69. Aufl 2010, Einl v § 1297, Rn 22. Ähnlich *Gernhuber/Coester-Waltjen,* Familienrecht, 6. Aufl 2010, § 44 Rn 12, s. sogleich bei Fn 34.
31 Palandt/*Brudermüller,* 69. Aufl 2010, Einl v § 1297, Rn 22.
32 So auch *Gernhuber/Coester-Waltjen,* Familienrecht, 6. Aufl 2010, § 44 Rn 12.
33 Staudinger/*Gursky,* Neubearb. 2006, § 1006 BGB Rn 13.

Art faktische Gütergemeinschaft gezwungen würden.[34] Wer nach dem Kauf im Internet Eigentum an der neuen Stereoanlage erworben hat, ist durch Auslegung nach den üblichen Kriterien zu beurteilen – Vorstellung des Vertragspartners,[35] Erwerbsentschluss, Erwerbsfinanzierung,[36] Erhaltungsaufwand, Benutzung. Über den Erwerbsentschluss ist nichts bekannt, ebenso über die Vorstellung des Vertragspartners.[37] Die Finanzierung erfolgte durch das gemeinsame Haushaltsgeldkonto, auf das im Zeitpunkt der Abbuchung noch beide Partner einzahlten. Erhaltungsaufwand spielt hier keine Rolle. Die Stereoanlage stand im Wohnzimmer und wurde von beiden benutzt.

Es liegt daher die Annahme nahe, dass das Eigentumsrecht beiden gemeinschaftlich zustehen sollte (Miteigentum in Form des Bruchteilseigentums, §§ 1108 ff, 741 ff BGB[38]) und die Vermutung des § 1006 BGB nicht widerlegt werden kann. Gemeinschaft iSd §§ 741 ff. BGB ist nach herrschender Ansicht die Innehabung eines Rechtes durch mehrere Rechtsträger zu ideellen Bruchteilen (sog „Einheitstheorie"); die Gemeinschaft ist Grundform und Auffangtatbestand, wenn ein Rechtsobjekt mehreren Personen gemeinschaftlich zusteht.[39] Die Gesamthandsgemeinschaft ist als solche Rechtssubjekt; die Rechtszuständigkeit ist bei der Gesamthand ungeteilt; sie ist verselbständigter Träger von Rechten und Pflichten.[40] Gesamthandseigentum wird nur ausnahmsweise dann anzunehmen sein, wenn eine BGB-Gesellschaft im Hinblick auf den Vermögensgegenstand bestand. Für eine BGB-Gesellschaft zur Nutzung der Stereoanlage gibt es keine Anhaltspunkte.[41] Welcher Partner welchen Anteil am Eigentum hat, kann aus dem Sachverhalt kaum hergeleitet werden, insbesondere ist unbekannt, wie hoch die jeweiligen Beiträge beider auf das Haushaltsgeldkonto waren. Daher ist hier im Zweifel davon auszugehen, dass M und F Bruchteilseigentum zu ½ erworben haben (§ 742 BGB). Auch nach der Rspr. des BGH kann in der Regel mangels anderer Absprachen von einer Anschaffung zu Miteigentum zu ½ ausgegangen werden.[42]

---

34 *Gernhuber/Coester-Waltjen,* Familienrecht, 6. Aufl 2010, § 44 Rn 12. Ähnl. („kleine Gütergemeinschaft") Staudinger/*Langhein,* Neubearb. 2008, § 741 Rn 54.
35 OLG Düsseldorf, FamRZ 1992, 670; OLG Hamm, FamRZ 2003, 529; krit. *Gernhuber/ Coester-Waltjen,* Familienrecht, 6. Aufl 2010, § 44 Rn 12.
36 OLG Hamm FamRZ 1989, 53; Palandt/*Brudermüller,* 69. Aufl 2010, Einl v § 1297, Rn 22; *Gernhuber/Coester-Waltjen,* Familienrecht, 6. Aufl 2010, § 44 Rn 12.
37 M kann die F bei der dinglichen Einigung vertreten haben, § 164 BGB. Dem Sachverhalt lässt sich hierzu kaum etwas entnehmen. Zur Wahrung des Offenkundigkeitsprinzip ist anzumerken, dass (sofern die Stellvertretung für den Verkäufer nicht schon wegen der Angaben des gemeinsamen Kontos offensichtlich war) es sich um ein Geschäft handeln kann, bei dem der Veräußerer an der Kundgabe des Vertretungsverhältnisses kein Interesse hat, weil ihm die Person des Erwerbers gleichgültig ist (Geschäft für den, den es angeht) – Staudinger/*Schilken,* Neubearb. 2009, § 164 BGB Rn 53.
38 Vgl Palandt/*Bassenge,* 69. Aufl 2010, § 1008 Rn 1.
39 Staudinger/*Langhein,* Neubearb. 2008, Vorbem. zu §§ 741–758 BGB Rn 5.
40 Staudinger/*Langhein,* Neubearb. 2008, Vorbem. zu §§ 741–758 BGB Rn 9.
41 Vgl hierzu auch Staudinger/*Langhein,* Neubearb. 2008, § 741 Rn 207.
42 So BGH NJW 1991, 2283 (2285) für die Ehe, zust. Palandt/*Brudermüller,* 69. Aufl 2010, Einl v § 1297, Rn 22. Dies soll nach *Brudermüller* sogar dann gelten, wenn ein Ehegatte den Gegenstand allein finanziert hat.

c) Ergebnis

Gegenüber Miteigentümern kann ein Miteigentümer nur sein Anteilsrecht geltend machen (§ 1011 BGB)[43] oder die Aufhebung der Bruchteilsgemeinschaft und Teilung durch Verkauf verlangen (§§ 749, 753 BGB). Ein Herausgabeanspruch aus § 985 BGB scheidet aus.

2. Weitere Ansprüche[44]

a) Anspruch auf Herausgabe aus § 861 BGB

Zu denken wäre noch an einen Anspruch wegen Besitzentziehung, § 861 BGB. Jedoch sind die Teilhaber der Bruchteilsgemeinschaft im Verhältnis zueinander Mitbesitzer, ihnen stehen keine Besitzschutzansprüche gegeneinander zu (vgl. § 866 BGB).[45]

b) Anspruch auf Überlassung oder ggf. Übereignung der Stereoanlage aus § 1568 b BGB analog

Ein Anspruch auf Überlassung oder ggf. Übereignung der Stereoanlage aus § 1568 b BGB analog scheidet schon deshalb aus, weil § 1568 b BGB nicht analog auf die nicht-eheliche Lebensgemeinschaft angewandt werden kann – ohne Eheschließung kann nicht ohne weiteres auf eine so starke Solidargemeinschaft zwischen den Partnern (und damit die erforderliche Vergleichbarkeit der Situationen) geschlossen werden, dass eine Anwendung der §§ 1568 a, b BGB angemessen erschiene.[46]

c) Anspruch auf Gebrauch aus § 743 II BGB

Sofern das Maß des Gebrauchs – wie hier – nicht durch eine Verwaltungsregelung (§§ 744 f BGB) bestimmt ist, hat jeder Teilhaber gegen die anderen Anspruch auf Gebrauch (Duldungsanspruch direkt aus § 743 II BGB), die Grenze bildet § 242 BGB.[47]

d) Schadensersatzanspruch aus §§ 742 ff, 280 I 2 BGB

Ferner ist die Gemeinschaft im Innenverhältnis zwischen den Teilhabern gesetzliches Schuldverhältnis, §§ 742 ff BGB. Die Verletzung der in §§ 742 ff BGB festgelegten Pflichten löst Schadensersatzansprüche gem. § 280 BGB aus (positive Forderungsverletzung).[48] Macht ein Teilhaber gegen den Willen der anderen von der gemeinschaft-

---

43 Palandt/*Bassenge*, 69. Aufl 2010, § 1011 Rn 1.
44 Die Sachverhaltsformulierung war auf einen Anspruch aus § 985 BGB zugeschnitten. Wer weitere Ansprüche prüfen wollte, konnte an die nachfolgenden denken.
45 Palandt/*Sprau*, 69. Aufl 2010, § 743 Rn 4.
46 *Gernhuber/Coester-Waltjen*, Familienrecht, 6. Aufl 2010, § 44 Rn 19 mwN (auch zur Gegenansicht).
47 Vgl Staudinger/*Langhein*, Neubearb. 2008, § 743 Rn 33; MüKoBGB/*K. Schmidt*, 5. Aufl 2009, § 743 Rn 13; Palandt/*Sprau*, 69. Aufl 2010, § 743 Rn 4.
48 MüKoBGB/*K. Schmidt*, 5. Aufl 2009, § 743 Rn 13; Palandt/*Sprau*, 69. Aufl 2010, § 741 Rn 9.

lich zur Nutzung bestimmten Sache allein unentgeltlichen Gebrauch, ist er wegen Verletzung des Gemeinschaftsverhältnisses schadensersatzpflichtig.[49]

3. Schadensersatzanspruch wegen Beschädigung, § 823 I BGB

Fraglich ist, ob M gegen F wegen der Beschädigung der Stereoanlage einen Schadensersatzanspruch hat.

a) Anwendbarkeit

§ 823 I BGB ist auch im Verhältnis unter Miteigentümern anwendbar. Der einzelne Miteigentumsanteil ist kein Recht an einem Recht, keine Belastung des Eigentums, sondern hat nach herrschender Meinung dieselbe Rechtsnatur wie das Eigentum selbst. Die Rechtssätze über das Eigentum finden auch auf das Miteigentum Anwendung, soweit nichts Abweichendes bestimmt ist oder sich aus der Natur der Sache ergibt.[50] Als Ersatz für die Beschädigung eines Gegenstandes, der in Bruchteilsvermögen stand, entstünde dann eine Bruchteilsforderung kraft Gesetzes.[51]

b) Weitere Voraussetzungen des Haftungsbegründungstatbestandes (außer Verschulden)

Die Beschädigung der Stereoanlage durch F stellt eine indiziert rechtswidrige, haftungsbegründend kausale Eigentumsverletzung dar.

c) Vorsatz oder Fahrlässigkeit

F handelte bei der Beschädigung der Stereoanlage leicht fahrlässig. Dies genügt grundsätzlich, um eine Haftung gemäß § 823 I BGB zu begründen. Der Fall liegt anders, wenn der Haftungsmaßstab hier zu modifizieren ist.

aa) § 708 BGB analog

Eine analoge Anwendung des für die Gesellschaft geltenden § 708 BGB auf Bruchteilsgemeinschaften wird nach wohl einhelliger Ansicht abgelehnt.[52] Einer entsprechenden Anwendung des § 708 BGB steht entgegen, dass die lose, oft zufällige Verbindung der Gemeinschafter mit der selbstgewählten Verbindung von Gesellschaftern nicht vergleichbar ist.[53] Die Einfügung einer dem § 708 BGB entsprechenden Vorschrift wurde bei der Beratung des BGB ausdrücklich abgelehnt.[54]

---

49 Palandt/*Sprau*, 69. Aufl 2010, § 743 Rn 4 unter Verweis auf KG OLGZ 69, 311.
50 Staudinger/*Gursky*, Neubearb. 2006, § 1008 Rn 2 unter Verweis u. a. auf BGHZ 36, 365, 369; BGH FamRZ 1962, 359.
51 Staudinger/*Langhein*, Neubearb. 2008, § 741 Rn 122.
52 Staudinger/*Langhein*, Neubearb. 2008, § 741 Rn 266; BGH, NJW 1974, 1189 (1189 f).
53 BGH, NJW 1974, 1189 (1190).
54 Prot. II 768, zit. nach BGH, NJW 1974, 1189 (1189 f).

Hilbig

bb) § 1359 BGB analog

Eine analoge Anwendung des § 1359 BGB wird von einigen aufgrund der eheähnlichen engen persönlichen Verbundenheit zwischen den Partnern der nichtehelichen Lebensgemeinschaft bejaht,[55] von anderen mit den üblichen Argumenten zur Ablehnung der analogen Anwendung von Ehevorschriften verneint.[56] Die Befürworter der analogen Anwendung argumentieren, dass der historische Grund für die Haftungserschwerungen der §§ 708, 1359 BGB – dass die Beteiligten sich aufgrund des persönlichen Vertrauensverhältnisses „so nehmen wollen, wie sie sind" – in gleicher Weise für die nichteheliche Lebensgemeinschaft gilt, denn ein solches Vertrauensverhältnis ist gerade regelmäßig ein maßgeblicher Grund für die Begründung und Aufrechterhaltung der nichtehelichen Lebensgemeinschaft.[57]

cc) Stillschweigende Haftungsbeschränkung auf die *diligentia quam in suis*

Diejenigen, die die analoge Anwendung des § 1359 BGB ablehnen, kommen zumeist zu identischen Ergebnissen, indem sie eine stillschweigende (rechtsgeschäftliche) Haftungsbeschränkung auf die Sorgfalt in eigenen Angelegenheiten (*diligentia quam in suis rebus adhibere solet*) annehmen,[58] so dass die Partner der nichtehelichen Lebensgemeinschaft einander nicht für leichte und einfache Fahrlässigkeit einzustehen haben (§ 277 BGB). Dies lässt sich (ähnlich wie sub bb.) mit der Ähnlichkeit der nichtehelichen Lebensgemeinschaft zur GbR (vgl § 708 BGB), zum Treuhandverhältnis und zur unentgeltlichen Verwahrung (vgl § 690 BGB) begründen.[59]

dd) Ergebnis

Mit der h.M. ist der Haftungsmaßstab hier auf die diligentia quam in suis zu senken – sei es über § 1359 BGB analog oder über die Annahme einer stillschweigenden Vereinbarung.[60] Danach fehlte es hier an hinreichendem Verschulden, ein Anspruch des M aus § 823 I BGB scheidet aus.[61]

---

55 So Palandt/*Brudermüller*, 69. Aufl 2010, Einl v § 1297, Rn 25; OLG Oldenburg FamRZ 1986, 675 = NJW 1986, 2295; OLG Karlsruhe FamRZ 1992, 940.

56 So *Gernhuber/Coester-Waltjen*, Familienrecht, 6. Aufl 2010, § 44 Rn 4–6.

57 OLG Oldenburg FamRZ 1986, 675 = NJW 1986, 2295. Ferner wird dort angeführt (wenngleich für unseren Fall wenig passend), dass die analoge Anwendung auch geboten erscheint, weil das enge Zusammenleben der Partner leicht zu einer Schädigung des einen durch den anderen führt.

58 So etwa *Gernhuber/Coester-Waltjen,* Familienrecht, 6. Aufl 2010, § 44 Rn 4–6.

59 *Gernhuber/Coester-Waltjen,* Familienrecht, 6. Aufl 2010, § 44 Rn 4–6.

60 Der Anwendung der Überlegungen aus bb. und cc. könnte es entgegenstehen, wenn die nichteheliche Lebensgemeinschaft im Zeitpunkt der Beschädigung bereits beendet gewesen wäre. Dies lässt sich dem Sachverhalt („Im Zuge *eines* Streits") jedoch nicht klar entnehmen.

61 A.A. vertretbar.

Hilbig

Teil 3: Anspruch M gegen F wegen des Haushaltsgeldkontos[62]

Fraglich ist, ob M von F Ersatz für einen Teil seiner Beiträge zum gemeinsamen Haushaltsgeld verlangen kann, die jeweils vollständig für die laufenden Haushaltsausgaben verbraucht wurden.

Die nichteheliche Lebensgemeinschaft ist ein Ort vielfältiger Austauschbeziehungen, die einer detaillierten Rückabwicklung grundsätzlich nicht zugänglich sind. Bei einer nichtehelichen Lebensgemeinschaft stehen die persönlichen Beziehungen derart im Vordergrund, dass sie auch das die Gemeinschaft betreffende vermögensbezogene Handeln der Partner bestimmen und daher nicht nur in persönlicher, sondern auch in wirtschaftlicher Hinsicht keine Rechtsgemeinschaft besteht. Wenn die Partner nichts Besonderes unter sich geregelt haben, werden persönliche und wirtschaftliche Leistungen nicht gegeneinander aufgerechnet.[63] Es ist davon auszugehen, dass Aufwendungen, Leistungen und Zuwendungen, die im Rahmen der nichtehelichen Lebensgemeinschaft erbracht werden, wenn ein entsprechendes Bedürfnis auftritt, grundsätzlich von demjenigen Partner ersatzlos getragen werden, der sie erbringt.[64] In der rein tatsächlichen Lebensform nichtehelichen Lebensgemeinschaft, die keinen familienrechtlichen Rahmen für einen vermögensmäßigen Ausgleich vorsieht, werden die für die Gemeinschaft notwendigen Beiträge von demjenigen erbracht, der jeweils dazu in der Lage ist.[65] Das Risiko „überobligationsmäßiger" Leistungen trägt jeder Lebensgefährte selbst.[66] Ausgleichsansprüche sind nach einer Trennung daher grundsätzlich ausgeschlossen (sog. Grundsatz der Nichtausgleichung).[67]

Haben die Partner ihr Zusammenleben nicht durch einzelne Verträge geregelt, kommen Ausgleichsansprüche in der nichtehelichen Lebensgemeinschaft daher nur in besonders gelagerten Fällen bei Vermögensgegenständen von erheblichem Wert in Betracht. Es besteht Einigkeit in Lit. und Rspr., dass ohne eindeutige vertragliche Abmachungen die laufenden Beiträge zum alltäglichen Bedarf der nichtehelichen Lebensgemeinschaft nicht auszugleichen sind.[68]

Ein Anspruch auf Rückzahlung der F zugutegekommenen Anteile des Haushaltsgelds besteht daher nicht.

---

62 Dieser Teil der Skizze ist untechnisch aufgebaut. Hier könnte eine Reihe von Ansprüchen angeprüft werden (z.B. § 488 I 2, § 530, § 313, § 812 I 1 Alt. 1, § 812 I 2, §§ 705ff BGB). Die Ansprüche scheitern am rechtsgeschäftlichen Willen, an der besonderen Natur von Zuwendungen in der nichtehelichen Lebensgemeinschaft oder an der obigen Argumentation.
63 BGHZ 177, 193 Rn 17 und BGHZ 183, 242 Rn 19 mwN zur st. Rspr.
64 BGHZ 77, 55 (58 f); BGHZ 177, 193 Rn 17.
65 *Röthel*, JURA 2006, 641 (648) mwN.
66 Palandt/*Brudermüller*, 69. Aufl 2010, Einl v § 1297, Rn 32 mwN. So noch als eines der letzten Urteile BGH, Urt. v. 31. 10. 2007, XII ZR 261/04, FamRZ 2008, 247 = NJW 2008, 443 Rn 16.
67 *Röthel*, JURA 2006, 641 (648).
68 Vgl BGHZ 177, 193 für die Erfüllung laufender Unterhaltsbedürfnisse und die Entrichtung der Miete. Vgl mwN *Gernhuber/Coester-Waltjen*, Familienrecht, 6. Aufl 2010, § 44 Rn 20, 22.

Hilbig

Teil 4: Ansprüche M gegen F wegen des Darlehens[69]

1. Anspruch auf € 3.000 geleisteter Rückzahlung aus gesetzlichem Forderungsübergang, § 426 I 1, II 1 BGB[70]

Fraglich ist, ob M ein Anspruch aus übergegangenem Recht aus § 426 I 1, II 1 BGB zusteht.

a) Gesamtschuldverhältnis

M und F waren als Parteien des Darlehensvertrages mangels entgegenstehender Hinweise Gesamtschuldner (§§ 421, 427 BGB) des Rückzahlungsanspruchs der Bank (§ 488 I 2 BGB).

b) Befriedigung des Gläubigers

Die Zahlungen des M wirkten auch für F befreiend (§ 422 I 1 BGB). Die Befriedigung des Gläubigers (§ 426 II 1 BGB) führte zu einer Legalzession, in einem Umfang, der dem Haftungsmaßstab im Innenverhältnis entspricht.

c) Haftungsmaßstab im Innenverhältnis

Den Haftungsmaßstab im Innenverhältnis setzt § 426 I 1 BGB mit je ½ fest, soweit nichts anderes bestimmt ist. Fraglich ist, ob hier eine anderweitige Bestimmung dergestalt vorliegt, dass allein F oder allein M im Innenverhältnis die Lasten tragen soll. Eine anderweitige Bestimmung kann sich aus Gesetz, ausdrücklicher oder konkludenter Vereinbarung, Inhalt und Zweck des Rechtsverhältnisses oder der Natur der Sache, d.h. aus der besonderen Gestaltung des tatsächlichen Geschehens ergeben.[71]

Während bestehender nichtehelicher Lebensgemeinschaft ist typischerweise auch ohne ausdrückliche Abrede nach der Natur der Sache „ein anderes bestimmt". Denn bei einer nichtehelichen Lebensgemeinschaft stehen die persönlichen Beziehungen derart im Vordergrund, dass sie auch das die Gemeinschaft betreffende vermögensmäßige Handeln der Partner bestimmen und eine Ausgleichspflicht nach Kopfteilen (§ 426 I 1 BGB) den tatsächlichen Verhältnissen einer nichtehelichen Lebensgemeinschaft nicht gerecht wird:[72] Zahlt während intakter Lebensgemeinschaft ein Partner bestimmte Lasten, so ist im allgemeinen davon auszugehen, dass dieser die Belastun-

---

69 Nach BGH, Urt. v. 3. 2. 2010 – XII ZR 53/08, NJW 2010, 868 = FamRZ 2010, 542, zur Veröffentlichung in BGHZ vorgesehen, hierzu *Coester-Waltjen*, JK 2010/8, BGB § 426/13.

70 Im Folgenden arbeitet die Skizze ausschließlich mit § 426 BGB – ein schlanke und klare Lösung, die Raum für passende Wertungen lässt und die der BGH (ohne Diskussion anderer Grundlagen) in BGH, NJW 2010, 868 = FamRZ 2010, 542 gewählt hatte (ebenso OLG Koblenz, FamRZ 1999, 789 = NJW-RR 1998, 1227). Vertretbar erscheint es auch, die Ansprüche auf ein zinsloses Darlehen zu stützen oder auf die Aufwendungsersatzanspruch/Freistellungsansprüche des Beauftragten (§§ 662, 670, 257 BGB) oder des Geschäftsführers ohne Auftrag (§§ 677, 683, 670, 257 BGB). In letzterem Sinne etwa OLG Saarbrücken, FamRZ 1998, 738 = MDR 1997, 944 mwN in Rn 11.

71 St. Rspr., vgl Nachw. in BGH, NJW 2010, 868 = FamRZ 2010, 542, Rn 9.

72 BGHZ 183, 242 Rn 17.

gen im Innenverhältnis allein tragen soll und er ihretwegen keinen Ausgleichsanspruch gegen den anderen Partner hat.[73] Der vorliegende weicht vom typischen Fall nicht ab: Obschon das Darlehen wirtschaftlich allein der F zugute kommt, da durch sie der ihr allein gehörende Pkw finanziert wurde, sollte der Pkw nach dem gemeinsamen Willen der Partner gerade der nichtehelichen Lebensgemeinschaft als solcher dienen, indem er beiden den Alltag erleichterte.[74] Es ist daher dergestalt „ein anderes bestimmt", dass allein M die Lasten der Zahlungen tragen soll, die er erbracht hat.

Ein Anspruch aus § 426 I 1, II 1 BGB für die zehn von M gezahlten Raten scheidet daher aus.

2. Anspruch auf Freistellung von den Forderungen der Bank in Bezug auf die zwei überfälligen Raten aus § 426 I 1 BGB

a) Entstehung eines Befreiungsanspruchs

Bereits vor der Befriedigung des Gläubigers und vor dem gesetzlichen Forderungsübergang besteht zwischen den Gesamtschuldnern ein Befreiungsanspruch entsprechend dem internen Haftungsverhältnis.[75]

b) Haftungsmaßstab im Innenverhältnis

Fraglich ist, ob sich am Haftungsmaßstab im Innenverhältnis im Vergleich zu oben 1.c. nach Beendigung der faktischen Lebensgemeinschaft etwas ändert. Denn grundsätzlich ist davon auszugehen, dass nach der Trennung kein nichtehelicher Lebensgefährte mehr für den anderen aufkommen möchte. Ist die Trennung für den Ausgleich vor Trennung fälliger und bis dahin noch nicht erbrachter Zahlungen relevant? Der BGH verneint dies. Er möchte auch diejenigen Leistungen in die anderweitige Bestimmung iSv § 426 I 1 BGB zugunsten der F einbeziehen, die, obschon nicht während der faktischen Lebensgemeinschaft erbracht, nach der gewählten Art und Weise des täglichen Zusammenlebens zu erbringen gewesen wären, die also während der Geltung der anderweitigen Bestimmung fällig wurden. Es soll nicht auf den Zeitpunkt der Tilgung, sondern auf den Verwendungszweck der Gesamtschuld ankommen.[76] Zweck der Schuld war die Erfüllung täglicher Bedürfnisse zur Verwirklichung der faktischen Lebensgemeinschaft; fällig wurden die Rückzahlungsansprüche während ihres Bestehens. Da es dem M nach der internen Lastenverteilung oblag, die Rückzahlungsan-

---

73 So für die Ehe BGH, FamRZ 1995, 216, Rn 12, 16; für die nichteheliche Lebensgemeinschaft s. nur BGH, NJW 2010, 868 = FamRZ 2010, 542.

74 A.A. (Widerlegung der Vermutung für alleinige Verpflichtung des M im Innenverhältnis) vertretbar. Wie hier neben dem aktuellen BGH-Urteil auch OLG Saarbrücken, FamRZ 1998, 738, OLG Koblenz, FamRZ 1999, 789 = NJW-RR 1998, 1227 Rn 2 und BGH, FamRZ 1981, 530 = NJW 1982, 1502.

75 Staudinger/*Bittner,* Neubearb. 2009, § 257 Rn 23. S.a. BGHZ 181, 310 = WM 2009, 1852.

76 Wobei zu bedenken ist, dass Verwendungszweck „nichteheliche Lebensgemeinschaft" und Fälligkeitszeitpunkt korrelieren können – wie hier –, es aber nicht müssen: Ein Darlehen kann auch der Ausgestaltung der nichtehelichen Lebensgemeinschaft gedient haben und erst nach ihrer Beendigung zur Rückzahlung fällig werden. Wie die Rspr. dies auflösen wird, ist noch offen. Im Vordergrund sollte der Verwendungszweck des Darlehens stehen.

sprüche während der nichtehelichen Lebensgemeinschaft zu begleichen, ist er zur alleinigen Tragung der Rückzahlungsansprüche für die Zeit der nichtehelichen Lebensgemeinschaft auch noch nach ihrer Beendigung verpflichtet.

3. Anspruch auf Freistellung von den Forderungen der Bank in Bezug auf die künftig fälligen Raten, § 426 I 1 BGB

Wiederum ist ein Befreiungsanspruch (§ 426 I 1 BGB) zu prüfen. Nach dem soeben Gesagten wandelt sich der Haftungsmaßstab im Innenverhältnis mit Trennung und für diejenigen Raten, die erst nach Trennung fällig werden und[77] deren Verwendungszweck sich nicht mehr auf die Ausgestaltung, Erhaltung und Verwirklichung der nichtehelichen Lebensgemeinschaft richtet. Grundsätzlich kann nicht davon ausgegangen werden kann, dass ein faktischer Lebensgefährte noch für den anderen aufkommen möchte. Seine Beiträge können nicht mehr der Lebensgemeinschaft dienen. Danach trägt nun im Innenverhältnis allein F die Verpflichtung zur Tilgung der künftigen Rückzahlungsansprüche. M kann daher von F Freistellung von den Forderungen der Bank für die künftigen Raten verlangen.[78]

Teil 5: Anspruch M gegen F auf Vergütung seiner Arbeiten an der Blockhütte[79]

1. Vergütungsanspruch aus Werkvertrag (§ 631 I BGB) oder Dienstvertrag (§§ 611, 612 I BGB)

M könnte gegen F einen Vergütungsanspruch aus Werkvertrag (§ 631 I BGB) oder Dienstvertrag (§§ 611, 612 I BGB) haben. Es steht den Partnern der nichtehelichen Lebensgemeinschaft frei, miteinander Verträge zu schließen, etwa Werk- oder Dienstverträge. Dies erfordert einen entsprechenden Rechtsbindungswillen. M nahm nicht an, seine Arbeit werde vergütet. Seine Motivation, einen schönen Ort für sie beide zu schaffen, genügt nicht zur Annahme, M habe einen Dienst- oder Werkvertrag schließen wollen. Aus der Intensität und dem Wert von Ms Arbeit allein lässt sich nicht auf einen Rechtsbindungswillen schließen. Vielmehr handelte es sich um „unentgeltliche" Leistungen auf die Lebensgemeinschaft, um Leistungen um der Gemeinschaft willen, durch die M die Grundlage der nichtehelichen Lebensgemeinschaft verbessern und sichern wollte. Vom Abschluss eines Dienst- oder Werkvertrags kann daher nicht ausgegangen werden.

2. Ansprüche aus GbR-Auseinandersetzung (§§ 705 ff BGB, insbes. Auseinandersetzungsanspruch nach Kündigung, §§ 723, 730, 733 f BGB)

Es steht Partnern der nichtehelichen Lebensgemeinschaft frei, eine Gesellschaft bürgerlichen Rechts zu gründen. Der Weg über die Annahme der Gründung einer Innen-

---

[77] Zum unklaren Verhältnis von Verwendungszweck und Fälligkeit s. vorhergehende Fn.

[78] Wie hier neben dem aktuellen BGH-Urteil i.E. auch BGH, FamRZ 1981, 530 = NJW 1982, 1502, OLG Koblenz, FamRZ 1999, 789 = NJW-RR 1998, 1227 und OLG Frankfurt, FamRZ 1984, 1013 = NJW 1985, 810.

[79] Grundlegend nun BGHZ 177, 193 = FamRZ 2008, 1822 und BGH, FamRZ 2008, 1828 Rn 10, 23, s. hierzu nur *M. Kindler,* JURA 2010, 131.

GbR ist dabei lange Zeit der einzige gewesen, den die Rechtsprechung ging, um einen Ausgleich zwischen den Partnern der nichtehelichen Lebensgemeinschaft zu ermöglichen. Ausgleichsansprüche nach §§ 705 ff BGB setzen den Abschluss eines Vertrages zur Gründung einer Innengesellschaft voraus.

a) Gemeinsamer Zweck

Als Zweck einer Gesellschaft kommt grundsätzlich jede erlaubte Zielsetzung in Betracht (wirtschaftlich, ideell).[80] Bei Ehegatten, die in Zugewinngemeinschaft leben, kann nur in seltenen Fällen der Bestand einer Innengesellschaft angenommen werden, weil der im Fall der Scheidung gebotene Vermögensausgleich in der Regel bereits durch die Vorschriften über den Zugewinnausgleich gesichert ist; die Vorstellung der Ehegatten, über den Zugewinnausgleich an dem gemeinsam Erarbeiteten teilzuhaben, wird vielfach dagegen sprechen, ihr Verhalten hinsichtlich ihrer gemeinsamen Arbeit oder Wertschöpfung als Abschluss eines Gesellschaftsvertrags auszulegen.[81] Wesentliche Voraussetzung für die Annahme einer durch schlüssiges Verhalten zu Stande gekommenen Ehegatteninnengesellschaft ist ein über die Verwirklichung der Ehegemeinschaft hinausgehender Zweck (z.B. wenn die Eheleute durch den Einsatz von Vermögenswerten und Arbeitsleistungen gemeinsam ein Unternehmen aufbauen oder gemeinsam eine berufliche oder gewerbliche Tätigkeit ausüben).[82]

Da es bei der nichtehelichen Lebensgemeinschaft an einem Auffang-Ausgleichsmechanismus wie dem Zugewinnausgleich fehlt, lässt der BGH es genügen, dass die Partner die Absicht verfolgt haben, mit dem Erwerb des Vermögensgegenstandes einen – wenn auch nur wirtschaftlich[83] – gemeinschaftlichen Wert zu schaffen, der von ihnen für die Dauer der Partnerschaft nicht nur gemeinsam genutzt werden würde, sondern ihnen nach ihrer Vorstellung auch gemeinsam gehören sollte.[84] Der gemeinsame Zweck muss, anders als in der Zugewinngemeinschaft, nicht über den typischen Rahmen der Lebensgemeinschaft[85] hinausgehen.[86] Mit dem Bau der Blockhütte wurde jedenfalls ein gemeinsamer Vermögensgegenstand von erheblichem Wert geschaffen.

b) Rechtsbindungswille

Erforderlich ist zudem Rechtsbindungswille, eine rein faktische Willensübereinstimmung genügt nicht.[87] Gerade weil die nichteheliche Lebensgemeinschaft im Ansatz eine

---

80 Staudinger/*Habermaier*, Neubearb. 2003, § 705 Rn 18.

81 BGH, NJW 2006, 1269 Rn 12.

82 BGH, NJW 2006, 1269 Rn 13.

83 Dass – wie hier – ein Partner Alleineigentum an dem Grundstück erwirbt, steht einem Rückgriff auf die §§ 705 ff BGB also nicht entgegen, die dingliche Rechtslage kann in den Hintergrund treten – vgl. KG FamRZ 2010, 476 Rn 37 mwN.

84 So etwa BGH, Urteil vom 13. 4. 2005 – XII ZR 296/00, BeckRS 2005, 06906 = NJW-RR 2005, 1089; BGH, NJW 2005, 1090; BGHZ 177, 193 Rn 20; BGHZ 183, 242 Rn 22.

85 Ugs.: über „Tisch und Bett".

86 BGH, NJW 2004, 59; BGHZ 177, 193 Rn 20.

87 Nicht mehr – früher ließ die Rspr. faktische Willensübereinstimmung genügen. Vgl für die heutige Rechtslage *Gernhuber/Coester-Waltjen*, Familienrecht, 6. Aufl 2010, § 44 Rn 14 mit

Verbindung ohne Rechtsbindungswillen darstellt, ist ein solcher für die Anwendung gesellschaftsrechtlicher Regelungen erforderlich.[88] Vom Vorliegen eines Rechtsbindungswillens kann daher nicht ohne weiteres ausgegangen werden, zumal wenn der Gesellschaftszweck – wie hier – nicht über den üblichen Rahmen der nichtehelichen Lebensgemeinschaft hinausgeht.[89] Wenn der Gesellschaftszweck über die Verwirklichung der nichtehelichen Lebensgemeinschaft nicht hinausgeht, bestehen „grundsätzlich Zweifel" am Rechtsbindungswillen.[90] Ein wesentlicher Beitrag eines Partners für einen im Alleineigentum des anderen stehenden Vermögensgegenstand kann aber in der Gesamtwürdigung einen Anhaltspunkt für das Bestehen des Rechtsbindungswillens bilden.[91]

Danach ist die Annahme eines Rechtsbindungswillens hier sehr problematisch. Außer dem Umstand, dass die getätigten Beiträge des M von erheblichem Wert waren, gibt es keinen weiteren Umstand, der auf den Abschluss einer GbR schließen lässt. Nähme man hier einen entsprechenden Rechtsbindungswillen an, liefe es darauf hinaus, bei größeren finanziellen Investitionen eines Partners regelmäßig eine GbR anzunehmen und somit Verträge dort zu unterstellen, wo eventuell bewusst keine geschlossen wurden. Ein Rechtsbindungswille kann danach hier nicht festgestellt werden, Ansprüche aus §§ 705 ff. BGB scheiden aus.[92]

3. Anspruch aus Leistungskondiktion aus § 812 I 1 Alt. 1 BGB

Ein Anspruch aus Leistungskondiktion aus § 812 I 1 Alt. 1 BGB setzt voraus, dass eine Leistung ohne Rechtsgrund erbracht worden ist. Leistungen in der nichtehelichen Lebensgemeinschaft erfolgen zwar regelmäßig nicht auf Grundlage eines konkreten Verpflichtungsvertrags. Gleichwohl kann auch ein Rechtsgrund ohne Verpflichtungsvertrag in der bloßen Abrede der Parteien liegen, dass der Empfänger die Leistung behalten dürfen soll (sog. Rechtsgrundabrede).[93] Zuwendungen in der nichtehelichen Lebensgemeinschaft sind daher nicht ohne Rechtsgrund, wenn sie für die nichteheliche Lebensgemeinschaft, als Grundlage für das gemeinsame Zusammenleben erbracht werden.[94]

Hinw. auf BGHZ 165, 1, 10 = FamRZ 2006, 607; BGHZ 177, 193 Rn 18, 30; BGH, FamRZ 2008, 1828 Rn 10, 23; BGH, FamRZ 2008, 247 Rn 17. Zu den Problemen dieses Ansatzes *Dethloff*, JZ 2009, 418, 419.

88 BGH, Urt. v. 31. 10. 2007, XII ZR 261/04, FamRZ 2008, 247 = NJW 2008, 443 Rn 17; BGHZ 165, 1, 10.

89 BGHZ 177, 193, 201 Rn 22; BGHZ 183, 242 Rn 22.

90 BGHZ 177, 193 Rn 22.

91 *Gernhuber/Coester-Waltjen*, Familienrecht, 6. Aufl 2010, § 44 Rn 15 mwN.

92 Die gegenteilige Ansicht ist vertretbar. Nur sollte die Argumentation dann nicht darauf hinauslaufen, dass eine GbR nur geschlossen worden sein muss, weil Arbeitsleistungen von erheblichem Wert erbracht wurden. Dies würde angesichts der negativen Vertragsfreiheit, angesichts des Umstands, dass die Partner jederzeit eine Vereinbarung hätten treffen können und angesichts des Umstands, dass nach der jüngsten Rechtsprechung die *condictio ob rem* und die *clausula rebus sic stantibus* zur Verfügung stehen können (s. sogleich) zu kurz greifen. Es würde auch der bewussten Abkehr der Rspr. von der faktischen Willensübereinstimmung (s. o. Fn 87) nicht gerecht.

93 Vgl *Larenz/Canaris*, SchR II/2 § 67 III 1 b, c.

94 *Gernhuber/Coester-Waltjen*, Familienrecht, 6. Aufl 2010, § 44 Rn 16.

So lag es hier, denn M erbrachte die Leistungen als Beitrag zur Gemeinschaft. Es bestand daher zumindest eine Rechtsgrundabrede in diesem Sinne[95] für die Arbeitsleistungen des M.

4. Anspruch aus Zweckverfehlungskondiktion (§ 812 I 2 Alt. 2 BGB)[96]

Fraglich ist, ob ein Anspruch aus Zweckverfehlungskondiktion (§ 812 I 2 Alt. 2 BGB[97]) besteht. Danach besteht für den Empfänger einer Leistung die Pflicht zur Herausgabe der Zuwendung, sofern der mit der Leistung nach dem Inhalt des Rechtsgeschäfts bezweckte Erfolg nicht eingetreten ist.[98]

a) Ausnahme vom Grundsatz der Nichtausgleichung möglich

Mit dem Grundsatz der Nichtausgleichung[99] hatte die Rechtsprechung bis 2008 Ansprüche aus § 313 und § 812 BGB außerhalb tatsächlich abgeschlossener Verträge (v.a. Gesellschaftsverträge) abgewehrt. Der Grundsatz, dass die Partner einer gescheiterten nichtehelichen Lebensgemeinschaft ihre persönlichen und wirtschaftlichen Leistungen nicht gegeneinander aufrechnen könnten, stehe der Annahme entgegen, das Scheitern der nichtehelichen Lebensgemeinschaft lasse die Geschäftsgrundlage für die bisher erbrachten Leistungen bzw. vereitele das Eintreten des bezweckten Erfolges. Regelten die Partner einer nichtehelichen Lebensgemeinschaft ihre Beziehungen nicht besonders, so handele es sich um einen rein tatsächlichen Vorgang, der keine Rechtsgemeinschaft begründe.[100] Nach langer Kritik der Literatur vollzog der BGH im Juli 2008 eine

---

95 Zum Kooperationsvertrag s.u. 5.b.
96 Zur Prüfungsreihenfolge von § 812 I 2 Alt. 2 und § 313 BGB: Das Verhältnis der beiden Institute ist – schon allgemein – unklar und in der Lit. umstritten (soweit ein Vorrang des einen oder anderen Instituts vertreten wird und soweit die Überschneidungen der Anwendungsbereiche der beiden Institute untersucht werden). Für unseren speziellen Fall der Rückabwicklung unter nichtehelichen Lebensgefährten ist die Rspr. des BGH bislang unaufschlussreich. Im Urt. v. 9. 7. 2008, XII ZR 179/05, FamRZ 2008, 1822 = BGHZ 177, 193 prüft der BGH § 812 I 2 Alt. 2 BGB vor § 313 (vgl. Rn 34ff, 40ff; diesem Aufbau folgt KG FamRZ 2010, 476 und plädiert wohl für Subsidiarität von § 313 BGB in Rn 40), in BGH, Urt. v. 3. 2. 2010 – XII ZR 189/06 = FamRZ 2010, 958 (vgl Rn 17ff und 47ff) und in BGHZ 183, 242 (vgl Rn 24ff und 32ff) ist die Reihenfolge umgekehrt. In FamRZ 2010, 958 weist der BGH, ohne ins Detail zu gehen, die Überlegung des OLG zurück, die Abwicklung nach § 313 BGB habe Vorrang (Rn 47). Auch in BGHZ 177, 193 deutet er in diese Richtung – § 313 BGB käme in Betracht, wenn sich eine Zweckabrede iSv § 812 I 2 Alt. 2 BGB nicht feststellen lässt (Rn 40). Dennoch könnte die Sprache des BGH in den einschlägigen neueren Urteilen auch i.S.v. Anspruchskonkurrenz ausgelegt werden ("daneben", "und", "auch"). In keinem der Fälle musste der BGH eine abschließende Verhältnisbestimmung vornehmen, weil jeweils für weitere Feststellungen an die Vorinstanz zurückverwiesen wurde. Die Anmerkungsliteratur hat erste Überlegungen dazu angestellt, eine umfassende Klärung des Verhältnisses steht noch aus. Im Folgenden werden die Ansprüche daher lediglich in der Reihenfolge dargestellt, in der der BGH sie im jeweils zugrundeliegenden Urteil behandelt hat.
97 Synonym werden verwendet: Rückforderung wegen Nichterfolgs, *condictio causa data causa non secuta* und *condictio ob rem*, s. Staudinger/*Lorenz*, Neubearb. 2007, § 812 BGB Rn 80.
98 BGHZ 177, 193 Rn 34.
99 S. o. Teil 3.
100 BGH, FamRZ 2008, 247 = NJW 2008, 443 Rn 18 mwN (s. schon oben Fn 66).

Kehrtwende. Er erkennt nun an, dass bei denjenigen Leistungen, die den Rahmen der täglichen Erhaltung der nichtehelichen Lebensgemeinschaft überschreiten und bei einem Partner zur Bildung von die Beendigung der nichtehelichen Lebensgemeinschaft überdauernden Vermögenswerten geführt haben, ein rechtlich schutzwürdiges Ausgleichsbedürfnis bestehen und es in diesen Fällen über §§ 313 und 812 BGB bei Erfüllung ihrer Voraussetzungen zu einem Ausgleich kommen kann.[101]

Abgrenzungslinie zu den nicht ausgleichsfähigen laufenden Zuwendungen[102] ist die dauerhafte, sich im Vermögen auch bei Trennung noch widerspiegelnde Wertschöpfung.[103] Ferner muss die Zuwendung – nach den jeweiligen Verhältnissen – erheblich sein.[104] Allerdings kann auch eine größere Einmalzahlung noch als gemeinschaftsbezogene Zuwendung zum täglichen Bedarf der nichtehelichen Lebensgemeinschaft verstanden werden – etwa wenn ein Partner nicht zu den laufenden Kosten beiträgt, sondern stattdessen gelegentlich größere Einmalzahlungen erbringt; er kann insofern nicht besser gestellt werden als derjenige Partner, dessen Aufwendungen den täglichen Bedarf decken oder der sonst erforderlich werdende Beiträge übernimmt.[105] Das Grundstück mit Ferienhaus ist ein dauerhafter Vermögensgegenstand, in dem sich die Arbeit des M mit einer Werterhöhung von € 30.000 dauerhaft niedergeschlagen hat.

b) Leistung und Zweckabrede[106]

Erforderlich ist eine Mehrung des Vermögens der F durch M, die auf einen Zweck gerichtet ist, der Gegenstand einer Vereinbarung zwischen F und M war.

Leistung iSd Kondiktionen des § 812 I BGB ist die bewusste zweckgerichtete Mehrung fremden Vermögens.[107] Mit den wertsteigernden Arbeitsleistungen hat M das Vermögen der F bewusst vermehrt. Anders als bei der condictio indebiti (§ 812 I 1 Alt. 1 BGB) bezieht sich der *Zweck* der Leistung hier auf ein anderes, minderes Kausalverhältnis (die Zweckabrede, s. sogleich); der Leistende muss mit seinem Verhalten einen konkreten, tatsächlichen Erfolg gemäß der Zweckabrede bezweckt haben.[108]

Fraglich ist daher, ob zwischen M und F eine Zweckabrede iSd § 812 I 2 Alt. 2 BGB bestand. Der *Inhalt* der Zweckabrede besteht nach dem BGH in Fällen wie diesem dar-

---

101 BGHZ 177, 193 Rn 25f, 33.
102 Für sie gilt weiterhin der Grundsatz der Nichtausgleichung, s.o. Teil 3.
103 *Gernhuber/Coester-Waltjen*, Familienrecht, 6. Aufl 2010, § 44 Rn 22 und BGHZ 177, 193 Rn 26. Nicht ausgleichsfähig sind daher (wie oben Teil 3) die täglichen Beiträge zur Gemeinschaft, zur Haushaltsführung, Verpflegung, Kleidung, Miete, für die alltäglichen Bedürfnisse.
104 So KG FamRZ 2010, 476 Rn 41 (indes i.R.v. § 313 BGB).
105 So BGH, Urt. v. 31. 10. 2007, XII ZR 261/04, FamRZ 2008, 247 = NJW 2008, 443 Rn 23 für eine Summe von knapp € 40.000 mit der Bezeichnung „Umbuchung".
106 Eine klare Trennlinie zwischen der Zweckabrede und der Geschäftsgrundlage (s. sogleich) ist in der Rechtsprechung kaum auszumachen – s. *Gernhuber/Coester-Waltjen*, Familienrecht, 6. Aufl 2010, § 44 Rn 23; *Dethloff*, JZ 2009, 418, 419f. Die Zweckabrede ist auf die langfristige Partizipation an dem Vermögensgegenstand (die den Bestand der nichtehelichen Lebensgemeinschaft voraussetzt) gerichtet, die Geschäftsgrundlage liegt im langfristigen Bestand der nichtehelichen Lebensgemeinschaft (mit der die langfristige Partizipation einhergeht). In den typischen Fallgestaltungen sind die zwei Überlegungen praktisch bislang kaum unterscheidbar.
107 Jauernig/*Stadler*, 13. Aufl 2009, § 812 Rn 2ff mwN.
108 BeckOK/Bamberger/Roth/*Wendehorst*, Stand 1. 10. 2007, § 812 Rn 86f.

in,[109] dass die Lebensgefährten zwar nicht die Schaffung eines gemeinsamen Vermögensgegenstandes, aber eine langfristige Partizipation beider Lebensgefährten an demselben bezwecken.[110] Dem genügen die Vorstellungen des M, für sich und F einen schönen Ort schaffen zu wollen.

Fraglich ist aber, ob dem Sachverhalt hinreichende Anhaltspunkte für eine *konkrete* *Zweckabrede* entnommen werden können.[111] Das allgemeine Zusammenleben im Zeitpunkt der Zuwendung genügt nicht,[112] ebensowenig einseitige Vorstellungen.[113] Für die Zweckabrede (stillschweigende Einigung) kann die von dieser Absicht i) erkennbar getragene Zuwendung und ii) die beanstandungslose Annahme der Zuwendung iii) in Kenntnis des verfolgten Zwecks[114] genügen.[115] Die Anforderungen an die Zweckabrede sind also relativ hoch.[116] Dem Sachverhalt ist zu den Kriterien i) und ii) – ob Ms Zuwendung *erkennbar* von der Absicht langfristiger Partizipation getragen war, ob F die Zuwendung *in Kenntnis* dieser Absicht annahm – kaum etwas zu entnehmen. Möchte man nicht ausschließlich mit auf allgemeinen Erfahrungssätzen basierenden Fiktionen arbeiten, sollte eine Zweckabrede hier abgelehnt werden.

5.   Anspruch wegen Wegfalls der Geschäftsgrundlage (§ 313 BGB)

Fraglich ist, ob ein Anspruch wegen Wegfalls der Geschäftsgrundlage (§ 313 BGB) besteht. Wie oben (4.a.) ist nach der jüngeren Rechtsprechung und für den hier vorliegenden Typus von Arbeitsleistung eine Ausnahme vom Grundsatz der Nichtausgleichung möglich.

---

109   BGHZ 177, 193 Rn 34 ff; *Gernhuber/Coester-Waltjen,* Familienrecht, 6. Aufl 2010, § 44 Rn 23.
110   BGHZ 177, 193 Rn 35; BGH, FamRZ 2009, 849 Rn 15 (mit den Beispielen Fortbestand der Lebensgemeinschaft, fortdauernde unentgeltliche Nutzung der mit Mitteln beider von einem erworbenen Wohnung); BGHZ 183, 242 Rn 34; zust. *M. Schwab,* FamRZ 2010, 1701 (1702); s. a. *Gernhuber/Coester-Waltjen,* Familienrecht, 6. Aufl 2010, § 44 Rn 23.
111   Hinsichtlich der genauen Anforderungen an die Zweckabrede bestehen über das im Folgenden Referierte hinaus bislang noch viele Unklarheiten (Details bleiben „im Dunkeln" – *Wellenhofer,* LMK 2010, 304950; Verhältnisbestimmung zu § 313 BGB ist „sibyllinisch" – *Hoppenz,* FamRZ 2010, 1027 (1027); gleich sieben Fragezeichen stellt *Wever,* FamRZ 2010, 1047 (1050) auf).
112   BGH, FamRZ 2009, 849 Rn 15; *Grädler/Nitze,* ZGS 2009, 36, 39.
113   BGHZ 177, 193 Rn 34; BGHZ 183, 242 Rn 33.
114   Kennenmüssen genügt nicht. Die Ausführungen des BGH in diesem Punkt lassen Klarheit vermissen, s. näher *Grädler/Nitze,* ZGS 2009, 36, 39, 41; *Gernhuber/Coester-Waltjen,* Familienrecht, 6. Aufl 2010, § 44 Rn 23.
115   BGHZ 177, 193 Rn 34; BGH, FamRZ 2009, 849 Rn 15; BGHZ 183, 242 Rn 33; s. a. *Gernhuber/Coester-Waltjen,* Familienrecht, 6. Aufl 2010, § 44 Rn 23.
116   Die Bewertung der berufungsinstanzlichen Ausführungen in BGH, FamRZ 2009, 849 Rn 8–10, 14 legt nahe, dass das Vorliegen einer konkreten Zweckabrede nicht ohne weiteres bejaht werden kann und dieses Erfordernis eine spürbare Hürde in den üblichen Fallkonstellationen – die eben klare Abmachungen vermissen lassen – darstellt. Bedenken hins. der Feststellbarkeit konkreter Zweckabreden auch bei *Bruch,* MittBayNot 2009, 142, 143 und *Dethloff,* JZ 2009, 418, 419; *Gernhuber/Coester-Waltjen,* Familienrecht, 6. Aufl 2010, § 44 Rn 23. Restriktive Handhabung bei KG FamRZ 2010, 476 Rn 39. In diesem Sinne wohl auch *Hoppenz,* FamRZ 2010, 1027 (1027) – Bereicherungsanspruch soll nur ausnahmsweise bestehen.

Hilbig

a) Vertrag

Zwischen M und V müsste ein Vertrag bestanden haben. Wenn Arbeitsleistungen erbracht werden, die über Gefälligkeiten und über das, was das tägliche Zusammenleben erfordert, weit hinausgehen und zu einem messbaren und noch vorhandenen Vermögenszuwachs des anderen Partners geführt haben, kann auf einen stillschweigend zustande gekommenen besonderen familienrechtlichen Vertrag (sog. Kooperationsvertrag) geschlossen werden.[117]

Hier hat M innerhalb eines Jahres 2.000 Stunden Arbeit investiert; bei maximal ca. 250 regulären Arbeitstagen pro Jahr[118] bedeutet dies eine Arbeitsbelastung von ca. acht Stunden pro Arbeitstag. Das ist eine Menge, die Ms Arbeitskraft zu einem hohen Teil, wenn nicht ausschließlich vereinnahmt hat und die weit über das Übliche oder Gefälligkeiten hinausging. Die Leistung hat zu einer dauerhaften und messbaren Wertsteigerung des Grundstücks geführt.

b) Wegfall der Geschäftsgrundlage

Die Geschäftsgrundlage müsste weggefallen sein. Geschäftsgrundlage des Kooperationsvertrages war die Vorstellung oder Erwartung, die Lebensgemeinschaft, deren Ausgestaltung die Zuwendung diente, werde Bestand haben (sog. tatsächliches Element).[119] Denn M und F haben eine gemeinsame Lebensplanung unternommen, indem sie für den Neubau der Blockhütte für gemeinsame Wochenenden und Urlaube sorgten und sind übereinstimmend von einem fortdauernden Zusammenleben ausgegangen. Erforderlich ist ferner, dass die Parteien bei Kenntnis des künftigen Wegfalls der Grundlage den Vertrag nicht oder nicht wie geschehen abgeschlossen hätten (sog. hypothetisches Element). Es kann davon ausgegangen werden, dass M die Arbeitsleistung nicht erbracht hätte, wenn er vom künftigen Scheitern der Beziehung gewusst hätte.[120] Diese Geschäftsgrundlage entfiel mit der endgültigen Trennung.[121]

c) Unzumutbarkeit

Die Beibehaltung der bisherigen Situation nach Scheitern der Gemeinschaft muss nach Treu und Glauben unzumutbar sein (sog. normatives Element). Die Umstände des Ein-

---

117 BGHZ 177, 193 Rn 42 f. Dieses Konstrukt wird vornehmlich im Rahmen von § 313 BGB herangezogen. M. *Schwab*, FamRZ 2010, 1701 (1702) ist der Ansicht, dass der maßgebliche Unterschied zum Gesellschaftsvertrag der fehlende Rechtsbindungswille sei.

118 Eine Rechnung war nicht gefordert, nur ein grobes Überschlagen (ca. 250 = ca. 5/7 von 365 abzüglich einiger Feiertage).

119 BGHZ 177, 193 Rn 40.

120 Nach BGHZ 177, 193 Rn 32 kann hiergegen nicht mehr eingewendet werden, ein Partner einer nichtehelichen Lebensgemeinschaft müsse wissen, dass die Beziehung jederzeit scheitern könne. Zum einen entspricht das nicht der inneren Einstellung und Erwartung des leistenden Partners. Zum anderen zeigt der Blick auf die hohe Scheidungsquote, dass eine lebenslange Dauer der Beziehung nicht einmal mehr unter Ehegatten vorausgesetzt werden kann, obwohl § 1353 I 1 BGB das Vertrauen in die lebenslange Dauer schützt.

121 Die Geschäftsgrundlage entfällt nicht (und der bezweckte Erfolg wird nicht verfehlt), wenn die Lebensgemeinschaft durch den Tod des Zuwendenden ihr „natürliches Ende" findet (BGHZ 183, 242 Rn 26, 33 f; anders bei Tod des Zuwendungsempfängers: Rn 27).

zelfalls sind abzuwägen, darunter die Dauer der Lebensgemeinschaft, das Alter der Parteien, die Art und der Umfang der erbrachten Leistungen, die Höhe der dadurch bedingten und noch vorhandenen Vermögensmehrung und die beiderseitigen Einkommens- und Vermögensverhältnisse, der mit der Zuwendung angestrebte Zweck und inwieweit er erreicht worden ist, sowie der Umstand, dass der Lebensgefährte die Zuwendung ehedem als richtig erachtet hat.[122]

Alter, Einkommens- und Vermögensverhältnisse von M und F sind nicht bekannt. Mangels Altersangaben der Parteien kann nicht geschätzt werden, wie lange sie ohne das Scheitern ihrer Beziehung das Grundstück gemeinsam genutzt hätten. Die Beziehung hatte eine mittlere Dauer. Für immerhin sieben Jahre (bzw. sechs Jahre nach Bau der Blockhütte) haben die Parteien das Grundstück gemeinsam genutzt.

d) Anspruchsumfang

Wegen Arbeitsleistungen kann keine Bezahlung, sondern nur eine angemessene Beteiligung an dem gemeinsam Erarbeiteten verlangt werden.[123] Der Ausgleichsanspruch ist doppelt begrenzt durch die ersparten Kosten für eine fremde Arbeitskraft (hier: 2.000 x 25 € = € 50.000) und durch den Betrag, um den das Vermögen des anderen zur Zeit des Wegfalls der Geschäftsgrundlage noch vermehrt ist (hier: € 30.000).[124]

Eine abschließende Bezifferung des Anspruchs des M fällt schwer (s. soeben c.).[125] Dem M steht gegen F ein Anspruch wegen Wegfalls der Geschäftsgrundlage – in einer Höhe nicht völlig unerheblich unterhalb von € 30.000 – gegen F zu.[126]

Teil 6: Anspruch E gegen F auf Rückzahlung von € 60.000[127]

1. Anspruch wegen Wegfalls der Geschäftsgrundlage (§ 313 BGB)[128]

E könnten gegen F einen Anspruch auf € 60.000 wegen Wegfalls der Geschäftsgrundlage (§ 313 BGB) haben.

---

122 BGHZ 177, 193 Rn 44; *Gernhuber/Coester-Waltjen*, Familienrecht, 6. Aufl 2010, § 44 Rn 23.
123 BGHZ 84, 361, 368; BGHZ 177, 193 Rn 45.
124 BGHZ 177, 193 Rn 45.
125 Zu welchem Ergebnis die Bearbeiter unter Beachtung der Vorgaben aus c. und d. gelangen, steht ihnen frei; angesichts der dürftigen Angaben im Sachverhalt kann das zahlenmäßige Ergebnis – wie hier – offenbleiben.
126 Es gibt insoweit noch keine gefestigte Rechtsprechung oder Literatur speziell für nichteheliche Lebensgemeinschaften. Vgl als Beispiel für die Bezifferung eines solchen Anspruchs aus § 313 BGB KG FamRZ 2010, 476. Das KG greift dort auf frühere oberlandesgerichtliche Rechtsprechung zum Ausgleich unter Ehegatten im Güterstand der Gütertrennung zurück, die häufig auf Ansprüche i. H. v. ¼ bis ½ des Werts der Zuwendung erkannten (vgl Rn 53 mwN) und kommt selbst zu einer hälftigen Erstattung (Rn 56).
127 Nach BGH, Urt. v. 3. 2. 2010 – XII ZR 189/06, BGHZ 184, 190 = FamRZ 2010, 958, s. hierzu nur *Coester-Waltjen*, JK 2010/11, BGB § 313/18; *Schlecht*, FamRZ 2010, 1021; *Hoppenz*, FamRZ 2010, 1027; *Wellenhofer*, LMK 2010, 304950; *Wever*, FamRZ 2010, 1047.
128 Zur Prüfungsreihenfolge von § 313 BGB und § 812 I 2 Alt. 2 BGB s.o. Fn 96. Es könnte auch zunächst ein Anspruch auf Rückzahlung der Darlehensvaluta aus § 488 I 2 BGB geprüft werden. Letztlich mangelt es jedoch an hinreichenden Hinweisen für einen dahingehenden Rechtsbindungswillen der E (und der F), zumal grundsätzlich keine Rückzahlung der Summe vorgesehen war.

Hilbig

a) Geschäft

Zugrundliegendes Rechtsverhältnis könnte eine Schenkung (§ 516 BGB) sein.[129]

aa) Zuwendung

Die Hingabe der € 60.000 führte zu einer dauerhaften Vermögensmehrung der F und einer dauerhafte Vermögensminderung aufseiten der E.[130]

bb) Unentgeltlichkeit

Die Zuwendung ist objektiv unentgeltlich, da F keine Gegenleistung schuldete. Für die Einigung über die Unentgeltlichkeit muss die Zuwendung auch subjektiv unentgeltlich sein.

(1) Wende in der Rechtsprechung zu Schwiegerelternzuwendungen

Die frühere Rspr. nahm für (echte) Schwiegerelternzuwendungen an, dass sie nicht zu einer einseitig begünstigenden und frei disponiblen Bereicherung führten, da sie der ehelichen Lebensgemeinschaft dienen und von ihr abhängig sein sollten. Daher fehlte es nach bisheriger Rspr. an der subjektiven Unentgeltlichkeit.[131] Derartige Zuwendungen wurden also ähnlich wie die zwischen Ehegatten oder Partnern der nichtehelichen Lebensgemeinschaft als unbenannte, ehebezogene Zuwendungen behandelt.

Hiervon wandte sich der BGH im Februar 2010 ab: Einseitige Begünstigung und freie Verfügbarkeit seien keine Voraussetzungen subjektiver Unentgeltlichkeit.[132] Dies zeige die Existenz der Schenkung unter Auflage (§ 525 BGB), bei der eine Verpflichtung zur Leistung der Auflage begründet wird, und der Zweckschenkung, bei der um eines Erfolges willen geschenkt wird, zwar ohne Auferlegung einer einklagbaren Verpflichtung, stattdessen mit der Möglichkeit eines Anspruchs aus § 812 I 2 Alt. 2 BGB.[133]

(2) Übertragbarkeit des Urteils auf die nichteheliche Lebensgemeinschaft

Das Urteil vom Februar 2010 bezog sich auf Ehegatten, nach der Scheidung verlangten die Schwiegereltern die Zuwendung zurück. Fraglich ist, ob die neue Rechtsprechung auch auf nichteheliche Lebensgemeinschaften und „de facto"-Schwiegereltern übertragbar ist.[134]

Im entschiedenen Fall hatten die späteren Schwiegereltern die Summe ein gutes Jahr vor der Eheschließung zugewandt, ein Verlöbnis stand nicht im Raum. Die subjektive Situation der Schwiegereltern des BGH-Falls und der „Schwiegereltern" des vorliegenden Falls war also dieselbe – es gab kein Vertrauen der de facto-Schwieger-

---

129 Vgl BGH, FamRZ 2010, 958, Ls. 1 = Aufgabe v. BGH FamRZ 2006, 394; 1998, 669; BGHZ 126, 259
130 Vgl schon oben Teil 1.3.a.aa mit Fn 14.
131 Siehe BGHZ 129, 259 Rn 12.
132 BGH, FamRZ 2010, 958 Rn 21.
133 BGH, FamRZ 2010, 958 Rn 21. Zu beidem Staudinger/*Wimmer-Leonhardt*, 2005, § 525 Rn 9 u. 16.
134 Es gibt noch keine gefestigte Rspr. und Lit. zu dieser Frage.

eltern auf die Ehe als festen Rechtsrahmen und als Indiz für die Stabilität der Beziehung, da keine Ehe geschlossen oder unmittelbar abzusehen war. Hinzu kommt, dass die große Hürde, die der BGH im entschiedenen Fall überwand – nämlich ob die Wirkungen des Zugewinnausgleichs die Unzumutbarkeit entfallen lassen – bei der nichtehelichen Lebensgemeinschaft von vornherein nicht besteht. Nach hiesiger Ansicht ist die Übertragbarkeit des Urteils auf die nichteheliche Lebensgemeinschaft gut vertretbar.

Eine Schenkung lag vor.[135]

b) Anwendbarkeit des § 313 BGB auf Schenkungen

§ 313 BGB ist auf Schenkungen grundsätzlich anwendbar und insbesondere nicht durch §§ 527f, 530 BGB versperrt.[136] Obwohl sie Spezialfälle des Wegfalls der Geschäftsgrundlage bilden, bleibt der allgemeine Tatbestand außerhalb der von §§ 527f, 530 BGB erfassten Konstellationen anwendbar.[137]

c) Geschäftsgrundlage und Wegfall

Geschäftsgrundlage war der Bestand der nichtehelichen oder ehelichen Lebensgemeinschaft (tatsächliches Element). Denn die E wollten das gemeinsame Leben von M, F und etwaigen Kindern fördern und glaubten fest daran, dass M und F zusammenbleiben und ihre nichteheliche (oder eines Tages eheliche) Gemeinschaft fortführen würden. Wie zwischen Ehegatten in Gütertrennung und neuerdings nichtehelichen Lebensgefährten ist dieses Vertrauen nach der neueren Rechtsprechung schutzwürdig. Die E hätten die Summe nicht zugewandt, wenn sie vom Scheitern der Lebensgemeinschaft gewusst hätten (hypothetisches Element). Die Geschäftsgrundlage für die Schenkung entfiel mit der endgültigen Trennung von M und F.[138]

d) Unzumutbarkeit

Das Festhalten am unveränderten Vertrag müsste unzumutbar sein. (Daran fehlte es nach der alten Rspr. i.d.R. bei Schwiegerelternzuwendungen, wenn Ehegatten in Zu-

---

135 Daher wäre es nicht fernliegend, hier auch den Schenkungswiderruf wegen groben Undanks zu prüfen (§ 530 BGB). Aber ähnlich oben (Teil 1) erreicht die reine Beendigung der nichtehelichen Lebensgemeinschaft mit dem Kind nicht den Grad groben Undanks. Vgl nur OLG Hamm FamRZ 1990, 1232 – nimmt der mit Grundvermögen beschenkte Schwiegersohn noch im Jahr der Schenkung eine ehebrecherische Beziehung auf, die zur Zerrüttung der Ehe führt, liegt darin kein grober Undank. Die Verkehrssitte erwartet nicht, dass ein Verheirateter der Neigung zu intimem Umgang mit einer anderen Frau deswegen nicht nachgibt, weil er von einem engen Angehörigen seines Ehepartners reichlich beschenkt worden ist.

Theoretisch ebenfalls diskutabel wäre eine Schenkung unter Auflage (§ 525 BGB), aber deren Rechtsfolge – die E können die Vollziehung der Auflage verlangen – stimmt nicht mit Es Verlangen überein (vgl *M. Schwab,* FamRZ 2010, 1701 [1701]).
136 BGH, FamRZ 2010, 958 Rn 25.
137 BGH, FamRZ 2010, 958 Rn 27.
138 Für die Ehe: BGH, FamRZ 2007, 877 Rn 15.

Hilbig

gewinngemeinschaft lebten. Auch hiervon wendet sich der BGH in der Entscheidung vom 3. 2. 2010 ab.[139])

Die Zuwendung hatte einen erheblichen Umfang (€ 60.000), so dass ihr Verbleib bei F unzumutbar sein könnte. Auch hier ist eine Gesamtabwägung aller relevanten Umstände unter Billigkeitsgesichtspunkten vorzunehmen.[140] Solange die nichteheliche Lebensgemeinschaft währte und M wie von den E intendiert an der Zuwendung teilhatte, schränkt dies die Unzumutbarkeit ein.[141] Es fehlen die für eine Schätzung, auf welchen Zeitraum gemeinsamen Lebens sich die Schenkung der Schwiegereltern in spe bezog, notwendigen Angaben (Alter von M und F).[142] Zu berücksichtigen wäre auch noch, dass die von den Eltern vorgesehene Grundlage insoweit nicht entfallen ist, als das gemeinsame Kind Kim eventuell weiterhin das Grundstück nutzen können wird.[143] Ferner sind die zu berücksichtigenden beiderseitigen Einkommens- und Vermögensverhältnisse[144] weder für F (s.o.) noch für die E bekannt.

e) Ergebnis

Ein Anspruch wegen Wegfalls der Geschäftsgrundlage steht den E – in einer Höhe nicht völlig unerheblich unterhalb von € 60.000 – gegen F zu. Auch hier fällt eine genauere Bezifferung schwer.[145]

2. Anspruch aus Zweckverfehlungskondiktion (§ 812 I 2 Alt. 2 BGB)

Den E könnte auch ein Anspruch auf € 60.000 wegen Zweckverfehlung (§ 812 I 2 Alt. 2 BGB) zustehen.[146]

a) Anforderungen an den Zweck

Dieser Anspruch scheiterte bis früher typischerweise, weil der BGH für die Zweckabrede einen über die bloße Verwirklichung der (nicht-)ehelichen Gemeinschaft hinausgehenden *Zweck* verlangte. So, wie der BGH dieses Erfordernis für das Verhältnis

---

139 Auf die sehr interessante Argumentation des BGH hierzu (Z 184, 190 = FamRZ 2010, 958 Rn 29–45) soll verzichtet werden, da sie für Fälle, in denen lediglich eine nichteheliche Lebensgemeinschaft und keine Ehe besteht, nicht unmittelbar relevant ist. S. hierzu aus den Anmerkungen etwa *Schlecht,* FamRZ 2010, 1021 (1022 ff).

140 S. schon oben Teil 4.5.d. und e.

141 BGH, FamRZ 1999, 365 Rn 14 mwN (für die Ehe).

142 Im realen Fall wäre eine Schätzung vonnöten (für präzisen Dreisatz *M. Schwab,* FamRZ 2010, 1701 (1703); krit. *Wever,* FamRZ 2010, 1047 [1050]) – hätten M und F 30 Jahre zusammen die Blockhütte genutzt, wäre es offensichtlich unangemessen, den E (oder ihren Erben) nach Ende der nichteheliche Lebensgemeinschaft den vollen Betrag zuzusprechen.

143 Auch eine quantitative Erfassung dieses Umstands setzt Informationen voraus, die hier fehlen (behält F das Grundstück? Nutzt sie es mit K?).

144 BGH, FamRZ 1999, 365 Rn 14 mwN (für die Ehe).

145 Auch hier gibt es hinsichtlich der genauen Höhe der Ausgleichsforderung wenig klare Vorgaben aus der Rspr. oder Lit., wie oben sind die Bearbeiter im Ergebnis der Abwägung relativ frei.

146 Vgl BGH, FamRZ 2010, 958 Ls. 3.

zwischen den Partnern der nichtehelichen Lebensgemeinschaft aufgab,[147] lässt er nun parallel im Falle schenkender Schwiegereltern für einen tauglichen Zweck iSd § 812 I 2 Alt. 2 BGB genügen, dass es ihnen darauf ankam, dass die Zuwendung ihrem Kind M dauerhaft zugutekommen würde.[148]

b) Anforderungen an die Zweckabrede

Auch hier ist eine konkrete Zweckabrede i.S. einer tatsächlichen Einigung erforderlich, die stillschweigend geschlossen werden kann. Wiederum ist eine solche stillschweigende Einigung v.a. dann anzunehmen, wenn der eine Teil mit seiner Leistung einen bestimmten Erfolg bezweckt und der Empfänger dies erkennt und durch die Annahme zu verstehen gibt, dass er die Zweckbestimmung billigt; dann muss der Empfänger, wenn er die Leistung nicht unter der ihm bekannten Voraussetzung annehmen will, dies nach Treu und Glauben offenbaren.[149] Es lässt sich dem Sachverhalt nicht entnehmen, ob die Erwartung der E, die Gemeinschaft werde Bestand haben, kommuniziert wurde oder erkennbar war und erkannt wurde und ob F die Zuwendung daraufhin beanstandungslos hingenommen hat. Das Vorliegen einer Zweckabrede sollte hier daher letztlich verneint werden.[150]

---

147 S.o. Teil 5.4. und BGHZ 177, 193, 206 ff; BGH FamRZ 2009, 849.
148 BGH, FamRZ 2010, 958 Rn 47 ff.
149 BGH, FamRZ 2010, 958 Rn 51.
150 Vgl für Beispiele aus der Rechtsprechung, in denen eine Zweckabrede bejaht wurde, ohne dass der Empfänger angegeben hatte, der Zweck sei für ihn erkennbar gewesen, in denen aber auch sehr viel klarere Anhaltspunkte vorhanden waren: OLG Köln FamRZ 1994, 1242 (Bezeichnung im Vertrag als „Schwiegertochter"; durch den Vertrag vorweggenommene Erbfolge) und OLG Hamm FamRZ 1990, 1232 (vorweggenommene Erbfolge). Hier (wie schon oben Teil 4) werden hohe Anforderungen an den Nachweis des Kennens und beanstandungslosen Annehmens gefordert; wie die Praxis dies in der Zukunft handhaben wird, ist offen. Ein großzügigerer Ansatz findet sich bei *M. Schwab*, FamRZ 2010, 1701 (1703) – für ihn scheint der vom Zuwendenden verfolgte Zweck nachgerade aus der Natur der Sache zu fließen und dem Zuwendungsempfänger „kann [dies] nicht verborgen geblieben sein".

Hilbig

Zivilrecht – Fall 5

Grundstücksprobleme[*]

Von Wiss. Mit. Dr. Jessica Schmidt, LL.M., Jena

> **Grundschule – gutgläubiger einredefreier Erwerb – Gutglaubensschutz gem. § 899 a BGB – Vertretungsmacht kraft Rechtsschein**

Die Klausur wurde im Wintersemester 2009/10 im Examensklausurenkurs der Friedrich-Schiller-Universität Jena angeboten. Schwerpunkt des ersten Teils ist die Geltendmachung von Einreden des Grundstückseigentümers gegen den Grundschuldgläubiger (und dabei speziell die Änderungen durch das RisikobegrenzungsG). Im zweiten Teil geht es um die Auswirkungen des neuen § 899 a BGB auf Grundstücksgeschäfte mit einer GbR.

Sachverhalt

Ottilie Omega (O) hat von ihrem Ehemann nicht nur ein stattliches Kapitalvermögen, sondern auch einige Grundstücke geerbt. In letzter Zeit hatte sie jedoch in Grundstücksangelegenheiten – namentlich mit einem Grundstück in der Parkstraße und einem Grundstück in der Schlossallee in Frankfurt – nicht gerade ein glückliches Händchen.

Zum einen teilte die Locust-GmbH (L-GmbH) der O am 1. 11. 2009 mit, dass sie aus einer (angeblich) zu ihren Gunsten bestehenden Grundschuld i. H. v. 60.000 € an dem Grundstück der O in der Parkstraße in Frankfurt vorgehen wolle.

O hatte die Grundschuld im Januar 2007 zugunsten der B-Bank bestellt. Die Grundschuld war ordnungsgemäß im Grundbuch eingetragen und der Grundschuldbrief war der B-Bank ausgehändigt worden. O hatte in einem gesonderten Sicherungsvertrag mit der B-Bank vereinbart, dass die Grundschuld der Besicherung der Forderung der B-Bank aus dem Kreditvertrag mit ihrer Enkelin Jasmin Jasper (J) dienen sollte.

Hintergrund war, dass J sich nach Abschluss ihres 2. Staatsexamens ihren lang gehegten Traum von einer eigenen Kanzlei erfüllen wollte. Dafür benötigt sie aber ein gewisses Startkapital (laut ihrem „Business Plan" insgesamt 60.000 €). Da J selbst nur über geringe Ersparnisse verfügte, erkundigte sie sich bei der B-Bank wegen eines Kredits. Der Kreditkundenberater der B-Bank erklärte jedoch, dass die B-Bank auf jeden Fall eine Sicherheit benötige. J wandte sich daraufhin an ihre Großmutter O, die sich natürlich sofort bereit erklärte, ihrer Lieblingsenkelin durch die Bestellung einer Grundschuld zu helfen.

J schloss dann im Januar 2007 mit der B-Bank einen Vertrag über einen zinsgünstigen Kredit i. H. v. 60.000,– € ab. Die Rückzahlung sollte in 3 Raten i. H. v. jeweils

---

[*] Die Autorin ist wiss. Mitarbeiterin und Habilitandin am Lehrstuhl von Prof. Dr. Walter Bayer an der Friedrich-Schiller-Universität Jena.

20.000 € zum 31. 12. 2008, 31. 12. 2009 und 31. 12. 2010 erfolgen. Nachdem O die Grundschuld bestellt hatte, zahlte die B-Bank das Geld im Februar 2007 an J aus.

Nach einigen anfänglichen Schwierigkeiten lief die Kanzlei von J recht gut und J zahlte die erste Rate i. H. v. 20.000 € vereinbarungsgemäß am 31. 12. 2008 an die B-Bank zurück.

Im Rahmen ihrer allgemeinen Refinanzierungspraxis hatte die B-Bank die Grundschuld allerdings bereits im April 2008 in einem schriftlichen Vertrag an die Finanzinvestitionsgesellschaft „Locust GmbH" (L-GmbH) abgetreten und dieser auch den Grundschuldbrief übergeben. Dabei war der Geschäftsführer der L-GmbH zwar darüber informiert worden, dass es sich um eine Sicherungsgrundschuld handelt, nicht aber über die Einzelheiten der vertraglichen Abreden.

Am 20. 4. 2009 erhielt die O dann ein Schreiben von der L-GmbH, in dem diese die Kündigung der Grundschuld zum 31. 10. 2009 erklärte. Da sie von der L-GmbH noch nie etwas gehört hatte, machte sich O hierüber jedoch keine großen Gedanken. Als nun jedoch am 1. 11. 2009 seitens der L-GmbH ein Vorgehen aus der Grundschuld angekündigt wird, ist O völlig entsetzt und fürchtet um ihr schönes Grundstück.

Zu allem Überfluss erhielt O am 1. 11. 2009 aber auch noch eine weitere „Hiobsbotschaft" betreffend das Grundstück in der Schlossallee.

Dieses hatte O am 2. 9. 2009 zum Preis von 500.000 € von der „Frankfurter Grundstücks-GbR" (F-GbR) gekauft. Der notariell beurkundete Kaufvertrag enthielt zugleich auch die Auflassungserklärung.

Die F-GbR war seit dem 1. 1. 2008 wie folgt im Grundbuch eingetragen gewesen:

„Frankfurter Grundstücks GbR, Frankfurt a.M., Gesellschaft bürgerlichen Rechts, bestehend aus Anton Ammer, Unternehmer, geb. am 1. 1. 1950, Ammerbach; Bert Bender, Unternehmer, geb. am 2. 1. 1951, Berlin".

Bei Abschluss des notariellen Vertrages wurde die F-GbR durch Anton Ammer (A) und Bert Bender (B) vertreten. Beide legten im Notartermin auch den Gesellschaftsvertrag der F-GbR vor, in dem sie als Gründungsgesellschafter ausgewiesen waren. Hinsichtlich der Vertretung der Gesellschaft waren keine speziellen Regelungen vorgesehen. Es gab jedoch eine Klausel, dass die Veräußerung eines Geschäftsanteils ohne vorherige Zustimmung der übrigen Gesellschafter zulässig ist.

Nachdem O den Kaufpreis bezahlt hatte, wurde sie am 15. 10. 2009 als neue Eigentümerin im Grundbuch eingetragen.

Tatsächlich hatte A seinen Anteil an der F-GbR jedoch bereits im Juli 2009 an Carl Carlsson (C) veräußert. Als C am 1. 11. 2009 von dem Verkauf des Grundstücks an O erfuhr, meldete er sich sofort bei O und machte geltend, dass sie das Grundstück umgehend wieder an die F-GbR herausgeben müsse. Denn nachdem er Gesellschafter der F-GbR geworden war, hätten A und B die F-GbR nicht mehr wirksam vertreten können.

O ist jedoch der Meinung, dass die internen Vorgänge bei der F-GbR sie nichts angingen. Sie habe das Grundstück schließlich redlich erworben; J habe ihr doch gerade erst erfreut berichtet, dass man jetzt bei Grundstücksgeschäften mit einer GbR viel besser geschützt sei als früher. Falls sie das Grundstück aber doch herausgeben müssen sollte, möchte sie jedenfalls ihren Kaufpreis von der F-GbR zurück haben.

Schmidt

Aufgabe:

1. Kann die L-GmbH aus der Grundschuld an dem Grundstück in der Parkstraße vorgehen?
2. Kann die F-GbR von O Herausgabe des Grundstücks in der Schlossallee verlangen? Wenn ja, kann O von der F-GbR die Rückzahlung des Kaufpreises verlangen?

Gliederung der Lösung

Lösung

Teil 1: Das Grundstück in der Parkstraße

1.   Anspruch der L-GmbH gegen O auf Duldung der Zwangsvollstreckung gem. §§ 1192 I, 1147 BGB

Die L-GmbH könnte gegen O einen Anspruch auf Duldung der Zwangsvollstreckung gem. §§ 1192 I, 1147 BGB haben. Dies setzt voraus, dass die L-GmbH Inhaberin der Grundschuld ist und die Grundschuld fällig und einredefrei ist.

a)   L-GmbH als Inhaberin der Grundschuld

Die L-GmbH könnte die Grundschuld von der B-Bank erworben haben.

aa)   Entstehung einer Grundschuld i. H. v. 60.000 € am Grundstück in der Parkstraße zugunsten der B-Bank

Fraglich ist zunächst, ob zugunsten der B-Bank überhaupt wirksam eine Grundschuld i. H. v. 60.000,– € am Grundstück der O in der Parkstraße entstanden ist. Voraussetzung für die Entstehung einer Briefgrundschuld ist neben der Einigung zwischen Grundschuldinhaber und Besteller (§§ 873 I, 1191 I BGB) und der Eintragung im Grundbuch (§§ 873 I, 1192 I, 1115 BGB) die Übergabe des Grundschuldbriefs (§§ 1192 I, 1117 I BGB). Die Existenz einer zu sichernden Forderung ist – anders als bei der Hypothek (vgl. § 1113 I BGB) – keine Wirksamkeitsvoraussetzung;[1] die Grundschuld ist nicht akzesso-

---

[1] *Baur/Stürner,* SachenR, 18. Aufl 2009, § 44 Rn 8; *Eickmann,* in: MünchKomm-BGB, 5. Aufl 2009, § 1191 Rn 1.

Schmidt

risch (vgl. §§ 1192 I a.E. BGB). O und die B-Bank haben sich über die Entstehung einer Grundschuld i. H. v. 60.000 € am Grundstück der O in der Parkstraße zugunsten der B-Bank geeinigt und der B-Bank wurde auch der Grundschuldbrief übergeben. Die Grundschuld ist somit wirksam zugunsten der B-Bank entstanden.

bb) Entstehen einer Eigentümergrundschuld durch Zahlung der J an die B-Bank

Dadurch, dass J am 31. 12. 2008 die erste Rate i. H. v. 20.000 € an die B-Bank zurückahlte, könnte sich die Grundschuld jedoch in dieser Höhe in eine Eigentümergrundschuld umgewandelt haben.

Durch Zahlung auf die Grundschuld entsteht nach allgemeiner Meinung eine Eigentümergrundschuld. Ob man dies – wie der BGH[2] – auf eine Analogie zu §§ 1142, 1143 BGB[3] stützt oder eine Analogie zu § 1163 I 2 BGB[4] oder §§ 1168, 1170 BGB[5] präferiert, kann angesichts des allgemeinen Konsenses über das Ergebnis dahinstehen.

Fraglich ist jedoch, ob J hier überhaupt auf die Grundschuld gezahlt hat. Zahlt der vom Eigentümer verschiedene Schuldner, so ist dies auf Grund der Interessenlage der Parteien – vorbehaltlich einer abweichenden ausdrücklichen Tilgungsbestimmung – grundsätzlich als eine Zahlung ausschließlich auf die Forderung anzusehen.[6] Für eine ausdrückliche Tilgungsbestimmung dahingehend, dass (auch) auf die Grundschuld geleistet werden soll, ist hier nichts ersichtlich. J leistete mithin ausschließlich auf die Forderung.

Dadurch ist die Darlehensforderung zwar gem. § 362 I BGB partiell erloschen; die sie sichernde Grundschuld bleibt jedoch auf Grund der fehlenden Akzessorietät zur Forderung unberührt.[7] Die Zahlung der J führte nach alledem nicht zur Entstehung einer Eigentümergrundschuld i. H. d. Teilbetrages von 20.000 €.

cc) Übertragung der Grundschuld von der B-Bank auf die L-GmbH

Die B-Bank müsste die Grundschuld wirksam auf die L-GmbH übertragen haben. Die Übertragung einer Briefgrundschuld erfolgt gem. §§ 1192 I, 1154 I, 413, 398 BGB durch schriftliche Übertragungserklärung und Übergabe des Grundschuldbriefs.[8] Beide Voraussetzungen wurden hier gewahrt. Dass die Forderung nicht mit übertragen wurde, ist irrelevant, denn die Grundschuld ist gerade nicht akzessorisch.[9]

Dem Erwerb der Grundschuld durch die L-GmbH könnte jedoch möglicherweise ein vertragliches Abtretungsverbot (§§ 399 Alt. 2, 413 BGB) entgegenstehen. O und die

---

2 BGH NJW 1976, 2340; BGH NJW 1986, 2108, 2111 f; BGH NJW-RR 2003, 11, 12.

3 So *Wenzel*, in: Erman, BGB, 12. Aufl 2008, § 1191 Rn 3; *Eickmann* (Fn 1), § 1191 Rn 107; *Baur/Stürner* (Fn 1), § 44 Rn 24.

4 Dafür etwa *Lopau* JuS 1976, 315 Fn 1; *Küchler* Die Sicherungsgrundschuld, 1939, S. 37.

5 Dafür etwa *Prütting*, SachenR, 34. Aufl 2010, Rn 765.

6 Vgl *Wenzel* (Fn 3), § 1191 Rn 92; *Eickmann* (Fn 1), § 1191 Rn 120; *Baur/Stürner* (Fn 1), § 45 Rn 47 ff; *Medicus/Petersen*, Bürgerliches Recht, 22. Aufl 2009, § 21 Rn 501.

7 BGH NJW 2003, 11, 12.

8 *Staudinger* in: Schulze/Dörner/Ebert, BGB, 6. Auflage 2009, § 1191 Rn 14.

9 Vgl *Bassenge* in: Palandt, 70. Aufl 2011, § 1191 Rn 13, 22.

B-Bank haben zwar nicht ausdrücklich ein Abtretungsverbot vereinbart. Ein solches könnte sich jedoch konkludent aus der zwischen O und der B-Bank geschlossenen Sicherungsvereinbarung ergeben. Im Schrifttum wird von einigen Autoren die Auffassung vertreten, dass es einer solchen Sicherungsvereinbarung ihrem Wesen nach immanent sei, dass die isolierte Abtretung der Forderung und/oder der Grundschuld im Innenverhältnis zwischen Sicherungsgeber und Sicherungsnehmer ausgeschlossen sein soll, weil sie den Rückgewähranspruch gefährden könnte.[10] Andere lehnen eine solche Interpretation jedoch als Widerspruch zum Prinzip der Nichtakzessorietät der Grundschuld ab.[11] Jedenfalls ergebe sich aus dem Sicherungscharakter lediglich eine schuldrechtliche Verpflichtung, nicht aber ein dinglich wirkendes Abtretungsverbot.[12] Die Kontroverse braucht hier jedoch letztlich nicht entschieden zu werden, denn ein derartiges Abtretungsverbot müsste als Inhaltsänderung der Grundschuld jedenfalls gem. § 877 BGB ins Grundbuch eingetragen werden;[13] dies ist hier aber gerade nicht erfolgt.

dd) Zwischenergebnis

Die L-GmbH hat die Grundschuld i. H. v. 60.000 € somit wirksam von der B-Bank erworben.

b) Fälligkeit der Grundschuld

Die Grundschuld müsste jedoch auch fällig sein. Gem. § 1193 I BGB wird die Grundschuld erst nach vorgängiger Kündigung fällig (S. 1); die Kündigungsfrist beträgt 6 Monate (S. 3).[14] Hier hat die L-GmbH die Grundschuld zum 31. 10. 2009 gekündigt; da die Kündigungserklärung der O bereits am 20. 4. 2009 zuging, ist die Sechsmonatsfrist gewahrt. Als Zessionarin war die L-GmbH auch zur Kündigung berechtigt. Die Grundschuld ist mithin fällig.

c) Einredefreiheit

Die Grundschuld müsste aber auch einredefrei sein.

aa) Mangelnde Fälligkeit der Forderung

Fraglich ist zunächst, ob O der L-GmbH die mangelnde Fälligkeit der (restlichen) Darlehensforderung entgegenhalten kann (die weiteren Raten sind erst am 31. 12. 2009 bzw. 31. 12. 2010 fällig).

---

10 So *Eickmann* (Fn 1), § 1191 Rn 98; *Huber,* Die Sicherungsgrundschuld, 1965, S. 155.
11 Vgl *Graziano/A. Schmidt* JURA 2007, 211, 212.
12 Vgl BGH NJW 1982, 2768, 2769; BGH NJW-RR 1991, 305; *Baur/Stürner* (Fn 1), § 45 Rn 59.
13 Vgl *Baur/Stürner* (Fn 1), § 45 Rn 59; *Eickmann* (Fn 1), § 1191 Rn 98; *Graziano/A. Schmidt* JURA 2007, 211, 212.
14 Durch das RisikobegrenzungsG (Gesetz zur Begrenzung der mit Finanzinvestitionen verbundenen Risiken (Risikobegrenzungsgesetz) v. 12. 8. 2008, BGBl. I, S. 1666) wurde die 6-monatige Kündigungsfrist für den Fall, dass die Grundschuld der Sicherung einer Geldforderung dient, zwingend ausgestaltet (§ 1193 II 2 BGB n.F.); die in der Kreditpraxis bisher übliche sofortige Fälligstellung der Grundschuld ist damit in diesen Fällen nicht mehr zulässig. Dazu etwa *Derleder* ZIP 2010, 2221, 2222 ff; *Preuß* FS Kanzleiter, 2010, S. 307, 312 ff.

(1) 1192 I iVm § 1137 BGB?

O könnte der L-GmbH die mangelnde Fälligkeit möglicherweise gem. § 1192 I BGB iVm § 1137 BGB entgegenhalten. § 1137 BGB ist jedoch gerade Ausdruck der Akzessorietät der Hypothek und daher nicht über § 1192 I BGB auf die Grundschuld anwendbar.[15]

(2) Einrede aus dem Sicherungsvertrag, §§ 1192 I, 1157 BGB?

Die mangelnde Fälligkeit der (Rest-)Forderung könnte jedoch zugleich eine Einrede aus dem Sicherungsvertrag begründen, welche O der L-GmbH gem. §§ 1192 I, 1157 BGB entgegenhalten kann.

(a) Bestehen einer Einrede aus dem Sicherungsvertrag

Im Sicherungsvertrag zwischen O und der B-Bank ist zwar nicht ausdrücklich vereinbart worden, dass ein Vorgehen aus der Grundschuld an die Fälligkeit der Forderung geknüpft sein soll. Dies ergibt sich jedoch konkludent aus der Sicherungsabrede und dem Sicherungszweck. Ist die Forderung nicht entstanden, erloschen oder einredebehaftet und deshalb noch nicht oder nicht mehr durchsetzbar, so ist der Sicherungszweck nicht gegeben; aus dem Sicherungsvertrag ergibt sich dann die Pflicht des Gläubigers, die Geltendmachung der Grundschuld zu unterlassen.[16] Die mangelnde Fälligkeit der (Rest-)Forderung begründet somit eine Einrede aus dem Sicherungsvertrag.

(b) Anwendbarkeit des § 1157 S. 1 BGB auf Einreden aus dem Sicherungsvertrag

§ 1157 S. 1 BGB müsste aber auf Einreden aus dem Sicherungsvertrag überhaupt anwendbar sein. Dem könnte möglicherweise das Prinzip der Nichtakzessorietät der Grundschuld entgegenstehen.[17] § 1157 BGB beruht allerdings nicht gerade darauf, dass die Hypothek notwendig eine Forderung voraussetzt. § 1157 BGB betrifft nämlich nicht etwa „Einreden, die das Grundpfandrecht selbst in seinem dinglichen Bestand unmittelbar beeinträchtigen",[18] sondern obligatorische Vereinbarungen oder Rechtsverhältnisse, die das dingliche Recht zwar in seinem Bestand nicht unmittelbar betreffen, jedoch dessen Geltendmachung auf Zeit oder für immer ausschließen.[19] Darüber hinaus bleibt die Verbindung zwischen Forderung und Grundpfandrecht bei der Sicherungsgrundschuld auch bei Anwendung des § 1157 BGB noch wesentlich lockerer als bei der Hypothek.[20] § 1157 BGB galt daher schon nach bislang ganz h.M.

---

15 *Wenzel* (Fn 3), § 1137 Rn 7; *Eickmann* (Fn 1), § 1191 Rn 86; *Baur/Stürner* (Fn 1), § 44 Rn 19.
16 *Eickmann* (Fn 1), § 1191 Rn 86; *Graziano/A. Schmidt* JURA 2007, 211, 213 f.
17 Gegen eine Anwendung: OLG Köln OLGZ 1969, 419.
18 So aber OLG Köln OLGZ 1969, 419, 422.
19 Vgl *Eickmann* (Fn 1), § 1157 Rn 7; *Wolfsteiner* in: Staudinger, BGB, Neubearb. 2009, § 1157 Rn 5.
20 Vgl *Graziano/A. Schmidt* JURA 2007, 211, 213.

auch für Einreden aus dem Sicherungsvertrag.[21] Der Gesetzgeber hat dies nun durch
den durch das RisikobegrenzungsG[22] neu eingefügten § 1192 Ia 1 BGB ausdrücklich
bestätigt.[23]

(c) Gutgläubiger einredefreier Erwerb gem. § 1157 S. 2 BGB

Die L-GmbH könnte die Grundschuld jedoch gem. § 1157 S. 2 BGB gutgläubig einredefrei erworben haben.

Gemäß dem durch das RisikobegrenzungsG[24] neu eingefügten § 1192 Ia 1 BGB[25]
können jedoch bei einer Sicherungsgrundschuld – wie sie auch hier vorliegt – Einreden, die dem Eigentümer auf Grund des Sicherungsvertrages mit dem bisherigen
Gläubiger gegen die Grundschuld zustehen oder sich aus dem Sicherungsvertrag ergeben, auch jedem Erwerber der Grundschuld entgegengesetzt werden; § 1157 S. 2 BGB
findet insoweit keine Anwendung.[26]

Ein gutgläubiger einredefreier Erwerb seitens der L-GmbH scheidet mithin aus.

(3) Zwischenergebnis

O kann der L-GmbH die mangelnde Fälligkeit der (Rest-)Forderung somit gem.
§§ 1192 I, 1157 S. 1 BGB als Einrede aus dem Sicherungsvertrag entgegenhalten.

bb) Teilzahlung von 20.000 €

Eine Einrede gem. § 1157 S. 1 BGB könnte O weiterhin auch deshalb zustehen, weil J
am 31. 12. 2008 bereits einen Teilbetrag i. H. v. 20.000 € zurückgezahlt hat.

Nach bislang nahezu einhelliger Meinung fand § 1157 S. 1 BGB allerdings nur auf
solche Einreden Anwendung, deren Tatbestand sich bereits vor der Übertragung der
Grundschuld vollständig verwirklicht hatte.[27] Begründet wurde dies zum einen mit
dem von § 404 BGB abweichenden Wortlaut der Norm („zusteht"),[28] zum anderen
mit der Wertung des § 1156 BGB: Wenn danach die nachträgliche Forderungstilgung
keine Auswirkungen auf den Bestand der (akzessorischen) Hypothek haben soll, so
müsse dies erst recht für die (nicht akzessorische) Grundschuld gelten.[29] Eine (teilwei-

---

21 Vgl *Eickmann* (Fn 1), § 1191 Rn 86; *Graziano/A. Schmidt* JURA 2007, 211, 213.
22 Fn 14.
23 Vgl auch *Meyer* WM 2010, 58, 61; *Preuß* FS Kanzleiter, 2010, S. 307, 310.
24 Fn 14.
25 Die Norm ist gem. Art. 229 § 18 II EGBGB auch anwendbar, da der Erwerb der Grundschuld nach dem 19. 8. 2008 erfolgt ist.
26 Die bisherige Kontroverse, ob es hinsichtlich der Gutgläubigkeit auf die Kenntnis von der
konkreten Einrede (so BGH NJW 1972, 1463; BGH NJW 1988, 1375, 1378; *Baur/Stürner* (Fn 1),
§ 45 Rn 66) ankommt oder ob bereits die Kenntnis des Sicherungscharakters genügt (so etwa
noch RGZ 91, 218, 224 f), hat sich damit insoweit erledigt, vgl. dazu etwa *Bülow* ZGS 2009, 1, 3 f;
Dieckmann NZM 2008, 865, 868 ff; *Preuß* FS Kanzleiter, 2010, S. 307, 310.
27 BGH NJW 1983, 752; BGH NJW-RR 1987, 139, 140; *Wenzel* (Fn 3), § 1191 Rn 57; *Baur/
Stürner* (Fn 1), § 45 Rn 65.
28 Vgl *Wenzel* (Fn 3), § 1191 Rn 57.
29 Vgl *Eickmann* (Fn 1), § 1156 Rn 15; *Meyer* JURA 2009, 561, 564 mwN.

Schmidt

se) Rückzahlung der Forderung erst nach Abtretung der Grundschuld – wie sie auch im vorliegenden Sachverhalt erfolgte – begründete daher keine Einrede gem. § 1157 S. 1 BGB.

Gemäß dem durch das RisikobegrenzungsG[30] neu eingefügten § 1192 Ia BGB kann der Eigentümer dem Zessionar jedoch alle Einreden entgegenhalten, „die dem Eigentümer auf Grund des Sicherungsvertrags mit dem bisherigen Gläubiger gegen die Grundschuld zustehen oder sich aus dem Sicherungsvertrag ergeben". Erfasst sind damit nach dem Wortlaut sowie dem in den Gesetzesmaterialien klar zum Ausdruck kommenden Willen des Gesetzgebers[31] auch solche sicherungsvertraglichen Einreden, die im Zeitpunkt des Übergangs der Sicherungsgrundschuld im Sicherungsvertrag bereits begründet waren, deren Tatbestand aber erst später vollständig verwirklicht wurde.[32] Nach neuer Rechtslage begründet somit insbesondere auch die nachträgliche (partielle) Tilgung der Forderung eine Einrede aus § 1157 S. 1 BGB.[33]

O kann der L-GmbH somit gem. § 1157 S. 1 BGB auch die teilweise Rückzahlung der Forderung i.H.v. 20.000 € als Einrede entgegenhalten.

2. Ergebnis

O kann gegen den Anspruch der L-GmbH auf Duldung der Zwangsvollstreckung gem. §§ 1192, 1147 BGB als Einreden aus dem Sicherungsvertrag gem. § 1157 S. 1 BGB die teilweise Tilgung der Forderung sowie die mangelnde Fälligkeit der (Rest-)Forderung geltend machen.

Teil 2: Das Grundstück in der Schlossallee

1. Anspruch der F-GbR gegen O auf Herausgabe des Grundstücks gem. § 985 BGB

Die F-GbR könnte gegen O einen Anspruch auf Herausgabe des Grundstücks in der Schlossallee gem. § 985 BGB haben. Dies setzt voraus, dass die F-GbR Eigentümerin und O Besitzerin des Grundstücks ohne Recht zum Besitz iSd § 986 BGB ist.

a) Eigentum der F-GbR

Die F-GbR müsste Eigentümerin des Grundstücks sein.

---

30 Fn 14.
31 Vgl Bericht des Finanzausschusses, BT-Drs. 16/9821, S. 16.
32 Vgl *Böhringer*, NJW 2010, 1647, 1648; *Eickmann* (Fn 1), § 1191 Rn 91; *Baur/Stürner* (Fn 1), § 45 Rn 67 a; *Bülow* ZJS 2009, 1, 4; *Meyer* JURA 2009, 561, 564; *ders.* WM 2010, 58, 59; *Nietsch* NJW 2009, 3606, 3607; *Sokolowski* JR 2009, 309, 310; *Preuß* FS Kanzleiter, 2010, S. 307, 310; *Redeker* ZIP 2009, 208, 210; *Staudinger* (Fn 8), § 1192 Rn 4; *Wellenhofer* JZ 2009, 1077, 1082; *Wolfsteiner* (Fn 19), § 1192 Rn 43.
33 Vgl *Bassenge* (Fn 9), § 1192 Rn 3; *Baur/Stürner* (Fn 1), § 45 Rn 67 d; *Bülow* ZJS 2009, 1, 4; *Dieckmann* NZM 2008, 865, 870; *Meyer* JURA 2009, 561, 564; *ders.* WM 2010, 58, 59, 64; *Nietsch* NJW 2009, 3606, 3607; *Staudinger* (Fn 8), § 1192 Rn 4; *Wellenhofer* JZ 2009, 1077, 1082; *Wolfsteiner* (Fn 19), § 1192 Rn 43.

aa) Ursprüngliches Eigentum

Nach neuer Rechtsprechung ist die (Außen-)GbR rechtsfähig[34] und damit auch fähig, Eigentümerin eines Grundstücks zu sein.[35] Die F-GbR war auch als Eigentümerin im Grundbuch eingetragen, so dass ihr Eigentum gem. § 891 I BGB zu vermuten war.

bb) Übereignung des Grundstücks an O

Die F-GbR könnte das Eigentum an dem Grundstück jedoch gem. §§ 873 I, 925 BGB durch Übereignung an O verloren haben.

(1) Einigung

O hat sich am 2. 9. 2009 mit A und B über den Eigentumsübergang an dem Grundstück geeinigt. A und B müssten jedoch auch wirksam als Vertreter der F-GbR gehandelt haben.

(a) Vertretung der F-GbR durch A und B

A und B gaben eine eigene Willenserklärung ab und handelten auch offenkundig im Namen der F-GbR. Fraglich ist jedoch, ob sie auch Vertretungsmacht hatten. Gem. §§ 709, 714 BGB gilt bei der GbR grundsätzlich Gesamtvertretung; der Gesellschaftsvertrag der F-GbR enthielt insoweit auch keine abweichende Regelung. Im Zeitpunkt der dinglichen Einigung war A jedoch gar nicht mehr Gesellschafter der F-GbR, da er seinen Anteil bereits im Juli 2009 an C veräußert hatte. Die F-GbR konnte somit nur gemeinschaftlich durch B und C wirksam vertreten werden.

(b) Gutglaubensschutz gem. § 899 a BGB

A war allerdings noch als Gesellschafter der F-GbR im Grundbuch eingetragen. Gemäß dem durch das ERVGBG[36] neu eingefügten § 899 a S. 1 BGB wird für den Fall, dass eine Gesellschaft bürgerlichen Rechts im Grundbuch eingetragen ist, in Ansehung des eingetragenen Rechts zum einen vermutet, dass diejenigen Personen Gesellschafter sind, die nach § 47 II 1 GBO im Grundbuch eingetragen sind, und zum anderen, dass darüber hinaus keine weiteren Gesellschafter vorhanden sind. Gemäß § 899 a S. 2 BGB n. F. gelten die §§ 892 bis 899 BGB bezüglich der Eintragung der Gesellschafter entsprechend. Nach neuer Rechtslage wird also Gutglaubensschutz im Hinblick auf die eingetragenen Gesellschafter gewährt. Da die GbR grundsätzlich gem. §§ 709, 714 BGB gemeinschaftlich durch sämtliche Gesellschafter vertreten wird, schützt § 899 a BGB damit mittelbar auch den guten Glauben des Erwerbers an die Vertretungsmacht

---

34 Grundlegend: BGH NJW 2001, 1056 (ARGE Weißes Ross).
35 BGH NJW 2006, 2191; BGH NJW 2006, 3716.
36 Gesetz zur Einführung des elektronischen Rechtsverkehrs und der elektronischen Akte im Grundbuchverfahren sowie zur Änderung weiterer grundbuch-, register- und kostenrechtlicher Vorschriften (ERVGBG) v. 11. 8. 2009, BGBl. I, 2713.

Schmidt

der handelnden Gesellschafter, soweit sämtliche Gesellschafter gemeinschaftlich handeln.[37]

Gem. Art. 229 § 21 EGBGB gilt § 899a BGB auch dann, wenn die Eintragung der GbR – wie hier – vor Inkrafttreten des ERVGBG erfolgt ist (also für sog. „Altfälle").[38]

Hier hatte O keine positive Kenntnis davon, dass tatsächlich nicht mehr A, sondern C Gesellschafter der F-GbR war. Ihr gegenüber gilt daher gem. § 899a iVm § 892 I 1 BGB der Inhalt des Grundbuchs (d.h. insbesondere auch die Gesellschafterstellung des A) als richtig. Demzufolge konnte die F-GbR ihr gegenüber auch wirksam gemeinschaftlich durch A und B vertreten werden.

Es liegt folglich eine wirksame dingliche Einigung zwischen O und der F-GbR, vertreten durch A und B, vor.

(2) Eintragung

O wurde am 15. 10. 2009 als neue Eigentümerin im Grundbuch eingetragen.

(3) Berechtigung der F-GbR

Die F-GbR war auch Berechtigte. Dass im Zeitpunkt der Übereignung nicht mehr A und B, sondern B und C Gesellschafter waren, ist insoweit irrelevant; durch den Gesellschafterwechsel wird die Identität der GbR grundsätzlich nicht berührt.[39]

(4) Zwischenergebnis

Die F-GbR hat das Grundstück somit wirksam gem. §§ 873 I, 925 BGB an O übereignet.

b) Ergebnis

Die F-GbR hat demzufolge gegen O keinen Anspruch aus § 985 BGB.

2. Anspruch der F-GbR gegen O auf Herausgabe des Grundstücks gem. § 812 I 1 Alt. 1 BGB

Ein Herausgabeanspruch der F-GbR gegen O könnte sich jedoch aus § 812 I 1 Alt. 1 BGB ergeben.

a) Etwas erlangt

Dies setzt zunächst voraus, dass O etwas erlangt hat. Dies kann jede vermögenswerte Rechtsposition sein.[40] Hier hat O Eigentum und Besitz an dem Grundstück in der Schlossallee erlangt.

---

37 Vgl *Böhringer* Rpfleger 2009, 537, 541; *Kiehnle* ZHR 174 (2010) 209, 215f; *Kuckein/Jenn* NZG 2009, 848, 850; *Lautner* DNotZ 2009, 650, 669f; *Steffek* ZIP 2009, 1445, 1453, 1454f; *Wicke* GWR 2009, 290660.
38 Vgl OLG München NZG 2010, 342; OLG München NJW-RR 2010, 888, 890; OLG Saarbrücken NJW 2010, 384; *Kuckein/Jenn* NZG 2009, 848, 849; *Staudinger* (Fn 8), § 899a Rn 4; *Steffek* ZIP 2009, 1445, 1453.
39 Vgl BGH NJW 2011, 615; *Ulmer/Schäfer*, in: MünchKomm-BGB, 5. Aufl 2009, § 719 Rn 26.
40 Vgl *Stadler* in: Jauernig, BGB, 13. Aufl 2009, § 812 Rn 8; *Sprau* in: Palandt, BGB, 70. Aufl 2011, § 812 Rn 8.

b)   Leistung

Dies müsste auch durch eine Leistung der F-GbR geschehen sein. Leistung ist die bewusste und zweckgerichtete Mehrung fremden Vermögens.[41] Eine solche ist hier unproblematisch zu bejahen, da die F-GbR der O Eigentum und Besitz in Erfüllung eines Kaufvertrages zuwendete.[42]

c)   Ohne rechtlichen Grund

Die Leistung müsste jedoch auch ohne rechtlichen Grund erfolgt sein. Als Rechtsgrund kommt hier ein Kaufvertrag zwischen O und der F-GbR in Betracht.

aa)   Kaufvertrag zwischen O und der F-GbR

O hat sich mit A und B über den Abschluss eines Kaufvertrages über das Grundstück in der Schlossallee zu einem Kaufpreis von 500.000 € geeinigt.

(1)   Vertretung der F-GbR durch A und B

Fraglich ist jedoch, ob die F-GbR wirksam durch A und B vertreten wurde. A und B haben eine eigene Willenserklärung abgegeben und handelten auch offenkundig im Namen der F-GbR. Problematisch ist jedoch, ob sie Vertretungsmacht hatten.

Gesellschafter der F-GbR waren zum Zeitpunkt des Abschlusses des Kaufvertrages nicht mehr A und B, sondern B und C. Mangels abweichender Regelungen im Gesellschaftsvertrag wäre zur wirksamen Vertretung der F-GbR somit gem. §§ 709, 714 BGB ein gemeinschaftliches Handeln von B und C erforderlich gewesen.

(2)   Gutglaubensschutz gem. § 899a BGB?

Fraglich ist jedoch, ob auch insoweit ein Gutglaubensschutz gem. § 899a BGB eingreift.

Ein Teil des Schrifttums lehnt eine Ausdehnung des Gutglaubensschutzes auf das Kausalgeschäft nachdrücklich ab.[43] Dies wird damit begründet, dass § 892 BGB auch in seinem unmittelbaren Anwendungsbereich lediglich das Verfügungs-, nicht aber das Verpflichtungsgeschäft erfasse;[44] Gleiches müsse auch für den erweiterten Anwendungs-

---

41   BGH NJW-RR 2002, 1176, 1177; BGH NVwZ 2007, 973, 974.

42   Genau genommen könnte man die nachfolgend erörterte Problematik der wirksamen Vertretung der F-GbR durch A und B auch schon im Zusammenhang mit dem Vorliegen einer Leistung seitens der F-GbR aufwerfen, stellt sich hier doch auch die Frage, ob es sich insoweit überhaupt um eine zurechenbare Leistung der F-GbR handelt. Aus didaktischen Gründen sowie der besseren Verständlichkeit halber wird die Problematik jedoch erst unten im Zusammenhang mit dem Abschluss eines wirksamen Kaufvertrages behandelt.

43   Vgl *Bachmeyer* NotBZ 2010, 161, 170; *Bassenge* (Fn 9), § 899a Rn 6; *Eckert* in: BeckOK, Edition 18, § 899a Rn 5f; *Kiehnle* ZHR 174 (2010) 209, 228ff; *Kuckein/Jenn* NZG 2009, 848, 851; *Krüger* NZG 2010, 801, 805f; *Miras* GWR 2009, 289575; *Toussaint* in: jurisPK-BGB, 5. Aufl 2010, § 899a Rn 28.

44   Vgl *Bassenge* (Fn 9), § 892 Rn 3.

bereich kraft Verweisung in § 899a BGB gelten.[45] Zudem habe der Gesetzgeber durch § 899a BGB und § 47 II GBO dem Grundbuch gerade nicht die Funktion eines „GbR-Registers" zuweisen,[46] sondern lediglich die rechtlichen Voraussetzungen für die Teilnahme der GbR am Immobilienverkehr schaffen wollen.[47, 48] Im Übrigen sei der Erwerber auch bei Beschränkung des Gutglaubensschutzes auf das Verfügungsgeschäft keineswegs völlig schutzlos.[49] Denn zum einen könne er dem Rückübertragungsanspruch ggf. den an die GbR gezahlten Kaufpreis entgegenhalten[50] und zum anderen könne in vielen Fällen bereits über die allgemeinen Rechtsgrundsätze Abhilfe geschaffen werden.[51]

Es gibt jedoch auch Autoren, die dezidiert für eine Ausdehnung des Gutglaubensschutzes auf das Kausalgeschäft plädieren.[52] Dafür spricht zunächst, dass die Formulierung „in Ansehung des eingetragenen Rechts" sich durchaus so interpretieren lässt, dass davon auch das zu Grunde liegende schuldrechtliche Geschäft erfasst ist.[53] Vor allem würde der mit der Neuregelung intendierte Gutglaubensschutz sonst faktisch weitgehend leer laufen, weil der Erwerber zwar Eigentümer würde, aber regelmäßig einem Kondiktionsanspruch ausgesetzt wäre.[54] Dies kann vom Gesetzgeber indes kaum gewollt sein, denn dieser wollte gerade Rechtssicherheit im Grundstücksverkehr mit GbR schaffen. Der Hinweis der Gegenansicht auf den (angeblichen) Schutz des Erwerbers über die allgemeinen Regeln und Rechtsgrundsätze mag insofern nicht zu überzeugen. Denn zunächst einmal ist äußerst umstritten, ob und in welchem Umfang diese in den hier in Rede stehenden Konstellationen überhaupt zu Gunsten des Erwerbers eingreifen (dazu noch näher unten II.2.c)aa)(4)). Darüber hinaus würden diese dem Erwerber aber jedenfalls auch einen weitaus geringeren Schutz bieten als eine analoge Anwendung des § 899a BGB, im Rahmen dessen nur positive Kenntnis (und nicht schon grob oder einfach fahrlässige Unkenntnis) schadet. Noch weniger verfängt der Hinweis auf einen Schutz über eine ggf. bestehende Einrede des Zurückbehaltungsrechts im Hinblick auf den gezahlten Kaufpreis. Denn obgleich dies dem Erwerber einen gewissen Schutz bieten mag, so erhält er damit doch gerade nicht das Recht,

45 Vgl *Kiehnle* ZHR 174 (2010) 209, 228 f; *Kuckein/Jenn* NZG 2009, 848, 851.
46 Vgl Begr. Rechtsausschuss, BT-Drs. 16/13437, S. 30.
47 Vgl Begr. Rechtsausschuss, BT-Drs. 16/13437, S. 30.
48 Vgl *Toussaint* (Fn 43), § 899a Rn 25; s. ferner auch *Kiehnle* ZHR 174 (2010) 209, 230 ff.
49 Vgl *Kuckein/Jenn* NZG 2009, 848, 851.
50 Vgl *Kuckein/Jenn* NZG 2009, 848, 851.
51 Vgl *Kuckein/Jenn* NZG 2009, 848, 851.
52 Vgl *Böhringer* NJW 2010, 1647, 1655; *Böttcher* ZNotP 2010, 173, 174 f; *ders.* notar 2010, 222, 232; ders. AnwBl. 2011, 1, 10; *Hertel* in: Limmer/Frenz/Hertel/Mayer, Würzburger Notarhandbuch, 2. Aufl 2010, Rn 536; *Heßeler/Kleinhenz* WM 2010, 446, 449; *Krauß* notar 2009, 429, 435 f; *Lautner* DNotZ 2009, 650, 671 f; *Rebhan* NotBZ 2009, 446, 447 f; *Ruhwinkel* MittBayNot 2009, 421, 422 f; *Weigl* NZG 2010, 1053, 1054 f; *Wertenbruch* ZIP 2010, 1884, 1886; Witt BB 2011, 259, 262 f; sympathisierend auch *Wicke* GWR 2009, 290660.
53 Vgl *Hertel* (Fn 52), Rn 536; *Lautner* DNotZ 2009, 650, 671; *Rebhan* NotBZ 2009, 446, 447; *Ruhwinkel* MittBayNot 2009, 421, 422; *Wertenbruch* ZIP 2010, 1884, 1885, Witt BB 2011, 259, 262.
54 Vgl *Böhringer* NJW 2010, 1647, 1655; *Böttcher* ZNotP 2010, 173, 174; *ders.* notar 2010, 222, 232; *Hertel* (Fn 52), Rn 536; *Heßeler/Kleinhenz* WM 2010, 446, 449; *Krauß* notar 2009, 429, 436; *Lautner* DNotZ 2009, 650, 671; *Rebhan* NotBZ 2009, 446, 447; *Ruhwinkel* MittBayNot 2009, 421, 422 f; *Wertenbruch* ZIP 2010, 1884, 1886; Witt BB 2011, 259, 262.

das Grundstück endgültig zu behalten. Schließlich sind auch die systematische Stellung des § 899 a BGB im Sachenrecht sowie der Hinweis auf den Anwendungsbereich des § 892 BGB – der unstreitig nicht gegen fehlende Vertretungsmacht schützt[55] – keine zwingenden Gegenargumente. Denn mit der Anordnung der entsprechenden Geltung der §§ 892 – 899 BGB bezüglich der Eintragung der Gesellschafter in § 899 a S. 2 BGB wollte der Gesetzgeber gerade auch die Problematik der mangelnden Vertretungsmacht der Gesellschafter lösen.[56] Eine wirkliche Lösung derselben wird aber gerade nur dann erreicht, wenn der dingliche Erwerb auch kondiktionsfest ist; andernfalls würde man dem Rechtsverkehr letztlich nur „Steine statt Brot" geben.

Die besseren Gründe sprechen daher für eine Erstreckung des Gutglaubensschutzes gem. § 899 a S. 2 BGB auch auf das zu Grunde liegende Kausalgeschäft.

(3) Hilfsweise: Vertretungsmacht von A und B analog § 172 BGB?

Lehnt man jedoch mit der Gegenansicht eine Ausdehnung des Gutglaubensschutzes auch auf das Kausalgeschäft ab,[57] so wäre zu prüfen, ob sich eine Vertretungsmacht von A und B möglicherweise aus § 172 BGB analog ergeben könnte.

Der von A und B im Rahmen des Notartermins vorgelegte Gesellschaftsvertrag, der sie als Gesellschafter (und damit mittelbar kraft §§ 709, 714 BGB auch als Vertretungsberechtigte) auswies, könnte eine Vollmachtsurkunde iSd § 172 BGB sein. Eine Vollmachtsurkunde ist eine schriftliche Erklärung des Vollmachtgebers, dass dem in der Urkunde Bezeichneten Vollmacht erteilt worden sei oder werde.[58] Ob auch ein Gesellschaftsvertrag eine Vollmachtsurkunde i.d.S. sein kann (bzw. § 172 BGB zumindest analog anwendbar ist), ist umstritten.

Gegen eine Analogie wird geltend gemacht, dass ein Gesellschaftsvertrag – anders als eine Vollmachtsurkunde – lediglich interne Funktion habe.[59] Zudem gebe der Gesellschaftsvertrag nur Auskunft über die Gesellschafterverhältnisse und die Vertretungsbefugnisse zu einem bestimmten Zeitpunkt,[60] aus einem unveränderten Gesellschaftsvertrag könne daher kein Rechtsschein auf Fortbestand abgeleitet werden.[61]

Die Befürworter einer Analogie[62] halten dem jedoch entgegen, dass einer Vertretungsmacht, die sich kraft §§ 709, 714 BGB aus einer im Gesellschaftsvertrag enthalte-

---

55 RGZ 134, 283, 284; *Bassenge* (Fn 9), § 892 Rn 3.
56 Vgl Begr. Rechtsausschuss, BT-Drs. 16/13437, S. 30 f.
57 Soweit die Bearbeiter (mit entsprechender Begründung) der Gegenansicht folgten, wurde dies ebenfalls mit der vollen Punktzahl bewertet.
58 *Schramm* in: MünchKomm-BGB, 5. Aufl 2006, § 172 Rn 2.
59 Vgl *Heil* NJW 2002, 2158; *Hertel* DNotZ 2009, 121, 129; *Zimmer* MDR 2009, 237, 240; gegen eine Analogie auch *Schramm* (Fn 58), § 172 Rn 3; *Krauß* notar 2009, 429, 437; *Schubert* ZNotP 2009, 178, 185 f.
60 Vgl BGH NJW 2006, 2189, 2190 (V. ZS).
61 Vgl *Heil* NJW 2002, 2158; *Hügel/Knobloch* DB 2010, 2433, 2437; *Ruhwinkel* MittBayNot 2007, 92, 95; vgl. in Bezug auf den Nachweis im Grundbuchverfahren auch OLG München ZIP 2010, 2248, 2249; OLG Hamm ZIP 2010, 2245, 2247.
62 Vgl *Heßeler/Kleinhenz* NZG 2007, 250, 251; *Kiehnle* ZHR 174 (2010) 209, 224 ff; *Lautner* MittBayNot 2005, 93, 96; *ders.* NotBZ 2007, 229, 237; *ders.* NotBZ 2009, 77, 91; *Steffek* ZIP 2009, 1445, 1455.

Schmidt

nen speziellen Vertretungsregelung ergibt, auf Grund der Anerkennung der Rechtsfähigkeit der „Außen-GbR" durchaus (auch) externe Bedeutung zukomme.[63] Zudem bestehe mit einem schriftlichen Gesellschaftsvertrag ein einer Vollmachtsurkunde vergleichbarer Rechtsscheinstatbestand und der Rechtsverkehr sei hier gleichermaßen schutzwürdig.[64] Im Übrigen sei es zwar richtig, dass der Gesellschaftsvertrag stets nur den Zustand zum Zeitpunkt des Vertragsschlusses wiedergebe; dies sei bei einer Vollmachtsurkunde jedoch nicht anders, denn auch diese liefere zunächst nur Beweis dafür, dass die Vollmacht am Tag ihrer Ausstellung wirksam erteilt wurde.[65]

Selbst wenn man jedoch eine Analogie zu § 172 BGB grundsätzlich bejaht, wäre äußerst zweifelhaft, ob diese auch in denjenigen Fällen helfen würde, in denen der Gesellschaftsvertrag – wie hier – keine ausdrückliche Vertretungsregelung enthält.[66] Denn dann ergibt sich die Vertretungsberechtigung gerade nicht unmittelbar aus der „Vertretungsurkunde", sondern erst mittelbar aus der im Gesellschaftsvertrag verlautbarten Gesellschafterstellung iVm der gesetzlichen Regelung in §§ 709, 714 BGB. Dem Gesellschaftsvertrag kann somit jedenfalls in diesen Fällen keine einer Vollmachtsurkunde entsprechende Legitimationswirkung beigemessen werden. A und B waren somit auch nicht analog § 172 BGB vertretungsberechtigt.[67]

(4) Hilfsweise: Vertretungsmacht kraft allgemeiner Rechtsscheinsgrundsätze

Eine Vertretungsmacht von A und B könnte sich jedoch möglicherweise aus allgemeinen Rechtsscheinsgrundsätzen ergeben.

(a) Duldungsvollmacht

In Betracht käme zunächst eine Duldungsvollmacht. Eine Duldungsvollmacht liegt vor, wenn der Vertretene es wissentlich geschehen lässt, dass ein anderer für ihn als Vertreter auftritt und der Vertragspartner dieses Dulden dahin versteht und nach Treu und Glauben auch verstehen darf, dass der als Vertreter Handelnde bevollmächtigt ist.[68] Im Falle von Gesamtvertretung ist hierfür erforderlich, dass sämtliche Gesamtvertreter das Auftreten des/der Scheinvertreter wissentlich geduldet haben.[69] Als Gesamtvertreter zur Vertretung der F-GbR berechtigt waren hier tatsächlich B und C. C hat jedoch überhaupt erst am 1. 11. 2009 von dem gesamten Sachverhalt erfahren, so dass eine wissentliche Duldung des Geschäfts mit O durch C von vornherein ausscheidet. Zudem bestehen keinerlei Anhaltspunkte dafür, dass A und B die F-GbR

---

63 Vgl *Kiehnle* ZHR 174 (2010) 209, 226; *Lautner* MittBayNot 2005, 93, 96.

64 Vgl *Kiehnle* ZHR 174 (2010) 209, 225 f; *Lautner* MittBayNot 2005, 93, 96; *ders.* MittBayNot 2001, 425, 433 f; vgl. ferner auch BGH NJW 2002, 1194 (II. ZS) wonach die Vorlage des Gesellschaftsvertrags einer GbR genügen soll, damit die einseitige Erklärung des allein vertretungsberechtigten Gesellschafters nicht nach § 174 BGB zurückgewiesen werden kann.

65 Vgl *Kiehnle* ZHR 174 (2010) 209, 226; *Lautner* MittBayNot 2005, 93, 96.

66 Vgl zu diesem Gedanken auch *Schubert* ZNotP 2009, 178, 186.

67 Soweit der Bearbeiter (mit entsprechender Begründung) eine analoge Anwendung des § 172 BGB bejahten, wurde dies ebenfalls mit der vollen Punktzahl bewertet.

68 BGH NJW-RR 2004, 1275, 1277; BGH NJW 2007, 987, 988 (st. Rspr.).

69 BGH NJW 1988, 1199, 1200; *Schramm* (Fn 58), § 167 Rn 48.

auch in anderen Fällen (von denen C ggf. gewusst hätte) gemeinschaftlich vertraten. Eine Duldungsvollmacht lag somit nicht vor.

(b) Anscheinsvollmacht

Es könnte jedoch eine Anscheinsvollmacht in Betracht kommen. Eine Anscheinsvollmacht liegt vor, wenn der Vertretene das Handeln des in seinem Namen Auftretenden zwar nicht kennt und duldet, es aber bei pflichtgemäßer Sorgfalt hätte erkennen müssen und verhindern können.[70] Vor Erlass des ERVGBG[71] wurde im Schrifttum teilweise vertreten, dass sich die Problematik der Vertretungsmacht über eine an die Eintragung der GbR-Gesellschafter im Grundbuch anknüpfende Anscheinsvollmacht lösen lasse.[72] Auch nach Inkrafttreten des ERVGBG scheinen einige Autoren weiterhin zu einer solchen Lösung zu tendieren.[73] Unabhängig davon, ob man eine an den Grundbucheintrag anknüpfende Anscheinsvollmacht nach alter Rechtslage für gangbar hielt,[74] ist jedoch fraglich, ob sich diese Lösung auch nach Inkrafttreten des ERVGBG noch aufrechterhalten lässt.[75] Denn der Gesetzgeber hat mit § 899 a BGB nun ausdrücklich einen speziellen Gutglaubenstatbestand geschaffen. Lehnt man nun aber die Ausdehnung dieses Gutglaubensschutzes auch auf das zu Grunde liegende Verpflichtungsgeschäft ab, weil der Gesetzgeber (angeblich) die Entscheidung getroffen habe, dass der Grundbucheintrag nur hinsichtlich des dinglichen Verfügungsgeschäfts Rechtsscheinträger sein soll, so kann man nicht andererseits an eben diesen Grundbucheintrag eine Anscheinsvollmacht in Bezug auf das Verpflichtungsgeschäft anknüpfen wollen – dies wäre in höchstem Maße widersprüchlich! Nun könnte man freilich argumentieren, dass eine Anscheinsvollmacht (anders als der Gutglaubensschutz nach §§ 899 a, 892 I BGB) die Zurechenbarkeit der Rechtsscheinssetzung voraussetzt und dem anderen Vertragsteil darüber hinaus nicht nur positive Kenntnis, sondern auch fahrlässige Unkenntnis schadet; die Voraussetzungen für einen Redlichkeitsschutz sind also deutlich strenger. Nichtsdestotrotz bliebe es aber dabei, dass die (angenommene) Beschränkung des Anwendungsbereichs des § 899 a BGB auf die dingliche Ebene damit letztlich unterlaufen würde. Die besseren Argumente sprechen daher gegen eine Anwendung der Grundsätze der Anscheinsvollmacht.[76]

bb) Zwischenergebnis

Nach der hier vertretenen Ansicht (Erstreckung des Gutglaubensschutzes gem. § 899 a BGB auch auf das Kausalgeschäft) ist der Kaufvertrag wirksam. (Zum selben Ergebnis

---

70 BGH NJW-RR 1998, 111; BGH NJW 2007, 987, 988 (st. Rspr.).
71 Fn 36.
72 So *Lautner* NotBZ 2007, 229, 237; *Reymann* ZfIR 2009, 81, 86 f; sympathisierend auch *Wicke* GWR 2009, 290660.
73 Vgl *Kuckein/Jenn* NZG 2009, 848, 851; s. ferner auch *Krauß* notar 2009, 429, 436; *Heßeler/Kleinhenz* WM 2010, 446, 448.
74 Kritisch etwa *Ruhwinkel* MittBayNot 2009, 177, 184 f; *Schubert* ZNotP 2009, 178, 186.
75 Kritisch auch *Kiehnle* ZHR 174 (2010) 209, 227 f; *Krüger* NZG 2010, 801, 806.
76 Soweit die Bearbeiter (mit entsprechender Begründung) eine Anscheinsvollmacht bejahten, wurde dies ebenfalls mit der vollen Punktzahl bewertet.

Schmidt

kommt man, wenn man eine Analogie zu § 172 BGB oder eine Anscheinsvollmacht bejaht.)[77]

d) Ergebnis

O hat folglich mit Rechtsgrund erworben und ist keinem Kondiktionsanspruch aus § 812 I 1 Alt. 1 BGB ausgesetzt.[78, 79]

3. Endergebnis

Die F-GbR kann von O nicht die Herausgabe des Grundstücks in der Schlossallee verlangen.

---

77 Vertritt man jedoch die Ansicht, dass sich auf keinem der genannten Wege eine Vertretungsmacht konstruieren lässt, so wäre der Kaufvertrag unwirksam.

78 Verneint man die Wirksamkeit des Kaufvertrages, so besteht ein Kondiktionsanspruch der F-GbR gegen O aus § 812 I 1 Alt. 1 BGB. Auf Grund der Saldotheorie müsste O Eigentum und Besitz an dem Grundstück in der Schlossallee jedoch nur Zug-um-Zug gegen Rückzahlung des Kaufpreises i. H. v. 500.000,– € (ihr Anspruch ergibt sich ebenfalls aus § 812 I 1 Alt. 1 BGB) herausgeben.

79 Im Rahmen der Prüfung des Anspruchs aus § 985 BGB wurde von den Bearbeitern zumindest erwartet, dass sie den neuen § 899a BGB finden und in vertretbarer Weise anwenden (vgl auch „Fingerzeig" am Ende des Sachverhalts). Im Hinblick auf die Prüfung des Anspruchs aus § 812 I 1 Alt. 1 BGB konnte allerdings eine derart ausführliche Auseinandersetzung mit der Problematik des Anwendungsbereichs von § 899a BGB, § 172 BGB und den Grundsätzen der Anscheinsvollmacht, wie sie hier erfolgt ist, nicht erwartet werden. Die Bearbeiter sollten aber zumindest im Grundsatz das Problem im Hinblick auf die Vertretungsmacht erkannt und in irgendeiner Form einer Lösung zugeführt haben.

Schmidt

Zivilrecht – Fall 6

Kunstliebhaber unter sich

Von Akademischer Rat auf Zeit Markus Fehrenbach, Passau

Drittwiderspruchsklage – Übereignung – mittelbare Stellvertretung – Doppelwirkung im Recht

Sachverhalt[1]

E, ein in Passau wohnhafter Witwer, ist verstorben, ohne ein Testament zu hinterlassen. Seine einzige Tochter T, die mit ihm zuletzt in gegenseitiger Abneigung gelebt hatte, freut sich auf eine reiche Erbschaft. Sein Vermögen verwandte der im örtlichen Kunstverein engagierte E aber seit Jahren dazu, junge Künstler durch den Ankauf ihrer Werke zu unterstützen. Zur Verärgerung der T hat E nichts außer einer Ansammlung skurriler Gemälde hinterlassen.

Im Gegensatz zu T kennen G, der ein Einrichtungshaus betreibt und seit geraumer Zeit darauf wartet, dass T die Rechnung für eine teuere Wohnzimmereinrichtung bezahlt, und Kunsthändler H die Sammlung des E gut. Beide sind ebenfalls Mitglieder des Kunstvereins und wissen, dass die Sammlung des E lediglich ein Bild von Wert enthält. Es handelt sich um das unsignierte „Bildnis des jungen Che", das der inzwischen hochgerühmte Künstler Kuno Kristofferson in seinen jungen Jahren geschaffen hatte.

H weiß, dass T hiervon nichts ahnt, und beschließt, das Bild in seinen Besitz zu bringen. Weil er befürchtet, dass sein Interesse bei T eine Ahnung vom hohen Wert des Gemäldes hervorrufen könnte, tritt H an M heran, der recht gut mit T bekannt ist. Diesem erklärt er, sein Sohn habe einmal das „Bildnis des jungen Che" bei einem Besuch bei E gesehen. Dieser sei seither aus unerfindlichen Gründen völlig vernarrt in das Bild. Jetzt wolle er die Gelegenheit nutzen und seinem Sohn das Bild verschaffen. Er könne sich aber nicht selbst an T wenden, weil diese ihre Abneigung gegenüber ihrem Vater längst auf ihn übertragen habe. Dabei könne T das Geld sicher gut gebrauchen. H und M vereinbaren, dass M versuchen soll, von T das Bild zu erwerben. Sie verabreden, dass das Eigentum am Gemälde sofort auf H übergehen und M das Gemälde vorläufig für H verwahren soll. H stellt M 5.000 € zur Verfügung. M solle den Preis mit T aushandeln. Bekomme er das Bild für weniger Geld, solle die Differenz ihm zustehen.

M trifft sich mit T. Obwohl T sich nie viel aus der Sammlung gemacht hatte, überkommen sie nun Skrupel, diese zu zerschlagen. Erst nach dem Genuss von drei Flaschen Chianti, an dem M kaum Anteil nimmt, kann T zum Verkauf des Bildes bewegt werden. Völlig alkoholisiert und kaum mehr Herrin ihrer Handlungen unterzeichnet

---

1 Die Klausur wurde im Wintersemester 2009/2010 im Examensklausurenkurs der Universität Passau gestellt. 84 Teilnehmer erreichten dabei einen Schnitt von 5,6 Punkten. Die Durchfallquote lag bei 22%.

sie in krakeligen Buchstaben einen von M vorbereiteten Vertrag, durch den sie das Bild für 4.000 € verkauft und sich mit M über den Übergang des Eigentums an diesen einigt. M zahlt sofort und nimmt das Werk mit.

M berichtet H von seinem Erfolg, verschweigt aber die näheren Umstände. H holt das Bild sofort ab und tritt mit dem Sammler S in Verbindung, von dem bekannt ist, dass er sich nicht sonderlich um die Herkunft eines Kunstgegenstandes schert. Obwohl H ihm berichtet, wie er T das Bild abgeschwindelt hat, ist S interessiert, bittet aber um Bedenkzeit. H, der das Gemälde nicht im Haus haben möchte, schafft es zurück zu M. Dieser nimmt es widerstrebend erneut in Verwahrung.

Nach ein paar Tagen meldet sich S bei H und bietet 50.000 € für das Bild. H ahnt, dass T ihren Irrtum bald erkennen wird und erklärt sich deshalb, obwohl er auf ein deutlich höheres Angebot gehofft hatte, einverstanden. H tritt S seinen Herausgabeanspruch gegen M ab.

Inzwischen ist auch G nicht untätig geblieben. Sein Interesse am Gemälde ist jedoch anderer Natur. Wegen der unbezahlten Rechnung hat er einen Titel gegen T über 10.000 € erstritten. Jetzt verlangt er von T, dass diese zur Begleichung ihrer Schuld das Bild veräußert. T ist erschüttert, von G zu erfahren, dass das Bild auf einer Auktion bis zu 100.000 € eingebracht hätte. Sie gesteht, das Bild an M veräußert zu haben.

Auf Drängen des G, aber auch im eigenen Interesse will T das Geschäft nun rückgängig machen. Sie schreibt sogleich an M, sie sei bei Vertragsschluss betrunken gewesen und betrogen worden. Überdies habe sie nicht geahnt, dass das Gemälde von der Hand des Kuno Kristofferson stamme. Das Geschäft könne unter diesen Umständen nicht gelten. Sie wolle sofort das Bild zurück.

Sicherheitshalber wird G auch selbst aktiv. Noch bevor S das Gemälde abholen kann, lässt G es durch den Gerichtsvollzieher V bei M pfänden. M ist das egal. Er meint, er habe sein Geld und der Rest gehe ihn nichts mehr an.

Als S von der Pfändung erfährt, erhebt er, vertreten durch Rechtsanwältin R, Klage beim LG Passau gegen G mit dem Antrag, die Pfändung für unzulässig zu erklären. Ein vom Gericht bestellter Sachverständiger kommt zum Ergebnis, dass der festgestellte Alkoholkonsum der T zu einer Störung der Geistestätigkeit der Probandin führen musste.

Bearbeitervermerk:
Wie wird das Gericht entscheiden?
Möglichen rechtlichen Bedenken gegen die Wirksamkeit bestimmter Rechtsgeschäfte ist vollständig, wenn auch in der gebotenen Knappheit, nachzugehen.

Gliederung der Lösung

Lösung

Das Gericht wird die Pfändung des Gemäldes aus dem Titel für unzulässig erklären, wenn die Klage zulässig und begründet ist.

A   Zulässigkeit der Klage

I.   Statthaftigkeit

Die Klageart richtet sich nach dem klägerischen Begehren.

S wendet sich gegen die Pfändung des Bildes, also gegen eine Vollstreckungsmaßnahme. Insoweit kommen sowohl die Vollstreckungserinnerung (§ 766 ZPO) als auch die Drittwiderspruchsklage (§ 771 ZPO) in Betracht.

Eine Vollstreckungserinnerung ist statthaft, wenn sich der Kläger gegen die Art und Weise der Zwangsvollstreckung wendet.

Die Drittwiderspruchsklage ist statthaft, wenn sie der Kläger gegen eine Vollstreckungsmaßnahme mit der Begründung erhebt, ihm stünde ein die Veräußerung hinderndes Recht zu.

S macht sein Eigentum an der Sache geltend und moniert nicht die Art und Weise der Zwangsvollstreckung. Damit ist die Drittwiderspruchsklage statthaft, wenn das Eigentum ein „die Veräußerung hinderndes Recht" im Sinne des § 771 I ZPO darstellt.

Wie aus §§ 137 S. 1, 932 ff BGB ersichtlich wird, gibt es kein „die Veräußerung hinderndes Recht". Selbst das Eigentum hindert nicht die Veräußerung durch einen Nichtberechtigten.

Tatsächlich bezieht sich § 771 ZPO aber nicht auf den Veräußerungserfolg, sondern auf den Veräußerungsakt. Die Befugnis, eine Sache zu veräußern ist nach §§ 903, 929 ff BGB allein dem Eigentümer zugewiesen. Die Verfügung eines Nichtberechtigten mag zwar nach §§ 932 ff BGB wirksam sein, doch wird der Nichtberechtigte dadurch nicht zur Verfügung befugt. Das Eigentum des S ist also ein Recht, das den Veräußerungsakt durch einen Anderen hindert, indem der Akt rechtswidrig ist.

Die herrschende Auffassung bringt dies mit der Formulierung zum Ausdruck, gemeint sei ein Recht, das die Veräußerung des Vollstreckungsgegenstandes durch den Schuldner zu einem widerrechtlichen Eingriff in den Rechtskreis des Dritten mache.[2]

Die Drittwiderspruchsklage (§ 771 ZPO) ist damit statthafte Klageart.

---

2 BGHZ 55, 20, 26; Musielak/*Lackmann* ZPO 7. Auflage 2009 § 771 Rn 12.

Fehrenbach

II. Zuständigkeit

1. Sachlich

Nach §§ 23 Nr. 1, 71 I GVG ist das Landgericht sachlich zuständig, wenn der Streitwert 5.000 € übersteigt.

Die Berechnung des Streitwertes richtet sich nach § 6 ZPO. Streitwert ist damit die Höhe der Vollstreckungsforderung begrenzt durch den Wert des Gegenstandes.[3] Die Höhe der Forderung beträgt 10.000 € und der Wert des Gemäldes liegt zumindest deutlich darüber.

Sachlich zuständig ist folglich das Landgericht.

2. Örtlich

Nach §§ 771 I, 802 ZPO ist ausschließlich das Gericht örtlich zuständig, in dessen Bezirk die Zwangsvollstreckung erfolgt. Da sich das Bild in der Passauer Wohnung des M befindet, ist dies Passau.

III. Rechtsschutzinteresse

1. Grundsatz

Das Rechtsschutzbedürfnis ist gegeben, wenn die Zwangsvollstreckung schon begonnen hat. Es entfällt, wenn die Vollstreckungsmaßnahme endgültig durchgeführt wurde.[4]

Hier ist der Gegenstand bereits gepfändet, aber noch nicht verwertet. Damit besteht grundsätzlich ein Rechtsschutzbedürfnis. Nicht erforderlich ist, dass bereits die Verwertung des Gegenstandes droht.

2. Vorrang der Vollstreckungserinnerung

Man könnte argumentieren, für eine Drittwiderspruchsklage fehle das Rechtsschutzbedürfnis, wenn eine Vollstreckungserinnerung einfacher zum Ziel geführt hätte.[5] Vorliegend ist eine Vollstreckungserinnerung indes offensichtlich unbegründet, da M zur Herausgabe bereit war (§ 809 ZPO) und eine Überpfändung (§ 803 I 2 ZPO) mangels weiterer werthaltiger Gegenstände nicht vorliegt.[6]

3. Vorrang einer Herausgabeklage

Man könnte annehmen, S eigentliches Ziel sei es, das Gemälde in seinen Besitz zu bringen, weswegen er vorrangig eine Herausgabeklage als rechtsschutzintensivere Klage erheben müsse.

---

3 Thomas/Putzo/*Hüßtege*, ZPO 31. Auflage 2010 § 771 Rn 25; MünchKommZPO/*K. Schmidt* 3. Auflage 2007 § 771 Rn 54.
4 Thomas/Putzo/*Hüßtege* ZPO § 771 Rn 10 f; Musielak/*Lackmann* ZPO § 771 Rn 9.
5 Vgl. Musielak/*Lackmann* ZPO § 771 Rn 10.
6 Thomas/Putzo/*Hüßtege* ZPO § 803 Rn 16; Zöller/*Stöber* ZPO 28. Auflage 2010 § 803 Rn 5.

Die Drittwiderspruchsklage schließt aber nach herrschender Auffassung die materiellrechtlichen Klagen für die Dauer des Vollstreckungsverfahrens aus, da sonst die Vollstreckung unterlaufen werden könnte.[7] Im Übrigen vermag selbst eine erfolgreiche Herausgabeklage das entstandene Pfändungspfandrecht nicht zu beseitigen.

IV. Postulationsfähigkeit

Postulationsfähigkeit bedeutet die Fähigkeit, dem prozessualen Handeln die rechtserhebliche Erscheinungsform zu geben.[8] Sie fehlt dem Kläger, wenn Anwaltszwang besteht. Anwaltszwang besteht in Verfahren vor den Landgerichten (§ 78 I 1 ZPO). S wird aber durch Rechtsanwältin R vertreten.

B.   Begründetheit der Klage

Die Klage ist begründet, wenn dem Kläger an dem Gegenstand der Zwangsvollstreckung ein die Veräußerung hinderndes Recht zusteht.

Ein die Veräußerung hinderndes Recht im Sinne des § 771 I ZPO ist das Eigentum. Die Klage ist also begründet, wenn S Eigentümer des Gemäldes ist.

I.   Ursprüngliches Eigentum des E

Ursprünglich war E Eigentümer des Bildes.

II.   Übergang des Eigentums durch den Erbfall an T

T könnte das Eigentum am Bild im Wege der Universalsukzession durch den Erbfall erworben haben (§ 1922 I BGB). Dazu müsste T Alleinerbin sein. Mangels Erbeinsetzung durch letztwillige Verfügung (§§ 1937, 2064 ff BGB), kommt die gesetzliche Erbfolge zur Anwendung. Gesetzliche Erben erster Ordnung sind die Abkömmlinge des Erblassers (§ 1924 I BGB). T ist als Tochter des E Abkömmling. Da E keine weiteren Kinder hat und aufgrund des Vorversterbens seiner Ehefrau § 1931 BGB nicht greift, ist T Alleinerbin (§ 1924 IV BGB). T erwarb also das Bild im Wege der Universalsukzession nach § 1922 I BGB.

III.   Übergang des Eigentums durch Übereignung von T an H, vertreten durch M

T könnte das Eigentum am Bild durch Übereignung an H gemäß § 929 S. 1 BGB verloren haben.

H hat sich nicht selbst mit T geeinigt (§ 929 S. 1 BGB). Er könnte aber durch M vertreten worden sein.

Dann müsste M seine Willenserklärung im Namen des H abgegeben haben (§ 164 I 1 BGB). M hat nicht ausdrücklich im Namen des H gehandelt. Möglicherwei-

---

7 BGHZ 58, 207, 214; BGH NJW 1989, 2542; Zöller/*Herget* ZPO § 771 Rn 1; Musielak/*Lackmann* ZPO § 771 Rn 5.
8 Thomas/Putzo/*Hüßtege* ZPO Vorbem § 78 Rn 6.

Fehrenbach

se ergibt sich jedoch aus dem Umständen (§ 164 I 2 BGB), dass die Erklärung im Namen des H abgegeben werden sollte.

Dafür könnte sprechen, dass im Ergebnis H das Bild erhalten sollte. Bei § 164 I BGB erfüllt das Merkmal des Handeln in fremden Namen die Funktion, die Parteien des Vertrages festzulegen.[9] Deshalb kann es nur auf den Empfängerhorizont des anderen Teils (§§ 133, 157 BGB) ankommen. Für T war aber nicht zu erkennen, dass im wirtschaftlichen Ergebnis das Geschäft H treffen sollte.

Im Übrigen hätte dies auch nicht dem Willen von H und M entsprochen. Gewollt war vorliegend nicht unmittelbare, sondern mittelbare Stellvertretung. Diese liegt vor, wenn jemand ein Rechtsgeschäft in eigenem Namen, aber in fremdem Interesse und für fremde Rechnung abschließt.[10] Mittelbare Stellvertreter handeln zwar wie ein Vertreter im Interesse und auf Rechnung des Geschäftsherrn, doch in eigenem Namen. Hier wurde die mittelbare Stellvertretung bewusst gewählt, denn nur diese ermöglichte es, gegenüber der T zu verbergen, dass das Geschäft im wirtschaftlichen Ergebnis H treffen sollte.

M hat also nicht im Namen des H gehandelt.

Auch eine Ausnahme nach den Grundsätzen des Geschäfts für den, den es angeht, kommt hier nicht in Betracht. Die Rechtsfigur beruht auf der Annahme, dass es dem anderen Teil gleichgültig ist, wer sein Vertragspartner wird.[11] Dies ist hier aber gerade nicht gegeben. T hatte durchaus Interesse daran, zu erfahren, an wen sie veräußert.

Eine Übereignung von T an H liegt daher nicht vor.

IV. Übergang des Eigentums durch Übereignung von T an M

T könnte ihr Eigentum durch Übereignung an M gemäß § 929 S. 1 BGB verloren haben.

Neben der erfolgten Übergabe müsste eine Einigung im Sinne des § 929 S. 1 BGB vorliegen.

Tatsächlich wurden entsprechende Erklärungen zwischen T und M ausgetauscht.

1. Nichtigkeit nach § 138 II BGB

Die Übereignung könnte aber nach § 138 II BGB nichtig sein.

Erforderlich ist insoweit ein auffälliges Missverhältnis zwischen Leistung und Gegenleistung. Dieses Missverhältnis ist objektiv gegeben. Die Leistung hatte auf einer Auktion voraussichtlich einen Erlös von etwa 100.000 € erzielt, während als Gegenleistung lediglich 4.000 € vereinbart wurde.

Subjektiv erforderlich ist das Ausnutzen einer Situation nach § 138 II BGB sowie die Kenntnis des Missverhältnisses.[12]

---

9 *Flume* Allgemeiner Teil des Bürgerlichen Rechts, Band 2 Das Rechtsgeschäft 4. Auflage 1992 § 44 I, S. 764; MünchKommBGB/*J. Schmitt* 5. Auflage 2006 § 164 Rn 15.
10 Palandt/*Ellenberger* 70. Auflage 2011 Einf v § 164 Rn 6; Staudinger/*Schilken* 2009 Vorbem zu §§ 164 ff Rn 42; MünchKommBGB/*J. Schmitt* Vor § 164 Rn 13.
11 RGZ 140, 223, 229 f; BGHZ 154, 276, 279; Palandt/*Bassenge* § 929 Rn 25; Palandt/*Ellenberger* § 164 Rn 8.
12 BGH NJW-RR 1990, 1199 st Rspr.

M wusste hier aber selbst nicht, dass es sich um ein wertvolles Gemälde handelt. Damit sind die subjektiven Voraussetzungen des § 138 II BGB in seiner Person nicht geben.

Möglicherweise kann ihm jedoch die Kenntnis des H zugerechnet werden.

In Betracht kommt eine Zurechnung nach § 166 BGB. Allerdings hat M nur als mittelbarer Stellvertreter gehandelt, während sowohl § 166 I BGB als auch § 166 II BGB unmittelbare Stellvertretung im Sinne des § 164 I BGB vorausgesetzten.

Möglicherweise kann § 166 I BGB analog angewandt werden. Jedoch erklärt die Norm lediglich die Kenntnis des Vertreters für maßgelblich. Bei mittelbarer Stellvertretung wird der Handelnde selbst Vertragspartner, so dass eine Zurechnung gegenstandlos wäre.[13]

Möglicherweise kann § 166 II BGB analog angewandt werden.[14] Wäre M unmittelbarer Stellvertreter im Sinne der §§ 164 ff BGB gewesen, wäre nach § 166 II BGB im Ergebnis das Wissen des H maßgeblich. Für die Fälle der mittelbaren Stellvertretung fehlt eine Regelung. Insoweit könnte man eine Regelungslücke annehmen.

Zur analogen Anwendung des § 166 II BGB ist weiter die Vergleichbarkeit der Fälle erforderlich.

Allen Fällen des § 166 BGB ist der Grundgedanke gemeinsam, dass es jeweils auf die Person desjenigen ankommen soll, auf dessen Interessenbewertung und Entschließung der Geschäftsabschluss beruht.[15] Der Vollmachtgeber soll sich nicht hinter der Gutgläubigkeit des seine Weisungen befolgenden Vertreters verstecken dürfen.[16] Dieser Gedanke vermag auch bei der mittelbaren Stellvertretung zu überzeugen.

Gegen die Vergleichbarkeit spricht aber, dass die analoge Anwendung zu Lasten des Handelnden ginge. Im Gegensatz zur unmittelbaren Stellvertretung wird der mittelbare Stellvertreter selbst Vertragspartner. Die Folgen der Willenserklärung treffen hier nicht unmittelbar den Hintermann, sondern zunächst den Handelnden. Vorliegend ist im Verhältnis zu T allein M und nicht H vertraglich gebunden und müsste den Vertrag gegebenenfalls selbst rückabwickeln. Eine Zurechnung nach § 166 II BGB analog würde also nicht – wie bei unmittelbarer Anwendung – den wissenden Hintermann, sondern den unwissenden Vordermann treffen.

Mangels Vergleichbarkeit der Fälle muss eine Analogie daher ausscheiden.

Die Kenntnis des H kann dem M folglich nicht zugerechnet werden.

Die Übereignung ist demnach nicht nach § 138 II BGB nichtig.

2.   Nichtigkeit nach § 134 BGB i.V.m. § 291 I StGB

Selbst wenn man davon ausgeht, dass § 138 II BGB als die für das Zivilrecht speziellere Regelung § 134 BGB iVm § 291 I StGB nicht verdrängt[17], wäre § 291 I StGB dennoch gleich § 138 II BGB auszulegen.

Die Übereignung ist also nicht nach § 134 BGB iVm § 291 I StGB nichtig.

---

13   Palandt/*Ellenberger* § 166 Rn 2; Staudinger/*Schilken* § 166 Rn 4.
14   Zum Streitstand siehe *Fleckner* Beiträge für Klaus J. Hopt 2008 S 3, 30 f.
15   BGHZ 51, 141, 146 f.
16   BGHZ 51, 141, 147.
17   Die hM tritt für eine Verdrängung ein; Palandt/*Ellenberger* § 138 Rn 65 mwN.

Fehrenbach

3. Nichtigkeit nach § 138 I BGB

Die Übereignung könnte nach § 138 I BGB als wucherähnliches Geschäft nichtig sein. Dies wäre der Fall, wenn ein objektiv auffälliges Missverhältnis zwischen Leistung und Gegenleistung bestünde und weitere subjektiv sittenwidrige Umstände, wie etwa eine verwerfliche Gesinnung des Begünstigten, hinzuträten.[18]

Das bloße Ausnutzen der Trunkenheit der T durch M kann aber nicht dazu führen, ein wucherähnliches Geschäft im Sinne des § 138 I BGB anzunehmen. Solche Fälle sind gerade von § 138 II BGB erfasst. Ohne dass die subjektiven Voraussetzungen des § 138 II BGB vorliegen, könnte ein wucherähnliches Geschäft also allenfalls dann bejaht werden, wenn der Mangel des subjektiven Elements im Rahmen des § 138 II BGB durch ein anderes, hinsichtlich der Verwerflichkeit des Handelns zumindest ebenso schwer wiegendes, subjektives Element ausgeglichen würde. Ein solches Element ist aber nicht ersichtlich.

Die Übereignung ist daher nicht nach § 138 I BGB nichtig.

4. Nichtigkeit nach § 105 II BGB

Die Übereignung könnte aber nach § 105 II BGB nichtig sein.

Dann müsste T die Willenserklärung im Zustand einer vorübergehenden Störung der Geistestätigkeit abgegeben haben.

Nach herrschender Auffassung soll bereits der Tatbestand einer Willenserklärung entfallen, wenn das Handlungsbewusstsein fehlt.[19] T war zwar kaum mehr Herrin ihrer Handlungen, doch war sie nicht derart alkoholisiert, dass man annehmen könnte, ihr fehle der Handlungswille. § 105 II BGB ist demnach anwendbar.

Eine Störung der Geistestätigkeit kann auch bei Trunkenheit vorliegen.[20] Erforderlich ist, dass die freie Willensbildung ausgeschlossen ist.[21] Gemäß dem Gutachten lag eine vorübergehende Störung der Geistestätigkeit vor.

T hat die Einigung nach § 929 S. 1 BGB bereits im schriftlichen Vertrag erklärt. Zu diesem Zeitpunkt lag die Trunkenheit noch vor. Die Übereignung ist folglich nach § 105 II BGB nichtig.

5. Nichtigkeit nach § 142 I BGB

Die Übereignung könnte zudem gemäß § 142 I BGB ex tunc nichtig sein.

a) Anfechtbarkeit nichtiger Willenserklärungen

Fraglich ist, ob das Rechtsgeschäft überhaupt anfechtbar ist.

Dagegen könnte sprechen, dass es bereits nach § 105 II BGB nichtig ist.

---

18 BGHZ 141, 257, 263; BGH NJW-RR 2002, 8 st Rspr.
19 Palandt/*Ellenberger* § 105 Rn 2; Staudinger/*Knothe* 2004 § 105 Rn 12; MünchKommBGB/*J. Schmitt* § 105 Rn 39.
20 BGH WM 1972, 972. Nach aA soll die Trunkenheit unter die Bewusstlosigkeit zu fassen sein; Palandt/*Ellenberger* § 105 Rn 2.
21 BGH WM 1972, 972; Palandt/*Ellenberger* § 105 Rn 3.

Bei nichtigen Rechtsgeschäften wurde die Anfechtbarkeit früher mit dem Argument bestritten, bereits die Logik gebiete es, dass eine Anfechtung eines nicht oder nicht mehr existenten Rechtsgeschäfts als unmöglich erscheinen müsse.[22]

Rechtswissenschaftliche Logik entspricht aber nicht unbedingt naturwissenschaftlicher Logik. Dadurch, dass die Rechtsordnung einem Rechtsgeschäft die Gültigkeit versagt, wird dieses nicht inexistent. Nichtigkeit bedeutet Nichtigkeit im Hinblick auf den Nichtigkeitsgrund.[23] Selbstverständlich kann ein und dasselbe Rechtsgeschäft aus verschiedenen Aspekten ungültig sein. Liegen Anfechtung und Nichtigkeit nebeneinander vor, so besteht lediglich eine Mehrheit von Gründen für die Unwirksamkeit der Verbindlichkeit.[24]

Teleologisch entscheidend ist, dass der vom Gesetz intendierte Schutz einer Partei nicht durch das Hinzutreten eines weiteren Nichtigkeitsgrundes ausgeschlossen werden darf.[25] Die Anfechtung des nichtigen Rechtsgeschäfts kann nach § 142 II BGB gerade den gutgläubigen Zweiterwerb hindern, wenn der Zweiterwerber zwar den den Vorerwerb betreffenden Nichtigkeitsgrund nicht kennt und damit gutgläubig im Sinne des § 932 II BGB ist, aber die Anfechtbarkeit des Vorerwerbs kennt oder kennen muss.[26]

Damit muss auch ein nichtiges Rechtsgeschäft anfechtbar sein.

b) Anfechtungsgrund

aa) Arglistige Täuschung durch M hinsichtlich des Hintermanns (§ 123 I BGB)

Als Anfechtungsgrund kommt eine arglistige Täuschung nach § 123 I Alt. 1 BGB in Betracht.

Täuschung im Sinne des § 123 BGB ist jedes Verhalten, das dazu dient, bei einem anderen einen Irrtum zu erregen, zu bestärken oder aufrecht zu erhalten, um ihn dadurch zur Abgabe einer Willenserklärung zu veranlassen.[27]

M könnte T über den Umstand getäuscht haben, dass in wirtschaftlicher Betrachtung das Bild nicht an ihn, sondern an H als Hintermann veräußert wurde.

M hat sich nicht dazu geäußert, ob er das Bild für sich selbst oder wirtschaftlich für einen anderen erwerben wollte. Eine Täuschung durch aktives Tun liegt daher nicht vor.

In Betracht kommt jedoch eine Täuschung durch Unterlassen. Dann müsste M eine Aufklärungspflicht mit dem Inhalt treffen, das Gemälde bereits an H weiterveräußert zu haben.

Eine solche Aufklärungspflicht kann sich vorliegend nur aus Treu und Glauben (§ 242 BGB), letztlich also aus der Interessenlage ergeben.

---

22 *Riezler* LZ 22 (1928) 156, 159.
23 *Flume* Allgemeiner Teil des Bürgerlichen Rechts, Band 2 Das Rechtsgeschäft § 31 6, S 566; Soergel/*Hefermehl* 13. Auflage 1999 § 142 Rn 7.
24 Grundlegend *Kipp* Festschrift Martitz 1911 S 211, 225.
25 Vgl BGHZ 183, 235, 241 f Tz 18 f; *Kipp* Festschrift Martitz S 211, 228.
26 *Bork* Allgemeiner Teil des Bürgerlichen Gesetzbuchs 3. Auflage 2011 Rn 927; *Kipp* Festschrift Martitz S 211, 226 f.
27 Soergel/*Hefermehl* § 123 Rn 2.

Gerade bei der Begründung von Nebenpflichten aus Treu und Glauben (§ 242 BGB) ist die Ausstrahlungswirkung der Grundrechte zu beachten. Grundsätzlich ist deshalb von der durch Art. 2 I GG geschützten Vertragsfreiheit auszugehen. M muss es im Prinzip unbenommen bleiben, sich frei vertraglich zu binden, das Gemälde weiterzuveräußern und mit seinem zu erwerbenden Eigentum zu verfahren, wie es ihm beliebt. Eine Einschränkung dieses Prinzips bedürfte also selbst der Rechtfertigung. Eine solche kann aus der Interessenlage nicht gewonnen werden. Sollte T eine bestimmte Verwendung des Gemäldes wünschen oder vermeiden wollen, bleibt es ihr unbenommen dies zum Inhalt einer vertraglichen Vereinbarung zu machen. Selbst diese Vereinbarung hätte aber nur schuldrechtliche Wirkung (§ 137 BGB).

Mangels Aufklärungspflicht kommt eine arglistige Täuschung durch Unterlassen folglich insoweit nicht in Betracht.

bb) Arglistige Täuschung durch M hinsichtlich des Urhebers des Bildes (§ 123 I BGB)

Möglicherweise wurde T über den Urheber des Bildes arglistig getäuscht.

T wurde von M nicht aktiv getäuscht. Allerdings könnte M eine Aufklärungspflicht treffen.

Das Bestehen einer Aufklärungspflicht ist hier deshalb zweifelhaft, weil M ebenfalls kein Kunsthändler ist und nicht über weitergehende Erkenntnismöglichkeiten als T verfügt. Jedenfalls würde eine Aufklärungspflicht aber zunächst voraussetzen, dass M selbst gewusst hat, dass es sich um ein Gemälde des Malers Kuno Kristofferson handelt.

Bekannt war dies M nicht. Hinsichtlich einer Zurechnung der Kenntnis des H kann hier nichts anderes gelten als bei der Zurechnung im Rahmen des § 138 II BGB, sodass diese nicht in Betracht kommt.

cc) Arglistige Täuschung durch H (§ 123 I BGB)

T könnte bei der Abgabe ihrer Willenserklärung durch H durch Verletzung einer Aufklärungspflicht arglistig getäuscht worden sein. Voraussetzung für die Anwendbarkeit des § 123 I BGB ist jedoch, dass H nicht als Dritter im Sinne des § 123 II 1 BGB anzusehen ist.

Wer als Dritter im Sinne des § 123 II BGB anzusehen ist, ist im Detail streitig.[28]

Nach der früheren Rechtsprechung des RG wurde jeder als Dritter angesehen, der nicht der Empfänger der Willenserklärung war.[29] Demnach wäre H Dritter, da M Empfänger der Willenserklärung war.

Nach einer Formulierung in der Literatur ist nicht Dritter, wer auf der Seite des Erklärungsgegners steht und maßgeblich an dem Zustandekommen des Geschäfts mitwirkt.[30] § 123 II BGB wird insoweit als Sonderregelung der Haftung für culpa in cont-

---

28 Zum Meinungsstreit siehe *Martens* JuS 2005, 887 ff.
29 RGZ 72, 133, 136.
30 Palandt/*Ellenberger* § 123 Rn 13; Soergel/*Hefermehl* § 123 Rn 32.

rahendo (§§ 280 I, 311 II, 278 BGB) verstanden.[31] Ein Strohmann (und somit ein mittelbarer Stellvertreter) wird in der Literatur nicht als Dritter angesehen.[32] Da er im Auftrag des Geschäftsherrn tätig werde, greife § 278 BGB ein.[33] Diese Aussage hilft hier allerdings nicht weiter, da es nicht um eine Täuschung durch den Strohmann, sondern durch den Geschäftsherrn geht.

Nach der Rechtsprechung kommt es für die Beurteilung der Frage, wer Dritter ist, darauf an, ob die Beziehungen des Täuschenden zum Erklärungsempfänger so eng sind, dass der Erklärungsempfänger die Täuschung wie eine eigene zu vertreten hat und den Getäuschten deshalb nicht am Vertrage festhalten darf.[34]

Alle diese Versuche, den Kreis der Dritten negativ zu umschreiben gehen davon aus, dass der Vertrag mit dem Geschäftsherrn zustande kommt, aber die Täuschung durch eine diesem mehr oder weniger verbundene Person ausgeübt wird. Vorliegend kommt der Vertrag aber mit M zustande, während hier eine Täuschung durch H untersucht wird. Ob H als der durch mittelbare Stellvertretung gerade verdeckte Hintermann als auf der Seite des Erklärungsempfängers stehend betrachtet werden kann, ist sehr zweifelhaft.

Ohnehin stellen die Versuche in Rechtsprechung und Literatur, den Begriff des Dritten abzugrenzen, einen dogmatisch inadäquaten Ansatzpunkt dar. Tatsächlich geht um die Frage unter welchen Umständen der Erklärungsempfänger für das Wissen einer anderen Person einzustehen hat. Dies wird vom Gesetz in § 166 BGB geregelt. Deshalb muss auch diese Norm und nicht § 123 II BGB Ausgangspunkt für eine Lösung sein. Wem nach § 166 BGB das Wissen einer anderen Person zugerechnet wird, ist gegebenenfalls selbst als Täuschender im Sinne des § 123 I BGB anzusehen.

Deshalb ist an der früheren Rechtsprechung des RG festzuhalten. Dritter ist jeder, der nicht Erklärungsempfänger ist.

dd) Eigenschaftsirrtum (§ 119 II BGB)

T könnte sich in einem Irrtum über eine verkehrswesentliche Eigenschaft der Sache im Sinne des § 119 II BGB befunden haben.

(1) Anwendbarkeit

§ 119 II BGB könnte durch die Regelung der Sachmängelhaftung (§§ 434 ff BGB) ausgeschlossen sein. Diese und die Anfechtung wegen Eigenschaftsirrtums regeln denselben Tatbestand.[35] Könnten sich Käufer oder Verkäufer einer Sache im Falle der Mangelhaftigkeit der Sache darauf berufen, diesen Mangel nicht gekannt, sich also über eine verkehrswesentliche Eigenschaft der Sache geirrt zu haben, und den Kaufvertrag deshalb mittels Anfechtung rückwirkend vernichten (§§ 142 I, 143, 119 II BGB), so

---

31   BGH NJW 1990, 1661, 1662; Soergel/*Hefermehl* § 123 Rn 32.
32   Palandt/*Ellenberger*, § 123 Rn 13; *Flume*, Allgemeiner Teil des Bürgerlichen Rechts, Band 2 Das Rechtsgeschäft § 29 3, S 544.
33   So Staudinger/*Singer/von Finckenstein* 2004 § 123 Rn 48.
34   BGH NJW 1962, 2195, 2196; BGH NJW 1990, 1661, 1662.
35   *Flume* Allgemeiner Teil des Bürgerlichen Rechts, Band 2 Das Rechtsgeschäft § 24 3 a), S 484.

Fehrenbach

wären die Vorschriften des Sachmängelgewährleistungsrechts (§§ 434 ff BGB) weitgehend gegenstandslos. Deshalb wird allgemein davon ausgegangen, die Anfechtung wegen Irrtums über eine verkehrswesentliche Eigenschaft (§ 119 II BGB) würde durch die Regeln der Sachmängelhaftung (§§ 434 ff BGB) ausgeschlossen.[36] Entsprechendes muss für die Anfechtung der Übereignung gelten.

Diese Erwägung kann aber nicht gelten, wenn die irrtümlich verkaufte Sache von günstigerer Beschaffenheit ist, als angenommen, denn in diesem Fall droht keine Umgehung der Sachmangelhaftung.[37]

Im vorliegenden Fall ist die Sache wertvoller als angenommen, § 119 II BGB daher anwendbar.

(2) Eigenschaft

Eigenschaften einer Sache im Sinne des § 119 II BGB sind nicht nur die natürlichen, einer Sache innewohnenden Eigenschaften, sondern auch die tatsächlichen oder rechtlichen Verhältnisse der Sache, die in ihre Beziehung zu Personen oder Sachen wurzeln und infolge ihrer Beschaffenheit und vorausgesetzten Dauer für die Brauchbarkeit oder die Wertschätzung der Sache von Bedeutung sind.[38]

Sofern sich T über den Wert des Bildes geirrt haben sollte, ist dies ohne Belang, denn der Wert einer Sache stellt keine Eigenschaft der Sache selbst dar, sondern lediglich das Ergebnis von Eigenschaften.[39]

Die Frage, welcher Künstler das Bild gemalt hat, stellt aber eine Eigenschaft der Sache selbst dar.[40]

(3) Verkehrswesentlichkeit

Weiter muss es sich um eine Eigenschaft handeln, die im Verkehr als wesentlich angesehen wird (§ 119 II BGB).

Wann eine Eigenschaft verkehrswesentlich ist, ist umstritten. Eine Auffassung sieht im Eigenschaftsirrtum einen ausnahmsweise beachtlichen Motivirrtum.[41] Eine Eigenschaft ist nach dieser Auffassung dann verkehrswesentlich, wenn objektiv in Bezug auf den typischen wirtschaftlichen Zweck und subjektiv in Bezug auf das individuelle Geschäft Verkehrswesentlichkeit gegeben ist.[42] Nach der Lehre vom geschäftlichen Eigenschaftsirrtum liegt der eigentliche Grund für die Beachtlichkeit des Eigenschaftsirrtums hingegen darin, dass der Gegenstand hinsichtlich einer Eigenschaft nicht dem Rechtsgeschäft entspricht.[43]

---

36 Vgl. BGHZ 16, 54, 57; BGHZ 60, 319, 320; BGH NJW-RR 2008, 222, 223 Tz 9; Palandt/*Ellenberger* § 119 Rn 28; MünchKommBGB/*Kramer* § 119 Rn 33 ff.

37 BGH NJW 1988, 2597, 2598; Soergel/*Hefermehl* § 119 Rn 80.

38 BGHZ 34, 32, 41; BGHZ 88, 240, 245; Palandt/*Ellenberger* § 119 Rn 24; Soergel/*Hefermehl* § 119 Rn 37.

39 BGHZ 16, 54, 57 st Rspr; Palandt/*Ellenberger* § 119 Rn 27.

40 BGH NJW 1988, 2597, 2599.

41 Palandt/*Ellenberger* § 119 Rn 23; *Larenz/Wolf* Allgemeiner Teil des deutschen Bürgerlichen Rechts 9. Auflage 2004 § 36 Rn 36.

42 *Larenz/Wolf* Allgemeiner Teil des deutschen Bürgerlichen Rechts § 36 Rn 42 ff.

43 *Flume* Allgemeiner Teil des Bürgerlichen Rechts, Band 2 Das Rechtsgeschäft § 24 2b), S 478.

Vorliegend liegt nach beiden Ansätzen eine verkehrswesentliche Eigenschaft vor. Bei Kunstwerken ist die Person des Künstlers häufig objektiv der entscheidende Faktor für die Wertschätzung durch das Publikum und den Rechtsverkehr. Dies haben auch die Vertragsparteien ihrer Vereinbarung subjektiv zugrundegelegt. Gleichfalls wurde die Person des Künstlers zum Inhalt des Rechtsgeschäfts gemacht, da diese erhebliche Bedeutung für den Wert des Kunstwerks hat.

Wer Urheber des Gemäldes ist, stellt deshalb auch eine verkehrswesentliche Eigenschaft dar.

(4) Kausalität

Diesem Irrtum müsste T bei Abgabe einer Willenserklärung unterlegen sein (§ 119 I BGB). T hat nicht nur die Willenserklärungen zur dinglichen Einigung bezüglich der Übereignung des Bildes abgegeben, sondern auch eine Willenserklärung, die auf den Abschluss eines Kaufvertrages gerichtet war. Der Irrtum muss aber gerade kausal für diejenige Willenserklärung gewesen sein, die auf die dingliche Einigung gerichtet war. In der Regel liegt ein relevanter Irrtum nur beim Verpflichtungsgeschäft vor, da die Erfüllungsgeschäfte normalerweise nicht mehr auf dem Irrtum beruhen, sondern auf der Annahme, vertraglich gebunden zu sein. Beim Irrtum über eine wesentliche Eigenschaft nach § 119 II BGB kommt es jedoch in Betracht, dass sich der Irrtum sowohl auf das Erfüllungs- wie auf das Verpflichtungsgeschäft bezieht (sog. Fehleridentität).[44] Zu fragen ist also, ob T den vermeintlichen Kaufvertrag auch in Kenntnis des wahren Sachverhalts durch Abgabe der auf Übereignung gerichteten Willenserklärung erfüllt hätte. Dies kann jedoch nicht angenommen werden. Die Vorstellung der T von der Beschaffenheit des Gemäldes betrifft nicht nur das Verpflichtungs-, sondern auch das Verfügungsgeschäft. Ist eine Sache als solche mit bestimmter Beschaffenheit verkauft, dann bezieht sich auch die Übereignung auf eine Sache dieser Beschaffenheit.[45] Es ist nicht davon auszugehen, dass T das Gemälde in Kenntnis des Urhebers in Vollzug des Kaufvertrages übereignet hätte.

Ein Eigenschaftsirrtum im Sinne des § 119 II BGB liegt also vor.

(5) Würdigungsklausel

Bei Kenntnis der Sachlage und bei verständiger Würdigung des Falles hätte T die Erklärung nicht abgegeben (§ 119 I BGB).

---

44 *Bork* Allgemeiner Teil des Bürgerlichen Gesetzbuchs Rn 921; Staudinger/*Roth* 2010 § 142 Rn 22.
45 *Flume* Allgemeiner Teil des Bürgerlichen Rechts, Band 2 Das Rechtsgeschäft § 24 2b), S 479, § 24 4, S 489; aA *Grigoleit* AcP 199 (1999) 379, 398 f mit der Auffassung, das Verfügungsgeschäft beschränke sich nach dem Abstraktionsprinzip inhaltlich grundsätzlich auf die Herbeiführung der Verfügungswirkungen. Allerdings erschöpft sich das Abstraktionsprinzip darin, die rechtliche Unabhängigkeit der Erklärungen anzuordnen. Es gewährt Verfügungen keinen Bestandsschutz und gebietet nicht, alle möglichen Fehler lediglich auf das obligatorische Geschäft zu konzentrieren.

Fehrenbach

c) Anfechtungserklärung

Die Anfechtung erfolgt durch Erklärung gegenüber dem anderen Teil (§ 142 I BGB). Eine Anfechtungserklärung ist empfangsbedürftige Willenserklärung und als solche der Auslegung gemäß §§ 133, 157 BGB zugänglich. Die Anfechtungserklärung muss erkennen lassen, dass der Erklärende das Geschäft wegen eines Willensmangels nicht gelten lassen will. Es ist erforderlich, dass sich aus der Erklärung unzweideutig der Wille ergibt, das Geschäft gerade wegen des Willensmangels nicht bestehen lassen zu wollen, wobei der Gebrauch des Wortes „anfechten" nicht erforderlich ist.[46]

T hat gegenüber M erklärt, sie wolle das Geschäft nicht gelten lassen. Sie hat dies auch damit begründet, dass sie sich über den Urheber des Werkes geirrt habe. Dies genügt, um eine Anfechtungserklärung anzunehmen.

Eine Anfechtungserklärung liegt somit vor.

d) Anfechtungsfrist

T hat die Anfechtung „sogleich" erklärt. Die im Hinblick auf den Anfechtungsgrund des § 119 II BGB einzuhaltende Anfechtungsfrist des § 121 I 1 BGB ist also gewahrt.

e) Ergebnis

Die Übereignung ist auch im Hinblick auf § 142 I BGB nichtig.

6. Ergebnis

T hat ihr Eigentum am Bild nicht durch Übereignung an M verloren.

V. Übergang des Eigentums durch Übereignung von M an H

1. Übergang nach § 929 S. 1 BGB

M könnte das Gemälde nach § 929 S. 1 BGB an H übereignet haben.

Das Eigentum sollte allerdings nicht erst mit Übergabe, sondern schon mit Erwerb des unmittelbaren Besitzes durch M auf H übergehen.

Eine Übereignung nach § 929 S. 1 BGB liegt nicht vor.

2. Übergang nach § 930 BGB

M könnte das Bild nach § 930 BGB an H übereignet haben.

Da die Einigung mit T unwirksam war, handelte M nicht als Berechtigter.

3. Übergang nach §§ 930, 933 BGB

H könnte das Gemälde nach §§ 930, 933 BGB gutgläubig von M erworben haben.

a) Veräußerung nach § 930 BGB

Eine Einigung nach § 929 S. 1 BGB zwischen M und H liegt vor. Es spielt keine Rolle, dass M zum Zeitpunkt der Einigung noch nicht Eigentümer oder Besitzer der Sache war. Die Einigung kann ohne Weiteres auch als antizipierte Einigung erfolgen.

---

46 BGHZ 88, 240, 245; BGHZ 91, 324, 331 f; BGH NJW-RR 1995, 859.

M war unmittelbarer Besitzer. Zwischen M und H wurde vereinbart, dass M das Bild für H verwahren soll. Die Verwahrung (§§ 688 ff BGB) begründet ein Besitzmittlungsverhältnis (§ 868 BGB). Vorliegend wurde das Besitzmittlungsverhältnis antizipiert. H wird mittelbarer und M unmittelbarer Besitzer.

Eine Veräußerung nach § 930 BGB liegt vor.

b) Übergabe nach § 933 BGB

Damit die Sache gutgläubig erworben werden kann, muss weiter hinzukommen, dass sie H als Erwerber übergeben wurde.

Die Übergabe im Sinne des § 933 BGB ist nicht anders zu verstehen, als die Übergabe im Sinne des § 929 S. 1 BGB.[47] Für eine Übergabe ist damit erforderlich, dass der unmittelbare Besitzer die tatsächliche Gewalt über die Sache restlos aufgibt und der Erwerber den Besitz ergreift. Die Übergabe muss auf dem Veräußerungsgeschäft beruhen.[48]

aa) Besitzwechsel bei restlosem Besitzverlust des Veräußerers

H hat das Bild bei M abgeholt. M hat damit die tatsächliche Gewalt über die Sache aufgeben und H sie ergriffen.

Fraglich ist, ob der Besitzverlust auch restlos erfolgte.

Man könnte dies dann verneinen, wenn H die Sache nur vorübergehend unter Aufrechterhaltung des Verwahrungsverhältnisses hätte an sich nehmen wollen. Tatsächlich sollte das Verwahrungsverhältnis und damit das Besitzmittlungsverhältnis nach dem Willen der Parteien aber mit Abholung des Bildes enden. H hat das Bild als Erwerber an sich genommen. Damit ist klar, dass die Sachherrschaft von M als Verwahrer endgültig beendet werden sollte. Folgerichtig gingen die Parteien auch bei Wiedererlangung des Bildes durch M davon aus, dass damit ein neues Verwahrungsverhältnis begründet wurde. Nach dem Parteiwillen sollte also bei Abholung des Bildes durch H das Besitzmittlungsverhältnis beendet werden. Somit verblieb M kein Besitz an der Sache mehr.

Der Besitzverlust erfolgte damit auch restlos.

bb) Übergabe in Vollzug des Veräußerungsgeschäfts

Aus Sicht der Parteien findet das Geschäft in der Übergabe seinen Abschluss. Die Übergabe erfolgte damit in Vollzug des Veräußerungsgeschäfts.

c) Guter Glaube (§§ 933, 932 BGB)

Ein gutgläubiger Erwerb findet nicht statt, wenn H nicht in gutem Glauben ist (§ 933 BGB).

---

47 BGHZ 67, 207, 208 f; BGH NJW 1996, 2654, 2655; *Wilhelm* Sachenrecht 4. Auflage 2010 Rn 928.
48 BGHZ 67, 207, 208.

Fehrenbach

aa) Entfall der Gutgläubigkeit nach § 932 II BGB

Guter Glaube liegt nach § 932 II BGB nicht vor, wenn dem Erwerber bekannt oder in Folge grober Fahrlässigkeit unbekannt ist, dass die Sache nicht dem Veräußerer gehört.

Das fehlende Eigentum des M beruht darauf, dass die Übereignung von T an M gemäß § 105 II BGB nichtig ist. Dies und damit das mangelnde Eigentum des M war H nicht positiv bekannt.

Die Unkenntnis könnte jedoch dann auf grober Fahrlässigkeit beruhen, wenn H zumindest die Umstände, aus denen sich die Unwirksamkeit ergibt, bekannt gewesen wären. M hat H allerdings verschwiegen, dass er T erst betrunken machen musste, um sie zur Veräußerung zu bewegen. Dafür, dass H aus anderem Grund hätte Kenntnis haben müssen, bestehen keine Anhaltspunkte.

Fraglich ist, ob der Umstand, dass die Übereignung von T an M anfechtbar war, und H möglicherweise hiervon Kenntnis hatte, die Gutgläubigkeit nach § 932 II BGB entfallen lassen kann.

Dafür wird angeführt, dass der Erwerber bereits unredlich sei, wenn er wisse, dass das Geschäft anfechtbar sei und dann nicht des Schutzes des gutgläubigen Erwerbs bedürfe.[49]

Dem ist zu widersprechen. Der Umstand, dass ein Rechtsgeschäft lediglich anfechtbar ist und der Erwerber dies möglicherweise weiß, kann trotz der Rückwirkung der Anfechtung (§ 142 I BGB) nicht dazu führen, dass der Erwerber als bösgläubig anzusehen ist. Nach der Rechtslage vor Anfechtungserklärung ist der Veräußerer Eigentümer und bleibt es auch, wenn die anfechtbare Verfügung nicht angefochten wird. Aus diesem Grund wird die Konstellation gerade von § 142 II BGB erfasst. § 932 II BGB kann damit nicht auf die Kenntnis der Anfechtbarkeit ausgedehnt werden.

bb) Entfall der Gutgläubigkeit nach §§ 142 II, 932 II BGB

Nach § 142 II BGB steht der Kenntnis oder der fahrlässigen Unkenntnis der Nichtigkeit des Rechtsgeschäfts die Kenntnis oder fahrlässige Unkenntnis der Anfechtbarkeit gleich, wenn die Anfechtung tatsächlich erfolgt. Im Rahmen des gutgläubigen Erwerbs beweglicher Sachen, ist der Sorgfaltsmaßstab allerdings § 932 II BGB zu entnehmen.[50]

H würde demnach gemäß §§ 142 II, 932 II BGB als bösgläubig behandelt, wenn die Übereignung von T an M anfechtbar war, die Anfechtung tatsächlich erfolgte und H die Anfechtbarkeit kannte oder grob fahrlässig nicht kannte.

Die Übereignung von T an M war anfechtbar und ist auch tatsächlich angefochten worden. H hat die Anfechtbarkeit gekannt.

Er wird deshalb nach § 142 II BGB so behandelt, als ob er die Nichtigkeit des Rechtsgeschäfts gekannt hätte, also so, als ob er gewusst hätte, dass der Vorerwerb des Veräußerers unwirksam war.

Damit scheitert der gutgläubige Eigentumserwerb des H (§§ 930, 933 BGB) und T bleibt Eigentümerin des Gemäldes.

---

49 *Medicus* Allgemeiner Teil des BGB 10. Auflage 2010 Rn 729 dagegen *Bork* Allgemeiner Teil des Bürgerlichen Gesetzbuchs Rn 928.
50 *Wilhelm* Sachenrecht Rn 935.

d)   Abhandenkommen (§ 935 I 1 BGB)

Der Erwerb des H könnte weiter an § 935 I 1 BGB scheitern.

Nach § 935 I 1 BGB findet kein gutgläubiger Erwerb statt, wenn die Sache dem Eigentümer abhanden gekommen ist.

Abhanden gekommen ist eine Sache, wenn der unmittelbare Besitz ohne Willen verloren gegangen ist.[51]

T befand sich bei Besitzverlust in einem Zustand der Störung ihrer Geistestätigkeit im Sinne des § 105 II BGB. Eine in einem derartigen Zustand abgegebene Willenserklärung ist, wie die eines Geschäftsunfähigen (§ 105 I BGB), nichtig (§ 105 II BGB).

Es ist umstritten, ob bei Besitzweggabe durch Geschäftsunfähige stets ein unfreiwilliger Besitzverlust anzunehmen ist. Während dies nach der überwiegend vertretenen Auffassung der Fall sein soll,[52] will die Gegenauffassung an die natürliche Einsichtsfähigkeit anknüpfen.[53] Die herrschende Auffassung stützt sich auf die Wertung, dass der Schutz des Geschäftsunfähigen dem Verkehrsschutz immer vorgehen müsse,[54] während die Gegenauffassung hervorhebt, dass es nicht um die Beurteilung von Willenserklärungen, also die Anwendung von § 105 BGB, sondern um die Beurteilung von Realakten geht.[55]

Tatsächlich dürfte im vorliegenden Fall im Ergebnis kein Unterschied zwischen beiden Auffassungen bestehen. T war kaum mehr Herrin ihrer Handlungen. Unter diesen Umständen kann der Besitzverlust auch dann nicht mehr als freiwillig angesehen werden, wenn man auf die natürliche Einsichtsfähigkeit abstellt.

Der Erwerb des H scheitert also auch im Hinblick auf § 935 I 1 BGB.

VI.   Übergang des Eigentums durch Übereignung von H an S

1.   Übergang nach § 931 BGB

H war Nichtberechtigter. Ein Erwerb nach § 931 BGB kommt nicht in Betracht.

2.   Übergang nach §§ 931, 934 BGB

a)   Veräußerung nach § 931 BGB

H und S haben sich über den Übergang des Eigentums nach § 929 S. 1 BGB geeinigt.

M ist als Dritter unmittelbarer Besitzer der Sache.

Die Übergabe könnte durch die Abtretung des Herausgabeanspruchs ersetzt worden sein.

---

51 RGZ 101, 224, 225; Palandt/*Bassenge* § 935 Rn 3; *Baur/Stürner* Sachenrecht 19. Auflage 2009 § 52 Rn 37; *Wilhelm* Sachenrecht Rn 963.
52 OLG München NJW 1991, 2571; Palandt/*Bassenge* § 935 Rn 5; Staudinger/*Wiegand* 2004 § 935 Rn 10.
53 Soergel/*Henssler* 13. Auflage 2002 § 935 Rn 6.
54 Staudinger/*Wiegand* § 935 Rn 10.
55 Soergel/*Henssler* § 935 Rn 6.

Fehrenbach

Herausgabeansprüche im Sinne des § 931 BGB sind sowohl gesetzliche als auch vertragliche Herausgabeansprüche, nach herrschender Auffassung nicht aber der Anspruch aus § 985 BGB.[56]

Hier hat H zumindest aus dem Verwahrungsverhältnis einen Herausgabeanspruch nach §§ 695, 697 BGB gegen M. Dieser Herausgabeanspruch wurde abgetreten.

Eine Veräußerung nach § 931 BGB liegt vor.

b) Übergabesurrogat (§ 934 BGB)

Ist der Veräußerer mittelbarer Besitzer, wird der Erwerber vorbehaltlich der Gutgläubigkeit nach § 934 Alt. 1 BGB schon dann Eigentümer, wenn der Veräußerer ihm den Herausgabeanspruch abtritt.

H ist mittelbarer Besitzer des Gemäldes. Durch Abtretung des Herausgabeanspruchs wird S also grundsätzlich Eigentümer und mittelbarer Besitzer (§ 870 BGB).

Die Regelung des § 934 BGB verhält sich jedoch widersprüchlich zur Regelung des § 933 BGB. In beiden Fällen verschafft der Veräußerer dem Erwerber nur den mittelbaren Besitz. Während aber für den gutgläubigen Erwerb nach §§ 930, 933 BGB erforderlich ist, dass die Sache dem Erwerber übergeben wird, genügt es für den gutgläubigen Erwerb nach §§ 931, 934 BGB, dass der Veräußerer mittelbarer Besitzer der Sache wird. Die Auslegung des § 934 BGB ist deshalb umstritten.[57]

Der BGH belässt es beim Wortlaut des § 934 BGB und rechtfertigt diesen Widerspruch damit, dass der Veräußerer im Falle der §§ 930, 933 BGB Besitzer der Sache bleibt, während er sich im Falle der §§ 931, 934 BGB seines Besitzes entäußert.[58]

Teile der Literatur hingegen versuchen auf unterschiedliche Weise, den Wertungswiderspruch aufzulösen. Zum Teil wird zu diesem Zwecke die Rechtsfigur des Nebenbesitzes herangezogen,[59] dafür plädiert, die Anforderungen bei der Gutgläubigkeit zu verschärfen,[60] oder gefordert, dass der Erwerber zumindest eine bessere Position als der Berechtigte erlangt.[61]

Dieser Meinungsstreit ist aber nur dann von Relevanz, wenn der unmittelbare Besitzer ein doppeltes Spiel treibt, also dem Erwerber den Besitz mittelt, während der Berechtigte noch davon ausgehen konnte, dass der unmittelbare Besitzer ihm den Besitz mittelt. Nach allen Auffassungen ist der gutgläubige Erwerb nach § 934 Alt. 1 BGB nicht gehindert, wenn der Berechtigte in keinerlei Besitzbeziehung zur Sache mehr steht. So verhält es sich hier. T als Berechtigte hat sich bereits durch die Übergabe an M jedes Besitzes begeben. Eine Einschränkung des Wortlauts des § 934 BGB kommt in diesem Fall nicht in Betracht.

---

56 MünchKommBGB/*Oechsler* 5. Auflage 2009 § 931 Rn 11, 15; aA *Wilhelm* Sachenrecht Rn 914.

57 Ausführlich zum Meinungsstand *Musielak* JuS 1992, 712, 719 ff.

58 BGHZ 50, 45, 50 f.

59 *Medicus/Petersen*, Bürgerliches Recht 22. Auflage 2009 Rn 558.

60 Staudinger/*Wiegand* § 934 Rn 3.

61 *Wilhelm* Sachenrecht Rn 981 ff.

Fehrenbach

c)   Guter Glaube (§§ 934, 932 BGB)

S erwirbt das Eigentum dennoch nicht, wenn er zum Zeitpunkt der Abtretung nicht in gutem Glauben war (§ 934 BGB).

Nicht in gutem Glauben ist der Erwerber, wenn ihm bekannt oder infolge grober Fahrlässigkeit unbekannt ist, dass die Sache nicht dem Veräußerer gehört (§ 932 II BGB).

Zum Zeitpunkt der Abtretung war S allein die Anfechtbarkeit bekannt. Da diese zu diesem Zeitpunkt noch nicht erfolgt war, hatte S keinen Anlass, am Eigentum des H zu zweifeln, denn tatsächlich war H zu diesem Zeitpunkt noch Eigentümer. Das Eigentum entfiel zwar rückwirkend, aber erst mit Anfechtung (§ 142 I BGB). Damit war S an sich gutgläubig.

Nach § 142 II BGB wird aber derjenige, der die Anfechtbarkeit kannte oder kennen musste, wenn die Anfechtung erfolgt, so behandelt, als wenn er die Nichtigkeit des Rechtsgeschäfts gekannt hätte.

Nachdem die Anfechtung zwischenzeitlich erfolgt ist und S die Anfechtbarkeit positiv kannte, wird er so behandelt, als wenn er die Nichtigkeit des angefochtenen Rechtsgeschäfts, also der Übereignung des Bildes von T an M gekannt hätte.

Damit weiß S zunächst nur, dass H als Veräußerer das Eigentum nur vom Nichtberechtigten erwerben konnte.

Nach § 932 II BGB muss S wissen oder grob fahrlässig nicht wissen, dass H als Veräußerer nicht Eigentümer der Sache war, diese also nicht vom Nichtberechtigten gutgläubig erworben hat.

S weiß, dass H die Anfechtbarkeit kannte und damit selbst nach § 142 II BGB behandelt wird. Damit kannte S aber die fehlende Berechtigung des H.

Mangels Gutgläubigkeit wird S nicht Eigentümer des Gemäldes.

d)   Abhandenkommen (§ 935 I 1 BGB)

Der Erwerb des S würde auch unter dem Gesichtspunkt des § 935 I 1 BGB scheitern.

VII. Ergebnis

Da S das Eigentum am Gemälde nicht erworben hat, steht S kein die Veräußerung hinderndes Recht im Sinne des § 771 I ZPO zu.

Die Klage ist unbegründet und wird deshalb vom LG Passau abgewiesen werden.

Öffentliches Recht – Fall 1

Kulturelle Vielfalt in Europa

Von Prof. Dr. Dirk Ehlers, Münster

> **Freiheit des Warenverkehrs – Beschränkungs- und Diskriminierungsverbote – Vorabentscheidungsverfahren – EuGH als gesetzlicher Richter***

Sachverhalt

Die in Deutschland ansässige L-GmbH handelt im Bundesgebiet gewerbsmäßig mit Büchern. Sie führt im großen Umfange im EU-Ausland verlegte Bücher nach Deutschland ein und verkauft sie an die Endabnehmer. Der Verkaufspreis liegt in der Regel erheblich unter demjenigen Preis, den die ausländischen Verleger für das in ihrem Land (Verlagsstaat) vertriebene Buch festsetzen oder empfehlen. Der deutsche Gesetzgeber fürchtet, dass es durch eine solche Praxis zu einem Verlust für die kulturelle Vielfalt sowie für die nationale Kultur kommt, weil das „Preisdumping" die Produktion und den Vertrieb anspruchsvollerer, aber teurerer Bücher verhindere und diejenigen Buchhändler vom Markt verdränge, die sich nicht auf den Verkauf kommerzieller Erzeugnisse spezialisiert haben. Deshalb erlässt der deutsche Bundesgesetzgeber ein neues Gesetz über die Buchpreisbindung (BPrBG). § 2 des Gesetzes bestimmt, dass deutsche Verleger verpflichtet sind, einen Letztverkaufspreis für Bücher festzusetzen. Nach § 3 des Gesetzes dürfen Importeure ausländischer Bücher den vom Verleger für den Verlagsstaat (ausländischen Staat) festgesetzten oder empfohlenen Letztverkaufspreis nicht unterschreiten. L möchte wissen,

1. ob § 3 BPrBG mit den Grundfreiheiten des Europäischen Unionsrechts vereinbar ist;
2. ob sich ihm noch Möglichkeiten bieten, wenn er sich vor den Fachgerichten erfolglos gegen eine auf § 3 BPrBG gestützte Untersagungsverfügung gewehrt hat, ohne dass die deutschen Gerichte den Europäischen Gerichtshof angerufen haben.

Auf alle Rechtsprobleme des Falles ist – gegebenenfalls in einem Hilfsgutachten – einzugehen.

---

* Bei der Klausur handelt es sich um eine Examensklausur, die im Dezember 2009 gestellt wurde. Schwerpunktmäßig geht es um Grundfragen des Europäischen Unionsrechts. Es ist aber auch auf das Verfassungsrecht einzugehen. Der Sachverhalt ist einer Entscheidung des EuGH (Urteil vom 30. 4. 2009 – C 531/07, Slg. 2009, I-3717; EuZW 2009, 426) nachgebildet, aber verändert und vereinfacht worden.

Gliederung der Lösung

Lösung

A. Erste Fragestellung: Vereinbarkeit des § 3 BPrBG mit dem Europäischen Unionsrecht

I. Vereinbarkeit mit der Freiheit des Warenverkehrs

In Betracht kommen könnte eine Verletzung des Art. 34 AEUV.

1. Schutzbereich

Die Grundfreiheiten finden nur Anwendung, wenn kein abschließendes (primärrechts-konformes) Sekundärrecht existiert und ein grenzüberschreitender Sachverhalt vorliegt. Sekundärrechtliche Bestimmungen erwähnt der Sachverhalt nicht. Da § 3 BPrBG den Import ausländischer Waren (und damit auch der Ware aus dem EU-Ausland) regelt, ist auch ein grenzüberschreitender Sachverhalt gegeben. Art. 34 AEUV verbietet mengenmäßige Einfuhrbeschränkungen sowie alle Maßnahmen gleicher Wirkung wie mengenmäßige Beschränkungen. Unter Maßnahmen gleicher Wirkung sind alle Handelsregelungen der Mitgliedstaaten zu verstehen, die geeignet sind, den innergemeinschaftlichen Handel unmittelbar oder mittelbar, tatsächlich oder potenziell zu behindern.[1] Die Preisregelung des § 3 BPrBG ist geeignet, die Einfuhr von Büchern aus dem EU-Ausland zu erschweren und stellt daher eine Maßnahme gleicher Wirkung dar.

2. Beeinträchtigung des Schutzbereichs

Die Grundfreiheiten enthalten Beschränkungs- und Diskriminierungsverbote.[2] Dies lässt sich dem Wortlaut des Art. 34 AEUV entnehmen („zwischen den Mitgliedstaa-

---

1 Vgl EuGH, Slg 1974, 837 – Dassonville.
2 Vgl *Ehlers,* in: ders. (Hrsg.), Europäische Grundrechte und Grundfreiheiten, 2009 (3. Aufl), § 7 Rn 29 ff.

Ehlers

ten" einerseits, „Einfuhrbeschränkungen" andererseits). Beide Verbote stehen nebeneinander.[3]

Beschränkt wird die Freiheit des Warenverkehrs, wenn durch die Maßnahme eines Verpflichtungsadressaten der Grundfreiheit (hier der Bundesrepublik Deutschland) der Marktzugang erschwert oder unmöglich gemacht wird. Dies ist nicht der Fall, wenn nur bestimmte Verkaufsmodalitäten (im Gegensatz zu produktbezogenen Maßnahmen) geregelt werden.[4] Wird diese Voraussetzung erfüllt, ist die Anwendung derartiger Regelungen auf den Verkauf von Erzeugnissen aus einem anderen Mitgliedstaat, die den von diesem Staat aufgestellten Bestimmungen entsprechen, nicht geeignet, den Marktzugang für diese Erzeugnisse zu versperren oder stärker zu behindern, als sie dies für inländische Erzeugnisse tut. Die Regelung des § 3 BPrBG bezieht sich nicht auf ein Merkmal der Bücher, sondern betrifft nur die Modalität ihres Verkaufs. Verkaufsmodalitäten stellen aber nur dann keine Maßnahmen gleicher Wirkung dar, wenn sie für alle betroffenen Wirtschaftsteilnehmer gelten, die ihre Tätigkeit im Inland ausüben, und für ausländische und inländische Erzeugnisse unterschiedslos wirken.[5] Hier legt das BPrBG zwar eine Preisbindung für alle Bücher unabhängig von deren Herkunft fest. § 3 des Gesetzes bezieht sich aber nur auf den Import ausländischer Bücher. Die Vorschrift nimmt den Importeuren und ausländischen Verlegern die Möglichkeit, einen Mindestpreis für den Einzelhandel festzulegen, der den Besonderheiten und Erfordernissen des Einfuhrmarktes entspricht. Den deutschen Verlegern steht es dagegen frei, für ihre Erzeugnisse Mindestpreise für den Letztverkauf auf dem inländischen deutschen Markt anhand der Merkmale dieses Marktes selbst festzulegen. Daher wirkt die nur eine Verkaufsmodalität betreffende Regelung in ihrer Anwendung auf ausländische und inländische Erzeugnisse unterschiedlich. Sie hat zur Folge, dass Erzeugnisse aus anderen Mitgliedstaaten weniger günstig behandelt werden. Daher ist § 3 BPrBG als eine gegen Art. 34 AEUV verstoßende Maßnahme mit gleicher Wirkung wie eine mengenmäßige Einfuhrbeschränkung anzusehen.[6]

Neben Beschränkungen verbieten die Grundfreiheiten auch offene und versteckte Diskriminierungen. Eine offene Diskriminierung (gezielte Schlechterbehandlung der ausländischen Ware) ist nicht ersichtlich. Versteckt ist eine Diskriminierung, wenn die Produkte ausländischer Herkunft typischerweise stärker betroffen sind. Dies dürfte aus den bereits genannten Gründen (ungünstigere Behandlung der Importeure und ausländischen Verleger) der Fall sein, so dass auch eine versteckte Diskriminierung

---

3 Fehlt es an einer offenen Diskriminierung, scheint es angezeigt, das Beschränkungsverbot zunächst zu prüfen. Eine andere Vorgehensweise ist vertretbar. Doch müssen die Bearbeiter auf alle Rechtsprobleme und damit auf beide Verbote eingehen.
4 Grdl. EuGH, Slg 1993, I-6097 – Keck und Mithouard.
5 EuGH Slg 1993, I-6097 – Keck und Mithouard; *Ehlers* (Fn 2); § 7 Rn 86.
6 Wenn die Bearbeiter zu einem gegenteiligen Ergebnis kommen, ist dies nicht unvertretbar. So könnte statt eines Vergleichs zwischen dem Importeur respektive ausländischer Verleger und dem deutschen Verleger ein Vergleich zwischen den Importeuren und den inländischen Händlern in Betracht gezogen werden. Auch letztere sind an die Festlegung der Verleger gebunden. Selbst wenn die Bearbeiter zu diesem Ergebnis kommen, sollte im Rahmen eines Hilfsgutachtens zur Rechtfertigung Stellung genommen werden.

anzunehmen ist. Daher ist eine Beeinträchtigung der Freiheit des Warenverkehrs sowohl wegen der Beschränkung als auch wegen der Diskriminierung anzunehmen.

3. Rechtfertigung

Die Grundfreiheiten werden nicht vorbehaltlos gewährleistet. Das Europäische Unionsrecht anerkennt geschriebene und ungeschriebene Rechtfertigungsgründe.

a) Art. 36 AEUV

Nach Art. 36 AEUV steht die Bestimmung des Art. 34 AEUV Einfuhrverboten oder – beschränkungen u. a. dann nicht entgegen, wenn sie zum Schutze des nationalen Kulturguts von künstlerischem, geschichtlichem oder archäologischem Wert gerechtfertigt sind. Die Bestimmung dessen, was ein Kulturgut ist, und inwiefern ihm ein solcher Wert zukommt, obliegt dem jeweiligen Mitgliedstaat. Ihm kommt dabei zwar grundsätzlich ein Beurteilungsspielraum zu.[7] Wie alle die Beschränkungen der Grundfreiheiten regelnden Normen, ist aber auch Art. 36 AEUV eng auszulegen. Der Schutz der Kreativität und der kulturellen Vielfalt im Buchwesen gehört nicht zu den in diesem Artikel genannten Gründen.[8] Da die Bestimmung auf den Schutz von konkreten Gegenständen abzielt, wird der Schutz von Büchern in seiner Gesamtheit nicht erfasst.[9]

b) Art. 167 AEUV

Aus Art. 167 Abs. 4 AEUV geht zwar hervor, dass die Europäische Union kulturellen Aspekten, insbesondere zur Wahrung und Förderung der Vielfalt der Kulturen, Rechnung trägt. Die Vorschrift vermittelt aber keinen „Kulturvorbehalt" gegenüber anderen Vertragsvorschriften. Mitgliedstaaten können somit aus Art. 167 Abs. 4 AEUV keine Gestaltungsbefugnisse herleiten. Dies gilt erst recht, wenn die Maßnahmen den Handel innerhalb der Europäischen Union behindern.

c) Zwingendes Erfordernis der Allgemeinheit

Eine Beeinträchtigung der Grundfreiheiten kann auch durch den ungeschriebenen Rechtfertigungsgrund der zwingenden Erfordernisse im Allgemeininteresse gerechtfertigt werden.[10] Die ungeschriebenen Schranken beziehen sich zwar primär auf die Beschränkungen der Grundfreiheiten. Doch lassen sich Beschränkungen und versteckte Diskriminierungen nur schwer voneinander trennen. Auch wäre ein geschlossener, nicht erweiterungsfähiger Canon von Rechtfertigungsmotiven für die Fallgruppe der versteckt diskriminierenden Maßnahmen ebenso unangemessen wie im Falle der „rei-

---

7 So *Leible* in: Grabitz/Hilf, EUV/EGV, 2009 (40. Aufl), Art. 30 Rn 18.

8 Vgl bereits EuGH, Slg 1985, 1, Rn 30 – Leclerc; *Streinz*, EUV/EGV, 2003, Art. 30 Rn 18.

9 *Müller-Graff* in: v.d. Groeben/Schwarze, EGV/EUV, 2003 (6. Aufl), Art. 30 Rn 66. A.a. vertretbar.

10 Grdl. EuGH, Slg 1979, 649, Rn 8 – Cassis de Dijon; zu dem Verhältnis des Art. 30 EGV (Art. 36 AEUV) zu den „zwingenden Erfordernissen" siehe *Epiney*, in: Ehlers (Fn 2), § 8 Rn 61 ff.

nen" Beschränkungen. Daher vermögen zwingende Erfordernisse im Allgemeininteresse auch Diskriminierungen zu rechtfertigen, sofern es sich nicht um eine offene Diskriminierung handelt.[11]

Der Schutz von Büchern als Kulturgut kann als zwingendes Erfordernis des Allgemeininteresses angesehen werden. Soweit der deutsche Gesetzgeber die kulturelle Vielfalt der Verlagslandschaft sowie der Buchproduktion schützen will, zielt dies jedoch auf den Schutz der ausländischen Verlage ab. Bei dem zwingenden Erfordernis des Allgemeininteresses muss es sich aber um ein nationales Interesse handeln. Als solches kommt nur der Schutz der *deutschen* Buchhändler in Betracht, denen durch die Buchpreisbindungen ermöglicht würde, ihr Angebot an weniger gut verkäuflichen, aber kulturell wertvollen Buchtiteln aufrechtzuhalten. Eine Beeinträchtigung der Warenverkehrsfreiheit könnte damit grundsätzlich durch den ungeschriebenen Rechtfertigungsgrund der zwingenden Erfordernisse im Allgemeininteresse gerechtfertigt werden.

Maßnahmen zu Gunsten eines zwingenden Erfordernisses müssen aber auch stets den Anforderungen der Verhältnismäßigkeit genügen. Dies bedeutet, dass die Regelung des § 3 BPrBG geeignet sein muss, dem Schutz von Büchern als Kulturgut zu dienen. Ferner darf sie nicht über das hinausgehen, was für die Erreichung dieses Zieles erforderlich ist. Schließlich muss die staatliche Maßnahme angemessen sein. Der EuGH prüft die Verhältnismäßigkeit einer Beeinträchtigung der Grundfreiheiten in der Regel sehr viel grobmaschiger als im deutschen Recht.[12] Eine Eignung der Regelung des § 3 BPrBG für den Schutz auflagenschwacher Bücher aus deutschen Verlagen kann nach dem Gesagten angenommen werden. Eine für den Importeur weniger beschränkende Maßnahme mit derselben Effektivität hinsichtlich der Zielerreichung könnte dagegen z.B. darin bestehen, dass dem Importeur oder dem ausländischen Verleger erlaubt wird, einen Verkaufspreis für den deutschen Markt festzusetzen, der den Besonderheiten dieses Marktes Rechnung trägt. Somit war die Regelung nicht erforderlich. Mangels Verhältnismäßigkeit scheidet somit eine Rechtfertigung durch ein zwingendes Erfordernis im Allgemeininteresse aus.

d) Unionsgrundrechte

Die Rechtfertigung einer Beschränkung der Freiheit des Warenverkehrs könnte sich des Weiteren aus den Unionsgrundrechten ergeben. In Betracht kommen könnte das Grundrecht auf freie Meinungsäußerung (vgl. Art. 11 GRCh),[13] weil die gesetzliche Buchpreisbindung auf den Erhalt und Ermöglichung einer gewissen Vielfalt in der Buchlandschaft abzielt und damit die Meinungsäußerung in Buchform schützen soll. Der näheren Prüfung bedarf es nicht, weil es wiederum jedenfalls an der Erforderlichkeit der Regelung des § 3 BPrBG fehlt.

---

11 So EuGH, Urteil v. 9. 9. 2010, C-64/08, Rn 34, abgedruckt in EuZW 2010, 821; EuGH Urteil v. 16. 1. 2003, C-388/01, Slg. 2003, I-721 Rn 19; EuGH Urteil v. 6. 10. 2009, C-153/08, Slg. 2009, I-9735, Rn 37; vgl dazu auch *Gundel*, JURA 2001, 79 ff mwN; *Ehlers* (Fn 2), § 7 Rn 102.

12 Vgl *Streinz*, Europarecht, 2008 (8. Aufl), § 12 Rn 831 ff; *Ehlers* (Fn 2), § 7 Rn 110; zur Verhältnismäßigkeit allgemein auch *Kingreen*, in: Callies/Ruffert, EUV/EGV, 2007 (3. Aufl), Art. 28–30, Rn 88 ff.

13 Näher dazu *Obwexer*, EuR 2008, 736, 754 f.

II. Vereinbarkeit mit der Dienstleistungsfreiheit

Möglicherweise berührt die Regelung des § 3 BPrBG auch die durch Art. 56 AEUV geschützte Dienstleistungsfreiheit der Importeure. So könnte sich die Werbung für preisgünstig eingeführte Bücher als Dienstleistung darstellen. Indessen betrifft § 3 BPrBG schwerpunktmäßig eindeutig die Freiheit des Warenverkehrs. Demgegenüber tritt die Dienstleistungsfreiheit zurück, so dass der Schutzbereich dieser Freiheit nicht eröffnet ist.[14]

III. Ergebnis

Als Ergebnis ist festzuhalten, dass § 3 BPrBG mit Art. 34 AEUV nicht vereinbar ist.

B. Zweite Fragestellung: Die Möglichkeiten eines weiteren Vorgehens der L nach der Inanspruchnahme der Fachgerichtsbarkeit

L könnte sich zum einen bei der EU-Kommission beschweren und anregen, ein Vertragsverletzungsverfahren nach Maßgabe des Art. 258 AEUV einzuleiten. Einen Anspruch auf die Durchführung eines solchen Verfahrens hat der Einzelne jedoch nicht.

In Betracht kommt ferner eine Verfassungsbeschwerde gem. Art. 94 Abs. 1 Nr. 4a GG wegen Verletzung des grundrechtsgleichen Rechts auf den gesetzlichen Richter aus Art. 101 Abs. 1 S. 2 GG.[15] Wurde der fachgerichtliche Rechtsweg erschöpft (§ 90 Abs. 2 BVerfGG), bestehen keine Bedenken gegen die Zulässigkeit der Verfassungsbeschwerde. Begründet ist die Verfassungsbeschwerde, wenn ein Verstoß gegen Art. 101 Abs. 1 S. 2 GG vorliegt. Da die Unionsrechtsordnung und die nationale Rechtsordnung miteinander verschränkt sind, ist der EuGH als gesetzlicher Richter iSd Art. 101 Abs. 1 S. 2 GG anzusehen. Ein Verstoß gegen das Recht auf den gesetzlichen Richter könnte deshalb in Betracht kommen, weil das letztinstanzliche Gericht nicht den EuGH gem. Art. 267 Abs. 3 AEUV angerufen hat. Fraglich ist, ob jedes Zuwiderhandeln gegen Art. 267 Abs. 3 AEUV zu einer Verletzung des Art. 101 Abs. 1 S. 2 GG führt. Grundsätzlich ist eine Verfassungswidrigkeit erst anzunehmen, wenn die einfachgesetzlichen Verfahrensvorschriften über den gesetzlichen Richter willkürlich unrichtig angewendet wurden, nicht aber, wenn sie einen bloßen error in procedendo darstellen.[16] Fraglich ist, ob dies auch dann gilt, wenn Art. 267 Abs. 3 AEUV missachtet wurde. Das unionsrechtliche Effektivitätsgebot könnte insoweit eine weitergehende Kontrolldichte erfordern.[17] Die Frage braucht nicht entschieden zu werden, wenn es im Ergebnis nicht auf die Antwort ankommt.

Eine willkürliche Handhabung der Vorlagepflicht liegt jedenfalls vor, wenn das letztinstanzliche Fachgericht eine Vorlage überhaupt nicht in Erwägung gezogen hat, obwohl es selbst Zweifel hinsichtlich der Beantwortung der unionsrechtlichen Frage

---

14 Vgl allgemein dazu EuGH, Slg 1994, I-1039, Rn 20 ff – Schindler.
15 Dazu *Wernsmann*, in: Ehlers (Hrsg.), Rechtsschutz im Öffentlichen Recht, 2009, § 11, Rn 58 ff.
16 So st. Rspr. des BVerfG. Vgl BVerfGE 3, 359, 365; 67, 90, 95; 86, 133, 143.
17 Das wird von weiten Teilen der Literatur angenommen. Vgl statt vieler *Roth*, NVwZ 2009, 345 ff.

hegte, bewusst von der Rechtsprechung des EuGH abweicht und gleichwohl nicht oder nicht neuerlich vorlegt oder das Fachgericht den ihm zukommenden Beurteilungsrahmen „in unvertretbarer Weise überschritten hat".[18] Hier dürfte sich angesichts des offenkundig grenzüberschreitenden Sachverhalts und der Einschlägigkeit des Art. 34 AEUV eine Vorlage an den EuGH aufgedrängt haben. Dies gilt zumal dann, wenn L vor den Fachgerichten auf die Unvereinbarkeit mit dem Europäischen Unionsrecht hingewiesen haben sollte. Nimmt man einen Verfassungsverstoß an,[19] wird die Verfassungsbeschwerde der L Erfolg haben und das BVerfG die Rechtsache an das letztinstanzliche Fachgericht zur erneuten Entscheidung über eine Vorlage an den EuGH zurückverweisen.

---

18 Vgl BVerfGE 73, 339, 366 ff; 82, 159, 192; BVerfG, NJW 2001, 1267, 1268; NVwZ 2003, 1111; NVwZ 2004, 1224, 1227; NVwZ 2005, 572, 574; BVerfG-K NJW 2007, 1521.
19 Insofern ist auch eine andere Auffassung vertretbar.

Öffentliches Recht – Fall 2

Friedensfahnen im Bundestag

Von Wiss. Mit. Dr. Jörn Reinhardt, Hamburg[*]

> Parlamentarisches Ordnungs- und Disziplinarrecht – Freies Mandat des Abgeordneten – Nachträglicher Sitzungsausschluss – Grenzen der Geschäftsordnungsautonomie des Bundestages – Verfassungsgerichtliche Kontrolldichte – Organstreitverfahren

Sachverhalt

Im Deutschen Bundestag findet eine Plenardebatte zur Zukunft der NATO statt. Die Abgeordneten der L-Fraktion sehen die Rolle des Bündnisses kritisch. Sie verabreden, in möglichst „medienwirksamer" Weise darauf aufmerksam zu machen, dass es bei einem bevorstehenden NATO-Gipfel in Frankreich zu erheblichen Einschränkungen der Versammlungsfreiheit kommen soll. Als der Abgeordnete Mierscheid, der in seiner Rede gerade die Verdienste des nordatlantischen Bündnisses würdigt, eine Zwischenfrage des Abgeordneten Stöhr (L-Fraktion) gestattet, setzen sie ihr Vorhaben in die Tat um. Der Vorfall ist im Plenarprotokoll des Bundestages folgendermaßen festgehalten:

Auszug aus dem Plenarprotokoll

Karsten Stöhr (L-Fraktion):
Ich frage Sie: Wie weit ist es mit unserer Freiheit gekommen, wenn es heutzutage nicht möglich ist, so wie wir es uns vorstellen zu demonstrieren, weil das Demonstrationsrecht wegen einer NATO-Konferenz massiv eingeschränkt wird? Das gipfelt darin, dass in Frankreich sogar verboten ist, die Friedensfahne zu zeigen.

(Der Abgeordnete Stöhr und weitere Abgeordnete der L-Fraktion halten Transparente und Fahnen mit den Aufschriften „Frieden", „Peace", „Pace" hoch – Zurufe von der C-Fraktion: Was ist denn da los? – Was machen die denn?)

Wir solidarisieren uns mit diesem Protest.

---

[*] Der Autor ist Wissenschaftlicher Mitarbeiter am Seminar für Öffentliches Recht und Staatslehre der Universität Hamburg. Der Fall ist im SoSe 2010 im Rahmen des Hamburger Examenskurses (HEX) als Probeexamensklausur gestellt worden. Die Quote der bestandenen Klausuren lag bei 72% (59 von 82). Eine Klausur wurde mit der Note „gut", sechs wurden mit „vollbefriedigend" bewertet. Der Durchschnitt lag bei 5,49 Punkten.

Präsident Dr. Robert Emsig:

Räumen Sie jetzt erst einmal diese ganzen Klamotten weg. Ihnen, Herr Kollege Stöhr, erteile ich einen Ordnungsruf, weil Sie gegen die Mindestnormen eines parlamentarischen Umgangs verstoßen.

(Karsten Stöhr [L-Fraktion]: Wie bitte? Das ist ein Zeichen des Friedens!)

Herr Kollege Mierscheid, bitte fahren Sie jetzt in Ihrer Rede fort.

Ende des Auszugs aus dem Plenarprotokoll

Die Abgeordneten der L-Fraktion entfernen daraufhin Transparente und Fahnen und nehmen wieder Platz. Der Abgeordnete Mierscheid setzt seine Rede fort. In Teilen des Plenums wird jedoch noch mit einer gewissen Unruhe über den Vorfall diskutiert. Insbesondere in der C-Fraktion ist man ungehalten über die als zu milde empfundene Sanktion. Die Abgeordnete Kluge (C-Fraktion) wendet sich in einem Zwischenruf direkt an den Bundestagspräsidenten:

Auszug aus dem Plenarprotokoll

(Vera Kluge [C-Fraktion]: Herr Präsident, wir können doch nicht einfach so zur Tagesordnung übergehen. Diese Mätzchen haben mit Parlamentarismus überhaupt nichts zu tun. Wir von der C-Fraktion verlangen, dass Sie den Herrn Stöhr von der weiteren Teilnahme an der Sitzung ausschließen. Mit einem Ordnungsruf ist es hier ja wohl nicht getan.)

Präsident Dr. Robert Emsig:

Frau Kollegin Kluge, jetzt beruhigen Sie sich. Ich stelle nunmehr fest, dass der Kollege Stöhr die parlamentarische Ordnung schwer verletzt hat und behalte mir ausdrücklich vor, gemäß § 38 Absatz 2 der Geschäftsordnung vorzugehen. Über alles weitere werde ich mich anschließend beraten. Jetzt bitte ich aber alle Abgeordneten um Ruhe, damit ich nicht noch weitere Ordnungsmaßnahmen ergreifen muss."

Ende des Auszugs aus dem Plenarprotokoll

Nach Ende der Plenardebatte beschließt der Bundestagspräsident, gegen den Abgeordneten Stöhr einen nachträglichen Sitzungsausschluss von einem Tag zu verhängen. Der Abgeordnete Stöhr ist empört. Nach erfolglosem Einspruch (§ 39 GO-BT) strengt er ein Organstreitverfahren gegen den Bundestagspräsidenten an. Er macht geltend: Der nachträgliche Sitzungsausschluss verletze die grundrechtlich gewährleistete Meinungsfreiheit und sein „Demonstrationsrecht" (Art. 5 GG bzw. Art. 8 GG). Zudem stelle er eine nicht zu rechtfertigende Beeinträchtigung des freien Mandats dar. Schon die Bestimmung der Geschäftsordnung sei unverhältnismäßig. Ein Vorgehen nach § 38 Abs. 2 GO-BT habe nur die Funktion, unliebsame Abgeordnete zu bestrafen. Der Ausschluss von einer späteren Sitzung trage jedenfalls nicht mehr dazu bei, die parlamentarische Ordnung zum Zeitpunkt der vermeintlichen Beeinträchtigung zu gewährleisten. Ungeachtet dessen sei mehrfach gegen die Geschäftsordnung verstoßen worden. Seine Aktion könne nicht als „gröbliche Verletzung" gewertet werden, sondern sei eine Belebung eingefahrener parlamentarischer Handlungsabläufe. So etwas müsse man in einer Demokratie aushalten. Auch könne der Bundestagspräsident nicht wegen ein und desselben Sachverhalts zunächst einen Ordnungsruf verhängen und dann noch einmal – auf Intervention einer Abgeordneten – nach § 38 Abs. 2 GO-BT gegen ihn vorgehen. Eine solche „Doppelbestrafung" verstoße gegen den Grundsatz „ne bis in idem", auf jeden Fall aber in so eklatanter Weise gegen das von der Geschäftsordnung vorgezeichnete Verfahren, dass auch sein verfassungsrechtlicher Abgeordnetenstatus betroffen sei.

Der Bundestagspräsident tritt dem entgegen: Parlamentarischen Disziplinar- und Ordnungsbestimmungen seien – wenn überhaupt – nur sehr eingeschränkt durch das BVerfG überprüfbar. Dies gelte umso mehr für ihre Anwendung durch den sitzungsleitenden Präsidenten. Es sei Sache des Bundestages, sich eine Geschäftsordnung zu geben und danach zu verfahren. Er habe dabei jedenfalls nicht willkürlich gehandelt. Die nachträgliche Prüfung des Vorgangs habe ergeben, dass nur ein Sitzungsausschluss dem grob unparlamentarischen Verhalten des Antragstellers gerecht werde. Dass er zunächst einen einfachen Ordnungsruf verhängt habe, dürfe schon wegen § 38 Abs. 2 Satz 3 GO-BT unschädlich sein. Im Übrigen müsse ihm zugestanden werden, eine getroffene Entscheidung zeitnah zu korrigieren. Er gebe zu bedenken, dass über parlamentarische Ordnungsmaßnahmen stets in unübersichtlichen Situationen zu entscheiden sei.

Bearbeitungshinweis: Prüfen Sie in einem Gutachten die Erfolgsaussichten des Organstreitverfahrens.

Gliederung der Lösung

Lösung

Das Organstreitverfahren hat Aussicht auf Erfolg, wenn es zulässig und begründet ist.

A. Zulässigkeit

Für das Organstreitverfahren ergibt sich der Rechtsweg zum BVerfG und damit dessen Zuständigkeit aus Art. 93 Abs. 1 Nr. 1 GG und § 13 Nr. 5 BVerfGG. Das Organstreitverfahren ist zulässig, wenn die Sachentscheidungsvoraussetzungen der §§ 63 ff. BVerfGG erfüllt sind.

1. Beteiligtenfähigkeit

Antragsteller und Antragsgegner müssten beteiligtenfähig sein. Wer Partei eines Organstreitverfahrens sein kann, bestimmt sich nach Art. 93 Abs. 1 Nr. 1 GG iVm § 63 BVerfGG. Neben den obersten Bundesorganen sind auch Teile dieser Organe beteiligtenfähig, wenn sie in den Geschäftsordnungen oder im Grundgesetz mit eigenen Rechten ausgestattet sind. Der einzelne Abgeordnete ist durch Art. 38 Abs. 1 Satz 2 GG mit eigenen Rechten ausgestattet, der Bundestagspräsident durch Art. 40 Abs. 2 GG. Der Antragsteller, der Abgeordnete Stöhr, und der Antragsgegner, der Bundestagspräsident, sind demnach beteiligtenfähig.

2. Streitgegenstand

Gemäß § 64 Abs. 1 BVerfGG ist der Antrag nur zulässig, wenn der Antragsteller geltend machen kann, durch eine Maßnahme oder Unterlassung des Antragsgegners in ihm durch das Grundgesetz übertragenen Rechten und Pflichten verletzt oder unmittelbar gefährdet zu sein. Zulässiger Antragsgegenstand kann demnach nur eine Maßnahme oder Unterlassung des Bundestagspräsidenten sein, wobei die zur Überprüfung gestellte Maßnahme rechtserheblich sein muss oder sich zumindest zu einem die Rechtsstellung des Antragstellers beeinträchtigenden, rechtserheblichen Verhalten muss verdichten können.[1]

Inwieweit Ordnungsmaßnahmen des Bundestagspräsidenten die Rechtsstellung eines Abgeordneten beeinträchtigen, hängt von der konkret beanstandeten Maßnahme

---

[1] BVerfGE 57, 1 (4 f).

Reinhardt

ab.[2] Der Sitzungsausschluss stellt die schärfste Sanktion des parlamentarischen Ordnungsrechts dar. Der Ausschluss greift nicht nur in das für die Wahrnehmung parlamentarischer Aufgaben zentrale Rederecht des Abgeordneten ein, sondern auch in das Recht zur Teilnahme an Abstimmungen und entzieht damit zumindest zeitweise der Ausübung wesentlicher Statusrechte die Grundlage. Bei dem Sitzungsausschluss handelt es sich demnach um eine rechtserhebliche Maßnahme im Sinne des § 64 Abs. 1 BVerfGG.

3. Antragsbefugnis

Gemäß § 64 BVerfGG muss der Antragsteller geltend machen, dass er durch die Maßnahme des Antragsgegners in den ihm durch das Grundgesetz übertragenen Rechten und Pflichten verletzt oder unmittelbar gefährdet ist. Die geltend gemachten Rechte müssen verfassungsmäßige sein und dem Antragsteller nicht nur überhaupt, sondern gerade in seiner Funktion als Verfassungsorgan zustehen.

Soweit sich der Antragsteller auf die grundrechtlich gewährleistete Meinungsfreiheit und Versammlungsfreiheit beruft, ist dies nicht geeignet, die Antragsbefugnis im Organstreitverfahren zu begründen. Meinungs- und Versammlungsfreiheit dienen nicht dazu, den Status des Abgeordneten im Parlament zu sichern.[3] Der Eingriff in den Abgeordnetenstatus von Seiten des Bundestagspräsidenten stellt einen Kompetenzkonflikt zwischen staatlichen Funktionsträgern dar, der sich einer Lösung anhand grundrechtlicher Argumentationsfiguren entzieht.[4] Die Rechte- und Pflichtenstellung des Abgeordneten bestimmt sich insoweit allein aus Art. 38 Abs. 1 Satz 2 GG.

Auf den Grundsatz „ne bis in idem" (Art. 103 Abs. 3 GG) kann sich der Antragsteller nicht mit Erfolg berufen. Er erstreckt sich unmittelbar nur auf eine Bestrafung aufgrund allgemeiner Strafgesetze im Sinne des Kriminalstrafrechts. Auf parlamentarische Ordnungsmaßnahmen ist die Vorschrift nicht anwendbar, da die parlamentarische Sanktion im Vergleich zur Kriminalstrafe qualitativ andersartig ist.[5]

---

2 Das BVerfG folgert aus dem vorwiegend mahnenden Charakter einer parlamentarischen Rüge, dass dieses Ordnungsmittel in der Regel nicht die verfassungsmäßigen Rechte des Abgeordneten, gegen den sie sich richtet, beeinträchtigen kann. Eine Rüge durch den Präsidenten bringe zwar auch eine Missbilligung der Äußerung oder des Verhaltens eines Abgeordneten zum Ausdruck, habe jedoch weder unmittelbar noch mittelbar einen Rechtsnachteil zur Folge (BVerfGE 60, 374 [383]).

3 BVerfGE 60, 374 (380).

4 Das BVerfG hat sich aus diesem Grund Überlegungen, zur Bestimmung der Abgeordnetenstatus auch auf Grundrechte zurückzugreifen, nicht geöffnet (vgl BVerfGE 118, 277 [355]). Instruktiv dazu Möllers, Jura 2008, 937, 940. Allenfalls für Eingriffe in die grundrechtlich geschützte Privatsphäre hält es eine Beachtung von Grundrechten neben dem Abgeordnetenrecht für möglich (vgl. BVerfGE 99, 19 [29]).

5 Vgl Sachs/*Degenhart* Grundgesetz Kommentar, 5. Aufl 2009, Art. 103, Rn 85; Dreier/*Schulze-Fielitz* Grundgesetz Kommentar, Band III, 2. Aufl 2008, Art. 103 Abs. 3, Rn 22; offengelassen in BVerfGE 94, 351 (364 f) bei Maßnahmen des Bundestages zur Prüfung einer Stasi-Verstrickung nach § 44 b AbgG.

Reinhardt

Auch die Darlegung eines Geschäftsordnungsverstoßes allein wäre nicht hinreichend, um die Antragsbefugnis im Organstreitverfahren zu begründen.[6] Allerdings ist nach dem Vortrag des Antragstellers nicht von vornherein ausgeschlossen, dass der geltend gemachte Geschäftsordnungsverstoß Verfassungspositionen verletzt. Eine Verletzung der verfassungsrechtlichen Gewährleistung des freien Mandats (Art. 38 Abs. 1 Satz 2 GG) durch den nachträglichen Sitzungsausschluss erscheint möglich. Der Antragsteller macht zudem geltend, dass bereits die Geschäftsordnungsbestimmung, auf deren Grundlage der nachträgliche Sitzungsausschluss verhängt wurde, gegen Art. 38 Abs. 1 Satz 2 GG verstößt. Er kann insoweit eine Verletzung des verfassungsrechtlich begründeten Abgeordnetenstatus schlüssig behaupten.

Ferner müsste die behauptete Verfassungsrechtverletzung aus einem Rechtsverhältnis resultieren, an dem er und der Bundestagspräsident als Antragsgegner unmittelbar beteiligt sind.[7] Zweifel könnten sich daraus ergeben, dass die Ordnungs- oder Disziplinargewalt Bestandteil der dem Parlament durch Art. 40 Abs. 1 Satz 2 GG gewährleisteten Geschäftsordnungsautonomie ist.[8] Träger dieser Ordnungsgewalt ist mithin nicht der Präsident, sondern das Plenum des Deutschen Bundestages. Der Präsident des Bundestages übt jedoch kraft Übertragung durch das Parlament die Ordnungsgewalt des Parlaments gemäß § 7 Abs. 1 Satz 2 und den Bestimmungen des VI. Abschnittes der Geschäftsordnung (§§ 36 ff GO-BT) in eigener Verantwortung und unabhängig aus. In dieser Funktion kann er im verfassungsrechtlichen Organstreit mit der Behauptung in Anspruch genommen werden, er habe bei der Ausübung der Ordnungsgewalt den verfassungsrechtlichen Status eines Abgeordneten verletzt.

4.   Rechtsschutzbedürfnis

Auch für Organstreitverfahren gilt der allgemeine Prozessgrundsatz, dass die Anrufung des Gerichts ein Rechtsschutzbedürfnis voraussetzt.[9] Parlamentarisches Handeln darf dann nicht durch einen verfassungsgerichtlichen Organstreit ersetzt werden, wenn der Träger verfassungsmäßiger Rechte diese auf parlamentarischem Weg genauso effektiv durchsetzen kann wie mit Hilfe des Verfassungsgerichts.[10] Hier hat der Antragsteller von der nach § 39 GO-BT eröffneten Möglichkeit des Einspruchs erfolglos Gebrauch gemacht. Damit besteht ein Rechtsschutzbedürfnis des Antragstellers.

5.   Form und Frist

Gemäß § 23 Abs. 1 BVerfGG ist der Antrag schriftlich beim Bundesverfassungsgericht einzureichen. Gemäß § 64 Abs. 3 BVerfGG muss der Antrag binnen sechs Monaten,

---

6 Vgl zur Differenzierung zwischen Verstößen gegen Geschäftsordnung und Grundgesetz etwa Sodan/Ziekow, Grundkurs Öffentliches Recht, S. 88. Ferner v. Münch/Kunig/*Versteyl* GG, Art. 40 Rn 18; *Stern* Staatsrecht II, § 26 III 6 e.

7 Vgl BVerfGE 60, 319 (324); 62, 194 (201).

8 Vgl BVerfGE 44, 308 (314 f) und BVerfGE 10, 4 (13).

9 Vgl etwa BVerfGE 87, 207 (209); Umbach/*Clemens* BVerfGG, § 63, 64 Rn 169 ff; Maunz/Schmidt-Bleibtreu/Klein/*Bethge* BVerfGG, § 64 Rn 94 ff; *Benda/Klein* Verfassungsprozessrecht, 2. Aufl 2001, Rn 1033.

10 BVerfGE 68, 1 (77).

nachdem die beanstandete Maßnahme bekannt geworden ist, gestellt werden. Davon ist hier auszugehen.

6. Zwischenergebnis zu A.:

Das Organstreitverfahren ist zulässig.

B. Begründetheit

Das Organstreitverfahren ist begründet, wenn der Sitzungsausschluss des Antragstellers gegen eine Bestimmung des Grundgesetzes verstößt. In Betracht kommt eine Verletzung der verfassungsrechtlichen Gewährleistung des freien Mandats gem. Art. 38 Abs. 1 S. 2 GG.

I. Beschränkung von Art. 38 Abs. 1 Satz 2 GG

Art. 38 Abs. 1 Satz 2 GG gewährleistet das freie Mandat des Abgeordneten. Die Bestimmung schützt die tatsächliche Ausübung des Mandats vor parlamentarischer oder außerparlamentarischer Beschränkung. Sie richtet sich gegen alle staatlichen Maßnahmen, die den Bestand und die Dauer des Mandats beeinträchtigen oder die Ausübung des Mandats inhaltlichen Bindungen unterwerfen.

Der Ausschluss von einer Sitzung entzieht einem Abgeordneten die für die Wahrnehmung parlamentarischer Aufgaben zentralen Rede- und Stimmrechte. Der nachträgliche Sitzungsausschluss beschränkt den Antragsteller folglich in der Ausübung des freien Mandats.

II. Verfassungsrechtliche Rechtfertigung

Die Beschränkung könnte jedoch gerechtfertigt sein. Der Schutz des freien Mandats des Abgeordneten gilt nicht absolut. Er unterliegt den vom Bundestag kraft seiner Geschäftsordnungsautonomie (Art. 40 Abs. 1 Satz 2 GG) gesetzten Schranken. Die dem Bundestag als Verfassungsorgan zustehende Geschäftsordnungsautonomie bezeichnet die allgemeine Befugnis des Parlaments, sich selbst zu organisieren, für einen geordneten Geschäftsablauf zu sorgen und damit die Voraussetzungen zu schaffen, unter denen er seine Aufgaben erfüllen und der einzelne Abgeordnete sein freies Mandat ausüben kann.[11] Der Bundestag hat bei der Ausgestaltung der Rechte und Kompetenzen seiner Mitglieder einen weiten Gestaltungsspielraum. Dieser ist allerdings nicht unbeschränkt. Das Parlament darf bei der Organisation seines Binnenbereichs die Rechts- und Verfahrenspositionen des einzelnen Abgeordneten ausgestalten, aber nicht substantiell in Frage stellen.[12] Nur sofern die Schranken verfassungsgemäß sind und die Geschäftsordnung eingehalten wurde, legitimieren die eingesetzten Mittel den Eingriff in das freie Mandat des Abgeordneten.

---

11 BVerfGE 80, 188 (21).
12 Maunz/Dürig/*Klein* Art. 38, Rn 220: „Schranken – Schranken".

1. Verfassungsgerichtlicher Prüfungsmaßstab

Angesichts der Gestaltungsbefugnis des Parlaments in Geschäftsordnungsfragen stellt sich zunächst die Frage nach dem verfassungsgerichtlichen Prüfungsmaßstab. Die GO-BT geht im Rang dem GG und den Bundesgesetzen nach.[13] Sie ist daher vom BVerfG auf die Vereinbarkeit mit dem Grundgesetz zu überprüfen – „freilich unter besonderer Beachtung der parlamentarischen Tradition und Praxis".[14] Die verfassungsgerichtliche Kontrolldichte bei der Überprüfung parlamentarischen Handelns lässt sich nicht abstrakt, sondern nur bezogen auf den jeweiligen Gegenstand bestimmen.[15] Sie hängt auch davon ab, in welchem Maß grundlegende Abgeordnetenrechte betroffen sind.[16] Im Hinblick auf die Überprüfung des parlamentarischen Disziplinar- und Ordnungsrecht sollten zwei Gesichtspunkte unterschieden werden: die verfassungsgerichtliche Kontrolldichte hinsichtlich der Ausgestaltung der parlamentarischen Disziplinargewalt durch die Geschäftsordnung (unten a.) und die verfassungsgerichtliche Überprüfung der Anwendung durch den sitzungsleitenden Präsidenten im einzelnen Fall (unten b.).

a) Überprüfung der GO-BT

Für eine nur eingeschränkte verfassungsgerichtliche Überprüfbarkeit der Ausgestaltung des nachträglichen Sitzungsausschlusses in der GO-BT spricht, dass es sich hierbei um parlamentarisches Ordnungsrecht handelt. Fragen der Disziplin gehören traditionell zu den Regelungsgegenständen des Selbstorganisationsrechts. Es ist in erster Linie Sache des Bundestages, zu bestimmen, welcher Regeln er zur Gewährleistung eines ordnungsgemäßen Geschäftsgangs bedarf. Das parlamentarische Ordnungsrecht ist zudem wesentlich Binnenrecht des Parlaments. Es unterliegt bereits einer innerparlamentarischen Kontrolle und Korrekturmöglichkeit. Gemäß § 39 GO-BT kann der betroffene Abgeordnete gegen eine verhängte Ordnungsmaßnahme bis zum nächsten Plenarsitzungstag schriftlich Einspruch einlegen, über den der Bundestag zu entscheiden hat. Dies spricht dafür, die verfassungsgerichtliche Kontrolle darauf zu beschränken, ob die Ausgestaltung der Geschäftsordnung der wertsetzenden Bedeutung des freien Mandats in offensichtlicher Weise zuwiderläuft.

Für eine weitergehende Prüfung spricht hingegen, dass es sich bei einem Sitzungsausschluss um die schärfste Sanktion des parlamentarischen Ordnungsrechts handelt. Bereits dem in der GO-BT verankerten abgestuften Sanktionssystem ist zu entneh-

---

13 Sie wird vom BVerfG als „autonome Satzung" charakterisiert, vgl. BVerfGE 1, 144 (148). Siehe zur Rechtsnatur der GO-BT etwa *Maurer* StaatsR I, 6. Aufl, § 13, Rn 94.

14 *Hesse* Grundzüge des Verfassungsrechts, 20. Aufl, Rn 577. Zu den (funktionellen) Grenzen der Verfassungsgerichtsbarkeit im Verhältnis zu anderen Staatsorganen vgl *Schlaich/Korioth* Das Bundesverfassungsgericht, 8. Aufl, Rn 505 ff; Benda/Maihofer/Vogel/*Simon* Handbuch des Verfassungsrechts, 2. Aufl, 1665 ff.

15 Vgl etwa BVerfGE 10, 4 (12 ff) – Rederecht und Fraktionsbindung; E 96, 264 (281) – Abwägung zwischen den Bedürfnissen der Arbeitsfähigkeit eines Untersuchungsausschusses und seiner repräsentativen Zusammensetzung; BVerfGE 112, 118 (149 ff, abw. Meinung Osterloh und Gerhardt) – Zusammensetzung Bundestagsbank.

16 BVerfGE 99, 19 (34).

Reinhardt

men, dass in die Abgeordnetenrechte nur insoweit eingegriffen werden soll, wie es zur Sicherstellung eines störungsfreien, die Würde des Parlaments wahrenden Ablaufs der Sitzung erforderlich ist. Die verhängte Ordnungsmaßnahme soll jeweils in einem angemessenen Verhältnis zur Schwere des Ordnungsverstoßes stehen. Je stärker die Sanktion elementare Positionen des Abgeordneten berührt, umso größere Bedeutung kommt dem Übermaßverbot zu. Der Sitzungsausschluss als schärfstes Sanktionsmittel wird daher nur unter strenger Beachtung des Grundsatzes der Verhältnismäßigkeit als zulässig angesehen.[17] Die bereits in der Geschäftsordnung angelegte Abstufung sowie der Umstand, dass dem Abgeordneten mit einem Sitzungsausschluss zumindest zeitweise wesentliche Statusrechte entzogen werden, sprechen entscheidend dafür, jedenfalls diese schwerste Sanktion des parlamentarischen Ordnungsrechts einer verfassungsgerichtlichen Prüfung am Maßstab der Verhältnismäßigkeit zu unterziehen.[18]

b) Überprüfung der konkreten Ordnungsmaßnahme

Was die verfassungsgerichtliche Kontrolldichte bei der Überprüfung einzelner Ordnungsmaßnahmen anbetrifft, ist zu berücksichtigen, dass das parlamentarische Ordnungsrecht von unbestimmten Rechtsbegriffen („parlamentarische Ordnung", „gröbliche Verletzung") geprägt ist, die stark wertungsabhängig sind und sich einer präzisen Definition entziehen.[19] Sie gewinnen erst im Rahmen der parlamentarischen Praxis an Konturen. Zudem muss der sitzungsleitende Bundestagspräsident aus der konkreten Situation heraus beurteilen, welche Maßnahme geeignet und angemessen ist, um die Ordnung wiederherzustellen. Der stark situative Charakter und die Wertungsabhängigkeit der Entscheidung sprechen dafür, die Auslegung der unbestimmten Rechtsbegriffe und die Gewichtung eines festgestellten Verstoßes im Einzelfall wesentlich dem sitzungsleitenden Präsidenten zu überlassen.[20] Es ist Sache des Bundestages, etwa über das Präsidium und den Ältestenrat, sich über die Standards des parlamentarischen Umgangs zu verständigen und den stark wertungsabhängigen Begriff der parlamentarischen Ordnung in der Praxis mit Sinn auszufüllen.

Anders verhält es sich bei der Überprüfung der in der Geschäftsordnung vorgezeichneten Verfahren. Die freie Mandatsausübung wird auch dadurch gesichert, dass die Geschäftsordnung die Einhaltung bestimmter Verfahrensabläufe verlangt, bevor einzelne Ordnungsmaßnahmen verhängt werden können (so bei § 37 GO-BT: dreimaliger Sach- bzw. Ordnungsruf vor Wortentziehung; § 38 Abs. 2 GO-BT: ausdrückliche Feststellung der Ordnungsverletzung und Ausspruch des Sitzungsausschlusses bis zur folgenden Sitzung). Die Einhaltung der von der GO-BT vorgezeichneten Verfahren soll nicht zuletzt

---

17 Umbach/Clemens/*Dicke* GG, Bd. 2, Art. 40, Rn 39.
18 Vgl Verfassungsgericht des Landes Mecklenburg-Vorpommern NordÖR 2009, 205 ff, mit ablehnender Anmerkung *Erbguth/Schubert*.
19 *Versteyl* NJW 1983, 380.
20 Das bedeutet nicht, dass die Entscheidung damit dem Belieben des Bundestagspräsidenten überantwortet ist. Da sich die einzelne Ordnungsmaßnahme in die Kontinuität der parlamentarischen Entscheidungspraxis einfügen muss, ist für die Abgeordneten in der Regel vorhersehbar, mit welcher Tendenz eine Bestimmung angewandt wird. Eine verfassungsgerichtliche Korrektur kommt insoweit nur bei einer willkürlichen Handhabung in Betracht.

Reinhardt

eine selektive, politischer Opportunität dienende Inanspruchnahme ausschließen.[21] Sie stellt eine eigenständige Absicherung der verfassungsrechtlichen Positionen des betroffenen Abgeordneten dar. Dies spricht dafür, dass die Einhaltung der Verfahrensabläufe einer eingehenden verfassungsgerichtlichen Nachprüfung zugänglich ist.[22]

2. Verfassungsmäßigkeit von § 38 Abs. 2 GO-BT

§ 38 Abs. 2 GO-BT müsste ein verfassungsmäßige Ausgestaltung der Schranken des Art. 38 Abs. 1 S. 2 GG darstellen.

a) Rechtsgut von Verfassungsrang

Die Freiheit des Mandats kann nur durch andere Rechtsgüter von Verfassungsrang begrenzt werden.[23] Als Rechtsgut von Verfassungsrang kommen die Repräsentations- und die Funktionsfähigkeit des Parlaments sowie die Integrität und politische Vertrauenswürdigkeit des Deutschen Bundestages in Betracht.[24] Zweck des Sitzungsausschlusses ist es, die „parlamentarische Ordnung" aufrecht zu erhalten bzw. wiederherzustellen. Der Begriff der parlamentarischen Ordnung bezieht sich zum einen auf den äußeren Ablauf der Plenarsitzung, zum anderen auf die Würde des Parlaments und seiner Mitglieder, wenn diese durch herabsetzende Äußerungen verletzt wird. Die parlamentarischen Ordnungsmittel dienen dazu, die Funktionsfähigkeit und Integrität des Parlaments in diesem Sinn zu sichern und damit einem Rechtsgut von Verfassungsrang.

b) Beachtung des Übermaßverbots

Ferner muss das Übermaßverbot beachtet sein.[25] Die Beachtung des Übermaßverbots verlangt, dass ein nachträglicher Sitzungsausschluss, wie ihn § 38 Abs. 2 GO-BT vorsieht, zur Aufrechterhaltung der parlamentarischen Ordnung geeignet, erforderlich und angemessen ist.

---

21 Vgl zur Notwendigkeit von Verfahrenssicherungen v. Münch/Kunig/*Trute* GG, 5. Aufl, Art. 38, Rn 82 (mit Bezug auf Abgeordnetenüberprüfung auf MfS-Tätigkeit).
22 Selbstverständlich können die Klausurbearbeiter bei entsprechender Begründung zu anderen Ergebnissen kommen. Zur Frage, wie weit die verfassungsgerichtliche Prüfungsdichte im Fall von Ordnungsmaßnahmen des Parlamentspräsidenten reicht, findet sich ein weites Spektrum an Rechtsansichten. Die Frage wird zumeist entweder im Sinn einer eingeschränkten Willkürprüfung oder im Sinn einer eingehenden Prüfung der Verhältnismäßigkeit des Sitzungsausschlusses beantwortet. Zutreffend dürfte sein, danach zu differenzieren, ob es um die Einhaltung des Verfahrens oder der materiellen Voraussetzungen der Ordnungsmaßnahme geht (so auch *Franke* Ordnungsmaßnahmen der Parlamente, 146).
23 BVerfGE 99, 19 (32); Dreier/*Morlok* GG, Bd. II, 2. Aufl 2006, Art. 38 Rn 151 ff.
24 Vgl BVerfGE 80, 188 (219, 222); 84, 304 (321 f).
25 Zur Bedeutung des Übermaßverbots bei der Anwendung parlamentarischer Ordnungsmaßnahmen vgl. bereits oben B. II. 1 a. Zu den Grenzen der Anwendbarkeit des Übermaßverbots im kompetenzrechtlichen Verhältnis staatlicher Organe und im Bund-Länder-Verhältnis vgl BVerfGE 81, 310 (338).

Reinhardt

aa) Geeignetheit

Die Regelung des § 38 Abs. 2 GO-BT müsste zunächst geeignet sein, um die Ordnung des Parlaments wiederherzustellen. Ein Sitzungsausschluss nach § 38 Abs. 1 GO-BT hat zur Folge, dass der Abgeordnete unmittelbar von der weiteren Teilnahme an der Plenarsitzung ausgeschlossen ist. Ein Sitzungsausschluss nach § 38 Abs. 2 GO-BT wirkt sich demgegenüber erst in der folgenden Plenarsitzung aus, also zu einem Zeitpunkt, an dem die parlamentarische Ordnung im Sinne der äußeren parlamentarischen Abläufe nicht mehr beeinträchtigt ist. Da bereits von der Androhung der Sanktion und der Möglichkeit einer nachträglichen Beurteilung eine disziplinierende Wirkung ausgeht, ist auch ein nachträglicher Sitzungsausschluss ein grundsätzlich geeignetes Mittel.

bb) Erforderlichkeit

Ein nachträglicher Sitzungsausschluss kann auch erforderlich sein, um einer schwerwiegenden Störung der parlamentarischen Ordnung zu begegnen. Ein ebenso wirksames, aber weniger belastendes Mittel, wenn alle vorausgehenden Sanktionsmittel ausgeschöpft sind, ist nicht ersichtlich. Ein sofortiger Sitzungsausschluss wäre gegenüber einem nachträglichen Sitzungsausschluss, der noch eine eingehende Beurteilung der Ordnungsstörung zulässt, kein milderes Mittel.

cc) Angemessenheit

Allerdings könnte ein nachträglicher Sitzungsausschluss zur Wahrung der parlamentarischen Ordnung außer Verhältnis zu der damit verbundenen Beeinträchtigung des freien Mandats stehen.

Für die grundsätzliche Befugnis des Parlaments, einen Abgeordneten „wegen gröblicher Verletzung der Ordnung" von der Sitzung auszuschließen, spricht, dass die Ordnungsmaßnahmen ein Korrektiv zur Privilegierung der Redefreiheit des Abgeordneten darstellen. Das Grundgesetz verleiht den Abgeordneten um der parlamentarischen Rede- und Handlungsfreiheit willen die Privilegien des Art. 46 GG. Dem im Interesse der Arbeitsfähigkeit des Parlaments ausgesprochenen Verbot, einen Abgeordneten wegen einer Äußerung im Bundestag außerhalb desselben zur Verantwortung zu ziehen, steht die parlamentarische Disziplinargewalt gegenüber.[26]

Zweifel an der Angemessenheit können sich dennoch daraus ergeben, dass ein Sitzungsausschluss der Ausübung wesentlicher Befugnisse des Abgeordneten die Grundlage entzieht.[27] Da die GO-BT eine Differenzierung zwischen dem Ausschluss von der Sitzung und dem Ausschluss von Abstimmungen nicht zulässt, beeinträchtigt ein Sitzungsausschluss nicht nur das Rederecht des Abgeordneten, sondern nimmt ihm prinzipiell auch die Möglichkeit, an den Abstimmungen teilzunehmen.[28] Angesichts

---

26 Ritzel/Bücker/Schreiner Handbuch für die parlamentarische Praxis, Vorbem. zu §§ 36–41, Nr. 1 a.

27 Zweifel an der grundsätzlichen Verhältnismäßigkeit von Sitzungsausschlüssen äußert Dreier/*Morlok* GG – Kommentar, 2. Aufl, Art. 38, Rn 156.

28 Der Bundestag hat allenfalls die Möglichkeit, gemäß § 126 GO-BT von den Bestimmungen der Geschäftsordnung im Einzelfall abzuweichen, um die zuvor von der Sitzung ausgeschlosse-

der damit verbundenen Beeinträchtigung der Mitwirkungsrechte kann der Ausschluss im Interesse eines ordnungsgemäßen Sitzungsablaufs nur bei besonders schwerwiegenden Verletzungen der parlamentarischen Ordnung in Betracht kommen. § 38 GO-BT fordert mit der tatbestandlichen Voraussetzung der „gröblichen Verletzung" einen derart schwerwiegenden Ordnungsverstoß und ist daher mit dem verfassungsrechtlichen Abgeordnetenstatus grundsätzlich vereinbar.[29]

Fraglich ist jedoch, ob dies auch für den nachträglichen Sitzungsausschluss, wie ihn § 38 Abs. 2 GO-BT vorsieht, gelten kann. Durch die Möglichkeit, einen Sitzungsausschluss auch nachträglich zu verhängen, werden die parlamentarischen Ordnungsmittel gegenüber dem sofortigen Sitzungsausschluss erweitert. Gegen die Verhältnismäßigkeit eines nachträglichen Ausschlusses spricht, dass der Begriff der „gröblichen Verletzung" eine gewisse Evidenz des Regelverstoßes beanspruchen muss und daher grundsätzlich erwartet werden kann, dass die besondere Schwere der Verletzung dem Bundestagspräsidenten auch auffällt. Andererseits kann durch die nachträgliche Bewertung sichergestellt werden, dass das parlamentarische Geschehen überhaupt erst richtig erfasst wird. Die Entscheidungsfrist kann dazu dienen, die Urheber der Störung – etwa durch Auswertung von Bildmaterial oder sonstigen Hinweisen – festzustellen, was bei kollektiven Aktionen, wie der von der L-Fraktion durchgeführten, nicht ohne Weiteres möglich ist.[30] Im Unterschied zum nachträglichen Ordnungsruf setzt der nachträgliche Sitzungsausschluss zudem voraus, dass noch während der Sitzung die Verletzung der Ordnung vom amtierenden Präsidenten ausdrücklich festgestellt und auf die Möglichkeit eines nachträglichen Sitzungsausschlusses hingewiesen wird. Dies spricht im Ergebnis für die prinzipielle Angemessenheit auch des nachträglichen Sitzungsausschlusses.[31]

3.   Verfassungsmäßigkeit des konkreten Sitzungsausschlusses

Weiterhin müssten die einzelnen Voraussetzungen für einen nachträglichen Sitzungsausschluss gem. § 38 Abs. 2 GO-BT vorliegen.

a)   „Gröbliche Verletzung der Ordnung"

Der nachträgliche Sitzungsausschluss gemäß § 38 Abs. 2 Satz 1 GO-BT hat ebenso wie ein unmittelbar verhängter Sitzungsausschluss gemäß § 38 Abs. 1 GO-BT zur Voraussetzung, dass die parlamentarische Ordnung „gröblich" verletzt ist. Wann das der

nen Mitglieder noch zur Abstimmung zuzulassen, wie dies bei der namentlichen Abstimmung über den Afghanistaneinsatz der Bundeswehr in der Sitzung am 26. Februar 2010 praktiziert wurde (vgl das Plenarprotokoll zur Sitzung des Deutschen Bundestages vom 26. Februar 2010, Plenarprotokoll 17/25, 2198).

29   BVerfGE 10, 4 (13).

30   Dies war ein wesentliches Argument für die Einführung von § 38 Abs. 2 GO-BT. Der Deutsche Bundestag hat in seiner 230. Sitzung am 2. Juli 2009 beschlossen, die Geschäftsordnung zu ändern und den neuen Absatz 2 zu § 38 einzufügen. Vgl zu den Beratungen das Plenarprotokoll 16/230, 25864 ff. Der Vorfall im Bundestag, an den der Klausursachverhalt teilweise angelehnt ist, ereignete sich in der Debatte vom 26. März 2009 (vgl. Plenarprotokoll 16/214, 23131 f).

31   A.A. wohl mit entsprechender Begründung vertretbar.

Fall ist, sagt die Geschäftsordnung nicht. Der Begriff entzieht sich als unbestimmter Rechtsbegriff einer präzisen Definition. Wie bereits dargelegt, obliegen die Auslegung der in den ordnungsrechtlichen Vorschriften verwendeten unbestimmten Rechtsbegriffe, ihre Anwendung auf den Einzelfall und die Gewichtung eines festgestellten Verstoßes wesentlich dem Parlament und dem sitzungsleitenden Präsidenten. Eine verfassungsgerichtliche Korrektur kommt insoweit nur bei einer willkürlichen Handhabung in Betracht. Willkür wäre dann gegeben, wenn die Bewertung des Verhaltens des Antragstellers durch den Bundestagspräsidenten unter keinem rechtlichen oder tatsächlichen Gesichtspunkt mehr vertretbar ist. Das Ausrollen von Transparenten, das Hochhalten von Fahnen oder das Tragen von politischen Symbolen sind Verhaltensweisen, die den Gang der Verhandlungen erheblich stören und in hohem Maße unsachlich sind, also von der inhaltlichen Debatte, einem zentralen Element des parlamentarischen Prozesses, ablenken. Es ist daher verfassungsrechtlich nicht zu beanstanden, wenn der Bundestagspräsident in dem Entrollen der Friedensfahnen eine gröbliche Verletzung der parlamentarischen Ordnung sieht.

b) Einhaltung des Verfahrens

Gem. § 38 Abs. 2 GO-BT kann ein Sitzungsausschluss allerdings nur dann nachträglich verhängt werden, wenn der Präsident während der Sitzung eine Verletzung der Ordnung ausdrücklich feststellt und sich einen nachträglichen Sitzungsausschluss vorbehält. Dies hat der Bundestagspräsident auch getan. Fraglich ist allerdings, wie es sich auswirkt, dass er die entsprechende Feststellung erst auf Intervention der Abgeordneten Kluge getroffen hat und zu einem Zeitpunkt als die Plenardebatte bereits wieder fortgesetzt wurde. Die parlamentarische Ordnung könnte zu diesem Zeitpunkt bereits wiederhergestellt und die Voraussetzung für ein Vorgehen nach § 38 Abs. 2 GO-BT entfallen sein. Der Präsident hatte das Verhalten des Antragstellers bereits mit einem Ordnungsruf belegt und damit bewertet und sanktioniert. Von dem Antragsteller gingen nach dem ersten Ordnungsruf des Präsidenten keine erneuten Störungen aus. Die Unruhe in den Reihen der C-Fraktion kann nicht dem Antragsteller zugerechnet werden.[32] Die Voraussetzungen für ein Vorgehen gegen den Antragsteller nach § 38 Abs. 2 GO-BT waren daher zum maßgeblichen Zeitpunkt nicht (mehr) gegeben.

aa) Unbeachtlichkeit des bereits erteilten Ordnungsrufs gem. § 38 Abs. 2 Satz 3 GO-BT?

Fraglich ist, ob sich der Bundestagspräsident zur Begründung seines Vorgehens auf § 38 Abs. 2 Satz 3 GO-BT stützen kann. Danach schließt ein bereits erteilter Ordnungsruf einen nachträglichen Sitzungsausschluss nicht aus. Die Bestimmung gibt dem sitzungsleitenden Präsidenten allerdings nur die Möglichkeit, den Vorbehalt des nachträglichen Sitzungsausschlusses mit einem Ordnungsruf zu verbinden. § 38 Abs. 2 Satz 3 GO-BT stellt insoweit klar, dass der spätere Sitzungsausschluss nicht durch die

---

32 Dies bereits aus dem Grund nicht, weil der Ordnungsruf und der Anlass hierzu gem. § 36 Satz 3 GO-BT von nachfolgenden Rednern nicht behandelt werden dürfen.

bereits verhängten Ordnungsmaßnahmen verbraucht ist. Er eröffnet nicht die Möglichkeit, bereits erteilte Ordnungsrufe nachträglich mit dem Vorbehalt eines noch zu verhängenden Sitzungsausschlusses zu verbinden. § 38 Abs. 2 GO-BT entbindet daher auch nicht von dem Erfordernis, dass zu dem Zeitpunkt, an dem der Bundestagspräsident sich einen nachträglichen Sitzungsausschluss vorbehält, die parlamentarische Ordnung gestört ist.

bb) Befugnis zur zeitnahen Selbstkorrektur?

Ein verfassungsrechtlich relevanter Geschäftsordnungsverstoß läge demnach nur dann nicht vor, wenn dem Bundestagspräsidenten – wie von ihm im Organstreitverfahren geltend gemacht wird – die Kompetenz zuzusprechen wäre, eine getroffene Entscheidung zeitnah zu korrigieren. Zum Teil wird ausdrücklich befürwortet, dass es dem Parlamentspräsidenten möglich sein muss, eine einmal verhängte Ordnungsmaßnahme nachträglich abzuändern und dabei auch zu verschärfen.[33] Dafür könnte sprechen, dass die Ausübung von Ordnungsgewalt regelmäßig schnell und aus einer unter Umständen unübersichtlichen Situation heraus getroffen werden muss. Zudem wird dadurch die Flexibilität der Sitzungsleitung erhöht. Entscheidend für eine Bindung des Bundestagspräsidenten an die einmal getroffene Entscheidung spricht hingegen die Ausgestaltung des § 38 Abs. 2 GO-BT selbst. Könnte der Bundestagspräsident die von ihm verhängten Ordnungsmaßnahmen ohne Weiteres abändern, bedürfte es einer Regelung, wonach ein Sitzungsausschluss nur dann nachträglich ausgesprochen werden kann, sofern sich der Präsident dies ausdrücklich vorbehalten hat, gar nicht. Die GO-BT gibt dem Bundestagspräsidenten daher nicht die Befugnis, einen in tatsächlicher Hinsicht richtig erfassten Sachverhalt inhaltlich neu zu bewerten und eine ausgesprochene Sanktion nachträglich zu verschärfen. Die wertsetzende Bedeutung von Art. 38 Abs. 1 Satz 2 GG erfordert vielmehr eine strikte Bindung an das in der Geschäftsordnung vorgezeichnete Sanktionsverfahren und an die einmal getroffene Entscheidung des Parlamentspräsidenten.[34]

4.   Zwischenergebnis zu B

Der nachträgliche Sitzungsausschluss hält sich nicht an die in der Geschäftsordnung festgelegte Vorgehensweise und beeinträchtigt den verfassungsrechtlichen Status des Antragstellers.

---

33 So noch *Maunz*/Dürig GG Art. 40 Rn 12 (Vorauflage zur aktuellen Kommentierung durch Klein). Allgemein wird dem Präsidenten zugestanden, bis zum Beginn der Abstimmung über einen Einspruch nach § 39 GO-BT eine von ihm erlassene Ordnungsmaßnahme von sich aus zurückzunehmen, sofern er zu dem Ergebnis kommt, dass diese Maßnahme fehlerhaft war (vgl Ritzel/Bücker/Schreiner Handbuch für die parlamentarische Praxis, Vorbem. § 36–41, Nr. 1 d).
34 Vgl. Verfassungsgericht des Landes Brandenburg LKV 2009, 517 zur grundsätzlichen Bindung des Parlamentspräsidenten an die einmal verhängte Ordnungsmaßnahme. Das Urteil (VfGBbg 45/08) hat einen Sitzungsausschluss wegen ehrverletzender Äußerungen nach bereits erteiltem Ordnungsruf zum Gegenstand. Der Ausschluss wurde vom amtierenden Parlamentspräsidenten auf Intervention eines Abgeordneten verhängt.

Reinhardt

C. Ergebnis

Der Antrag ist zulässig und begründet. Das BVerfG wird in seiner Entscheidung feststellen, dass der nachträgliche Sitzungsausschluss des Antragstellers gegen Art. 38 Abs. 1 Satz 2 GG verstößt (vgl. § 67 BVerfGG).

Öffentliches Recht – Fall 3

Kompromittierende Emails

Von Wiss. Mit. Robert Elixmann, Freiburg i. Br.[1]

Abgrenzung Art. 10 I Var. 3/2 I, 1 I GG Bestimmtheitsgrundsatz – identifizierende Presseberichterstattung – Verfassungsbeschwerde – Mittelbare Drittwirkung der Grundrechte

Sachverhalt[2]

H, ehemaliger Fußballprofi, muss sich in einem Strafverfahren vor dem Landgericht Kleinstadt der Anklage wegen sexueller Nötigung in einem besonders schweren Fall stellen. Ihm wird zur Last gelegt, die Prostituierte P gegen ihren Willen gefesselt und zum Geschlechtsverkehr gezwungen zu haben und sich dadurch nach § 177 III Nr. 2, V StGB (schwere sexuelle Nötigung in einem minder schweren Fall) strafbar gemacht zu haben.

Als entscheidendes Beweismittel im Strafprozess liegen der Staatsanwaltschaft zwischen H und P versendete Emails vor, die einen langjährigen Kontakt von H und P offen legen, der bis zu der Verabredung eines letzten Treffens, dessen Termin mit dem Tatzeitpunkt übereinstimmt, reicht. Die Staatsanwaltschaft erlangte Kenntnis von den Emails durch eine Beschlagnahme des Inhalts von Hs Email-Postfach.

H besaß ein Email-Postfach bei dem Email-Dienst „D-Online" (D). Kunden von D können sich durch die Angabe ihrer Email-Adresse und einem Passwort auf „www. d-online.de" einloggen und auf der Onlineplattform ihre Emails verwalten, d.h. Nachrichten empfangen, verschicken und archivieren. Alle eingegangenen Nachrichten werden im Postfach gespeichert, können aber auch jederzeit durch den Nutzer gelöscht werden. Die Postfächer der Kunden sind auf Rechnern des D gespeichert. Die Beschlagnahme erfolgte auf Grundlage von § 94 II StPO durch Überspielen der Daten von den Rechnern des D.

H wendet im Prozess ein, die beschlagnahmten Emails dürften nicht verwertet werden. Die Beschlagnahmeanordnung sei zwar formell rechtmäßig ergangen, allerdings könne die Staatsanwaltschaft doch nicht einfach beinahe seinen gesamten Email-Verkehr der letzten Jahre an sich nehmen. Wenn es um derartig sensible Daten gehe,

---

1 Der Autor ist wissenschaftlicher Mitarbeiter am Institut für Öffentliches Recht der Albert-Ludwigs-Universität Freiburg i. Br., Abteilung IV – Verwaltungsrecht, unter der Leitung von Prof. Dr. Friedrich Schoch. Sein Dank für kritische Anmerkungen gilt Prof. Dr. Friedrich Schoch sowie Bastian Baumann, Irina Bonin und Christine Fauser.

2 Die vorliegende Klausur wurde im Sommersemester 2010 im Examensklausurenkurs der Universität Freiburg i. Br. zur Bearbeitung gestellt. Dabei erzielten die 107 Bearbeiter eine durchschnittliche Punktzahl von 5,77 Punkten und die Durchfallquote lag bei 21,50%.

müsse ein besonderer Grundrechtsschutz gewährleistet sein, dies insbesondere deshalb, weil die Daten nicht einmal bei ihm beschlagnahmt wurden. Auch die Verfassungsmäßigkeit von § 94 II StPO sei zweifelhaft; selbst wenn § 94 II StPO die Beschlagnahme elektronischer Daten erfasse, so müsse die Norm zumindest im Vergleich
zu anderen Normen der StPO, die Eingriffe in den Telekommunikationsverkehr ermöglichen, wie §§ 100a, 100g StPO, auf die Katalogtaten des § 100a II StPO beschränkt werden.

Der StA betont demgegenüber, man habe H weder abgehört noch heimlich Tele-
kommunikationsverkehrsdaten abgefragt; daher sei ein Vergleich mit den §§ 100a,
100g StPO abwegig. Man habe zwar sämtliche auf den Rechnern des D gelagerten
Emails aus dem Postfach des H zunächst sichergestellt (§ 110 StPO), gleichzeitig habe
man aber auch H umgehend von der bevorstehenden Beschlagnahme benachrichtigt.
Im Anschluss an die Sicherstellung habe man anhand der Absender- bzw. Empfänger-
zeile versucht, möglicherweise unter das Beschlagnahmeverbot nach § 97 StPO fallende Emails auszusortieren und die Beschlagnahmeverfügung erst danach erlassen und
auf die übrigen Emails beschränkt.

Unter Würdigung der Emails verurteilt das LG H zu einer dreieinhalbjährigen Haftstrafe.

Er überlegt, ob er gegen das Urteil Rechtsmittel einlegen soll.

Frage 1: Wurde H durch die Beschlagnahme der Emails in seinen Grundrechten verletzt?

Abwandlung

Aus Anlass der Urteilsverkündung veröffentlichte das überregional erscheinende, als
GmbH mit Sitz in Deutschland verfasste Magazin „Blickpunkt" (B) einen Artikel über
das Strafverfahren in seiner Print-Ausgabe desselben Monats unter der Überschrift
„Dieser Ex-Bundesliga-Star vergewaltigte eine Domina – Gestern fiel das Urteil". In dem
Beitrag schildert B die dem H zu Last gelegte Tat. Dabei veröffentlicht B auch den voll-
ständigen Namen des H, dessen Alter, Stationen seiner Fußballerkarriere und ein Ar-
chivbild aus seiner aktiven Zeit. Im Beitrag wird auch erwähnt, dass H fünf Jahre lang
Stammgast bei P gewesen sei.

H versucht umgehend die Berichterstattung per einstweiliger Verfügung, gestützt
auf §§ 1004 I analog iVm 823 I BGB, zu verhindern. Nachdem sein Verfügungsantrag
und die anschließende Beschwerde von den Zivilgerichten zurückgewiesen worden ist
und er auch im Hauptsacheverfahren in allen Instanzen erfolglos blieb, erhebt er Verfassungsbeschwerde beim Bundesverfassungsgericht.

Er findet, dass die Zivilgerichte seine Grundrechte völlig missachtet haben. Die Öffentlichkeit gehe das Strafverfahren gegen ihn gar nichts an. Insbesondere sei sein Se-
xualleben ja wohl grundsätzlich tabu. Und wenn man doch ein öffentliches Interesse
an der Berichterstattung über Strafverfahren im Allgemeinen anerkenne, überwiege jedenfalls im Hinblick auf den Artikel des B eindeutig sein Persönlichkeitsschutz. Zwar
verbreite B keine Unwahrheiten, allerdings könne er sich nach dem Artikel „nie wieder

in seiner Heimatstadt auf der Straße blicken lassen". Die Namensnennung diene lediglich dazu, die reißerische Aufmachung des Artikels zu verstärken, um ihn als vermeintlich prominente Person an den Pranger zu stellen. Auch die Erwähnung, dass er fünf Jahre Stammkunde bei P gewesen sei, hänge nicht unmittelbar mit dem Strafverfahren zusammen und diene einzig dem Zweck, ihn als schlechten Menschen darzustellen.

Frage 2: Hat die Verfassungsbeschwerde Aussicht auf Erfolg?

Gliederung der Lösung

Lösung[3]

Frage 1: Grundrechtsverletzung durch die Beschlagnahmeanordnung

H wird durch die Beschlagnahme in seinen Grundrechten verletzt, soweit ein Eingriff in den Schutzbereich eines Grundrechts vorliegt, der nicht gerechtfertigt ist.

A. Fernmeldegeheimnis, Art. 10 I Var. 3 GG

A könnte in seinem Grundrecht aus Art. 10 I Var. 3 GG verletzt sein.

I. Schutzbereich

1. Sachlicher Schutzbereich

In sachlicher Hinsicht schützt das Fernmeldegeheimnis die *Vertraulichkeit privater Kommunikation unter Abwesenden.*[4] Schutzgegenstand sind *Inhalte und Umstände* des individuellen Kommunikationsvorgangs über das Medium drahtlos oder drahtgebundener elektromagnetischer Wellen.[5] Dies erfasst auch die Kommunikation mittels Emails.

Zu beachten ist jedoch, dass Art. 10 I Var. 3 GG ausschließlich vor *spezifischen Gefahren* schützt, die gerade aus der Verwundbarkeit der Vertraulichkeit bei räumlich distanzierter Kommunikation aufgrund der Verwendung von Fernkommunikationsmittel erwachsen. Daher endet der Schutz des Fernmeldegeheimnisses, sobald eine Nachricht in den Herrschaftsbereich des Empfängers gelangt ist; ab diesem Zeitpunkt besteht grundrechtlicher Schutz über das Recht auf informationelle Selbstbestimmung aus Art. 2 I iVm 1 I GG (und ggf. Art. 13 I GG).[6]

Fraglich ist, ob die auf dem Server des D liegenden Emails dem Schutzbereich des Art. 10 I Var. 3 GG oder Art. 2 I iVm 1 I GG zuzuordnen sind.[7]

Die dort archivierten Alt-Emails wurden bereits in der Vergangenheit an das elektronische Postfach des H gesendet. In dem Zeitpunkt der Speicherung im Postfach des H liegt kein Telekommunikationsvorgang iSd § 3 Nr. 22 TKG[8] (also eines technischen Vorgangs des Aussendens, Übermittelns und Empfangens mittels Telekommunika-

---

3 Der Klausur liegen zwei Beschlüsse des BVerfG zugrunde, deren jeweilige Argumentation weitgehend nachvollzogen wird. Die erste Frage beruht auf einem Beschluss vom 16. 6. 2009, Az. 2 BvR 902/06, BVerfGE 124, 43 (= NJW 2009, 2431 = WM 2009, 1528 = EuGRZ 2009, 404 = K&R 2009, 559 = CR 2009, 584 = MMR 2009, 673 = JR 2009, 429 = StV 2009, 617), die zweite Frage auf einem Beschluss vom 10. 6. 2009, Az. 1 BvR 1107/09, NJW 2009, 3357 (= AfP 2009, 365 = MMR 2009, 683 = ZUM 2010, 243).
4 *Michael/Morlok*, Grundrechte, 2. Aufl 2010, Rn 318.
5 *Pieroth/Schlink*, Grundrechte, 25. Aufl 2009, Rn 837 ff.
6 Grundlegend BVerfGE 115, 166 (183 f) m. Bspr. *Jahn*, JuS 2006, 491.
7 Zur Einordnung von Emails auf dem Mailserver des Emailproviders BVerfG-K, NJW 2009, 243; dazu *Brunst*, CR 2009, 591; *Klein*, NJW 2009, 2996; *Härting*, CR 2009, 581. – Aus strafprozessualer Perspektive BGH, NJW 2009, 1828; *Gaede*, StV 2009, 96; *Störing*, CR 2009, 475; *Mosbacher*, JuS 2009, 696 (698); *Beulke*, Strafprozessrecht, 11. Aufl 2010, Rn 253 b.
8 Das TKG ist abgedruckt in Sartorius Erg.-Bd. Nr. 920.

tionsanlagen) mehr vor. Außerdem konnte H, nachdem er die Emails erstmals zur Kenntnis genommen hatte, diese jederzeit aus seinem Postfach löschen oder zur Speicherung auf seinem heimischen PC herunterladen. Daher könnte man ab Kenntnisnahme durch H die Emails als in dessen Herrschaftsbereich gelangt ansehen, sodass (jedenfalls) die gelesenen Emails nur dem Schutz des informationellen Selbstbestimmungsrechts unterlägen.[9]

Andererseits ließe sich ebenso auf den tatsächlichen Speicherungsort abstellen und betonen, dass die Emails weiterhin bei dem Email-Dienst, also einem für die Fernkommunikation eingeschalteten Dritten, gespeichert sind und sich eben nicht in einer allein vom Nutzer beherrschbaren Privatsphäre befinden und somit weiterhin der Schutz des Fernmeldegeheimnisses greift.[10]

Im Hinblick auf den *Schutzzweck des Fernmeldegeheimnisses*, den besonderen Gefahren zu begegnen, die aus dem Einschalten Dritter in einen Kommunikationsvorgang erwachsen,[11] und der *besonderen Schutzbedürftigkeit* des H in der vorliegenden Konstellation, besteht eine größere Nähe zu Art. 10 I Var. 3 GG. H besitzt keine technische Möglichkeit, eine Weitergabe seines Email-Verkehrs an Dritte durch seinen Provider D zu verhindern. Dieser Mangel an Beherrschbarkeit begründet die besondere Schutzbedürftigkeit durch Art. 10 I Var. 3 GG.[12] Unter dieser Prämisse ist es unerheblich, dass die besagten Daten im Zeitpunkt der Beschlagnahme nicht Gegenstand eines Telekommunikationsvorgangs sind; auch ändert sich nichts an der spezifischen Gefährdungslage für die Daten durch eine bereits erfolgte Kenntnisnahme der Emails durch H.[13]

Daher ist vorliegend der sachliche Schutzbereich des Art. 10 I Var. 3 GG eröffnet.

2. Personeller Schutzbereich

H kann sich als deutscher Staatsbürger[14] auf Art. 10 I Var. 3 GG berufen; der personelle Schutzbereich ist daher ebenfalls eröffnet.

II. Eingriff

Nach dem modernen Eingriffsbegriff ist ein Eingriff jedes hoheitliche Handeln, das dem Einzelnen ein Verhalten, das in den Schutzbereich eines Grundrechts fällt, ganz oder teilweise unmöglich macht.[15] Die Kenntnisnahme staatlicher Stellen von Inhalten und Umständen eines Telekommunikationsvorgangs ohne Zustimmung der Beteilig-

---

9 So die Stellungnahme des *Bundesbeauftragten für Datenschutz und Informationsfreiheit,* BVerfGE 124, 43 (52).

10 So die Stellungnahme des *Deutschen Anwaltsvereins* und der *Bundesrechtsanwaltskammer,* BVerfGE 124, 43 (53).

11 BVerfGE 85, 386 (396); 106, 28 (36).

12 BVerfGE 124, 43 (55).

13 BVerfGE 124, 43 (55 f); in den heutigen Zeiten des „Cloud Computing" angreifbar; man denke z.B. an die Auslagerung von Daten auf Online-Festplatten. – Zu weiteren Abgrenzungsversuchen und Argumenten vgl. die Literaturnachweise in Fn 7.

14 Zu unterstellen mangels anderweitiger Sachverhaltsangaben.

15 *Pieroth/Schlink,* Grundrechte, 25. Aufl 2009, Rn 253.

Elixmann

ten greift in das Fernmeldegeheimnis ein.[16] Unerheblich ist im vorliegenden Fall, dass die Beschlagnahmeanordnung unmittelbar D verpflichtete; mithin die Grundrechtsbeeinträchtigung des H vermittelt über den Privaten D erfolgte. Ist ein Eingriff hoheitlich angeordnet und von den Betreibern von Telekommunikationsanlagen ohne Eröffnung eines Handlungsspielraums auszuführen, ist die Übermittlung der Daten rechtlich der öffentlichen Gewalt zuzurechnen.[17] Die Herausgabe der Daten von D an die Staatsanwaltschaft stellt daher einen Eingriff in Art. 10 I Var. 3 GG dar.

III. Rechtfertigung

1. Schranke des Art. 10 I Var. 3 GG

Das Fernmeldegeheimnis unterliegt einem einfachen Gesetzesvorbehalt, es kann durch Gesetz eingeschränkt werden, Art. 10 II 1 GG. Als Schrankengesetz kommt vorliegend § 94 II StPO in Betracht.[18]

2. Verfassungsmäßigkeit von § 94 II StPO

a) Formelle Verfassungsmäßigkeit

An der formellen Verfassungsmäßigkeit der Norm bestehen keine Zweifel.

b) Materielle Verfassungsmäßigkeit

aa) In materieller Hinsicht ist grundsätzlich bei Eingriffen in den Schutzbereich von Art. 10 I GG das *Zitiergebot* gem. Art. 19 I 2 GG zu beachten. Bei § 94 II StPO handelt es sich jedoch um eine vorkonstitutionelle Norm, für die das Zitiergebot nicht gilt.[19]

bb) § 94 II StPO könnte dem *Bestimmtheitsgrundsatz* insofern nicht genügen, als für den Normunterworfenen nicht klar erkennbar sein könnte, ob das Tatbestandsmerkmal „Gegenstände" sich lediglich auf körperliche Gegenstände oder auch auf unkörperliche Gegenstände, wie Daten, bezieht. Festzustellen ist daher der Regelungsgehalt des § 94 II StPO und ob dieser auch dem Normunterworfenen erkennbar ist.

Für körperliche Gegenstände verwendet die StPO in der Regel den Begriff der „Sache" (vgl §§ 103, 111 c, 111 e, 111 i, 111 l StPO). In Abgrenzung dazu steht jedenfalls

---

16 BVerfGE 100, 313 (366); 107, 299 (313).

17 BVerfGE 107, 299 (313 f.).

18 Nicht unerwähnt soll bleiben, dass der BGH als Ermächtigungsnorm für die Beschlagnahme der Emails beim Provider § 99 StPO (Postbeschlagnahme) als maßgeblich betrachtet hatte, BGH, NJW 2009, 1828. Die verfassungsrechtliche Prüfung in dem der ersten Frage zugrundeliegenden Beschluss des BVerfG lässt als Prüfungsgegenstand § 94 II StPO erkennen (ausdrücklich spricht das BVerfG nur von der verfassungsmäßigen Anwendung der „§§ 94 ff StPO"), daher ist letztere Norm auch Prüfungsgegenstand dieser Klausur. Mit der verfassungsgerichtlichen Billigung des § 94 II StPO als taugliche Ermächtigungsgrundlage ist die weitergehende Beschränkung des BGH auf die Voraussetzungen des § 99 StPO bei offenen Ermittlungsmaßnahmen hinfällig geworden; so die Einschätzung ebenfalls von *Klein*, NJW 2009, 2996 (2998).

19 Zur Nichtanwendung des Zitiergebots bei vorkonstitutionellen Normen bereits BVerfGE 2, 121 (122 f).

die Wortlautgrenze einem weiten Begriffsverständnis, das auch „Daten" als „Gegenstände" begreift, nicht entgegen.[20] Es gilt ferner zu berücksichtigen, dass die vorkonstitutionelle Vorschrift des § 94 II StPO aus einer Zeit stammt, in der das unkörperliche Überspielen von Informationen noch nicht möglich, sondern eine Beschlagnahme immer an eine Verkörperung verknüpft war (Akten, Papiere) und insofern eine „reine Informationen-Beschlagnahme" vom damaligen Gesetzgeber nicht bedacht werden konnte. Von seinem Telos erfasst § 94 II StPO alle Gegenstände, die als Beweismittel im konkreten Verfahren von Bedeutung sein können.[21] Wegen der Vielgestaltigkeit möglicher Sachverhalte ist eine nähere gesetzgeberische Konkretisierung nicht geboten.[22] Wenn außerdem eine Beschlagnahme von körperlichen Informationsträgern mitsamt allen darin enthaltenen Informationen nach § 94 II StPO möglich ist, muss als weniger einschneidende Maßnahme das Überspielen der in dem Gegenstand enthaltenen Daten ebenfalls von der Norm gedeckt sein. Die Auslegung des Tatbestandsmerkmals „Gegenstände" führt daher zu dem Ergebnis, dass „Gegenstände" iSd § 94 II StPO auch „Daten" sein können.

Es ist auch dem Betroffenen ohne Weiteres erkennbar, dass § 94 II StPO allgemein der Beschaffung von verfahrensrelevanten Informationen dient, unabhängig davon, ob die Informationen in körperlicher oder unkörperlicher Form erlangt werden.

Die tatbestandliche Weite des § 94 II StPO ist im Hinblick auf das Merkmal „Gegenstände" somit als hinreichend bestimmt anzusehen.

cc) Das Bestimmtheitsgebot verlangt darüber hinaus bei Eingriffen in das Fernmeldegeheimnis, die der Erlangung personenbezogener Daten dienen, die *Übertragung der Grundsätze, die für Eingriffe in das informationelle Selbstbestimmungsrecht gelten*.[23] Für das informationelle Selbstbestimmungsrecht verlangt der Bestimmtheitsgrundsatz, dass sich die Voraussetzungen und der Umfang der Beschränkungen für den Bürger klar und erkennbar aus dem Gesetz ergeben; *Anlass, Zweck und Grenzen des Eingriffs* müssen in der Ermächtigungsgrundlage bereichsspezifisch und präzise bestimmt sein.[24] § 94 II StPO genügt diesen Anforderungen. Zwar ist die Norm tatbestandlich relativ weit gefasst, sie steht aber unter einer strengen Begrenzung auf den Ermittlungszweck, nämlich der Urteilsfindung im konkreten Strafprozess.[25] Der den Datenzugriff begrenzende Verwendungszweck ist unter Beachtung des Normzusammenhangs, in welchen die §§ 94 ff StPO eingebettet sind (vgl. §§ 152 II, 155 I, 160, 170, 244 II, 264 StPO), hinreichend präzise vorgegeben.[26]

dd) Fraglich ist, ob § 94 II StPO dem *Verhältnismäßigkeitsgrundsatz* entspricht.

(1) § 94 II StPO dient den öffentlichen Interessen einer *effektiven Strafverfolgung* und der *Wahrheitsfindung im Strafprozess*. Dies sind *legitime Ziele*.

20 BVerfGE 113, 29 (50).
21 BVerfGE 113, 29 (51).
22 BVerfGE 113, 29 (51).
23 BVerfGE 110, 33 (53); 115, 166 (189).
24 BVerfGE 65, 1 (44 ff).
25 BVerfGE 113, 29 (52).
26 BVerfGE 113, 29 (51).

Elixmann

(2) Zur Erreichung dieser Ziele ist § 94 II StPO auch *geeignet* und kann in bestimmten Fällen auch das mildeste Mittel darstellen, mithin *erforderlich* sein.

(3) Fraglich ist jedoch, ob § 94 II StPO in seiner tatbestandlichen Weite in noch *angemessener Weise* das Fernmeldegeheimnis beschränkt. Immerhin lässt die Vorschrift für die Anordnung einer Beschlagnahme den konkreten Anfangsverdacht irgendeiner Straftat ausreichen, unabhängig von deren Schwere. Insofern könnte die Vorschrift unverhältnismäßig im engeren Sinne in Fällen sein, in denen sich die Beschlagnahme auf die Erlangung von durch Art. 10 I Var. 3 GG geschützte Daten bezieht. Eine Beschlagnahme der von Art. 10 I Var. 3 GG geschützten Daten könnte also außer Verhältnis zu dem Interesse der Verfolgung gerade jeglicher Straftat stehen.

Unter das Fernmeldegeheimnis fallende Daten weisen gegenüber sonstigen personenbezogenen Daten eine *besondere Sensibilität* auf, weil mit ihnen u. U. weitgehende Einblicke in das soziale Umfeld einer Person einhergehen.[27] Zugriffe auf derartige Datenbestände besitzen außerdem zwangsläufig eine gewisse Streubreite, da zusätzliche Eingriffe in das Grundrecht aus Art. 10 I Var. 3 GG unbeteiligter Kommunikationspartner sich kaum vermeiden lassen.[28] Beschlagnahmen von Daten, die durch Art. 10 I Var. 3 GG geschützt sind, können daher die Unbefangenheit des Kommunikationsaustauschs und das Vertrauen in die Unzugänglichkeit der Telekommunikationsanlagen empfindlich stören.[29]

Ein Anhaltspunkt für die Unverhältnismäßigkeit des § 94 II StPO in Bezug auf von Art. 10 I Var. 3 GG geschützte Daten könnte sein, dass andere Normen der StPO, namentlich die §§ 100a, 100g StPO, die gerade auf die Erlangung von dem Fernmeldegeheimnis unterliegenden Daten gerichtet sind, Eingriffe nur bei bestimmten, schweren Katalogtaten erlauben. Von den §§ 100a, 100g StPO kann aber nur dann ein Schluss auf die Unverhältnismäßigkeit des § 94 II StPO gezogen werden, wenn die §§ 100a, 100g StPO und § 94 II StPO überhaupt vergleichbar sind. Vergleichbar sind sie nur, wenn Eingriffe aufgrund von § 94 II StPO als genauso eingriffsintensiv zu beurteilen wären wie Eingriffe nach den §§ 100a, 100g StPO. Wären auf § 94 II StPO gestützte Eingriffe als weniger belastend für das Fernmeldegeheimnis anzusehen, könnte diese Norm auch Eingriffe unterhalb der Eingriffsschwelle der §§ 100a, 100g StPO erlauben, um eine verfassungsmäßige Zweck-Mittel-Relation zu wahren.

Ein entscheidender Unterschied zwischen den genannten Normen ist, dass die Beschlagnahme nach § 94 II StPO nicht verdeckt, sondern offen erfolgt.[30] Während die §§ 100a und 100g StPO die Datenerhebung ohne Benachrichtigung des Betroffenen ermöglichen, wird jener über die Sicherstellung und die anschließend geplante Beschlagnahme informiert. Dies ermöglicht ihm, schon im Vorfeld der Beschlagnahme im Wege des einstweiligen Rechtsschutzes die Beschlagnahme noch zu verhindern oder jedenfalls

---

27 BVerfGE 107, 299 (320).
28 BVerfGE 107, 299 (320); 113, 348 (383).
29 BVerfGE 100, 313 (381); 107, 299 (320).
30 BVerfGE 124, 43 (65 f). – Die Offenheit bzw. Heimlichkeit eines hoheitlichen Eingriffs zieht sich als wesentliches Rechtfertigungskriterium durch die verfassungsgerichtliche Rechtsprechung zu staatlichen Ermittlungsmaßnahmen, vgl. BVerfGE 34, 238 (247 f); 107, 299 (321); 113, 348 (384); 115, 166 (194); 115, 320 (353); 120, 378 (402 f).

die Sichtung der sichergestellten Daten zu begleiten. Heimliche Eingriffe sind von höherem Gewicht, weil der Betroffene allenfalls nachträglich Rechtsschutz erlangen kann und dies auch nur dann, wenn er nachträglich informiert wird oder auf andere Weise von der Maßnahme Kenntnis erlangt.[31] Zu berücksichtigen ist weiterhin, dass eine Beschlagnahme nur einen punktuellen Eingriff außerhalb eines laufenden Kommunikationsvorgangs begründet (und keinen Dauereingriff, wie bei der Telekommunikationsüberwachung über einen längeren Zeitraum nach § 100a StPO). Aus diesen Gründen ist eine Beschlagnahme von durch Art. 10 I Var. 3 GG geschützten Daten weniger eingriffsintensiv als eine Maßnahme nach § 100a oder § 100g StPO. Daher ist es von Verfassungs wegen nicht geboten, entsprechende Beschlagnahmen auf Katalogtaten iSd § 100a II StPO zu beschränken, um die Zweck-Mittel-Relation zwischen Strafverfolgungsinteresse und Grundrechtsbeeinträchtigung zu wahren.

Bei der Verhältnismäßigkeitsprüfung ist auch das *Gewicht des Strafverfolgungsinteresses* angemessen zu würdigen. Hierbei ist die Bedeutung moderner Telekommunikationsmittel bei der Begehung von Straftaten in Rechnung zu stellen. Derartige Mittel werden von Straftätern vermehrt eingesetzt und tragen zur Effektivierung krimineller Handlungen bei.[32] Die Strafverfolgungsbehörden bedürfen eines rechtlichen Instrumentariums, um mit dem technischen Fortschritt Schritt halten zu können. Zu berücksichtigen ist auch die Gefahr, dass Straftäter sich darauf beschränken könnten, belastende Emails nur über die Online-Benutzeroberfläche ihres jeweiligen Email-Dienstes zu verwalten und dadurch in Fällen leichter oder mittlerer Kriminalität ihren Email-Verkehr den Strafverfolgungsbehörden auf einfache Weise entziehen könnten.[33] Schließlich könnte eine Begrenzung der Normen auf schwerere Delikte dazu führen, dass der Gesetzgeber den Strafrahmen von leichten Delikten nur deshalb anhebt, um einen Zugriff auf die Daten zu ermöglichen.[34] Diese Argumente sprechen dafür, dass dem Strafverfolgungsinteresse auch bei leichten Straftaten hinreichend Gewicht zukommt, um Eingriffe in Art. 10 I Var. 3 GG zu legitimieren.

Daher ist § 94 II StPO verhältnismäßig im engeren Sinne.

3.   Verfassungsmäßigkeit der Anwendung von § 94 II StPO im konkreten Fall

a)   Formelle Rechtmäßigkeit

Die Beschlagnahmeanordnung war formell rechtmäßig.

b)   Materielle Rechtmäßigkeit

aa) In materieller Hinsicht ist festzustellen, dass die *Tatbestandsvoraussetzungen* der Norm für die Beschlagnahme vorlagen; auch Daten sind Gegenstände iSd § 94 StPO (s.o. A.III.2.b)bb)), diese befanden sich im Gewahrsam des nicht freiwillig zur Herausgabe bereiten D und waren auch von Bedeutung für das Strafverfahren gegen H.

---

31   BVerfGE 107, 299 (321); 113, 348 (384); 118, 168 (197); 120, 378 (403).
32   BVerfGE 124, 43 (63 f.).
33   BVerfGE 124, 43 (65).
34   BVerfGE 124, 43 (65).

Elixmann

bb) Die Beschlagnahme müsste weiterhin auch *verhältnismäßig* gewesen sein.

(1) Mit der Beschlagnahme wurde das *legitime Ziel* verfolgt, Beweise zu finden, um H einer Straftat überführen zu können.

(2) Die Beschlagnahme sämtlicher Emails war zur Förderung dieses Zwecks *geeignet*.

(3) Die *Erforderlichkeit* der Beschlagnahme des gesamten Emailbestands ist jedoch zweifelhaft. Sie ist zu verneinen, wenn ein *gleich geeignetes, jedoch milderes Mittel* ersichtlich ist. Insbesondere bei Beschlagnahmen aus umfangreichen elektronischen Datenbeständen ist darauf zu achten, dass die Gewinnung überschießender, für das Verfahren bedeutungsloser Daten vermieden wird, d.h. die Beschlagnahme ist möglichst in ihrem Umfang auf Gegenstände zu begrenzen, die für die Wahrheitsfindung im Strafprozess wahrscheinlich relevant sind.[35] Als weniger eingriffsintensive Maßnahme zur Sicherung beweiserheblicher Emails kann die Beschlagnahme durch Eingrenzung der ermittlungsrelevanten Emails anhand bestimmter Sender- und Empfängerangaben oder anhand von Suchbegriffen auf einen Teil des Datenbestands begrenzt werden.[36] Im vorliegenden Fall hätte es ausgereicht, den Email-Verkehr zwischen H und der P zu beschlagnahmen; zusätzlich hätte man auch noch anhand der Betreffzeile den Email-Verkehr zu anderen Prostituierten beschlagnahmen können, da diese potentielle Zeugen für Gewalttätigkeiten des H sind. Darüber hinaus bestand an sonstigen, z.B. beruflichen Emails des H mangels geringer Wahrscheinlichkeit einer Relevanz für das Strafverfahren kein Grund zur Beschlagnahme. Eine entsprechend diesen Vorgaben weniger umfassende Beschlagnahme wäre ein gleich geeignetes, jedoch milderes Mittel gewesen. Die Beschlagnahme in dem erfolgten Umfang war daher nicht erforderlich.[37]

(4) Die Beschlagnahme der überschießenden, für das Verfahren gegen H irrelevanten Daten war somit unverhältnismäßig.

4.   Ergebnis zu III.

Die Beschlagnahme ist nicht gerechtfertigt.

IV.   Ergebnis zu A.

Durch die zu weitreichende Beschlagnahmeanordnung ist H in seinem Grundrecht aus Art. 10 I Var. 3 GG verletzt.

B.   Recht auf informationelle Selbstbestimmung, Art. 2 I iVm 1 I GG

Das Recht auf informationelle Selbstbestimmung gewährt dem Einzelnen die Befugnis, grundsätzlich selbst über *Preisgabe* und *Verwendung* seiner *personenbezogenen Da-*

---

35 BVerfGE 124, 43 (67); BGH, MMR 2010, 444.
36 BGH, MMR 2010, 444.
37 Genauso vertretbar ist es, die Beschlagnahme von für das Strafverfahren offensichtlich irrelevanten Emails bereits als nicht geeignet anzusehen.

ten zu bestimmen.[38] Die Emails geben Einblicke über Kontakte und Kommunikationsinhalte von H. Sie sind daher personenbezogene Daten, für die der Schutzbereich des Art. 2 I iVm 1 I GG eröffnet ist. Allerdings verdrängt Art. 10 I GG als *lex specialis* Art. 2 I iVm 1 I GG, soweit für personenbezogene Daten zugleich der Schutzbereich des Art. 10 I GG offen steht.[39]

C. Gewährleistung der Vertraulichkeit und Integrität informationstechnischer Systeme, Art. 2 I iVm 1 I GG

Mit dem Schutz der Vertraulichkeit und Integrität informationstechnischer Systeme hat das BVerfG eine weitere Ausformung des allgemeinen Persönlichkeitsrechts herausgebildet, um auf die spezifische Gefahr der Infiltration technischer Systeme wie PCs, Laptops oder Smartphones zu reagieren. Das Recht auf Gewährleistung der Vertraulichkeit und Integrität informationstechnischer Systeme gelangt jedoch nur dann zur Anwendung, wenn der Schutzbereich eines anderen Grundrechts, z. B. von Art. 10 GG oder dem informationellen Selbstbestimmungsrecht aus Art. 2 I iVm 1 I GG, nicht eröffnet ist.[40]

So die knappen Ausführungen des BVerfG im zugrundeliegenden Beschluss.[41] Daneben hätte man die Anwendbarkeit nicht nur auf Konkurrenz- sondern auch bereits auf Schutzbereichsebene scheitern lassen können, denn der Rechner des D ist kein vom Schutzbereich erfasstes informationstechnisches System. Geschützt sind nur solche Systeme, die der Betroffene „als eigene nutzt und deshalb den Umständen nach davon ausgehen darf, dass er allein oder zusammen mit anderen zur Nutzung berechtigten Personen über das System verfügt".[42] Nur dann besteht eine „grundrechtlich anzuerkennende Vertraulichkeits- und Integritätserwartung".[43] Auf dem in Rede stehenden Rechner speichert D auch die Emailkonten anderer Kunden; D alleine ist umfassend verfügungsberechtigt. Hs Zugriffsberechtigung beschränkt sich auf die Verwaltung seines Emailpostfachs. Der Rechner ist daher kein von H eigengenutztes informationstechnisches System.[44]

D. Unverletzlichkeit der Wohnung, Art. 13 I GG

Eine Verletzung des H in Art. 13 I GG ist abzulehnen, weil die Sicherstellung und Beschlagnahme in den Räumlichkeiten des D stattfand. D kann sich auf eine Verletzung von Art. 13 I GG berufen. Der Schutzbereich des Art. 13 I GG in Bezug auf H ist jedoch nicht eröffnet.

---

38 BVerfGE 65, 1 (43); Überblick zum Recht auf informationelle Selbstbestimmung bei *Schoch*, JURA 2008, 352.
39 BVerfGE 67, 157 (171); 100, 313 (358); 110, 33 (53); 113, 348 (364).
40 BVerfGE 120, 274 (302); dazu *Heckmann*, jurisPR-ITR, 5/2008 Anm. 1; *Eifert*, NVwZ 2008, 521; *Hornung*, CR 2008, 299; *Kutscha*, NJW 2008, 1042; *Hoffmann-Riem*, JZ 2008, 1010; *Gusy*, DuD 2009, 1; Fallbearbeitung bei *Putzke*, JURA 2009, 147.
41 BVerfGE 124, 43 (58).
42 BVerfGE 120, 274 (315); *Hoffmann-Riem* spricht daher auch in Abweichung von der bundesverfassungsgerichtlichen Diktion vom grundrechtlichen „Schutz der Vertraulichkeit und Integrität *eigengenutzter* informationstechnischer Systeme", JZ 2008, 1010.
43 BVerfGE 120, 274 (315).
44 A. A. vertretbar.

Elixmann

Frage 2: Erfolgsaussichten der Verfassungsbeschwerde

Die Verfassungsbeschwerde (VB) des H hat Aussicht auf Erfolg, wenn sie zulässig und begründet ist.

A. Zulässigkeit

I. Zuständigkeit des BVerfG

Die Zuständigkeit des Bundesverfassungsgerichts (BVerfG) ergibt sich aus Art. 93 Nr. 4a GG iVm §§ 13 Nr. 8a, 90ff BVerfGG.

II. Beteiligtenfähigkeit

H ist eine natürliche Person deutscher Staatsangehörigkeit, daher Träger des allgemeinen Persönlichkeitsrechts aus Art. 2 I iVm 1 I GG (APR) und somit „jedermann" iSd § 90 I BVerfGG und beteiligtenfähig im Verfassungsbeschwerdeverfahren.

III. Beschwerdegegenstand

Tauglicher Beschwerdegegenstand ist jeder Akt öffentlicher Gewalt, Art. 93 I Nr. 4a GG, § 90 I BVerfGG. Aus der Funktion der Verfassungsbeschwerde (prozessuale Flankierung der materiellen Grundrechtsbindung aus Art. 1 III GG) und der Systematik der §§ 90ff BVerfGG ergibt sich, dass dieser Begriff anders als im Rahmen des Art. 19 IV GG Maßnahmen aller drei Staatsgewalten erfasst[45] und somit auch das letztinstanzliche Zivilurteil gegen H einen tauglichen Beschwerdegegenstand darstellt (vgl. auch § 94 III BVerfGG).

IV. Beschwerdebefugnis

Die Beschwerdebefugnis ist gem. § 90 I BVerfGG gegeben, wenn der Beschwerdeführer die Möglichkeit aufzeigt, selbst, gegenwärtig und unmittelbar in Grundrechten oder grundrechtsgleichen Rechten verletzt sein zu können.

Zu beachten ist, dass der dem Verfahren zugrunde liegende Rechtsstreit ein solcher zwischen Privaten ist. Grundrechtsverpflichtet ist hingegen nur der Staat, Art. 1 III GG, nicht sind es Private. Grundrechte gelten daher *nicht unmittelbar* in Privatrechtsverhältnissen; aufgrund der staatlichen Schutzpflichten und der Bedeutung der Grundrechte als objektive Wertordnung sind sie jedoch bei der Auslegung und Anwendung des einfachen Rechts durch die Gerichte zu berücksichtigen und entfalten auf diese Weise über die Auslegungsspielräume des einfachen Rechts (unbestimmte Rechtsbegriffe, Generalklauseln) eine sog. *mittelbare Drittwirkung* bei Streitigkeiten zwischen Privaten.[46] Möglicherweise wurde von den Zivilgerichten bei der Anwendung von §§ 1004 I analog iVm 823 I BGB der Bedeutungsgehalt des allgemeinen Persönlichkeitsrechts aus Art. 2 I iVm

---

45 *Pieroth/Schlink*, Grundrechte, 25. Aufl 2009, Rn 1231.
46 BVerfGE 7, 198 (205ff); zur Berücksichtigung der Grundrechte in Privatrechtsstreitigkeiten ferner *Epping/Lenz*, JURA 2007, 881 (887 f).

1 I GG des H nicht hinreichend gewichtet und dadurch H in seinem Recht aus Art. 2 I iVm 1 I GG selbst und unmittelbar verletzt.

B kann weiterhin das Magazin mit dem Artikel (z. B. auf Nachbestellungswunsch) vertreiben, auch handelt es sich vorliegend möglicherweise um einen Fall tiefgreifender Grundrechtsverletzung. Die Beschwer ist daher auch gegenwärtig.[47]

V. Rechtswegerschöpfung/Subsidiarität

H hat laut Sachverhalt den Instanzenzug durchlaufen und somit dem Erfordernis der Rechtswegerschöpfung, § 90 II 1 BVerfGG, genüge getan. Da keine sonstigen Möglichkeiten zur Abhilfe der Grundrechtsverletzung ersichtlich sind, ist auch der ungeschriebene Grundsatz der Subsidiarität gewahrt.

VI. Form, Frist

Die VB ist innerhalb eines Monats (§ 93 I 1 BVerfGG) in schriftlicher Form (§ 23 I BVerfGG) ab Verkündung oder Zustellung des letztinstanzlichen Urteils (§ 93 I 2, 3 BVerfGG) zu erheben.

VII. Rechtsschutzbedürfnis

An einem Rechtsschutzbedürfnis des H bestehen keine Zweifel.

VIII. Ergebnis

Die VB ist zulässig.

B. Begründetheit

Die VB ist begründet, wenn in den Schutzbereich eines Grundrechts des H eingegriffen wird und der Eingriff nicht gerechtfertigt ist.

I. Prüfungsmaßstab

Im Hinblick auf den Prüfungsmaßstab ist bei VBen gegen ein fachgerichtliches Urteil zu berücksichtigen, dass das BVerfG fachgerichtliche Entscheidungen einer eingeschränkten Prüfung unterzieht; es sieht sich nicht als „Superrevisionsinstanz", sondern begrenzt seine Prüfung auf die Feststellung der Verletzung *„spezifischen Verfassungsrechts"*. Eine Verletzung „spezifischen Verfassungsrechts" in Bezug auf die Grundrechte der Art. 2 bis 19 GG liegt vor, wenn bei der Auslegung und Anwendung des einfachen Rechts der Einfluss der Grundrechte grundlegend verkannt wurde, was der Fall ist, wenn die Grundrechtsrelevanz insgesamt übersehen wurde, Schutzbe-

---

47 Die Frage der (noch) gegenwärtigen Beschwer wird teilweise auch im Rahmen des Rechtsschutzbedürfnisses geprüft (so *Scherzberg*, in: Ehlers/Schoch, Rechtsschutz im Öffentlichen Recht, 2009, § 13 Rn 115; wie hier hingegen *Pieroth/Schlink*, Grundrechte, 25. Aufl 2009, Rn 1250).

Elixmann

reiche und Grenzen verkannt oder Grundrechte unzutreffend abgewogen wurden.[48] Vorliegend könnten die Zivilgerichte den Bedeutungsgehalt des APR des H aus Art. 2 I iVm 1 I GG verkannt und im Verhältnis zur Meinungsfreiheit der B falsch abgewogen haben.

II. Schutzbereich

Es könnte der Schutzbereich des APR eröffnet sein.[49] Das APR ist im Grundgesetz nicht ausdrücklich normiert, sondern wird aus Art. 2 I iVm 1 I GG hergeleitet. In sachlicher Hinsicht schützt es die Entfaltung der Persönlichkeit hinsichtlich solcher Elemente, die nicht Gegenstand der besonderen Freiheitsgarantien des Grundgesetzes sind, diesen aber in ihrer konstituierenden Bedeutung für die Persönlichkeit nicht nachstehen.[50] Es lassen sich unterschiedliche Ausprägungen des APR differenzieren, die ihrerseits überschneidende Anwendungsbereiche aufweisen und einer Fortentwicklung weiterer Teilgehalte aufgrund neuer Gefahren für den Persönlichkeitsschutz nicht entgegenstehen. Geschützt ist u.a. die Freiheit der *Selbstbestimmung* der eigenen Identität, der *Selbstbewahrung* durch Rückzug und Abschirmung, das Recht der *Selbstdarstellung* als Schutz gegen herabsetzende oder verfälschende Darstellungen in der Öffentlichkeit, sowie das informationelle Selbstbestimmungsrecht.[51]

1. Freiheit der Selbstbewahrung

H wollte durch das Unterlassungsbegehren eine identifizierende Presseberichterstattung über sein Strafverfahren verhindern. Im Vordergrund steht der Wunsch des H, von der Öffentlichkeit weitestgehend abgeschirmt zu sein. Insofern ist die Freiheit der Selbstbewahrung angesprochen; im Hinblick auf diesen Teilgehalt ist der Schutzbereich des APR eröffnet.

2. Freiheit der Selbstdarstellung und der informationellen Selbstbestimmung

Soweit durch den Artikel ein verfälschendes Bild von H gezeichnet werden könnte, ist der Schutzbereich von Art. 2 I iVm 1 I GG in Bezug auf das Recht der Selbstdarstel-

---

48 Einzelheiten bei *Klein/Sennekamp*, NJW 2007, 945 (947 ff); *Scherzberg*, in: Ehlers/Schoch, Rechtsschutz im Öffentlichen Recht, § 13 Rn 117 ff.
49 Überblick zum APR bei *Kahl/Ohlendorf*, JuS 2008, 682.
50 BVerfGE 101, 361 (380); BVerfG-K, NJW 2005, 883 (883).
51 *Pieroth/Schlink*, Grundrechte, 25. Aufl 2009, Rn 391 ff; ähnlich *Di Fabio*, in: Maunz/Dürig, Grundgesetz, 39. EL, Stand: 7/2001, Art. 2 Abs. 1 Rn 149 ff; *Jarass*, in: Jarass/Pieroth, Grundgesetz, 10. Aufl 2009, Art. 2 Rn 42 ff; *Michael/Morlok*, Grundrechte, 2. Aufl 2010, Rn 425 ff – Dem BVerfG sind derartige Kategorienbildungen fremd. Seiner Rspr. zum APR liegt kein einheitliches Schutzkonzept zugrunde, sondern jene ist geprägt von Einzelfallkasuistik; so der Befund bei *Albers*, Informationelle Selbstbestimmung, 2005, S. 612 (14. These zum 2. Teil). Da die Darstellung des Schutzbereichs des APR anhand von Fallgruppenbildung in der Literatur gängig ist, ist auch eine entsprechende Darstellung in der Klausur sinnvoll.

lung eröffnet, ebenso, da es um die Offenbarung eines personenbezogenen Sachverhalts geht, das Recht auf informationelle Selbstbestimmung.[52]

III. Eingriff

Nach dem modernen Eingriffsbegriff ist unter einem Eingriff jedes staatliche Handeln zu verstehen, dass ein Verhalten eines Einzelnen, das in den Schutzbereich eines Grundrechts fällt, ganz oder teilweise unmöglich macht.[53] Eine Beeinträchtigung des APR des H erfolgt unmittelbar durch das Handeln des B, mithin durch das Handeln eines Privaten. Jedoch ist es Aufgabe des Gerichts, dem APR des H auch im Privatrechtsverhältnis zu B im Wege der mittelbaren Drittwirkung der Grundrechte Geltung zu verschaffen. Durch das abweisende Urteil ermöglicht das Gericht eine Verkürzung des durch das APR geschützten Freiheitsbereichs des H. Darin liegt eine dem Staat zurechenbare Grundrechtsbeeinträchtigung, mithin ein Eingriff.[54]

IV. Rechtfertigung

1. Schranke

Für das APR gelten die Schranken des Art. 2 I GG. Der Sache nach entsprechen sie einem einfachen Gesetzesvorbehalt.[55] Als Schrankengesetze kommen vorliegend die §§ 1004 I analog iVm 823 I BGB in Betracht, soweit bei der Anwendung dieser Normen entgegenstehende Verfassungswerte mit dem APR in Ausgleich gebracht werden müssen.

2. Verfassungsmäßigkeit von §§ 1004 I, 823 I BGB

Hinsichtlich der Verfassungsmäßigkeit der §§ 1004 I, 823 I BGB bestehen keine Bedenken.

3. Verfassungsmäßige Einzelfallanwendung

Bei der Anwendung der Normen im konkreten Fall könnte das Zivilgericht die Bedeutung und Tragweite des Persönlichkeitsrechtsschutzes des H aus Art. 2 I iVm 1 I GG falsch gewichtet haben, indem es entgegenstehende Interessen des B zu hoch beurteilt hat.

a) Meinungsfreiheit

B kann sich auf die *Meinungsfreiheit* aus Art. 5 I 1 Var. 1 GG, berufen.

aa) Diese schützt in *sachlicher Hinsicht* das Äußern von Meinungen. Erfasst sind in erster Linie *Werturteile*, aber auch *Tatsachenbehauptungen*, solange diese nicht erwie-

---

52 Vgl auch *Di Fabio*, in: Maunz/Dürig, Grundgesetz, 39. EL, Stand: 7/2001, Art. 2 Abs. 1 Rn 151.
53 Siehe Fn 15.
54 Zum Klausuraufbau in Drittwirkungsfällen *Augsberg/Viellechner*, JuS 2008, 406.
55 BVerfGE 6, 32 (37 ff).

Elixmann

sen unwahr sind, denn auch mit Tatsachenbehauptungen verbindet sich meistens implizit ein Werturteil, welches sich aus der Entscheidung des Äußernden, dass, was, wann und wo er die Tatsachenbehauptung aufstellt, erschließt.[56] Mithin ist der einem Tatsachenbericht entsprechende Artikel von der Meinungsfreiheit des B erfasst.

bb) Für B als juristische Person (GmbH) ist der *personelle Schutzbereich* des Art. 5 I 1 Var. 1 GG unter den Voraussetzungen des Art. 19 III GG eröffnet. Danach muss die potentiell grundrechtsberechtigte juristische Person *inländisch* sein und das in Rede stehende Grundrecht müsste *wesensmäßig* auf sie *anwendbar* sein. B hat ihren Sitz in Deutschland. Ein Grundrecht ist auf juristische Personen wesensmäßig anwendbar, wenn es auch korporativ ausgeübt werden kann, also nicht zwangsläufig Eigenschaften einer natürlichen Person voraussetzt.[57] Juristische Personen können aufgrund ihrer Willensbildungsmechanismen einen eigenen Standpunkt festlegen und diesen als ihre Meinung verbreiten. Daher knüpft Art. 5 I Var. 1 GG nicht an spezifisch menschliche Eigenschaften an. B als Presseunternehmen kann sich daher auf die Meinungsfreiheit berufen.[58]

cc) Eine Beschränkung der Meinungsfreiheit anhand von §§ 1004 I analog iVm 823 I BGB ist nur dann möglich, wenn die Normen zulässige Schranken der Meinungsfreiheit sind. Dafür müssen sie *allgemeine Gesetze iSd Art. 5 II GG* sein. Wann ein Gesetz ein „allgemeines Gesetz" ist, ist umstritten. Ein solches ist es jedenfalls nicht bloß dann, wenn es für alle gleichermaßen gilt, weil bei einem solchen Verständnis der Begriff keine eingriffsbeschränkende Wirkung entfalte, die über das für alle Grundrechte geltende Verbot des Einzelfallgesetzes nach Art. 19 I 1 GG hinausginge und somit Art. 5 II GG faktisch zu einem einfachen Gesetzesvorbehalt degradierte und systematische Inkonsequenzen im Grundrechtsschrankensystem hervorriefe.[59]

(1) Nach der *Abwägungslehre* ist ein Gesetz dann allgemein, wenn es dem Schutz eines Guts dient, das gewichtiger einzustufen ist als die Meinungsfreiheit.[60]

(2) Nach der *Sonderrechtslehre* ist entscheidend, dass das Gesetz sich nicht gegen eine bestimmte Meinung als solche richtet.[61]

(3) Das BVerfG hat bisweilen beide Ansätze kombiniert (*sog. Kombinationslehre*).[62]

(4) Die §§ 1004, 823 BGB richten sich nicht gegen eine bestimmte Meinung; zudem kann der allgemeine Persönlichkeitsschutz ein gegenüber der Meinungsfreiheit vorrangiges Gut bedeuten. Die §§ 1004, 823 BGB sind demnach „allgemeine Gesetze" iSv Art. 5 II GG.

---

56 *Pieroth/Schlink,* Grundrechte, 25. Aufl 2009, Rn 597.
57 BVerfGE 95, 220 (242); 106, 28 (42 f); 118, 168 (203); ausführlich *Schoch,* JURA 2001, 201.
58 Zur Anwendbarkeit von Art. 5 I 1 Var. 1 GG auf jur. P. d. Privatrechts exemplarisch BVerfGE 24, 278 (282); 113, 63 (75).
59 *Epping/Lenz,* JURA 2007, 881 (885).
60 Zurückgehend auf *Smend,* VVDStRL 4 (1928), 44 (52).
61 Vgl *Anschütz,* VVDStRL 4 (1928), 74 (75).
62 BVerfGE 95, 220 (235 f).

b) Pressefreiheit

Der Schutzbereich der Pressefreiheit, Art. 5 I 2 Var. 1 GG, ist dagegen nicht berührt. Sie schützt die *Voraussetzungen*, die gegeben sein müssen, damit die Presse ihre Aufgabe im Kommunikationsprozess erfüllen kann, während die Zulässigkeit einer *konkreten Meinungsäußerung*, unabhängig von der Verbreitungsart, sich ausschließlich nach Art. 5 I 1 Var. 1 GG richtet.[63]

c) Abwägung

Bei der Abwägung von dem APR mit der Meinungsfreiheit gilt, dass wahre Aussagen in der Regel hinzunehmen sind, es sei denn, ausnahmsweise droht ein Schaden für das APR, der außer Verhältnis zur Verbreitung der Wahrheit steht.[64]

Grundsätzlich besitzt die Öffentlichkeit ein *Informationsinteresse* an einer Berichterstattung über schwere Straftaten, denn auch Straftaten sind Teil des Zeitgeschehens, dessen Vermittlung Aufgabe der Medien ist.[65] Die Sympathie mit den Opfern und ihren Angehörigen, die Furcht vor Wiederholungen und die Suche nach Verhinderungsmöglichkeiten solcher Straftaten begründen ein anerkennenswertes Interesse an näheren Informationen über Tat und Täter.[66] Das Informationsinteresse rechtfertigt in der Regel auch eine identifizierende Berichterstattung sowie eine Auseinandersetzung mit dem sonstigen Leben des Straftäters, soweit dies der Erforschung der Tathintergründe dient. Dies spricht dafür, dass H sowohl seine Namensnennung als auch den Hinweis auf seine langjährige Stammkundschaft bei P erdulden muss. Das Informationsinteresse wiegt umso stärker aufgrund der *einstmaligen Bekanntheit* des H, auch wenn seine Prominenz mittlerweile etwas verblasst sein mag. Die *Schwere des Tatvorwurfs* ist ein weiterer Indikator für die Bedeutung der Tat für die Öffentlichkeit. Bei mittleren oder leichten Verfehlungen überwiegt eher der Persönlichkeitsschutz des Täters.[67] In Anbetracht des Strafrahmens der abgeurteilten Tat von einem bis zu zehn Jahren lässt sich die Tat durchaus als schweres Verbrechen einstufen.

Auf der anderen Seite wird das *allgemeine Persönlichkeitsrecht des H* durch die Berichterstattung in empfindlicher Weise eingeschränkt.

Als Abwägungsleitlinie bei Eingriffen in das *Recht auf Selbstbewahrung* kann die *sog. Sphärentheorie* herangezogen werden, die zwischen der *Intimsphäre*, die wegen der besonderen Nähe zur Menschenwürde als Kernbereich privater Lebensgestaltung absolut unantastbar geschützt ist, und der *Privatsphäre*, in die unter Beachtung des Verhältnismäßigkeitsgrundsatzes eingegriffen werden kann, unterscheidet.[68] Durch die Berichterstattung erfährt der Leser intime Details zu den sexuellen Vorlieben von H. Zu

---

63 St. Rspr., vgl BVerfGE 85, 1 (12 f); 86, 122 (128); 95, 28 (34); 97, 391 (400); BVerfG-K, NJW-RR 2000, 1209 (1209 f); BVerfG-K, AfP 2009, 480 (482); nicht so eindeutig abgrenzend hingegen BVerfGE 102, 347 (359 ff).
64 BVerfGE 97, 391 (403); 99, 185 (196).
65 BVerfGE 35, 202, 230 f.
66 BVerfGE 35, 202, 231.
67 BVerfG-K, NJW 2009, 3357 (3358).
68 BVerfGE 119, 1 (29 f).

Elixmann

hinterfragen ist, ob der Artikel daher in den Kernbereich privater Lebensgestaltung des H eingreife und daher als grundsätzlich unzulässig anzusehen sei. Der Bereich der Sexualität unterfällt nicht zwangsläufig dem unantastbaren Kernbereichsschutz.[69] Die Intimsphäre kann nämlich nicht anhand objektivierbarer Kriterien abstrakt bestimmt werden, sondern ist vielmehr in jedem Einzelfall unter maßgeblicher Berücksichtigung der sozialen Bezüge zu ermitteln.[70] Eine schützenswerte Intimsphäre ist dem Täter eines Sexualdelikts im Hinblick auf die Beziehung zu seinem Opfer nicht zuzubilligen. Im Vordergrund bei einem solchen Verbrechen steht nämlich weniger die Entfaltung der Persönlichkeit des Täters, für die ihm ein fremden Einblicken entzogener Freiraum anzuerkennen wäre, als vielmehr der gewalttätige Übergriff in die sexuelle Selbstbestimmung und die körperliche Unversehrtheit des Opfers.[71] Sähe man dies anders, könnte grundsätzlich nicht über Sexualstraftaten berichtet werden. Aus diesem Grund ist die Berichterstattung über die Tat des H und auch seine Stammkundeneigenschaft bei P einer Abwägung mit dem öffentlichen Informationsinteresse nicht grundsätzlich entzogen.

Bei der vorzunehmenden Abwägung ist zu konstatieren, dass der Eingriff in das APR schwer wiegt. Durch die öffentliche Berichterstattung droht H die Gefahr der Stigmatisierung und sozialen Ausgrenzung. Die soziale Eingliederung nach Verbüßung seiner Haftstrafe wird erschwert. Andererseits hat er durch seine Tat das öffentliche Informationsinteresse selber erst auf sich gezogen. Wer durch die Begehung schwerer Straftaten das öffentliche Interesse an der eigenen Person weckt, muss auch ein Stück weit mit den damit einhergehenden Persönlichkeitsrechtseinbußen leben.[72] Das *Resozialisierungsinteresse* des Täters hat bei einer tagesaktuellen Berichterstattung zurückzustehen, sein Interesse, mit seiner Tat in Ruhe gelassen zu werden, erstarkt aber mit zunehmender zeitlicher Distanz.[73] Da die Berichterstattung in unmittelbarer zeitlicher Nähe zu der Urteilsverkündung erfolgte, spricht dies für die Zulässigkeit des Artikels.[74] Der Artikel besitzt eine gewisse reißerische Aufmachung, gleichwohl beschränkt er sich auf die Schilderung wahrer Tatsachen. Auch dies spricht für die Zulässigkeit der Berichterstattung.

Die Abwägung zwischen dem APR und der Meinungsfreiheit fällt daher zugunsten der Meinungsfreiheit aus. Die gerichtliche Billigung der Zulassung des Artikels beschränkt unter Berücksichtigung der Meinungsfreiheit des B das APR des H in verfassungskonformer Weise.

---

69 BVerfG-K, NJW 2009, 3357 (3359).
70 BVerfGE 80, 367 (374); *Di Fabio*, in: Maunz/Dürig, 39. EL, Stand: 7/2001, Art. 2 Abs. 1 Rn 161 f.
71 BVerfG-K, NJW 2009, 3357 (3359).
72 BVerfGE 35, 202 (231 f).
73 BVerfGE 35, 202 (233); vgl. zur Lebach-Rspr. des BVerfG *Fechner*, Medienrecht, 11. Aufl 2009, S. 79 ff; zum Resozialisierungsinteresse s. a. BVerfGE 36, 174 (188); 45, 187 (238 ff); 64, 261 (271 ff).
74 Problematisch ist die Behandlung von in Online-Pressearchiven abgelegten Altmeldungen, vgl. BGH, NJW 2010, 757 m. Anm. *Diesterhöft* in ZJS 2010, 251; ferner *Libertus*, MMR 2007, 143; *von Petersdorff-Campen*, ZUM 2008, 102; *Verweyen/Schulz*, AfP 2008, 133.

Elixmann

C. Ergebnis

Die VB hat daher keine Aussicht auf Erfolg, denn sie ist zwar zulässig, aber unbegründet.

Öffentliches Recht – Fall 4

Gerichtlicher Schutz des gemeindlichen Einvernehmens

Von Prof. Dr. Dirk Ehlers, Münster

> **Baurechtliche Beseitigungsverfügung – Einvernehmen der Gemeinde – Gebot der Rücksichtnahme – Subordinationsrechtlicher Vertrag – Folgenbeseitigungsanspruch**[*]

Sachverhalt

A ist Eigentümer eines Grundstücks im unbeplanten Innenbereich auf dem Gebiet der 19.000 Einwohner zählenden kreisangehörigen nordrhein-westfälischen Gemeinde G. Er hat ohne Baugenehmigung in seinem Garten ein Regal mit einer Lagerhöhe von 9,00 Metern und einer Breite von 4,00 Metern errichtet. Das Regal steht einem Wohnhaus gegenüber, das auf dem Nachbargrundstück liegt. Die nach § 6 BauO NRW erforderlichen Abstandsflächen sind eingehalten worden. Die Nachbarn beschreiben die Wirkung des Hochregals dennoch zutreffend als erdrückend und rücksichtslos. Ihnen werde durch diese massive Regalwand förmlich die Luft genommen.

Die untere Bauaufsichtsbehörde B des Landkreises L wird auf den Neubau aufmerksam. Sie schließt mit A einen Vertrag, in dem sie sich verpflichtet, von einer Beseitigungsverfügung abzusehen. G sieht sich in ihren Rechten übergangen. Sie weist zutreffend darauf hin, dass in der Hoffnung auf eine nachträgliche „vertragliche Regelung" nunmehr viele Schwarzbauten entstehen. Der von G gestellte Antrag, gegenüber A eine Beseitigungsverfügung zu erlassen, wird von B im Juni 2010 abgelehnt.

G möchte wissen, ob eine auf den Erlass einer Beseitigungsverfügung gerichtete Klage gegen B Aussicht auf Erfolg hat und auf welche Grundlagen das Klagebegehren gestützt werden könnte. Auf alle rechtlichen Gesichtspunkte ist – gegebenenfalls hilfsgutachterlich – einzugehen.

Gliederung der Lösung

[*] Bei der Klausur handelt es sich um eine Examensklausur, die im Juni 2010 gestellt wurde.

Lösung

In Betracht kommt eine verwaltungsgerichtliche Klage. Diese hat Erfolg, wenn sie zulässig und begründet ist.

I. Zulässigkeit der Klage

Mangels auf- und abdrängender Sonderzuweisungen richtet sich die Eröffnung des Verwaltungsrechtswegs nach § 40 I 1 VwGO. Öffentlich-rechtlich ist die Streitigkeit, weil das Rechtsverhältnis, aus dem der Klageanspruch hergeleitet wird, nur durch Normen des öffentlichen Rechts (§§ 61 I 2 BauO NRW,[1] 36 I 1, 34 I BauGB) geprägt wird.[2] Die Beteiligungs- und Prozessfähigkeit der G richtet sich nach den §§ 61 Nr. 1, 62 III VwGO, diejenige von B nach den §§ 61 Nr. 3 VwGO iVm § 5 I AG VwGO NRW, 62 III VwGO.[3] Statthafte Klageart ist die Verpflichtungsklage (§ 42 I 2 VwGO), da der Erlass eines Verwaltungsaktes begehrt wird. Dies ist auch der Fall, soweit ein Folgenbeseitigungsanspruch geltend gemacht worden sein sollte, da dieser durch Verwaltungsakt (Beseitigungsverfügung) zu erfüllen ist. Ein Vorverfahren kommt nicht in

---

1 § 47 I 2 BauO BW; Art. 54 II 2 BauO Bay; § 58 I 2 BauO Bln; § 52 II 2 BauO Bbg; § 61 I 2 BauO Brem; § 58 I 2 BauO Hbg; § 53 II 2 HS 1 BauO Hess; § 58 I 2 BauO MV; § 65 I 1 BauO Nds; § 59 I 1 HS 2 BauO RP; § 57 II 2 BauO Saarl; § 58 II 2 BauO Sachs; § 57 II 2 BauO LSA; § 66 I 2 BauO SchlH; § 60 II 2 BauO Thür.

2 Vgl näher zum Abstellen auf das Rechtsverhältnis (statt nur auf die streitentscheidenden Normen) *Ehlers*, in: Ehlers/Schoch (Hrsg.), Rechtsschutz im Öffentlichen Recht, 2009, § 21 Rn 66 ff.

3 In anderen Ländern wurde von § 61 Nr. 3 VwGO teilweise kein Gebrauch gemacht, so dass das Rechtsträgerprinzip gilt (§ 61 Nr. 1 VwGO). In Nordrhein-Westfalen gilt dasselbe ab dem 1. 1. 2011, weil durch das Gesetz zur Modernisierung und Bereinigung von Justizgesetzen im Lande Nordrhein-Westfalen vom 26. 1. 2010 (GV NRW 2010, S. 29) das AG VwGO aufgehoben worden ist (Art. 2 Nr. 28).

Betracht (§ 68 I 2 VwGO iVm § 6 I 2 AG VwGO NRW[4]). Da sich aus § 36 I BauGB sowie aus der u.a. in Art. 28 II 1 GG garantierten kommunalen Planungshoheit der Gemeinde G iVm § 61 I 2 BauO NRW möglicherweise ein Anspruch auf Beseitigung des Regals ergibt, ist G klagebefugt (§ 42 II VwGO). Richtiger Klagegegner ist gemäß § 78 I Nr. 2 VwGO iVm § 5 II 1 AG VwGO NRW die Bauaufsichtsbehörde B.[5] § 78 I Nr. 2 VwGO erwähnt zwar nur die Untätigkeitsklage (Unterlassen des beantragten Verwaltungsaktes) doch kann für die Versagungsgegenklage (Ablehnung des Antrags) nichts anderes gelten.[6] Sonstige Bedenken gegen die Zulässigkeit der Klage bestehen nicht.

II. Beiladung

Sind an dem streitigen Rechtsverhältnis Dritte derart beteiligt, dass die Entscheidung auch ihnen gegenüber nur einheitlich ergehen kann, sind diese gem. § 65 II VwGO notwendig beizuladen. Die Beiladung betrifft zwar nicht die Zulässigkeit oder Begründetheit der Klage, berührt aber im Falle einer Notwendigkeit nachhaltig das Rechtsschutzinteresse des Klägers, weil ein Verpflichtungsurteil gegenüber einem nicht Beigeladenen, aber notwendig beizuladenden Dritten, gem. § 121 Nr. 1 VwGO unwirksam bleibt.[7] Hier geht es um die Frage, ob der Bau auf dem Grundstück des A zulässig ist. Sollte die Klage der G Erfolg haben, so wird A Adressat einer entsprechenden Beseitigungsverfügung werden. Damit ist er notwendig beizuladen.

III. Begründetheit der Klage

Gemäß § 113 V VwGO ist die Verpflichtungsklage begründet, soweit die Ablehnung oder Unterlassung des Verwaltungsaktes rechtswidrig, der Kläger dadurch in seinen Rechten verletzt ist und Spruchreife besteht. Dies ist der Fall, wenn G einen Anspruch auf Erlass einer Beseitigungsverfügung hat. Als Anspruchsgrundlage kommt entweder § 61 I 2 BauO NRW[8] (1.) oder ein Folgenbeseitigungsanspruch (2.) in Betracht, wobei das Verhältnis dieser Anspruchsgrundlagen zu klären ist (3.).

---

4 Gem. § 6 I 2 AG VwGO bedarf es, von hier nicht einschlägigen Ausnahmen abgesehen, vor Erhebung einer Verpflichtungsklage abweichend von § 68 II VwGO keiner Nachprüfung im Vorverfahren. Dieselbe Regelung trifft § 110 des Gesetzes zur Modernisierung und Bereinigung von Justizgesetzen im Lande Nordrhein-Westfalen vom 26.1.2010 (mit Wirkung ab dem 1.1.2011). Die Rechtslage in Bayern (Art. 15 II BayAGVwGO), Hessen (§16a HessAGVwGO), Mecklenburg-Vorpommern (§13b AGGerStrG MV) und Niedersachsen (§ 8a NdsAGVwGO) entspricht weitgehend derjenigen in NRW. Erforderlich ist ein Vorverfahren aber z.B. in Baden-Würtemberg (§15 AGVwGO BW), Berlin (§ 4 II AGVwGO Bln), Hamburg (§ 6 Abs 2 Hbg AGVwGO) und Thüringen (§§ 8 a,b ThürAGVwGO). Näher zum Ganzen *Schoch*, in: Ehlers/ Schoch (Fn 2), § 20 Rn 90 ff.
5 Mit Wegfall des AG VwGO (Fn 3) gilt § 78 I Nr. 1 VwGO. Zu verklagen ist dann der Rechtsträger. Dies ist hier das Land NRW, weil der Landrat als untere staatliche Verwaltungsbehörde (und nicht als Kreisbehörde) tätig geworden ist.
6 Vgl *Ehlers*, in: Ehlers/Schoch (Fn 2), § 23 Rn 35.
7 Vgl *Ehlers*, in: Ehlers/Schoch (Fn 2), § 21 Rn 135.
8 Zu den entsprechenden Bestimmungen in den anderen Bundesländern vgl Fn 1.

1. Anspruch auf Erlass einer Beseitigungsverfügung aus § 61 I 2 BauO NRW

Nach § 61 I 2 BauO NRW haben die Bauaufsichtsbehörden in Wahrnehmung der bauaufsichtlichen Aufgaben nach pflichtgemäßen Ermessen die erforderlichen Maßnahmen zu treffen. Wie sich sowohl aus der Überschrift als auch aus dem Wortlaut ergibt, stellt diese Vorschrift nicht nur eine Aufgaben-, sondern auch eine Befugnisnorm dar (so dass es eines Rückgriffes auf § 14 I OBG NRW[9] nicht bedarf). Der Anspruch auf Erlass einer Beseitigungsverfügung gem. § 61 I 2 BauO NRW setzt voraus, dass das Gebäude im Widerspruch zu den öffentlich-rechtlichen Vorschriften errichtet wurde (a), G dadurch in ihren subjektiv-öffentlichen Rechten verletzt worden ist (b), der zwischen B und A geschlossene Vertrag einer Abrissverfügung nicht entgegensteht (c) und eine Ermessensreduzierung auf Null gegeben ist (d).

a) Verletzung öffentlich-rechtlicher Vorschriften

§ 61 I 2 BauO NRW knüpft an die Wahrnehmung der in Satz 1 der Norm beschriebenen Aufgaben an. Danach hat die Bauaufsichtsbehörde u. a. bei der Errichtung baulicher Anlagen darüber zu wachen, dass die öffentlich-rechtlichen Vorschriften eingehalten werden. Zu den öffentlich-rechtlichen Vorschriften iSd § 61 I 1 BauO NRW[10] gehören jedenfalls die Normen des Bauordnungs- und Bauplanungsrechts.

aa) Genehmigungsbedürftigkeit

Da das Regal eine bauliche Anlage iSv § 2 I BauO NRW (jedenfalls nach Satz 2) darstellt[11] und eine Genehmigungsfreistellung weder nach § 65 I Nr. 43 BauO NRW[12] (Höhe des Regals über 7,50 Meter) noch nach einer anderen Vorschrift besteht, bedurfte A gem. § 63 I BauO NRW[13] einer Genehmigung. Allerdings kann nach § 54 S. 2 VwVfG NRW[14] ein verwaltungsrechtlicher Vertrag anstatt eines Verwaltungsaktes erlassen werden. Ein gesetzliches Verbot einer Verwendung der Handlungsform des Vertrags ist nicht ersichtlich. Der von B mit A abgeschlossene Vertrag könnte somit unter Umständen Genehmigungswirkungen entfalten.[15] Das Fehlen der erforderlichen

---

9 Die Vorschrift normiert die ordnungsbehördliche Generalklausel (Abwehr von Gefahren für die öffentliche Sicherheit oder Ordnung).

10 Zu den entspr. Bestimmungen in den anderen Bundesländern vgl Fn 1.

11 Vgl auch § 2 BauO BW; Art. 2 BauO Bay; § 2 BauO Bln; § 2 BauO Bbg; § 2 BauO Brem; § 2 BauO Hbg; § 2 BauO Hess; § 2 BauO MV; § 2 BauO Nds; §2 BauO RP; § 2 BauO Saarl; § 2 BauO Sachs; § 2 BauO LSA; § 2 BauO SchlH; § 2 BauO Thür.

12 „Die Errichtung oder Änderung folgender baulicher Anlagen sowie anderer Anlagen und Einrichtungen im Sinne des § 1 Abs. 1 Satz 2 bedarf keiner Baugenehmigung: Regale mit einer Lagerhöhe (Oberkante Lagergut) von bis zu 7,50 m Höhe".

13 Vgl auch § 49 BauO BW; Art. 55 I BauO Bay; § 60 I BauO Bln; § 54 BauO Bbg; § 64 BauO Brem; § 59 I 1 BauO Hbg; § 54 I 1 BauO Hess; § 59 BauO MV; § 68 BauO Nds; § 61 BauO RP; § 60 I BauO Saarl; § 59 I BauO Sachs; § 58 I BauO LSA; § 68 I BauO SchlH; § 62 I BauO Thür.

14 Entsprechende Bestimmungen enthalten alle Verfahrensgesetze der Bundesländer.

15 Gut vertretbar ist es, bereits an dieser Stelle zu prüfen, ob der zwischen B und A abgeschlossene Vertrag gültig ist. Vgl dazu C.

Baugenehmigung iSv § 75 I 1 BauO NRW[16] stellt daher für sich genommen noch keinen Verstoß gegen öffentlich-rechtliche Vorschriften dar.

Möglicherweise könnte aber ein Verstoß gegen § 12 BauO NRW vorliegen. Nach dieser Vorschrift müssen bauliche Anlagen ua nach Form und Maßstab so gestaltet sein, dass sie nicht verunstaltet wirken (Abs. 1) und sind außerdem mit ihrer Umgebung in Einklang zu bringen (Abs. 2). Zwar handelt es sich hier um eine massive Regalwand, die von der Umgebung als erdrückend wahrgenommen wird. Es erscheint aber fraglich, ob die Grenze zur Verunstaltung damit schon überschritten ist. Dies ist erst anzunehmen, wenn die bauliche Anlage über das Unschöne hinaus das Gesamtbild ihrer Umgebung so stört, dass der durchschnittliche Betrachter in seinem ästhetischen Empfinden verletzt ist.[17] Davon ist hier mangels genauerer Angaben im Sachverhalt nicht auszugehen. Ein Verstoß gegen § 12 BauO NRW liegt damit nicht vor.

bb) Verletzung des § 36 I 1 BauGB

Die Gemeinde G hat im vorliegenden Fall mangels Beteiligung durch die Bauaufsichtsbehörde weder zur Errichtung noch zur vertraglichen Gestattung der baulichen Anlage ihr Einvernehmen erteilt. Dies könnte einen Verstoß gegen § 36 I 1 BauGB darstellen. Die Vorschrift bestimmt, dass über die Zulässigkeit von Vorhaben nach den §§ 31, 33 bis 35 BauGB im bauaufsichtlichen Verfahren von der Baugenehmigungsbehörde im Einvernehmen mit der Gemeinde entschieden wird. Das Einvernehmenserfordernis sichert der Gemeinde die Mitwirkung am Baugenehmigungsverfahren zu. Eines Einvernehmens bedarf es daher nur, wenn die Gemeinde nicht selbst Rechtsträgerin der Bauaufsichtsbehörde ist. Mit anderen Worten setzt § 36 I 1 BauGB zwei verschiedene Willensträger voraus.[18] Im vorliegenden Fall ist der Landkreis L (genauer an sich: der Landrat des Landkreises) gemäß § 60 I Nr. 3b BauO NRW[19] untere Bauaufsichtsbehörde und als solche gemäß § 62 BauO NRW[20] auch für die Durchführung des Baugenehmigungsverfahrens zuständig, da G weder eine Große noch Mittlere kreisangehörige Stadt ist (§ 4 II, III GO NRW). Damit war das Einvernehmenserfordernis nicht schon wegen einer Identität von Bauaufsichtsbehörde und Gemeinde entbehrlich. Jedoch könnte ein Verstoß gegen § 36 I 1 BauGB abzulehnen sein, weil ein Baugenehmigungsverfahren, an dem G zu beteiligen wäre, gar nicht durchgeführt wurde. Indes liegt eine

---

16 § 58 I 1 BauO BW; Art. 68 I 1 BauO Bay; § 71 I BauO Bln; § 67 I BauO Bbg; § 74 I BauO Brem; § 72 I BauO Hbg; § 64 I BauO Hess; § 71 I BauO LSA; § 72 I BauO MV; § 70 I 1 BauO RP; § 73 I 1 BauO Saarl; § 72 I BauO Sachs; § 73 I 1 BauO SchlH; § 70 I BauO Thür.

17 So *Dürr/Middeke*, Baurecht NRW, 2005, S. 110, Rn 210 ff, mit Verweis auf OVG Münster NVwZ 1993, 89; allgemein zum Verunstaltungsverbot auch *Muckel*, Öffentliches Baurecht, 2010, § 9 Rn 70 ff.

18 Vgl BVerwG, NVwZ 2005, 83.

19 Vgl auch § 46 BauO BW; Art. 53 BayBauO; § 4 I AZG Berlin iVm AZG-Zuständigkeitskatalog; § 51 BauO Bbg; § 60 BauO Brem; § 58 BauO Hbg; § 52 BauO Hess; § 59 BauO MV; § 63 BauO Nds; § 58 BauO RP; § 58 BauO Saarl; § 57 BauO Sachs; § 56 BauO LSA; § 65 BauO SchlH; § 59 BauO Thür.

20 Vgl auch § 48 BauO BW; Art. 53 BayBauO; § 58 BauO Bln; § 51 BauO Bbg; § 60 BauO Brem; § 58 BauO Hbg; § 52 BauO Hess; § 59 BauO MV; § 63 BauO Nds; § 58 BauO RP; § 58 BauO Saarl; § 57 BauO Sachs; § 56 BauO LSA; § 67 BauO SchlH; § 59 BauO Thür.

Verletzung des Einvernehmenserfordernisses schon dann vor, wenn die Bauaufsichtsbehörde das Baugenehmigungsverfahren pflichtwidrig nicht eingeleitet hat. Aus der
Sicht der Gemeinde macht es keinen Unterschied, warum die an sich gebotene Beteiligung unterbleibt.[21] Da das Vorhaben des A genehmigungspflichtig ist, wäre G zu beteiligen gewesen. Auf die materielle Baurechtswidrigkeit bzw. die Verletzung spezieller, die
Planungshoheit der Gemeinde konkretisierender Vorschriften kommt es insoweit nicht
an. § 36 I 1 BauGB normiert ein absolutes Verfahrensrecht zugunsten der Gemeinde.[22]
Mithin wurde § 36 I 1 BauGB verletzt.

cc) Verletzung materiellen Baurechts

Die Errichtung und Beibehaltung bzw. Nutzung des Regals könnte gegen materielles
Bauordnungs- oder Bauplanungsrecht verstoßen haben.

(1) Bauordnungsrecht

Ein Verstoß gegen § 6 BauO NRW[23] liegt ausweislich des Sachverhalts nicht vor. Andere Verstöße gegen die BauO NRW sind nicht ersichtlich.

(2) Bauplanungsrecht

Im unbeplanten Innenbereich kommt § 34 BauGB zur Anwendung. Das Regal stellt
insofern auch eine bauplanungsrechtlich relevante Anlage iSd § 29 Abs. 1 BauGB
dar.[24] Für die Annahme eines (faktischen) Baugebiets, das den in der BauNVO geregelten entspricht, und damit für die Anwendung des § 34 II BauGB gibt es keine Anhaltspunkte. Somit ist § 34 I BauGB zu prüfen.

Nach § 34 I BauGB ist ein Vorhaben im nicht (qualifiziert) beplanten Innenbereich
nur zulässig, wenn es sich nach Art und Maß der baulichen Nutzung, der Bauweise und
der zu überbauenden Grundstücksfläche in die Eigenart der näheren Umgebung einfügt. In dem Merkmal des „Einfügens" ist das Gebot der Rücksichtnahme enthalten.[25]
Verletzt ist das Gebot der Rücksichtnahme jedenfalls, wenn nicht in qualifizierter und
zugleich individualisierter Weise auf schutzwürdige Interessen eines erkennbar abge-
grenzten Kreises Dritter Rücksicht genommen wurde. Eine Verletzung des bauplan-
ungsrechtlichen Rücksichtnahmegebots, wie es sich aus § 34 I BauGB ergibt, wird
auch durch die Abstandsflächen-Konformität gem. § 6 BauO NRW[26] nicht ausgeschlos-

---

21 BVerwG, NVwZ 1992, 878.
22 Vgl zur Anfechtungsklage einer Gemeinde BVerwG, BauR 1999, 1281; NVwZ 2008, 1347,
1348.
23 Vgl auch § 7 BauO BW; Art. 6 BayBauO; § 6 BauO Bln; § 6 BauO Bbg; § 6 BauO Brem; § 6
BauO Hbg; § 7 BauO Hess; § 6 BauO MV; § 9 BauO Nds; § 9 BauO RP; § 8 BauO Saarl; § 6
BauO Sachs; § 6 BauO LSA; § 7 BauO SchlH; § 6 BauO Thür.
24 Der Anlagenbegriff iSd BauGB ist nicht identisch mit dem der landesrechtlichen Bauord-
nungen. Anlage iSd BauGB ist eine, die auf Dauer eine künstliche Verbindung mit dem Erdbo-
den aufweist und außerdem bodenrechtlich relevant ist. Vgl dazu *Muckel*, Öffentliches Baurecht,
2010, § 7 Rn 8 ff.
25 Allgemeine Auffassung, vgl *Schoch*, JURA 2004, 317, 322.
26 Zu den entspr. Bestimmungen in den anderen Bundesländern vgl Fn 23.

sen. Beide Vorschriften müssen selbständig geprüft werden. Zwar kann davon ausgegangen werden, dass das Gebot der Rücksichtnahme zumindest im Regelfall nicht verletzt sein wird, wenn die Abstandsflächenvorschriften eingehalten worden sind.[27] Eine Verletzung des Rücksichtnahmegebots ist aber jedenfalls anzunehmen, wenn die massive Gestaltung einer baulichen Anlage dem benachbarten Grundstück förmlich die Luft nimmt. Dies ist vorliegend der Fall. Somit ist das Vorhaben des A materiell baurechtswidrig.

b) Verletzung subjektiv-öffentlicher Rechte

Aus § 61 I 2 BauO NRW[28] kann G nur dann einen Anspruch auf Erlass einer Beseitigungsverfügung wegen Verletzung öffentlich-rechtlicher Vorschriften herleiten, wenn die Norm drittschützend ist. Dies ist der Fall, soweit die verletzten öffentlich-rechtlichen Bestimmungen subjektiv-öffentliche Rechte verleihen. Ein solches Recht ergibt sich für die Gemeinde G aus § 36 I 1 BauGB. Während im Anfechtungsprozess gegen die Baugenehmigung ein Verstoß gegen das absolute Verfahrensrecht des § 36 I 1 BauGB stets zur Begründetheit der Klage wegen Verletzung der Gemeindeinteressen führt, könnte eine Verletzung des § 36 I 1 BauGB für sich genommen unter Umständen nicht für einen Anspruch auf Erlass einer Beseitigungsverfügung ausreichen. Dies hängt davon ab, auf welche Belange sich die Gemeinde bei der Entscheidung über die Entscheidung des Einvernehmens gemäß § 36 I 1 BauGB berufen kann. Gesteht man ihr zu, ohne jede Einschränkung die Beachtung derjenigen Vorschriften verlangen zu können, die in § 36 I 1 BauGB als Prüfungsmaßstab für die Erteilung des Einvernehmens genannt werden (also die §§ 31, 33 bis 35 BauGB), wären auch solche öffentlichen Belange erfasst, die in keinem unmittelbaren Zusammenhang zur kommunalen Planungshoheit stehen (so z.B. Naturschutzbelange iSv § 35 III 1 Nr. 5 BauGB[29]). Die Gemeinde könnte dann bei jeder Verletzung des § 34 BauGB ein Vorgehen nach Maßgabe des § 61 I 2 BauO NRW beanspruchen. Nimmt man dagegen an, dass die in den §§ 31, 33 bis 35 BauGB normierten Zulässigkeitsvoraussetzungen unmittelbar den Selbstverwaltungsrecht zuzuordnen sein müssen,[30] ließe sich die Auffassung vertreten, dass G keinen Anspruch auf ermessensfehlerfreie Entscheidung über ein Einschreiten gegenüber A wegen Verletzung des sich aus § 34 I 1 BauGB ergebenden baunachbarrechtlichen Gebotes der Rücksichtnahme hat.

Für die zuerst genannte Ansicht spricht, dass der Wortlaut des § 36 I 1, II 1 BauGB keinerlei Einschränkungen auf unmittelbar mit der Planungshoheit verbundene Zulässigkeitsvoraussetzungen erkennen lässt. Zudem dürfte die gemeindliche Planungshoheit bei jeder Verletzung der bauplanerischen Vorschriften der §§ 31, 33 bis 35 BauGB (einschließlich des baunachbarrechtlichen Gebots der Rücksichtnahme) – zu-

---

27 BVerwG, Urt. v. 11. 1. 1999 – 4 B 128.98 –, BRS Nr. 102; einschränkend für das nordrheinwestfälische Bauordnungsrecht OVG NRW, ZfBR 2009, 374, 375.
28 Zu den entsprechenden Vorschriften in anderen Bundesländern vgl Fn 1.
29 Vgl OVG Berlin-Bbg, Beschl. v. 29. 11. 2005 OVG 2 S 115.05 Rn 3 – juris.
30 So Hess VGH, NVwZ-RR 2009, 750, im Wege einer teleologischen Reduktion des § 36 II 1 BauGB.

mindest mittelbar oder auch – tangiert sein. Somit kann G aus § 61 I 2 BauO NRW iVm §§ 36 I 1, 34 I 1 BauGB einen Anspruch auf ermessensfehlerfreie Entscheidung herleiten.[31]

c) Entgegenstehen des Vertrages

Der begehrten Beseitigungsverfügung könnte entgegenstehen, dass sich B gegenüber A verpflichtet hat, nicht gegen die bauliche Anlage einzuschreiten. Indessen wird gemäß § 58 II Alt. 3 VwVfG NRW ein Vertrag, der an die Stelle eines Verwaltungsakts tritt, zu dessen Erlass es des Einvernehmens einer anderen Behörde bedarf, erst wirksam, wenn die Behörde ihr Einvernehmen erteilt. Zwar tritt der zwischen A und B geschlossene Vertrag streng genommen nicht an die Stelle einer Baugenehmigung, da nur das zukünftige Nichteinschreiten gegen das nicht genehmigte Vorhaben zugesichert wird. Die Vorschrift des § 58 II VwVfG NRW findet aber auch auf Verträge Anwendung, die einem verwaltungsaktersetzenden Vertrag im Wesentlichen gleichstehen.[32] Für dieses Ergebnis spricht ferner, dass § 58 II VwVfG NRW auf alle subordinationsrechtlichen Verträge iSd § 54 S. 2 VwVfG (d.h. alle Verträge im Verhältnis von Staat und Bürger) zu beziehen ist.

Die Unwirksamkeit des Vertrages lässt sich ferner aus § 58 I VwVfG NRW herleiten, weil ein Vertrag, der in Rechte eines Dritten (hier der Nachbarn) eingreift, erst wirksam wird, wenn der Dritte zustimmt.[33]

d) Ermessen

§ 61 I 2 BauO NRW stellt eine Ermessensvorschrift dar. Einen Anspruch auf Erlass einer Beseitigungsverfügung hat G nur, wenn das Ermessen auf Null reduziert ist.

Allein die Verletzung des Beteiligungsrechts der G aus § 36 I 1 BauGB reduziert das Ermessen nicht auf Null. Eine Verletzung führt zwar stets (d.h. ohne Prüfung der materiellen Baurechtswidrigkeit) zur Rechtswidrigkeit der Baugenehmigung. Die Gemeinde dürfte dann auch die Einstellung noch laufender Bauarbeiten verlangen. Die Beseitigung geht aber darüber hinaus. Für eine Ermessensreduzierung auf Null spricht hier jedoch, dass das Regal des A nicht nur formell illegal errichtet wurde (keine Genehmigung, wegen der Unwirksamkeit des Vertrages auch nicht im Wege der vertraglichen Gestattung), sondern dass auch § 36 I 1 BauGB und die materiell-rechtliche Bestimmung des § 34 I 1 BauGB (iVm dem Gebot der Rücksichtnahme) verletzt wurden. Hinzu kommt die negative Vorbildwirkung des Schwarzbaus. Ferner dürfte die Beseitigung des Regals nicht zu einer Substanzbeeinträchtigung führen (anders als bei einer Abrissverfügung gegenüber normalen Schwarzbauten). Ob A auf den Bestand des mit B geschlossenen (von Anfang an ungültigen) Vertrages vertraut hat und ein solches

---

31 Eine andere a.A. ist vertretbar. In diesem Falle wäre die Prüfung hilfsgutachterlich fortzusetzen.

32 *Bonk*, in: Stelkens/Bonk/Sachs, VwVfG, 7. Aufl 2008, § 58 Rn 25; für eine vertragliche Zusicherung vgl auch BVerwG, NJW 1988, 662, 663 f.

33 Zu einem vergleichbaren Fall vgl BayVGH, NVwZ-RR 2005, 56, 57, der sich auf das allgemeine Verbot eines Vertrages zu Lasten Dritter beruft.

Vertrauen schutzwürdig ist, kann dahinstehen, weil höchstens Ausgleichsansprüche gegenüber dem Träger der Bauaufsichtsbehörde in Betracht kommen. Nach alledem ist eine auf § 61 I 2 BauO NRW gestützte Klage der G auch begründet.

2. Folgenbeseitigungsanspruch auf Erlass einer Beseitigungsverfügung

Des Weiteren kommt ein gegen B gerichteter Folgenbeseitigungsanspruch der G auf Erlass einer Beseitigungsverfügung in Betracht. Der Folgenbeseitigungsanspruch wird – im Staat-Bürger-Verhältnis – zumeist aus den Grundrechten (auf die sich G nicht berufen kann), dem Gesetzmäßigkeitsprinzip (Art. 20 III GG) oder dem Rechtsstaatsprinzip (Art. 28 I 1 GG) abgeleitet.[34] Richtigerweise dürfte die Rechtsgrundlage allgemein in der Gewährung subjektiver Rechte enthalten sein, weil deren Verletzung zur Beseitigung verpflichtet. Tatbestandlich setzt der Folgenbeseitigungsanspruch einen hoheitlichen Eingriff (a) in ein subjektives öffentliches Recht (b) voraus, durch den ein rechtswidriger Zustand verursacht wird (c), der noch andauert (d). Die Wiederherstellung des rechtmäßigen Zustandes muss möglich (e) und unter Umständen auch zumutbar (f) sein.[35]

a) Hoheitlicher Eingriff

Indem die Bauaufsichtsbehörde B, ohne das Einvernehmen der Gemeinde G einzuholen, einen öffentlich-rechtlichen Vertrag mit A schloss und diesem zusicherte, nicht gegen die baurechtswidrige Anlage des A einzuschreiten, hat sie in das Beteiligungsrecht der G nach § 36 I 1 BauGB eingegriffen.

b) Betroffenheit in subjektiven Rechten

Auf die drittschützende Funktion des § 34 I BauGB zugunsten der Nachbarn als solche kann sich G nicht berufen. Wohl aber handelt es sich bei dem Beteiligungsrecht der G aus § 36 I 1 BauGB iVm dem Rücksichtnahmegebot des § 34 I BauGB um ein subjektiv-öffentliches Recht.

c) Rechtswidriger Zustand

Der Eingriff in das subjektiv-öffentliche Recht lässt sich nicht rechtfertigen.

d) Andauernder Zustand

Der rechtswidrige Zustand dauert noch an.

e) Möglichkeit der Wiederherstellung des rechtmäßigen Zustandes

Ein Beseitigungsanspruch setzt voraus, dass die Wiederherstellung des rechtmäßigen Zustandes möglich ist. Der Folgenbeseitigungsanspruch bezieht sich auf das Zweier-

---

34 Näher dazu statt vieler *Grzeszick*, in: Erichsen/Ehlers (Hrsg), Allgemeines Verwaltungsrecht, 14. Aufl 2010, § 45 Rn 114 ff.
35 Vgl statt vieler *Maurer*, Allgemeines Verwaltungsrecht, 17. Aufl 2009, § 30 Rn 7 ff.

Ehlers

verhältnis des Rechtsinhabers zu der Behörde (respektive dem Rechtsträger der Behörde), die rechtswidrig in das subjektive Recht eingegriffen hat. Er gibt dem Verletzten für sich genommen keinen Anspruch auf Eingriff in die Rechtssphäre Dritter, wenn die Rechtsverletzung gerade in der Begünstigung des Dritten (hier des A) besteht.[36] Aber die Behörde muss im Rahmen ihrer rechtlichen Möglichkeiten alles unternehmen, um rechtmäßige Zustände wieder herzustellen. Im vorliegenden Fall ist es ohne weiteres möglich, den rechtswidrigen Zustand zu beseitigen, weil die Bauaufsichtsbehörde eine Beseitigungsverfügung nach § 61 I 2 BauO gegen A erlassen kann (und muss). Ein Ermessen besteht im Rahmen des Folgenbeseitigungsanspruchs von vornherein nicht.[37]

f)   Zumutbarkeit der Wiederherstellung

Ob der Folgenbeseitigungsanspruch nur gegeben ist, wenn die Wiederherstellung des früheren Zustandes zumutbar ist,[38] kann dahinstehen, da eine Unzumutbarkeit der Wiederherstellung des ursprünglichen rechtmäßigen Zustandes nicht ersichtlich ist. Somit hat G gegen B auch einen mittels des Erlasses einer Beseitigungsverfügung gegen A durchsetzbaren Folgenbeseitigungsanspruch.

3.   Verhältnis der Ansprüche

Da der Folgenbeseitigungsanspruch nicht unter dem Vorbehalt der Ermessensreduzierung auf Null steht, wird er teilweise als vorrangig zu prüfende Anspruchsnorm angesehen. Jedenfalls im vorliegenden Fall ist das durch § 61 I 2 BauO eröffnete Ermessen aber auf Null reduziert worden. Im Ergebnis dürfte deshalb Anspruchskonkurrenz anzunehmen sein.

III. Ergebnis

Eine Verpflichtungsklage der G wird Erfolg haben, da sie zulässig und begründet ist.

---

36 So die ganz hM, vgl ausführlich zum Meinungsstand *Detterbeck/Windthorst/Sproll*, Staatshaftungsrecht, 2000, § 12 Rn 46; a.A. *Schenke*, DVBl 1995, 328, 330 ff.

37 OVG MV – Urt. v. 2. 7. 2003 – 3 L 157/02 = UPR 2004, = *Schoch*, JK 8/04, LBO MV § 80 I 1/1; allgemein zur ermessensreduzierenden Wirkung der Folgenbeseitigungslast: *Uerpmann-Wittzack*, Examens-Repetitorium Allgemeines Verwaltungsrecht und Verwaltungsprozessrecht, 3. Aufl, 2010, § 23 Rn 404 ff, insb 414.

38 In diesem Sinne BVerwGE 94, 100 ff; krit. *Ossenbühl*, Staatshaftungsrecht, 5. Aufl, 1998, 322.

Ehlers

Öffentliches Recht – Fall 5

Die verspätete Zulassung – Übungsfall einstweiliger Rechtsschutz

Von Wiss. Mit. Henning Wegman, Bonn*

Einstweiliger Rechtsschutz – behördliche Fristsetzung – Berufsfreiheit

Der vorliegende Fall weist einen mittleren Schwierigkeitsgrad auf. Behandelt werden zum einen Standardprobleme des einstweiligen Rechtsschutzes. Zum anderen weist der Sachverhalt aber auch das ungewöhnliche Problem auf, inwieweit von einer Behörde gesetzte Fristen gleich zu behandeln sind wie gesetzliche Fristen und ob auch in diesen Fällen eine Ermessensreduzierung auf null vorliegen kann.

Sachverhalt

Jurastudent J hat vor kurzem seine Aufsichtsarbeiten zur ersten juristischen Staatsprüfung angefertigt. Zuvor hatte er bereits alle erforderlichen Leistungen in seinem universitären Schwerpunktbereich erbracht. J musste sich laut Prüfungsordnung nunmehr lediglich zu einer letzten Klausur anmelden, auf deren Ergebnis es allerdings für die Erteilung des Examenszeugnisses nicht mehr ankam.

Aufgrund der Examensvorbereitung lässt J zunächst einige Zeit verstreichen, ehe er sich für die am 9. Juni 2009 stattfindende Klausur anmeldet. Als er dies schließlich am 30. 4. 2009, an dem um 12.00 Uhr mittags die von der Universität gesetzte Anmeldefrist abläuft, gegen 10.00 Uhr über das von der Universität zur Verfügung gestellte Online-System erledigen will, ist es J nicht möglich, sich in das zur Anmeldung benötigte und von der Universität bereitgestellte System einzuloggen. Als er daraufhin den zuständigen Prüfungsausschuss telefonisch zu erreichen versucht, ist das Telefon nicht besetzt und er erreicht bis zur Schließung des Büros um 11.15 Uhr dort niemanden.

Am nächsten Werktag (4. Mai 2009) wird J durch den Prüfungsausschuss am Telefon mitgeteilt, er solle doch bitte persönlich vorsprechen kommen und den Sachverhalt schildern, es ließe sich dann sicherlich eine Lösung finden. Als J demgemäß beim Prüfungsausschuss vorspricht, um sein Problem zu schildern, wird ihm nunmehr mitgeteilt, dass normalerweise eine Fristüberschreitung nicht entschuldbar sei und nur in begründeten Ausnahmefällen eine Fristverlängerung gewährt werden könne. Er solle

* Der Autor ist Diplom-Jurist und wissenschaftlicher Mitarbeiter in der BMBF-Forschergruppe „Normierung in den modernen Lebenswissenschaften" am Institut für Wissenschaft und Ethik der Rheinischen Friedrich-Wilhelms-Universität Bonn.

sich schriftlich an den Vorsitzenden des Prüfungsausschusses wenden. Der Prüfungsausschuss selbst werde dann in seiner nächsten Sitzung über den Fall entscheiden.

J kommt dieser Empfehlung nach und schildert sein Problem dem Prüfungsausschuss nun am 5. 5. 2009 schriftlich, verbunden mit der Bitte um Zulassung zur der Abschlussklausur. Am 25. 5. 2009 erhält er zu seiner Überraschung die Entscheidung des Prüfungsausschusses per Post, dass eine Fristverlängerung nicht gewährt werden könne, da die nicht rechtzeitige Anmeldung zur Klausur alleine sein Verschulden sei und der Universität keinerlei Meldung über einen Fehler im Anmeldesystem zu fraglichen Zeitpunkt vorläge.

J ist der Auffassung, dass er sich nur deshalb nicht rechtzeitig zu der Klausur anmelden konnte, weil es im Online-Anmeldeverfahren eine Fehlfunktion gegeben habe. Laut den Anmeldehinweisen des Prüfungsausschusses im Internet sei er aber – was zutrifft – gehalten gewesen, seine Anmeldung ausschließlich über das Online-Verfahren zu erledigen. Es könne doch wohl nicht sein, dass er in seinen acht Semestern Jura-Studium keine einzige Anmeldefrist versäumt habe, und nun, da er erstmalig auf die Online-Anmeldung angewiesen sei, die Anmeldung aufgrund eines nicht von ihm verschuldeten Umstands nicht möglich ist. Zudem sei die Anmeldung zu der Klausur ohnehin eine bloße Formalie. Die Möglichkeit, erst später mit dem Referendariat beginnen zu können, verletze ihn in seiner Berufsfreiheit. Schließlich laufe auch die Kontrollfrist der Anmeldungen erst am 15. 5. 2009 ab, so dass eine verspätete Anmeldung mit keinerlei Mehraufwand verbunden wäre.

Da der Termin für die fragliche Klausur nicht mehr allzu weit entfernt ist, fragt J einen befreundeten Rechtsanwalt um Rat. Dieser legt am 29. 5. 2009 Widerspruch beim Dekan der Universität ein und reicht zudem eine eidesstattliche Versicherung des J ein, in der erklärt wird, dass der vorgetragene Sachverhalt sich tatsächlich so zugetragen hat. Mit Schreiben vom 3. 6. 2009 lehnt die Universität den Widerspruch ab. In der Begründung des Widerspruchbescheides heißt es unter anderem, dass etwaige Ermessensfehler bei der Entscheidung nicht ersichtlich seien. Schließlich sei das Prüfungsamt am fraglichen Tag bis 11.15 Uhr telefonisch besetzt gewesen. Auch eine kurze Problemschilderung per eMail sei dem J durchaus zumutbar gewesen.

Da nach alledem lediglich 6 Tage bis zur Klausur verbleiben, stellt der Rechtsanwalt R nun beim zuständigen Verwaltungsgericht den Antrag, J zu der Klausur nachträglich zuzulassen.

Hat der Antrag Aussicht auf Erfolg?

Gliederung der Lösung

Lösung

I. Zulässigkeit des Antrags[1]

1. Eröffnung des Verwaltungsrechtsweges

Zunächst müsste der Verwaltungsrechtsweg eröffnet sein. Mangels aufdrängender Sonderzuweisung richtet sich die Eröffnung des Verwaltungsrechtsweges nach der Generalnorm des § 40 Abs. 1 S. 1 VwGO. Demnach ist der Verwaltungsrechtsweg eröffnet in allen öffentlich-rechtlichen Streitigkeiten nichtverfassungsrechtlicher Art, die nicht einem anderen Gerichtszweig zugewiesen sind. Eine Streitigkeit ist dann öffentlich-rechtlich, wenn die streitentscheidenden Normen solche des öffentlichen Rechts sind. Nach der modifizierten Subjekttheorie ist dies dann der Fall, wenn die streitentscheidende Norm ausschließlich einen Hoheitsträger berechtigt oder verpflichtet. Im vorliegenden Fall richtet sich die Entscheidung des Rechtsstreits maßgeblich nach den Vorschriften der Schwerpunktbereichsprüfungsordnung der betroffenen Universität. Diese ist als Satzung dem öffentlichen Recht zuzuordnen, sodass eine öffentlich-rechtliche Streitigkeit vorliegt. Diese ist auch nicht verfassungsrechtlich, da nicht unmittelbar am Verfassungsleben Beteiligte um formelles Verfassungsrecht streiten. Eine abdrängende Sonderzuweisung ist ebenfalls nicht ersichtlich. Mithin ist der Verwaltungsrechtsweg vorliegend eröffnet.[2]

---

[1] In einigen Falllösungen und Prüfungsschemata findet sich die Eigenart, schon vor Beginn der Zulässigkeitsprüfung die Frage zu klären, ob es sich bei dem Antrag um eine Sicherungsanordnung nach § 123 Abs. 1 S. 1 VwGO oder um eine Regelungsanordnung nach § 123 Abs. 1 S. 2 VwGO handelt. Dieser Weg ist wenig sachgerecht und für den Studenten irreführend. Denn es ist gerade eine Frage der statthaften Antragsart, ob zunächst überhaupt ein Fall der einstweiligen Anordnung und damit ein Fall des § 123 Abs. 1 VwGO vorliegt. Die weitere Auslegung des Begehrens ist demnach auch eine Frage der statthaften Antragsart, und wird daher erst an dieser Stelle der Falllösung angesprochen. Andernfalls ist ein stringenter Aufbau des Gutachtens nicht gewährleistet.
[2] Siehe zum Verwaltungsrechtsweg genauer *Sodan/Ziekow*, Grundkurs Öffentliches Recht, 4. Auflage 2010, § 94 Rn 11 ff.

2. Statthaftigkeit des Antrags, §§ 122, 88 VwGO

Die statthafte Antragsart richtet sich gemäß §§ 122 Abs. 1, 88 VwGO nach dem Begehren des Antragstellers. J begehrt von der Universität die Zulassung zur Abschlussklausur, mithin also den Erlass eines Verwaltungsaktes. Daher kommt vorliegend eine einstweilige Anordnung nach § 123 Abs. 1 VwGO als statthafte Antragsart in Betracht. Dies setzt nach der Negativabgrenzung des § 123 Abs. 5 voraus, dass der Antrag nicht die Vollziehung eines Verwaltungsaktes oder die Beseitigung der aufschiebenden Wirkung eines Rechtsbehelfes betrifft.[3] Dies ist vorliegend nicht der Fall, so dass sich der einstweilige Rechtsschutz nach § 123 Abs. 1 VwGO richtet.

Fraglich erscheint alleine, ob es sich bei der begehrten einstweiligen Anordnung um eine Sicherungsanordnung nach § 123 Abs. 1 S. 1 VwGO handelt, oder um eine Regelungsanordnung nach § 123 Abs. 1 S. 2 VwGO.[4] Gemäß § 123 Abs. 1 S. 1 VwGO kann eine Sicherungsanordnung in Bezug auf den Streitgegenstand ergehen, wenn die Gefahr besteht, dass durch eine Veränderung des bisherigen Zustandes die Verwirklichung eines Rechts des Antragstellers vereitelt oder wesentlich erschwert werden könnte. Eine Sicherungsanordnung liegt mit anderen Worten dann vor, wenn der Antragsteller die Sicherung einer vorhandenen Rechtsposition – status quo – erstrebt. Im Gegensatz dazu liegt eine Regelungsanordnung nach § 123 Abs. 1 S. 2 VwGO dann vor, wenn der Antragsteller die Erweiterung seines Rechtskreises erstrebt.

Vorliegend besteht zugunsten des J noch gar keine Rechtsposition, die gesichert werden könnte. Vielmehr geht es J darum, dass die Universität einen Bescheid mit dem Inhalt erlässt, dass J zu der fraglichen Abschlussklausur zugelassen wird. Mithin begehrt J den Erlass eines ihn begünstigenden Verwaltungsaktes und somit eine Erweiterung seines Rechtskreises. Mithin ist eine Regelungsanordnung nach § 123 Abs. 1 S. 2 VwGO die statthafte Antragsart.

3. Antragsbefugnis

Analog § 42 II VwGO müsste der J geltend machen können, durch die Unterlassung des erstrebten Verwaltungsaktes in seinen Rechten verletzt zu sein. Diese Voraussetzung ist erfüllt, wenn nach dem Sachvortrag des J die Möglichkeit besteht, dass ihm ein sicherungsfähiges Recht zusteht. Gemäß § 31 Abs. 7 VwVfG können Fristen, die von einer Behörde gesetzt werden, verlängert werden. Die Vorschrift räumt der Behörde Ermessen ein. J steht daher ein Recht auf ermessensfehlerfreie Entscheidung zu. In einem solchen Fall steht dem Antragsteller nur dann ein Anspruch auf den Erlass des begehrten Verwaltungsaktes zu, wenn sich das gesetzliche Ermessen für die Behörde auf null reduziert hat und der Erlass des begehrten Verwaltungsaktes die einzige ermessensfehlerfreie Entscheidung darstellt. Diese Möglichkeit ergibt sich vorliegend

---

3 Dann nämlich liegt ein Fall für § 80 VwGO vor. Ist allerdings – wie hier – das Begehren in der Hauptsache ganz klar auf den Erlass eines Verwaltungsaktes gerichtet, handelt es sich in der Hauptsache um eine Verpflichtungsklage, mit der im Rahmen des einstweiligen Rechtsschutzes der Antrag auf eine einstweilige Anordnung nach § 123 Abs. 1 VwGO korrespondiert.
4 Erst hier wird die Frage nach Sicherungs- oder Regelungsanordnung relevant für die Falllösung, vgl die Bemerkung in Fn 1.

daraus, dass J im Zeitpunkt der Anmeldung an der betroffenen Universität als Student der Rechtswissenschaften eingeschrieben war und eine möglicherweise gebotene Fristverlängerung nicht von vornherein ausgeschlossen erscheint. Mithin besteht die Möglichkeit, dass J in seinen subjektiv-öffentlichen Rechten verletzt ist. J ist somit antragsbefugt.

4. Richtiger Antragsgegner

Der richtige Antragsgegner beim Erlass einer einstweiligen Anordnung richtet sich nach der statthaften Klageart in der Hauptsache. Die statthafte Klageart in der Hauptsache wäre eine Verpflichtungsklage des J auf Zulassung zur Klausur. Gemäß § 78 Abs. 1 Nr. 1 VwGO ist die Klage grundsätzlich gegen den Rechtsträger zu richten. Nach § 78 Abs. 1 Nr. 2 VwGO können die Länder jedoch bestimmen, dass die Klage gegen die Behörde selbst zu richten ist, sogenanntes Behördenprinzip.[5] Damit ist die Klage je nach Bundesland entweder gegen das Land als Rechtsträger oder gegen den Dekan der betroffenen Universität als Behörde zu richten.

5. Rechtsschutzbedürfnis

Ferner müsste zugunsten des J ein allgemeines Rechtsschutzbedürfnis bestehen. Dieses setzt zunächst einen erfolglosen Antrag bei der zuständigen Behörde voraus. Mit Schreiben vom 5. Mai 2009 hat J beim Prüfungsausschuss der Universität den Antrag auf Zulassung zur Abschlussklausur gestellt. Dieser wurde negativ beschieden. Zudem ist die Sache auch in der Hauptsache nicht offensichtlich unzulässig. Ein weiteres Abwarten ist dem J nun nicht mehr zuzumuten, da nur noch wenige Tage bis zur Klausur verbleiben. Daher ist das allgemeine Rechtsschutzbedürfnis des J zu bejahen.[6]

6. Zwischenergebnis

Der Antrag des J auf Erlass einer Regelungsanordnung gemäß § 123 Abs. 1 S. 2 VwGO ist zulässig.

II. Begründetheit des Antrags[7]

Der Antrag auf Erlass einer Regelungsanordnung ist begründet, soweit der Antragsteller einen Regelungsanspruch und einen Regelungsgrund gemäß § 123 Abs. 3 VwGO iVm §§ 920 Abs. 2, 294 Abs. 1 ZPO glaubhaft machen kann.[8]

---

5 In NRW gilt beispielsweise gemäß § 78 Abs. 1 Nr. 2 VwGO iVm § 5 Abs. 2 S. 1 AG VwGO NRW das Behördenprinzip.
6 Detaillierter zum Rechtschutzbedürfnis *Sodan/Ziekow*, Grundkurs Öffentliches Recht, 4. Auflage 2010, § 96 Rn 6 ff.
7 Siehe insgesamt zum einstweiligen Rechtsschutz durch verwaltungsgerichtliche Anordnung *Schoch*, in: *Ehlers/Schoch*, Rechtsschutz im Öffentlichen Recht, Berlin 2009, § 30.
8 *Sodan/Ziekow*, Grundkurs Öffentliches Recht, 4. Auflage 2010, § 107, Rn 5.

1. Regelungsanspruch

a) Streitiges Rechtsverhältnis iSd § 123 Abs. 1 S. 2 VwGO

Ein Regelungsanspruch liegt gemäß § 123 Abs. 1 S. 2 VwGO vor, wenn zwischen den Parteien ein streitiges Rechtsverhältnis besteht. Unter einem Rechtsverhältnis versteht man die rechtlichen Beziehungen zwischen mindestens zwei Personen oder einer Person zu einer Sache, die sich aus der Anwendung von Rechtsnormen auf einen konkreten Lebenssachverhalt ergeben und kraft derer zumindest eine der Parteien zu einem Tun, Dulden oder Unterlassen berechtigt oder verpflichtet wird. Vorliegend streiten J und die Universität um das Bestehen oder Nichtbestehen der Voraussetzungen für die Zulassung zur Abschlussklausur. Laut der Prüfungsordnung der Universität sind alleinige Voraussetzungen für die Zulassung zur Klausur, dass der betroffene Student im Moment der Anmeldung als Student an der Universität eingeschrieben ist und sich innerhalb der Anmeldefrist zur Klausur anmeldet.

Ein Rechtsverhältnis liegt damit vor.

b) Bestehen des streitigen Anspruchs

Ein Anspruch des J auf Zulassung zu der Abschlussklausur könnte sich vorliegend aus der Prüfungsordnung iVm § 31 Abs. 7 VwVfG ergeben. Dies ist dann der Fall, wenn das eingeräumte Ermessen der Behörde sich so verdichtet hat, dass alleine die Zulassung zur Abschlussklausur eine ermessensfehlerfreie Entscheidung darstellt.

Alleiniger vom Antragsgegner geltend gemachter Nichtzulassungsgrund zur Klausur ist die verspätet eingegangene Anmeldung des J. Diesbezüglich hat der J jedoch eidesstattlich versichert, am 30. 4. 2009 eine Anmeldung erfolglos versucht zu haben. Er habe sich mit seiner Benutzerkennung nicht in das System einloggen können. Demgegenüber trägt die Universität vor, dass am fraglichen Tag keinerlei Einloggversuche des J registriert worden seien. Zudem sei das Prüfungsamt für etwaige Störungen bis 11.15 Uhr erreichbar gewesen. Das Argument des Prüfungsamtes verfängt nicht. Denn es ist in keiner Weise ersichtlich, warum das Prüfungsamt als kontrollierende Stelle an dem letzten Tag der Anmeldefrist zur Klausur lediglich bis 11.15 Uhr und nicht bis 12.00 Uhr – dem Ende der Anmeldefrist – telefonisch erreichbar war.

Zudem erscheint es nicht ausgeschlossen, dass die Universität – auch im Falle eines Verschuldens des J – gehalten war, dem verspätet eingegangenen Antrag des J auf Zulassung zur Abschlussklausur zu entsprechen. Hinsichtlich der gesetzten Frist handelt es sich um eine behördliche Frist im Sinne des § 31 Abs. 7 VwVfG NRW. Gemäß § 31 Abs. 7 S. 2 VwVfG NRW kann eine solche Frist rückwirkend verlängert werden, wenn es unbillig wäre, die durch den Fristablauf eingetretenen Rechtsfolgen bestehen zu lassen. Bei Vorliegen von Gesichtspunkten der Billigkeit hat die Behörde in der Regel zu Gunsten des Betroffenen zu entscheiden, wenn keine wesentlichen Argumente dagegen sprechen, insbesondere wenn der durch die Fristsetzung verfolgte Zweck nicht gefährdet wird.[9] In diesen Fällen verdichtet sich das der Behörde eröffnete Ermessen zu

---

9 Vgl *BVerwG*, Urteil vom 22. 10. 1993 – 6 C 10/92, DVBl. 1994, 170; *OVG NRW*, Beschluss vom 10. 7. 1998 – 22 B 1452/98.

einem Anspruch des Bürgers auf eine Entscheidung zu seinen Gunsten (Ermessensreduzierung auf null). Eine Ablehnung der Fristverlängerung wäre demnach dann ermessensfehlerhaft.[10] Dies gilt insbesondere dann, wenn die Zwecke, denen eine von der Behörde für eine Prüfung gesetzte Meldefrist dient, durch eine verspätete Anmeldung zu einer Prüfung, von der die Berufsqualifikation abhängt, nicht oder allenfalls geringfügig betroffen werden.[11]

Zweck des Anmeldeverfahrens ist hier die sachgerechte und rechtzeitige Durchführung des Prüfungsverfahrens. Soweit daher die Berücksichtigung einer verspäteten Anmeldung keinen derartigen Mehraufwand erfordert, dass die sachgerechte Durchführung des Prüfungsverfahrens erheblich erschwert oder gefährdet wird, ist eine Fristverlängerung geboten. Inwieweit hier der Zweck der Anmeldefrist einer Verlängerung entgegensteht, kann im Rahmen der summarischen Prüfung im Eilverfahren nicht abschließend geklärt werden. Allerdings ist der Universität zuzugestehen, dass nur ein geordneter Verfahrensverlauf in Form eines straff organisierten Prüfungsverfahrens angesichts der Größe des Studiengangs eine ordnungsgemäße Organisation und Durchführung der Klausuren garantiert und dieser durch nachträgliche Anmeldungen grundsätzlich gefährdet werden kann. Dem steht hier indes entgegen, dass der Universität die Anmeldung des J mit der Bitte um Fristverlängerung bereits am 5. 5. 2009, d.h. unter Berücksichtigung des Sonnabends und des Maifeiertages am dritten Tage nach Fristablauf und damit nur geringfügig verspätet zugegangen ist. Ob das Interesse der Universität an einer ordnungsgemäßen Vorbereitung und Durchführung des Klausurtermins durch eine so geringfügige Verspätung wesentlich berührt und dadurch ein die Klausurdurchführung erschwerender Mehraufwand verursacht wird, erscheint insbesondere angesichts des fast zweimonatigen Vorlaufs vor dem Klausurtermin sowie der erst am 15. 5. 2009 ablaufenden Kontrollfrist fraglich und wäre wenn überhaupt einer genaueren Prüfung in der Hauptsache vorbehalten. Allerdings bleibt schon hier festzuhalten, dass die Kontrollfrist der Universität bis zum 15. 5. 2009 lief, und die Bitte um nachträgliche Zulassung des J bereits am 5. 5. 2009 beim Prüfungsamt einging. Es macht bezüglich des Verwaltungsaufwands keinen Unterschied, ob lediglich bereits erfasste Anmeldedaten korrigiert werden müssen, oder ob fehlende Anmeldedaten – wie die des J – noch in das System aufgenommen werden müssen. Dies gilt insbesondere deshalb, weil noch ausreichend Zeit bis zum Beginn der Klausurenphase gegeben ist. Die Gesamtumstände des Falles zeigen zudem auf, dass eine Zulassung zur Teilnahme an der Abschlussklausur weder die Chancengleichheit noch die Prüfungsgerechtigkeit tangieren. Schließlich geht es lediglich um das unverschuldete Versäumen einer behördlichen Frist, der kein materiell-rechtlicher Ausschlusscharakter zukommt.

Im Falle einer Nichtzulassung zur Klausur könnte J erst ein Semester später sein Studium beenden, was einer Wartezeit von ca. 6 Monaten entspricht. Diesem gravierenden Eingriff in die Berufsfreiheit des J aus Art. 12 Abs. 1 GG stehen nach alledem keine gewichtigen Interessen der Universität entgegen. Mithin würde J durch die

---

10 Vgl *VG Hamburg*, Urteil vom 11. 7. 1995 – 17 VG 3434/04.
11 Vgl *Stelkens/Bonk/Sachs*, Kommentar Verwaltungsverfahrensgesetz, 6. Auflage, § 31, Rn 51.

Nichtzulassung zur Klausur in seinem Recht auf ermessensfehlerfreie Entscheidung gemäß § 31 Abs. 7 VwVfG verletzt werden.

Mithin besteht ein Regelungsanspruch zugunsten des J.

2. Regelungsgrund

Ein Regelungsgrund liegt gemäß § 123 Abs. 1 S. 2 VwGO dann vor, wenn eine Regelung nötig erscheint, um wesentliche Nachteile abzuwenden oder drohende Gewalt zu verhindern. Entscheidend ist dabei vor allem, ob dem Antragsteller unzumutbare Nachteile entstehen, wenn keine Anordnung ergeht und er auf das Hauptverfahren verwiesen würde.[12] Insoweit nimmt das Gericht eine Interessenabwägung vor.[13]

Vorliegend sind auf Seiten des J gar grundrechtliche geschützte Interessen betroffen, nämlich die durch Art. 12 Abs. 1 GG gewährleistete Berufsfreiheit. Dieser drohenden Grundrechtsverletzung steht auf Seiten der Universität lediglich das Interesse an einem geordneten Ablauf des Prüfungsverfahrens entgegen. Ob der Prüfungsablauf indes tatsächlich durch die verspätete Anmeldung des J gefährdet werden würde, ist nach den obigen Argumenten mehr als fraglich. Dass jedoch im Falle einer Nichtzulassung des J dieser erst ein Semester, also sechs Monate, später sein Abschlusszeugnis erhält und damit die Möglichkeit, sich für den juristischen Vorbereitungsdienst anzumelden und in das Berufsleben einzusteigen, ist sicher und die drohende Grundrechtsverletzung steht damit unmittelbar bevor. Ferner ist es dem J nicht möglich, noch vor dem Klausurtermin am 9. 6. 2009 wirksamen Rechtsschutz im Hauptsacheverfahren zu erlangen.

Nach alledem ist daher der Regelungsgrund für die Regelungsanordnung zu bejahen.

3. Glaubhaftmachung von Regelungsanspruch und Regelungsgrund

Grundsätzlich müssen sowohl der Regelungsanspruch als auch der Regelungsgrund gemäß § 123 Abs. 3 VwGO, §§ 920 Abs. 2, 294 Abs. 1 ZPO glaubhaft gemacht werden. Dabei dürfen im Falle des § 31 Abs. 7 VwVfG die Voraussetzungen für eine Verlängerung der Frist nicht strenger sein als bei der Wiedereinsetzung in den vorigen Stand.[14] Insoweit ist anhand der eidesstattlichen Versicherung zu erkennen, dass in der Sphäre des J der Fehler bei der Anmeldung gerade nicht liegt und ihn kein Verschulden trifft. Er hatte die Zugangsdaten und hatte auch alle weiteren Voraussetzungen für das Einloggen in das System der Universität geschaffen.

Mithin hat J sowohl den Regelungsanspruch als auch den Regelungsgrund mittels seiner eidesstattlichen Versicherung glaubhaft gemacht.

---

12 Vgl dazu auch *Schoch*, in: *Ehlers/Schoch*, Rechtsschutz im Öffentlichen Recht, Berlin 2009, § 30 Rn 2.
13 Vgl *Sodan/Ziekow*, Grundkurs Öffentliches Recht, 4. Auflage 2010, § 107 Rn 7.
14 Vgl *Kopp*, in: *Kopp/Ramsauer*, Kommentar VwVfG, 11. Auflage 2010, § 31 Rn 40a.

4. Gerichtliche Entscheidung

a) kein Entschließungsermessen (h. M.)

Ob der Erlass der einstweiligen Anordnung im Rahmen des § 123 Abs. 1 VwGO in das Ermessen des Gerichts gestellt ist, oder ob das Gericht gehalten ist, die einstweilige Anordnung zu erlassen, ist streitig.

Nach der ersten Ansicht hat gemäß § 123 III VwGO iVm § 938 I ZPO eine umfassende Abwägung stattzufinden. Dabei ist die einstweilige Anordnung zu erlassen, sofern die Klage in der Hauptsache offensichtlich begründet ist und wirksamer Rechtsschutz im Hauptsacheverfahren nicht rechtzeitig zu erlangen ist.[15] Nach den obigen Ausführungen wäre eine Verpflichtungsklage in der Hauptsache begründet. Zudem besteht für J keine Möglichkeit mehr, durch eine Klage im Hauptsacheverfahren rechtzeitig hinreichenden Rechtsschutz zu erlangen, da die Klausur bereits in wenigen Tagen stattfinden wird. Nach dieser Ansicht hätte das Gericht die einstweilige Anordnung zu erlassen.

Nach einer zweiten Ansicht folgt dasselbe Ergebnis bereits aus der Überlegung, dass dem Gericht kein Ermessen eingeräumt ist, ob es die begehrte Anordnung erlässt oder nicht. Diese Ansicht lehnt eine Ermessensentscheidung des Gerichts unter Hinweis auf einen effektiven Rechtsschutz nach Artikel 19 Abs. 4 GG ab. Es widerspreche dem Gebot eines wirksamen Rechtsschutzes, den Erlass einer einstweiligen Anordnung selbst dann abzulehnen, wenn deren Erlass notwendig ist. Seien Regelungsanspruch und Regelungsgrund gegeben, so sei kein rechtlicher Aspekt denkbar, der den Erlass einer einstweiligen Anordnung – also das „Ob" – in Frage stellen könne. Das von der Gegenansicht vorgebrachte Argument, § 123 III VwGO verweise auf § 938 Abs. 1 ZPO, könne nicht überzeugen, da sich der Verweis nur auf das „Wie" der Anordnung beziehe und dem Gericht nur einen gewissen Gestaltungsspielraum bezüglich des Anordnungsinhalts eröffne.[16]

Beide Ansichten kommen vorliegend zum selben Ergebnis, sodass eine Streitentscheidung entbehrlich ist.[17]

b) Auswahl-Ermessen

Grundsätzlich gilt, dass das Gericht die Maßnahme nach freiem Ermessen anordnet, § 123 III VwGO iVm § 938 I ZPO. Begrenzt wird das Auswahlermessen einzig dadurch, dass es sich bei der einstweiligen Anordnung um eine vorläufige Regelung handeln muss. Daher darf der Erlass der einstweiligen Anordnung grundsätzlich nicht zu einer Vorwegnahme der Hauptsache führen. Eine Ausnahme von diesem Grundsatz besteht aufgrund des Artikel 19 Abs. 4 GG nur dann, wenn andernfalls schwere und

---

15 Vgl *Finkelnburg/Dombert/Külpmann*, Vorläufiger Rechtsschutz im Verwaltungsstreitverfahren, 5. Auflage 2008, Rn 173.
16 So *Schoch*, Übungen II, S. 355; Schrader, JuS 2005, 37, 38.
17 Zumindest in Klausuren der ersten juristischen Prüfung wird das Ergebnis regelmäßig so aussehen, da der Sachverhalt vorgegeben und damit in aller Regel unstreitig ist, das heißt die Erfolgsaussichten in der Hauptsache stehen mit hinreichender Sicherheit bereits fest (Regelungsanspruch) und auch ein Eilinteresse wurde bereits geprüft (Regelungsgrund).

unzumutbare Nachteile entstünden, zu deren nachträglicher Beseitigung die Entscheidung in der Hauptsache nicht mehr in der Lage wäre.[18] Davon kann vorliegend allerdings nicht die Rede sein. Denn auch eine vorläufige Zulassung zu der Abschlussklausur ermöglicht dem J, zu der Klausur angemeldet zu sein und somit die letzte Voraussetzung zum Bestehen seines universitären Schwerpunktbereiches beizubringen. Das Gericht wird J daher vorläufig zu der Abschlussklausur zulassen.

III. Gesamtergebnis

Der Antrag des J ist zulässig und begründet. Das Gericht wird ihn vorläufig zu der Abschlussklausur zulassen.[19]

---

18 Vgl *Schoch*, in: *Schoch/Schmidt-Aßmann/Pietzner*, VwGO Kommentar, § 123, Rn 141 ff; *Schrader*, JuS 2005, 37, 38.
19 In Betracht kommt nur eine vorläufige Zulassung, um gerade die Vorwegnahme in der Hauptsache zu verhindern.

Wegmann

Strafrecht – Fall 1

Lohn ohne Leistung[*]

Von Akad. Rat. Dr. Jens Puschke LL.M. (London), Freiburg i. Br.

> Missbrauchs- und Treuebruchvariante bei der Untreue – besonders
> schwerer Fall der Untreue – Teilnahme als Vortrat einer Geldwäsche – Zu-
> lässigkeit und Begründetheit eines Rechtsbehelfs gegen die Durchsicht
> und Sicherstellung von Daten von externen Speichermedien

Sachverhalt

Aufgabe 1

A ist Angestellter in einem größeren Automobilzulieferunternehmen. Er ist stellvertretender Leiter der Personal- und Buchhaltungsabteilung der Firma und verantwortlich
für die Eingruppierung der Mitarbeiterinnen und Mitarbeiter sowie für die Anordnung darüber hinausgehender Zulagen oder Sonderzahlungen. Konkret besteht seine
Aufgabe darin, das Gesamtprofil einer Mitarbeiterin oder eines Mitarbeiters zu würdigen, und er ist bevollmächtigt, die auszuzahlenden Gehaltsbestandteile selbständig
festzulegen und anzuweisen. In dieser Eigenschaft tritt er nach außen gegenüber den
Mitarbeiterinnen und Mitarbeitern auf. Er ist uneingeschränkter Ansprechpartner
und Entscheidungsträger, sofern es um Gehaltserhöhungen oder Sonderzahlungen
geht. Eine nachfolgende Kontrolle durch Vorgesetzte findet nicht statt.

Seit einigen Monaten ist er mit der in der Forschungsabteilung desselben Unternehmens angestellten, verheirateten Informatikerin B liiert. Im Laufe der Zeit bemerkt
A, dass B trotz ihres guten Einkommens von ca. 4.000,– Euro netto und einer guten
Absicherung durch ihren Ehemann finanzielle Probleme hat. Um ihr zu helfen, schlägt
A der B vor, ihr monatlich, neben ihrem Gehalt, weitere 1.000,– Euro aus Firmengeldern zu überweisen. B steht dem Plan zuerst skeptisch gegenüber. Als A ihr aber dann
versichert, dass er ein solches Vorgehen gut verdecken könne, stimmt sie zu, da sie
regelmäßige Geldleistungen gut gebrauchen kann. Sie besprechen, dass zusätzliche
Zahlungen unentdeckt bleiben könnten, wenn A das Geld als einen besonderen Leistungszuschlag kennzeichnen würde, über dessen Gewährung A nach eigenem Ermessen entscheiden kann. In der abteilungsinternen Richtlinie für die Vergabe von Zulagen ist festgelegt, dass Leistungszulagen nur gewährt werden können, wenn sich nach

* Die Klausur wurde vom Verfasser an der Universität Freiburg i. Br. im Examensklausurenkurs im Wintersemester 2008/2009 gestellt. Die Note «sehr gut» wurde nicht vergeben, die Note
«gut» erhielten 1,4% der Bearbeitenden, mit «vollbefriedigend» wurden 8,1% bewertet, die Note
«befriedigend» erzielten 24,3% und die Note «ausreichend» wurde in 29,7% der Fälle vergeben.
36,5% der Bearbeitenden bestanden die Klausur nicht und erhielten die Note «mangelhaft».

einer detaillierten Einzelfallprüfung ergibt, dass die Mitarbeiterin oder der Mitarbeiter deutlich über dem durchschnittlichen Leistungsniveau der Abteilung arbeitet oder sonstige Qualifikationen aufweist, die dafür sprechen, dass (auch) für die Zukunft von einem besonderen Einsatz für das Unternehmen ausgegangen werden kann. Die durchschnittlich arbeitende B hat jedoch Angst, dass überhöhte Zahlungen an sie auffallen könnten, und möchte vermeiden, dass die Überweisungen mit ihr in Verbindung gebracht werden. Deshalb spricht sie die mit ihr sehr gut befreundete C an, die gerade einen Vertrag unterschrieben hat, nach dem sie ab dem nächsten Monat ebenfalls in dem Unternehmen als Ingenieurin angestellt wird. B berichtet C, dass sie vom Unternehmen aufgrund überdurchschnittlicher Leistungen ab dem nächsten Monat 1.000,– Euro monatlich als Leistungszulage erhalten werde. Mit der Begründung, dass ihr Ehemann es nicht ertragen könnte, wenn er wüsste, dass B von nun an mehr verdiene als er und der Leistungsbonus daher nicht auf dem gemeinsamen Ehekonto eingehen könne, bittet sie die gutmütige C darum, für die Zusatzzahlung ihr Konto zur Verfügung zu stellen. C müsse dazu lediglich ihre Kontonummer angeben; alles andere sei bereits mit dem zuständigen A besprochen.

In den darauf folgenden Tagen erhält C ein Formular von der Firma mit Anschreiben des A, in dem sie aufgefordert wird, eine Bankverbindung für die zukünftige Gehaltszahlung anzugeben. Auf dem Gehaltsnachweis sind neben dem Grundgehalt der C auch die 1.000,– Euro mit dem Zusatz „Leistungszulage" aufgeführt. In den nächsten 18 Monaten arbeitet die C ihren durchschnittlichen Qualifikationen und dem üblichen Leistungsniveau ihrer Abteilung entsprechend in dem Unternehmen. A überweist jeden Monat auf das Konto der C zusätzlich 1.000,– Euro. C hebt diesen Betrag regelmäßig jeden Monat ab und übergibt ihn ohne Abzüge an B. Auf den Kontoauszügen ist für die Überweisung in dem Feld Verwendungszweck „Leistungszulage Frau C" vermerkt. Die Gehaltsnachweise und Kontoauszüge schaut sich C nie genau an, so dass sie nach wie vor von einem regulären Leistungsbonus an B ausgeht.

Nach 1 ½ Jahren findet eine unangekündigte externe Revision in dem Automobilzulieferunternehmen statt, wodurch das Vorgehen von A, B und C zufällig auffällt und alle Zahlungen gestoppt werden.

Strafbarkeit der Beteiligten? (ca. 75 % der Bearbeitung)

Aufgabe 2

Die Staatsanwaltschaft erhält durch die Revision ca. drei Wochen nach dem Stopp der Zahlungen Kenntnis von möglichen rechtswidrigen Vorgängen in dem Unternehmen und leitet ein Ermittlungsverfahren gegen A, B und C ein. Es wird ein rechtmäßiger Durchsuchungsbeschluss beim zuständigen Amtsgericht gegen C erwirkt, aufgrund dessen die Wohnung der C durchsucht wird. Der Durchsuchungsbeschluss bezieht sich allgemein auf für die Untersuchung relevante Beweismittel, insbesondere ist das Auffinden von größeren Bargeldbeständen explizit erwähnt. Schon im Vorfeld hat die Staatsanwaltschaft angeordnet, dass die an der Durchsuchung beteiligten Ermittlungspersonen zur Durchsicht von Papieren und sonstigen Informationsträgern berechtigt sind. Die Polizeibeamten finden in der Wohnung einen an das Internet angeschlossenen Computer der C vor. Sie stellen fest, dass C nach Eingabe der jeweiligen Passwörter von dem Computer in ihrer Wohnung auf mehrere Laufwerke des Automobilzulieferunternehmens zugreifen kann. Zwei Passwörter für den Zugriff finden die Beamten auf einem Zettel in einer Schublade. Daraufhin sehen die Ermittlungspersonen die ihnen nun zugänglichen Laufwerke durch, da sie vermuten, dass sich vielleicht auch auf ihnen beweiserhebliche Daten befinden könnten. Auf dem Laufwerk, das durch das erste Passwort zugänglich wurde und mit „Maschinenkonstruktionen" benannt ist, entdecken sie keine interessanten Daten. Auf dem Laufwerk mit der Kennzeichnung „Personal und Buchhaltung", auf das der Zugriff mit Hilfe des zweiten Passwortes möglich ist, befindet sich ein Ordner mit einer Vielzahl von teilweise umfangreichen Text-Dokumenten, der mit „Leistungszulage Frau C" benannt ist. Die Beamten glauben, dass sich darin entscheidende Hinweise befinden, brennen das Verzeichnis mit den Dateien auf eine mitgebrachte CD und nehmen diese zur Durchsicht auf die Polizeidienststelle mit.

Am nächsten Tag berichtet C dem A von den Vorgängen. A befürchtet, dass die zumeist von ihm erstellten Textdateien in dem Ordner persönliche Daten enthalten, die ihn belasten könnten. Er möchte daher von seinem Anwalt wissen, welche Maßnahme er gegen das Kopieren der Daten ergreifen kann und ob diese Aussicht auf Erfolg hat. Besonders fragwürdig findet A, dass von dem Computer der C aus auf die Daten auf dem Laufwerk des Unternehmens zugegriffen wurde. Zudem macht er geltend, dass C keine Berechtigung hatte, auf das „Personal und Buchhaltungs"-Laufwerk zuzugreifen.

Entwerfen Sie das Gutachten des Anwalts des A. Gehen Sie dabei auf alle im Sachverhalt aufgeworfenen Rechtsfragen ein. (ca. 25 % der Bearbeitung)

Gliederung der Lösung

Lösung

Aufgabe 1
Die Strafbarkeit der Beteiligten

A. Strafbarkeit des A

I. Strafbarkeit gemäß § 266 I, II StGB

A könnte sich wegen Untreue gemäß § 266 I StGB strafbar gemacht haben, indem er auf das Konto der C monatlich 1.000,– Euro aus Firmengeldern überwies.

1. Tatbestand

a) Objektiver Tatbestand

aa) Missbrauchsvariante (§ 266 I Var 1 StGB)

A müsste eine Befugnis, über fremdes Vermögen zu verfügen oder einen anderen zu verpflichten, missbraucht haben. Eine solche Befugnis ist die Rechtsmacht, Vermögensrechte eines anderen wirksam zu übertragen, aufzuheben, zu belasten oder zu ändern oder ihn Dritten gegenüber wirksam zu solchen Verfügungen zu verpflichten.[1] Diese Befugnis kann durch Gesetz, behördlichen Auftrag oder Rechtsgeschäft eingeräumt sein. In Betracht kommt eine Verfügungsbefugnis des A kraft Rechtsgeschäft. A ist stellvertretender Leiter der Personal- und Buchhaltungsabteilung. Er ist in dieser Funktion rechtsgeschäftlich ermächtigt, Gehaltsbestandteile festzusetzen und bevollmächtigt (§ 166 II BGB), die Auszahlungen an die Mitarbeiterinnen und Mitarbeiter zu veranlassen, mithin über das Vermögen der Firma zu verfügen. Eine Befugnis gemäß § 266 I Var 1 StGB lag vor.

Diese Befugnis müsste A missbraucht haben. Ein Missbrauch liegt vor, wenn der Täter Handlungen vornimmt, die sich im Außenverhältnis im Rahmen seiner Befugnis bewegen, jedoch die Grenzen seiner Befugnisse im Innenverhältnis überschreiten, die er also nicht ausführen darf,[2] mithin eine Diskrepanz zwischen rechtlichem Können und rechtlichem Dürfen besteht.

A war befugt, Gehaltszuschläge festzusetzen und auszubezahlen. Diese Befugnis bestand nach außen auch uneingeschränkt, da A Entscheidungsinstanz in Gehaltsfragen war. Eine Gewährung eines Zuschlags in Höhe von 1.000,– Euro monatlich liegt somit grundsätzlich im Rahmen der Vollmacht des A. Etwas anderes könnte sich jedoch dann ergeben, wenn ein kollusives Zusammenwirken stattgefunden hat bzw. ein offensichtlicher Missbrauch der Vertretungsmacht anzunehmen ist und die Vermögensverfügung gemäß § 138 I BGB bzw. § 242 BGB deswegen unwirksam ist.

---

1 Vgl *Fischer* StGB, 58. Aufl 2011, § 266 Rn 10; MünchKomm-StGB/*Dierlamm* 2006, § 266 Rn 24; Schönke/Schröder/*Perron* StGB, 28. Aufl 2010, § 266 Rn 4.
2 Vgl BGHSt 5, 61 (63); *Zieschang*, in: Park (Hrsg.), Kapitalmarktstrafrecht, 2. Aufl 2008, Teil 1 Kap 2 T1 Rn 12; MünchKomm-StGB/*Dierlamm* (Fn 1), § 266 Rn 118.

Nach einer Ansicht kommt es für die Bejahung der Missbrauchsvariante darauf an, ob eine *wirksame* Vermögensverfügung[3] vorliegt.[4] Nur eine solche Interpretation werde den tatbestandlichen Konturen des Missbrauchstatbestandes und seiner Aufgabe, dem Schutz des Vermögensinhabers vor spezifischen rechtlichen Gefahren eines das Dürfen überschreitenden Könnens, gerecht.[5] Danach läge im Falle der Unwirksamkeit der Verfügung des A wegen Kollusion oder offensichtlichen Missbrauchs ein Befugnismissbrauch iSd § 266 I Var 1 StGB nicht vor.

Kollusion ist ein bewusstes Zusammenwirken von Vertreter und Geschäftspartner zum Nachteil des Vertretenen.[6] Fraglich ist zunächst, auf wen für die Beurteilung des bewussten Zusammenwirkens abzustellen ist, da hier sowohl C als auch B grundsätzlich als Geschäftspartnerinnen in Betracht kommen. Entscheidend ist, wer bei objektiver Betrachtung Vertragspartnerin des Unternehmens, vertreten durch A war, wer also das Geld von A empfangen hat, da dies auch für etwaige vertragliche oder bereicherungsrechtliche Erstattungsansprüche des Unternehmens den entscheidenden Anknüpfungspunkt bildet. Dies ist hier die C, da das Geld entsprechend der Absprache auf ihr Konto überwiesen wurde und sie zudem auf den Gehaltsnachweisen als Begünstigte vermerkt war. Kollusion liegt daher dann vor, wenn A seine Innenvollmacht überschritten hatte, C dies wusste und mit ihm zusammenwirkte.

A war nach der internen Richtlinie verpflichtet, vor der Gewährung einer Leistungszulage eine konkrete Einzelfallprüfung vorzunehmen, die ermitteln soll, ob eine Zulage in Anbetracht der zu erwartenden Leistungen gerechtfertigt sei. Eine solche Prüfung wurde von A nicht vorgenommen, da es ihm sachfremd lediglich darauf ankam, der B als „Freundschaftsdienst" Geld zu verschaffen. Er handelte bei der Festsetzung und Auszahlung der 1.000,– Euro nicht im Rahmen seines rechtlichen Dürfens.

C glaubte jedoch, dass der Leistungsbonus der B gewährt und nur wegen der Eifersucht des Ehemannes der B auf ihr Konto überwiesen wurde. Dieser Ablauf wurde ihr von B eingeredet, Indizien auf dem Gehaltsnachweis und den Kontoauszügen, die darauf hindeuteten, dass es sich nicht um eine reguläre Leistungszulage für B handelte, übersah C. Sie ging daher davon aus, dass A im Rahmen eines ordnungsgemäßen Entscheidungsprozesses einen Leistungszuschlag für B gewährt hatte und diesen nur aus Gefälligkeit auf ihr Konto überweist. Ein entsprechendes Vorgehen stellt sich aber nicht als Überschreiten der Innenvollmacht zur Nachteilszufügung gegenüber dem Unternehmen dar, so dass von einem diesbezüglichen bewussten Zusammenwirken von A und C nicht ausgegangen werden kann.

In Betracht kommt jedoch ein sog. offensichtlicher bzw. evidenter Missbrauch, der auch dann gegeben ist, wenn der Geschäftspartner beim Abschluss des Geschäftes den Missbrauch der Vertretungsmacht durch den Vertreter hätte kennen müssen, und der

---

3 Eine Überweisung stellt eine Vermögensverfügung im strafrechtlichen Sinne dar, vgl. BGH NStZ 1999, 558f.

4 BGHSt 50, 299 (313); NStZ 2007, 579 (580); *Fischer* (Fn 1) § 266 Rn 24.

5 Vgl MünchKomm-StGB/*Dierlamm* (Fn 1), § 266 Rn 121; Schönke/Schröder/*Perron* (Fn 1), § 266 Rn 17.

6 Vgl Palandt/*Heinrichs* BGB, 70. Aufl 2011, § 164 Rn 13; *Habermeier*, in: *Bamberger/Roth* (Hrsg.), Beck'scher Online-Kommentar BGB, 18. Edition, § 167 Rn 47 (Stand 1. 5. 2010).

ebenfalls zur Unwirksamkeit des Vertretergeschäfts führt.[7] Erforderlich ist hierfür eine massive Verdachtsmomente voraussetzende objektive Evidenz des Missbrauchs,[8] teilweise wird auch nur ein Gebrauch in ersichtlich verdächtiger Weise gefordert, so dass beim Geschäftspartner begründete Zweifel an einem treugemäßen Gebrauch der Vertretungsmacht hätten entstehen müssen.[9] B redete C ein, dass ihr der Zuschlag zustehen würde, ihr Ehemann aber nichts davon erfahren dürfe. Bereits hier hätte sich jedoch C die Frage aufdrängen müssen, warum B nicht ein eigenes Konto für den Zuschlag eingerichtet hat. Auch hätte C bei einem genaueren Blick auf den Gehaltsnachweis erkennen können, dass der Zuschlag nicht als Zuschlag für B, sondern für sie deklariert worden ist. Entsprechendes gilt für den aufgeführten Verwendungszweck auf den Kontoauszügen. Bereits aus einem Teil der Indizien ergeben sich klare Hinweise darauf, dass der Zuschlag nicht in einem ordnungsgemäßen Verfahren gewährt worden ist.[10] Insofern war es objektiv evident, dass A nicht B den Zuschlag für überdurchschnittliche Leistungen gewährt hatte, sondern nur einen Weg suchte, um ungerechtfertigte Leistungen zu verschleiern.

Es handelt sich somit um einen Fall des offensichtlichen Missbrauchs der Vertretungsmacht, wodurch die Vermögensverfügungen an C *unwirksam* sind.[11] Für die Ansicht, die eine wirksame Verfügung als Voraussetzung für die Bejahung der Missbrauchsvariante der Untreue ansieht, ist der Tatbestand des § 266 I Var 1 StGB daher nicht erfüllt.

Eine andere Ansicht[12] geht hingegen davon aus, dass die Tathandlung des Missbrauchstatbestandes nicht auf rechtsgeschäftlich wirksame Handlungen beschränkt ist, sondern alle in Ausübung der übertragenen Rechtsmacht vorgenommenen, die treuhänderischen Pflichten verletzenden Handlungen umfasst.[13] Hierfür spreche, dass ansonsten gerade der schlimmste Fall des Missbrauchs, das bewusste Zusammenwirken zwischen Täter und Geschäftspartner, nicht von der Missbrauchsvariante erfasst wäre, was den Tatbestand ad absurdum führe.[14] Zudem lasse auch der Wortlaut des § 266 I StGB keine Anhaltspunkte für die Notwendigkeit einer zivilrechtsakzessorischen Auslegung erkennen, da „missbrauchen" kein zivilrechtlicher terminus technicus sei. Auch spreche die Beweislast für die Kollusion bzw. für die Fahrlässigkeit des Geschäfts-

---

7 Vgl Palandt/*Heinrichs* (Fn 6), § 164 Rn 14.

8 Vgl BGH NJW 1999, 2883.

9 Vgl BGH NJW 1968, 1379f; zu vertretenen Ansichten s. MünchKomm-BGB/*Schramm* 5. Aufl 2006, § 164 Rn 111f.

10 Geht man vertretbar davon aus, dass sich das Kennenmüssen erst durch den Verwendungszweck, der auf dem Kontoauszug sichtbar war, ergibt, wäre nach hier vertretener Lösung die erste Überweisung des Geldes ein Fall des § 266 I Var 1 StGB und die restlichen 17 Überweisungen solche des § 266 I Var 2 StGB.

11 AA vertretbar. Geht man davon aus, dass kein Fall des sog. „offensichtlichen Missbrauchs" vorliegt, ist nach der Darstellung der Gegenmeinung zur Notwendigkeit einer *wirksamen* Rechtshandlung ein Streitentscheid entbehrlich. Die anschließende Prüfung erfolgt entsprechend der Vorgaben in Fn 18.

12 *Arzt* FS-Bruns, 1978, S. 365ff; LK/*Schünemann* StGB, 11. Aufl, § 266 Rn 32ff (Stand 1. 5. 1998).

13 Vgl LK/*Schünemann* (Fn 12), § 266 Rn 34.

14 *Arzt* (Fn 12), S. 375.

partners, die auf Seiten des Vertretenen liegt, für ein Einbeziehen dieser Fälle in die Missbrauchsvariante, da sich hieraus eine schädigende Vermögensgefährdung[15] bereits durch den Anschein eines wirksamen Rechtsgeschäftes ergebe.[16] Nach dieser Ansicht ist auch bei Vorliegen eines sog. „offensichtlichen Missbrauchs" von einer Missbrauchshandlung gemäß § 266 I Var 1 StGB auszugehen.

Insgesamt ist trotz gegenläufiger, kriminalpolitisch guter Gründe die Ablehnung einer Missbrauchshandlung iSd § 266 I Var 1 StGB bei kollusivem Zusammenwirken bzw. bei Kenntnis oder Kennenmüssen der Überschreitung der Vertretungsmacht durch den Geschäftspartner vorzuziehen. Das Wesen der Missbrauchsvariante der Untreue wird dadurch bestimmt, dass eine eingeräumte Befugnis entgegen dem Willen des Vertretenen ausgeübt wird. Führt jedoch die rechtsgeschäftliche Handlung aufgrund zivilrechtlicher Vorgaben unmittelbar dazu, dass eine wirksame Vertretung nicht erfolgt ist, wurde nicht die Befugnis, sondern lediglich die Stellung, die der Vertreter inne hat, missbraucht.[17] Ein entsprechendes Verhalten unterfällt aber regelmäßig der Treuebruchvariante des § 266 I StGB. A hat daher seine Befugnis nicht missbraucht.[18]

bb) Treuebruchvariante (§ 266 I Var 2 StGB)

A müsste eine Vermögensbetreuungspflicht verletzt haben. Eine Vermögensbetreuungspflicht ist dann anzunehmen, wenn die Pflicht zur Wahrnehmung fremder Vermögensinteressen einiges Gewicht hat, sie muss Hauptpflicht sein und nicht nur beiläufige Pflicht und dem Verpflichteten muss zur Erfüllung seiner Aufgaben ein Ermessensspielraum, Selbständigkeit und Bewegungsfreiheit verbleiben.[19] Fraglich ist, ob A eine solche Pflicht hatte. Er war stellvertretender Leiter in der Personal- und Buchhaltungsabteilung. Im Gegensatz zu einem einfachen Buchhalter, dem regelmäßig keine Vermögensbetreuungspflicht zugesprochen wird,[20] hat A bei seiner Tätigkeit weitgehende Spielräume. Ihm obliegt es, Gehaltsbestandteile *selbständig* festzusetzen. Dazu muss er das Gesamtprofil der Mitarbeiterinnen und Mitarbeiter würdigen und aufgrund eines eigenverantwortlichen Entscheidungsprozesses Art und Höhe der Gehaltszahlungen festlegen. A verbleibt trotz der Möglichkeit einer Kontrolle durch Vorgesetzte ein hohes Maß an Selbständigkeit und Entscheidungsfreiheit. Die Festsetzung und Auszahlung von Gehalt beinhaltet zudem eine gewichtige Pflicht zur Wahrneh-

---

15 S. zum Begriff MünchKomm-StGB/*Hefendehl* (Fn 1), § 263 Rn 566; ausführlich bereits *ders.* Vermögensgefährdung und Exspektanzen, 1993, S. 129 ff.

16 Vgl LK/*Schünemann* (Fn 12), § 266 Rn 32 f.

17 Vgl auch Schönke/Schröder/*Perron* (Fn 1), § 266 Rn 17.

18 Wird vertretbar der Gegenansicht gefolgt, so ist zu thematisieren, ob eine Vermögensbetreuungspflicht auch für die Missbrauchsvariante erforderlich ist (s. hierzu *Fischer* [Fn 1], § 266 Rn 6 ff). Bei Bejahung entspricht die Prüfung der Vermögensbetreuungspflicht der Prüfung unter A. I. 1. a) bb).

19 Vgl BGH NStZ-RR 2002, 107; BGHSt 22, 190 (192); *Lackner/Kühl* StGB, 27. Aufl 2011, § 266 Rn 9 f.

20 Vgl BGH wistra 1987, 27; MünchKomm-StGB/*Dierlamm* (Fn 1), § 266 Rn 173; Nomos-Komm-StGB/*Kindhäuser* 3. Aufl 2010, § 266 Rn 57.

mung fremder Vermögensinteressen, nämlich der der Firma. Diese stellt eine Hauptpflicht des A dar.

Die spezifische Vermögensbetreuungspflicht müsste A zudem verletzt haben. Eine Pflichtverletzung ist anzunehmen, wenn eine Handlung, die mit der Vermögensbetreuungspflicht im inneren Zusammenhang steht,[21] nicht von dem rechtlichen Dürfen im Innenverhältnis gedeckt ist.[22] Zu den Aufgaben des A, aus denen sich seine Pflicht zur Wahrung der Vermögensinteressen der Firma ergeben, gehörte es gerade, Gehaltszulagen festzulegen. Die Festlegung eines Leistungszuschlages von 1.000,– Euro und die monatliche Überweisung dieser Zulage stehen daher in innerem Zusammenhang mit seiner Vermögensbetreuungspflicht. Entgegen der internen Richtlinie nahm A jedoch die für die Gewährung einer Zulage erforderliche Einzelfallprüfung nicht vor und ließ sich von sachfremden Erwägungen leiten. Daher stellen die monatlichen Überweisungen von 1.000,– Euro auf das Konto der C eine Verletzung der Vermögensbetreuungspflicht gegenüber dem Unternehmen dar.

cc) Vermögensnachteil

A müsste dem Unternehmen durch seine pflichtwidrige Handlung einen Vermögensnachteil zugefügt haben. Die Überweisung der 1.000,– Euro monatlich mindert das Vermögen des Unternehmens. Fraglich ist jedoch, ob ein Nachteil für das Vermögen eingetreten ist. Der Vermögensnachteil ist im Wege der Gesamtsaldierung festzustellen.[23] Dazu ist der Wert des Gesamtvermögens vor und nach der treuewidrigen Handlung zu vergleichen.[24] Ein Nachteil ist demnach dann zu verneinen, wenn der Vermögensverlust durch einen ebenfalls aus der pflichtwidrigen Handlung hervorgehenden Vermögensvorteil kompensiert wird.[25] Der Vermögensverlust des Unternehmens in Höhe von monatlich 1.000,– Euro könnte durch die Arbeitsleistung der C oder der B als wirtschaftlicher Vorteil für das Unternehmen kompensiert worden sein. Geht man davon aus, dass ein Leistungsbonus auch zur Motivation für eine überdurchschnittliche Leistung gewährt wird, könnte eine Teilkompensation dann eingetreten sein, wenn B oder C aufgrund der Zusatzzahlung überdurchschnittliche Leistungen zeigten. Jedoch arbeiteten weder C noch B über dem Leistungsniveau der jeweiligen Abteilungen und dies war auch nicht für die Zukunft zu erwarten. C ging davon aus, dass die Zulage nicht ihr, sondern der B galt. Von einem motivierenden Effekt ist somit nicht auszugehen. Es bestehen auch keine Anhaltspunkte dafür, dass B aufgrund des Erhalts der 1.000,– Euro monatlich überdurchschnittliche Leistungen erbracht hatte. Vielmehr erhielt sie das Geld völlig unabhängig von ihrer Arbeit, so dass von einer leistungssteigernden Wirkung nicht auszugehen ist.

---

21 Vgl BGH NJW 1992, 250 (251); *Fischer* (Fn 1), § 266 Rn 60.
22 NomosKomm-StGB/*Kindhäuser* (Fn 20), § 266 Rn 61.
23 S. nur *Fischer* (Fn 1), § 266 Rn 115; aA *Wolf* Die Strafbarkeit der rechtswidrigen Verwendung öffentlicher Mittel, 1997, S. 82 ff.
24 Vgl BGH NStZ-RR 2006, 378.
25 Vgl *Lackner/Kühl* (Fn 19), § 266 Rn 17 b.

Zudem müsste der Vermögensnachteil Folge der Pflichtverletzung sein.[26] Er hätte also bei pflichtgemäßem Verhalten des A ausbleiben müssen. Hätte A eine detaillierte Einzelfallprüfung vorgenommen, so hätte er feststellen müssen, dass weder B noch C überdurchschnittliche Leistungen zeigten oder Qualifikationen aufwiesen, die solche Leistungen erwarten ließen. Eine Leistungszulage wäre daher nicht zu gewähren gewesen, so dass eine Vermögensminderung nicht eingetreten wäre. A hat dem Unternehmen durch sein pflichtwidriges Handeln einen Vermögensnachteil zugefügt.

b) Subjektiver Tatbestand

A handelte vorsätzlich.

2. Rechtswidrigkeit und Schuld

A handelte rechtswidrig und schuldhaft.

3. Besonders schwerer Fall gemäß § 266 II iVm § 263 III StGB

Fraglich ist, ob A einen besonders schweren Fall der Untreue gemäß § 266 II iVm § 263 III StGB verwirklicht hat.

In Betracht kommt eine gewerbsmäßige Handlung gemäß Nr 1. Strittig ist allerdings bereits, ob § 263 III Nr 1 StGB auch auf den Untreuetatbestand anwendbar ist. Teilweise wird vertreten, dass die Verweisung in § 266 II StGB verfehlt sei[27] und eine Anwendung des § 263 III Nr 1 StGB für die Untreue daher ausgeschlossen sein müsse.[28] Trotz der in weiten Teilen dem Wesen der Untreue nicht entsprechenden Verweisung ist dem gesetzgeberischen Willen Rechnung zu tragen und eine Anwendung nicht grundsätzlich auszuschließen. Einer Fehlanwendung kann durch die Würdigung der Tat nach ihrem gesamten Tatbild, wie sie bei einem Regelbeispiel vorzunehmen ist,[29] entgegengesteuert werden.

Gewerbsmäßig iSd § 263 III Nr 1 Var 1 StGB handelt, wer sich aus wiederholter Tatbegehung eine nicht nur vorübergehende Einnahmequelle von einigem Umfang verschaffen möchte.[30] Zwar handelte A wiederholt, ebenso ist von einer Einnahmequelle von einigem Umfang bei 1.000,– Euro monatlich auszugehen, jedoch wollte A das Geld nicht für sich verwenden. Vielmehr wollte er, dass es der B zugute kommt. Ein „Sich-Verschaffen" der Einnahmequelle liegt somit nicht vor. A handelte nicht gewerbsmäßig. Auch ist kein Handeln des A als Mitglied einer Bande gemäß § 263 III Nr 1 Var 2 StGB anzunehmen, da eine Bande einen Zusammenschluss von mindestens drei Personen[31] zur fortgesetzten Verübung von Straftaten erfordert. C war aber nicht

---

26 BGHSt 46, 30 (34).
27 Vgl LK/*Schünemann* (Fn 12), § 266 Rn 177; *Lackner/Kühl* (Fn 19), § 266 Rn 22; Schönke/Schröder/*Perron* (Fn 1), § 266 Rn 53.
28 S. MünchKomm-StGB/*Dierlamm* (Fn 1), § 266 Rn 258.
29 Vgl LK/*Schünemann* (Fn 12), § 266 Rn 176.
30 Vgl *Fischer* (Fn 1), Vor § 52 Rn 62.
31 Vgl BGHSt 46, 321; *Fischer* (Fn 1), § 244 Rn 35 mwN.

in die Pläne von A und B eingeweiht, so dass sie nicht davon ausging, zusammen mit A und B fortgesetzt Straftaten zu begehen.

Ein Vermögensverlust großen Ausmaßes iSd § 263 III Nr 2 Var 1 StGB liegt auch bei einem Vermögensnachteil von insgesamt 18.000,– Euro nicht vor.[32]

A hat keinen Fall der besonders schweren Untreue verwirklicht.

4. Ergebnis

A hat sich wegen Untreue gemäß § 266 I Var 2 StGB strafbar gemacht.[33]

II. Strafbarkeit gemäß § 263 I StGB

A könnte sich wegen Betruges gemäß § 263 I StGB gegenüber und zum Nachteil des Automobilzulieferunternehmens strafbar gemacht haben, indem er die monatliche Überweisung von 1.000,– Euro als Leistungszulage für C deklarierte. Dazu müsste A falsche Tatsachen vorgespiegelt oder wahre Tatsachen entstellt oder unterdrückt haben. Zwar könnte man annehmen, dass die Kennzeichnung der 1.000,– Euro als Leistungszulage auch die Erklärung beinhaltet, dass zuvor eine ordnungsgemäße Prüfung der Voraussetzungen hierfür stattgefunden hat. Jedoch fehlt es an dem Täuschungsadressaten, also an der Person, die einem Irrtum darüber unterliegen soll. A hatte Letztentscheidungsbefugnis in entsprechenden Gehaltsfragen. Eine Überprüfung durch einen Vorgesetzten fand nicht mehr statt, so dass auch niemand einem Irrtum unterliegen konnte und sollte. Eine allgemeine Verschleierung einer pflichtwidrigen Handlung, damit diese beispielsweise bei etwaigen Revisionen nicht auffällt, stellt noch keine Täuschungshandlung dar.[34]

A hat sich nicht wegen Betruges gemäß § 263 I StGB gegenüber und zum Nachteil des Automobilzulieferunternehmens strafbar gemacht.

III. Strafbarkeit gemäß § 370 AO

Eine Strafbarkeit des A wegen Steuerhinterziehung gemäß § 370 AO scheidet aus, da auch der pflichtwidrig gewährte Zuschlag verbucht wurde und davon auszugehen ist, dass hierfür Steuern gezahlt wurden.

---

32 Als Schwellenwert wird teilweise von 50.000,– Euro ausgegangen, vgl. BGHSt 48, 360; MünchKomm-StGB/*Hefendehl* (Fn 1), § 263 Rn 777; für eine Grenze von 100.000,– Euro MünchKomm-StGB/*Dierlamm* (Fn 1), § 266 Rn 259. Diese Schwelle wird auch dann nicht erreicht, wenn man etwaig mehr gezahlte Steuern einberechnet, die sich aus zusätzlichen Abgaben für die 1.000,– Euro ergeben könnten.
33 Bei Bejahung auch der Missbrauchsvariante würde § 266 I Var 2 StGB hinter den spezielleren § 266 I Var 1 StGB zurücktreten (s. *Fischer* [Fn 1], § 266 Rn 194.)
34 Vertretbar erscheint es auch, eine objektive Täuschung der Steuer- oder Finanzprüfer anzunehmen, jedoch ist dann eine Vermögensverfügung (auch durch Unterlassen) durch die Irrenden abzulehnen. Da sich hierauf auch der Vorsatz des A nicht bezogen hat, entfällt auch eine Versuchsstrafbarkeit.

IV. Konkurrenzen (A)

Fraglich ist, in welchem Verhältnis die begangenen 18 Untreuehandlungen stehen. A überwies jeden Monat 1.000,– Euro. Dies erfordert jeweils einen neuen Tatentschluss. Dass diesen Handlungen auf einen einzelnen zu Beginn gefassten Tatplan zurückzuführen sind, ändert an der Selbständigkeit der einzelnen Überweisungshandlungen nichts. Die 18 Untreuehandlungen gemäß § 266 I StGB stehen zu einander in Tatmehrheit gemäß § 53 StGB.[35]

B. Strafbarkeit der B

I. Strafbarkeit gemäß § 263 I StGB zu Lasten der C

B könnte sich wegen Betruges gemäß § 263 I StGB gegenüber und zu Lasten der C strafbar gemacht haben, indem sie C erzählte, dass ihr ein Leistungsbonus zustehe.

1. Objektiver Tatbestand

B täuschte C darüber, dass ihr ein Leistungsbonus zustehe. Zudem erzählte sie ihr, dass dieses Geld wegen der Eifersucht ihres Mannes nicht auf das eheliche Konto überwiesen werden solle. C irrte über diese Tatsachen. Dass sie diesen Irrtum vermeiden konnte, spielt keine Rolle.[36] Aufgrund dieses fortwirkenden Irrtums übergab C auch regelmäßig die 1.000,– Euro an B. Fraglich ist allerdings, ob hierin eine Vermögensverfügung zu sehen ist. Vermögensverfügung ist jedes Tun oder Unterlassen, das sich unmittelbar vermögensmindernd auswirkt.[37] Als Vermögensminderung kommt die Aufgabe des Gewahrsams bzw. des Eigentums an dem Geld in Betracht. Formal betrachtet bildet das Eigentum einen Vermögensbestandteil.[38] Die Übergabe und Übereignung dieses Geldes an die B, an dem C beim Abheben von Ihrem Konto Eigentum erworben hat, stellt daher eine Vermögensverfügung dar. Für die Beurteilung des Schadens ist jedoch eine Gesamtbetrachtung der Vermögensverhältnisse vor und nach der Vermögensverfügung vorzunehmen.[39] Diese ergibt, dass der C die monatlich überwiesenen 1.000,– Euro bereits vor der Übergabe und Übereignung des Geldes nicht zustanden, sie vielmehr auch nach ihrer eigenen Vorstellung in der Funktion einer Botin agierte, das Geld also nur erhielt, um es wie geschehen an die B weiterzugeben. Der Besitz und auch das Eigentum hat in diesen Fällen regelmäßig *keinen* wirtschaftlichen Wert für den Getäuschten, sodass der Schaden entfällt.[40] Ein Schaden kann allenfalls darin gesehen werden, wenn sich C bereicherungsrechtlichen Ansprüchen des Unternehmens ausgesetzt sähe, die dadurch entstehen könnten, dass die Überweisung des Geldes wegen des evidenten Missbrauchs der Vertretungsmacht durch A ohne Rechtsgrund er-

---

35 A A vertretbar.
36 Vgl zur Unbeachtlichkeit von fahrlässigem Verhalten des Geschädigten MünchKomm-StGB/*Hefendehl* (Fn 1), § 263 Rn 226.
37 BGHSt 14, 170 (171).
38 MünchKomm-StGB/*Hefendehl* (Fn 1), § 263 Rn 398.
39 S. übersichtsartig zum Vermögensbegriff *Satzger* JURA 2009, 518 (519).
40 S. hierzu Schönke/Schröder/*Cramer/Perron* (Fn 1), § 263 Rn 157.

folgte,[41] diese Ansprüche aber von C nun nicht mehr durch das inzwischen übereignete Geld ausgeglichen werden könnten. Mit der Übergabe des Geldes an B sind jedoch die bereicherungsrechtlichen Ansprüche des Unternehmens untergegangen, da C keine Kenntnis vom Mangel des rechtlichen Grundes der Vermögensverfügung durch A gemäß § 819 I BGB hatte und daher gemäß § 818 III BGB entreichert ist. Bei einer wirtschaftlichen Gesamtbetrachtung führte die Übereignung des Geldes durch C somit nicht zu einer Schädigung ihres Vermögens. Ein Vermögensschaden ist zu verneinen.

2. Ergebnis

B hat sich nicht wegen Betruges gemäß § 263 I StGB gegenüber und zu Lasten der C strafbar gemacht.

II. Strafbarkeit gemäß § 263 I StGB zu Lasten des Unternehmens

B könnte sich wegen Betruges gemäß § 263 I StGB gegenüber C und zu Lasten des Automobilzulieferunternehmens strafbar gemacht haben, indem sie C erzählte, dass ihr ein Leistungsbonus zustehe. Jedoch mindert die Übergabe des Geldes von C an B das Vermögen des Unternehmens nicht. Der endgültige Vermögensschaden war demgegenüber bereits durch die Untreuehandlung des A eingetreten. Eine Betrugsstrafbarkeit gemäß § 263 I StGB zu Lasten des Unternehmens scheidet aus.

III. Strafbarkeit gemäß § 261 I 2 Nr 4 a StGB

Die Verwirklichung des Tatbestandes der Geldwäsche gemäß § 261 I 2 Nr 4 a StGB durch B scheidet mangels tauglicher Vortat aus, da die Untreuehandlung des A weder gewerbsmäßig noch als Mitglied einer Bande begangen wurde.[42]

IV. Strafbarkeit gemäß § 257 I StGB

B hat sich auch nicht wegen Begünstigung gemäß § 257 I StGB strafbar gemacht, da nur sie selbst und kein anderer Vorteile aus der Tat erlangt hat.

V. Strafbarkeit gemäß § 246 I StGB

Eine Unterschlagung kommt nicht in Betracht. Als B das Geld von C entgegennahm, war C Eigentümerin des von ihrem Konto abgehobenen Geldes. Die Zueignung des Geldes durch B war somit rechtmäßig.

VI. Strafbarkeit gemäß § 259 I StGB

Eine Strafbarkeit der B wegen Hehlerei gemäß § 259 I StGB scheidet aus, da in dem abgehobenen Geld keine Sache zu sehen ist, die ein anderer durch eine gegen fremdes Vermögen gerichtete Tat erlangt hat.

---

41 Wird von den Bearbeitenden das Kennenmüssen des Missbrauchs der Vertretungsmacht verneint (vgl. unter A. I. 1. a] aa]), fehlt es deshalb bereits an einem Schaden.
42 Vgl hierzu auch die Prüfung unter C. I.

Puschke

VII. Strafbarkeit gemäß §§ 266 I, II, 27 I iVm § 263 III Nr 1 Var 1 StGB

B könnte sich wegen Beihilfe zur Untreue im besonders schweren Fall gemäß §§ 266 I, II, 27 I iVm § 263 III Nr 1 Var 1 StGB strafbar gemacht haben, indem sie die Überweisung der 1.000,– Euro mit A vereinbarte und C um Hilfe bat.

1. Tatbestand

Eine vorsätzliche und rechtswidrige Haupttat liegt in der von A begangenen Untreue.[43] Fraglich ist, ob B zu dieser Tat Hilfe geleistet hat. Eine mittäterschaftliche Begehungsweise gemäß § 25 II StGB scheidet jedenfalls aus. Die Untreue stellt ein Sonderdelikt dar.[44] Täterschaftlich kann daher nur handeln, wer in einem Treueverhältnis steht, das als besonderes persönliches Merkmal die Vermögensbetreuungspflicht des § 266 I StGB begründet.[45] Da B als Informatikerin in der Forschungsabteilung nicht in einem besonderen auf das Unternehmensvermögen bezogenen Treueverhältnis zu dem Automobilzulieferunternehmen steht, kommt nur eine Strafbarkeit wegen einer Teilnahmehandlung in Betracht. Hilfeleisten ist ein Tatbeitrag, der die Haupttat ermöglicht oder ihre Durchführung erleichtert, also fördert.[46] B hat mit dem A besprochen, welches Vorgehen das unauffälligste sein könnte. Zudem hat sie die bis dahin unbeteiligte C veranlasst, ihr Konto für die Überweisung der 1.000,– Euro zur Verfügung zu stellen. Ohne diese Handlungen hätte A das Geld nicht überwiesen und somit keine Untreue in dieser Form begangen. Diese Handlungen stellen eine Hilfeleistung dar.

B handelte sowohl bezüglich der vorsätzlichen und rechtswidrigen Tat des A als auch bezüglich des eigenen Hilfeleistens vorsätzlich.

2. Rechtswidrigkeit und Schuld

B handelte auch rechtswidrig und schuldhaft.

3. Besonders schwerer Fall des §§ 266 II, 27 I iVm § 263 III Nr 1 Var 1 StGB

Fraglich ist, ob B einen besonders schweren Fall der Beihilfe zur Untreue gemäß §§ 266 II, 27 I iVm § 263 III Nr 1 Var 1 StGB verwirklicht hat. Bei dem Tatbestandsmerkmal „gewerbsmäßig" handelt es sich um ein besonderes persönliches Merkmal iSd § 28 II StGB,[47] so dass es darauf ankommt, ob dieses Merkmal in der Person des jeweiligen Beteiligten erfüllt ist. B wollte *sich* aus den Geldbeträgen, die von A auf das Konto der C überwiesen wurden, eine nicht nur vorübergehende Einnahmequelle von einigem Umfang verschaffen. Dabei ist es nicht erforderlich, dass durch diese Einnahmequelle der Lebensunterhalt alleine oder überwiegend bestritten wird.[48] Insoweit reicht auch die Einnahme von 1.000,– Euro bei einem sonstigen Gehalt von ca. 4.000,–

---

43 S. unter A. I.

44 Vgl nur LK/*Schünemann* (Fn 12), § 266 Rn 160.

45 Vgl nur BGH NJW 2008, 2516; NomosKomm-StGB/*Kindhäuser* (Fn 20), § 266 Rn 127.

46 Vgl BGH NStZ 1985, 318.

47 Vgl BGH wistra 2005, 177.

48 MünchKomm-StGB/*Hefendehl* (Fn 1), § 263 Rn 767.

Puschke

Euro aus. Fraglich ist jedoch, ob sich diese Einnahmequelle aus einer wiederholten Tatbegehung ergeben sollte. Als unmittelbare Gehilfenhandlung kommen zunächst nur die Beteilung an der Erstellung des Tatplanes sowie das Ansprechen der C in Betracht. Diese Handlungen waren jedoch für alle Überweisungen und damit Untreuehandlungen des A relevant. Diese fortgesetzten Überweisungshandlungen waren zudem auch von Anfang an beabsichtigt. Des Weiteren wurde B auch während der 18 Monate unterstützend tätig. Durch Annahme des Geldes von C leistete sie weitere Beiträge dazu, dass das Vorgehen nicht aufgedeckt wurde. Unabhängig davon, wie diese Verhaltensweisen konkurrenzrechtlich zu bewerten sind,[49] wurde die Schaffung einer dauerhaften Einnahmequelle seitens der B gefördert. Sie handelte gewerbsmäßig.

4. Ergebnis

B hat sich wegen Beihilfe zur Untreue im besonders schweren Fall gemäß §§ 266 I, II, 27 I iVm § 263 III Nr 1 Var 1 StGB strafbar gemacht.

VIII. Konkurrenzen (B)

B hat sich wegen Beihilfe zur Untreue im besonders schweren Fall gemäß §§ 266 I, 27 I iVm § 263 III Nr 1 Var 1 StGB strafbar gemacht. Die Beihilfehandlung bezog sich auf 18 Fälle der Untreue. Sie förderte jedoch nur im Vorfeld der Überweisung die Tathandlung des A, so dass sich ihre Tat konkurrenzrechtlich als eine Beihilfehandlung darstellt.[50] B beging somit eine Beihilfe im besonders schweren Fall zur Untreue in 18 Fällen gemäß §§ 266 I, II, 27 I iVm § 263 III Nr 1 Var 1 StGB.

C. Strafbarkeit der C

I.   Strafbarkeit gemäß § 261 I 2 Nr 4 a StGB

C könnte sich wegen Geldwäsche gemäß § 261 I 2 Nr 4a StGB strafbar gemacht haben, indem sie ihr Konto für die Überweisung der 1.000,– Euro zur Verfügung stellte und das Geld regelmäßig der B übergab. Tatobjekt des § 261 StGB kann jeder vermögenswerte Gegenstand sein,[51] hierzu zählen auch Forderungen und Buchgeld.[52] Die monatlich überwiesenen 1.000,– Euro sind somit taugliches Tatobjekt. Fraglich ist, welche Vortat als Anknüpfungspunkt in Betracht kommt. Zunächst ist an die Untreuehandlung des A zu denken, aufgrund derer das Geld auf das Konto der C überwiesen wurde. Jedoch ist nicht jede Untreuehandlung iSd § 266 I StGB Katalogtat des § 261 I 2

---

49 Die Beurteilung der Gewerbsmäßigkeit ist von der konkurrenzrechtlichen Einordnung weitgehend unabhängig vorzunehmen, vgl hierzu BGH NJW 2004, 2840 (2842).
50 Vgl zu dieser Problematik MünchKomm-StGB/*Joecks* 2003, § 27 Rn 100. Vertretbar erscheint es auch, das wiederholte Entgegennehmen des Geldes als Beihilfehandlungen nach dem zuvor gemeinsam erarbeiteten Tatplan zu qualifizieren. In diesem Fall müsste jedoch eine rechtlich soziale Bewertungseinheit dieser Handlungen angenommen werden, weshalb von einer tateinheitlichen Begehungsweise gem § 52 StGB auszugehen ist.
51 Vgl *Fischer* (Fn 1), § 261 Rn 6.
52 Vgl *Otto* JURA 1993, 329 (330); Schönke/Schröder/*Stree/Hecker* (Fn 1), § 261 Rn 4.

StGB. Die Untreue muss vielmehr gewerbsmäßig oder von einem Mitglied einer Bande begangen worden sein (§ 261 I 2 Nr 4 a StGB). Hier kommt nur eine gewerbsmäßige Begehungsweise in Betracht. Jedoch handelte A fremdnützig, weshalb das Merkmal der Gewerbsmäßigkeit in seiner Person nicht erfüllt ist.[53]

Jedoch könnte die Beihilfe zur Untreue gemäß §§ 266 I, II, 27 I iVm § 263 III Nr 1 Var 1 StGB in besonders schwerem Fall, die durch B verwirklicht wurde,[54] taugliche Vortat für eine Geldwäschehandlung der C sein, da B gewerbsmäßig handelte. Fraglich ist, ob eine Beihilfehandlung Katalogtat des § 261 I 2 StGB sein kann. Eine Ansicht verneint dies.[55] Schon der Wortlaut, der ohne Zusatz nur auf „Taten" abstellt, weise darauf hin, dass nur die Haupttat taugliche Vortat der Geldwäsche sein könne. Etwas anderes ergebe sich auch nicht aus dem Zweck der Vorschrift, zudem erfordere das verfassungsrechtliche Bestimmtheitsgebot eine restriktive Auslegung.[56] Eine andere Ansicht lässt auch die Beihilfe als Vortat ausreichen[57] und verweist auf die kriminalpolitische Bedeutung eines weit gefassten Geldwäschetatbestandes, insbesondere hinsichtlich der Bekämpfung der Finanzierung des Terrorismus.[58] Der ersten Ansicht ist zu folgen. Der sehr weit gefasste Tatbestand des § 261 StGB kann nur durch eine möglichst strenge Konturierung den Anforderungen an das Bestimmtheitsgebot und die Verhältnismäßigkeit genügen. Bei einem Strafmaß von drei Monaten bis fünf Jahren Freiheitsstrafe und einer – wenn auch mit geringerem Strafmaß (bis zu zwei Jahren Freiheitsstrafe) – leichtfertigen Begehungsvariante (§ 261 V 2 StGB) darf nicht nahezu jedweder Umgang mit einem deliktsbehafteten Gegenstand unter Strafe gestellt werden. Die Beihilfe zur Untreue seitens der B scheidet als Vortat für eine Geldwäschehandlung der C aus.[59]

C hat sich nicht wegen Geldwäsche gemäß § 261 I 2 Nr 4 a StGB strafbar gemacht.

---

53 Vgl unter A. I. 3.
54 Vgl unter B. VII. 3.
55 Vgl BGH NJW 2008, 2516; *Hoch* StV 2009, 414 f; *Nestler,* in: Herzog (Hrsg.), Geldwäschegesetz, 2010, Rn 34; im Ergebnis auch *Ransiek* JR 2008, 480 (481 f), allerdings mit der Begründung, dass ein ausreichender Zurechnungszusammenhang zwischen Vortat und Tatobjekt iS eines „Herrührens" auf die täterschaftliche Begehung der Vortat beschränkt und bei der Teilnahme ausgeschlossen sein muss.
56 BGH NJW 2008, 2516.
57 Vgl NomosKomm-StGB/*Altenhain* (Fn 20), § 261 Rn 30; *Burger* wistra 2002, 1 (7); *Jahn/Ebner* JuS 2009, 597 (598); *Neuheuser* NStZ 2009, 327 f, der aber das Tatbestandsmerkmal des „Herrührens" bei einer Beihilfe als Vortat in bestimmten Fällen als nicht erfüllt ansieht.
58 Vgl *Burger* wistra 2002, 1 (7).
59 AA vertretbar. Wenn die Bearbeitenden hier der aA folgen, ist zunächst zu problematisieren, ob die jeweils abgehobenen 1.000,– Euro aus der Beihilfe zur Untreue in besonders schwerem Fall herrühren. Dies könnte deshalb ausgeschlossen sein, weil davon auszugehen ist, dass sich zum Zeitpunkt des Abhebens ein höherer Betrag als 1.000,– Euro aus nicht kontaminierten Quellen auf dem Konto der C befindet (vgl hierzu *Fahl* JURA 2004, 160 [164]; Schönke/Schröder/*Stree/Hecker* [Fn 1], § 261 Rn 11). Jedoch führt nach OLG Karlsruhe NJW 2005, 767 bereits der Eingang aus wirtschaftlicher Sicht nicht völlig unerheblicher inkriminierter Geldwerte zur Bemakelung des Gesamtbestandes (s. zu den unterschiedlichen Ansätzen *Fischer* [Fn 1], § 261 Rn 8). Jedenfalls fehlt es am Vorsatz der Geldwäsche. Jedoch könnte in diesem Fall § 261 V (Leichtfertigkeit) angenommen werden (vgl Argumente zum Kennenmüssen seitens der C unter A. I. 1. a] aa]).

Puschke

II. Strafbarkeit gemäß § 257 I StGB

C könnte sich wegen Begünstigung gemäß § 257 I StGB strafbar gemacht haben, indem sie ihr Konto für die Überweisung der 1.000,– Euro zur Verfügung stellte und das Geld regelmäßig der B übergab.

Vortat[60] ist die Beihilfe zur Untreue gemäß §§ 266 I, II, 27 I iVm § 263 III Nr 1 Var 1 StGB in besonders schwerem Fall, die durch B verwirklicht wurde. Durch die Angabe der Kontonummer und das Abheben und Übergeben des Geldes sicherte C der B auch die Vorteile der Tat in Höhe der monatlich überwiesenen 1.000,– Euro. Fraglich ist allerdings, ob C vorsätzlich in Bezug auf die Vortat handelte. B redete C ein, dass ihr die Zulage zustehe, diese nur wegen der Eifersucht ihres Ehemannes auf ein anderes als das eheliche Konto überwiesen werden müssen. Dass dies eine Vorspiegelung falscher Tatsachen war, erkannte C nicht. Nach ihrer Vorstellung wurde eine Zulage ausbezahlt, die B auch zustand. Unter Zugrundelegung dieser Vorstellung wäre auf Seiten der Firma jedoch kein Vermögensnachteil eingetreten, wodurch B auch keine Beihilfe zur Untreue begangen hätte. C handelte nicht vorsätzlich.

C hat sich nicht wegen Begünstigung gemäß § 257 I StGB strafbar gemacht.

III. Strafbarkeit gemäß § 258 I StGB

Auch hat sich C nicht wegen Strafvereitelung gemäß § 258 I StGB strafbar gemacht, da sie eine Bestrafung von A und B wegen der Untreuehandlungen nicht absichtlich bzw. wissentlich vereitelte.

IV. Strafbarkeit gemäß § 259 I StGB

Eine Strafbarkeit der C wegen Hehlerei gemäß § 259 I StGB scheidet aus, da in dem abgehobenen Geld keine Sache zu sehen ist, die ein anderer durch eine gegen fremdes Vermögen gerichtete Tat erlangt hat.

V. Strafbarkeit gemäß §§ 266 I, 27 I StGB

C könnte sich wegen Beihilfe zur Untreue gemäß §§ 266 I, 27 I StGB strafbar gemacht haben, indem sie ihr Konto für die Überweisung der 1.000,– Euro zur Verfügung stellte und das Geld regelmäßig der B übergab.

Eine vorsätzliche und rechtswidrige Haupttat seitens des A liegt vor. Auch leistete C Hilfe, indem sie ihr Konto zur Verfügung stellte und das eingegangene Geld jeweils an B übergab. Jedoch handelte C auch in diesem Fall nicht vorsätzlich in Bezug auf die Untreue des A.

C hat sich nicht wegen Beihilfe zur Untreue gemäß §§ 266 I, 27 I StGB strafbar gemacht.

---

60 Eine Vortat iSd § 257 StGB kann auch eine Beihilfehandlung sein, vgl. Schönke/Schröder/ *Stree/Hecker* (Fn 1), § 257 Rn 3.

D. Gesamtergebnis

A hat sich wegen Untreue gemäß § 266 I Var 2 StGB in 18 Fällen tatmehrheitlich gemäß § 53 StGB strafbar gemacht. B hat sich wegen Beihilfe im besonders schweren Fall
zur Untreue in 18 Fällen gemäß §§ 266 I, II, 27 I iVm § 263 III Nr 1 Var 1 StGB strafbar gemacht. C bleibt straflos.

Aufgabe 2
Gutachten des Anwalts des A

A. Zulässigkeit des Rechtsbehelfs

I. Statthafter Rechtsbehelf

Statthafter Rechtsbehelf des A könnte ein Antrag auf gerichtliche Entscheidung gemäß
§ 98 II 2 StPO sein. Eine gerichtliche Entscheidung kann grundsätzlich dann beantragt
werden, wenn die Maßnahme nicht von einem Gericht (dann Beschwerde gemäß
§§ 304 ff StPO) angeordnet wurde oder das Begehren sich gegen die Art und Weise der
Durchführung der Maßnahme richtet.[61] A will sich gegen das Kopieren der Daten
wenden. Die Kenntnisnahme und das Kopieren der speziellen Daten war nicht unmittelbar im Durchsuchungsbeschluss angeordnet, der sich allgemein auf Beweismittel
und im Besonderen nur auf größere Geldbestände bezog. Das Vorgehen stellt sich somit als eigenständig von den Ermittlungspersonen veranlasst dar, weshalb ein Antrag
auf gerichtliche Entscheidung grundsätzlich der richtige Rechtsbehelf ist.

Für eine unmittelbare Anwendung des § 98 II 2 StPO müsste es sich bei dem Kopieren und Mitnehmen der Daten um eine Beschlagnahme iSd § 94 II StPO handeln.
Beschlagnahme ist die Sicherstellung von Gegenständen zu Beweiszwecken. Sie ist
dann anzuordnen, wenn Gegenstände, die sich im Gewahrsam einer Person befinden,
nicht freiwillig herausgegeben werden. Zu diesen Gegenständen zählen auch digital
gespeicherte Informationen,[62] so dass auch die Daten auf dem Laufwerk des Automobilzulieferunternehmens taugliche Beschlagnahmeobjekte sein können. Fraglich ist jedoch, ob nicht der durch das Gesetz zur Neuregelung der Telekommunikationsüberwachung und anderer verdeckter Ermittlungsmaßnahmen[63] eingeführte § 110 III 2
StPO die Rechtsgrundlage für die Speicherung der Daten darstellt. Hierfür spricht der
Ablauf der Durchsuchung, bei dem die Beamten auf die gespeicherten Daten aufgrund
einer Durchsicht eines Computers aufmerksam wurden, der räumlich von dem Computer der Betroffenen C getrennt war. Bei dem Vorgehen ging es den Beamten nicht
darum, unmittelbar beweiserhebliche Daten zu erlangen. Vielmehr sollte eine Durchsicht der mitgenommenen Daten erst klären, ob die vorläufig gesicherten Dateien zu-
rückzugeben sind oder die richterliche Beschlagnahme zu erwirken ist. Insoweit stellt

---

61 Vgl nur *Beulke* Strafprozessrecht, 11. Aufl 2010, Rn 323f.
62 Vgl *Böckenförde* Die Ermittlung im Netz, 2003, S. 274 ff; *Meyer-Goßner* StPO, 53. Aufl 2010,
§ 94 Rn 4, 16a; vgl. auch BVerfG NJW 2009, 2431 zur Sicherstellung und Beschlagnahme von E-
Mails auf dem Mailserver des Providers.
63 BGBl 2007 I, S. 3198.

sich § 110 III 2 StPO als speziellere Regelung gegenüber § 94 II StPO dar.[64] § 110 III 2 StPO ist die einschlägige Rechtsgrundlage.[65]

Der Rechtsschutz richtet sich daher nach § 110 III 2 aE StPO, weshalb die gerichtliche Entscheidung über die vorläufige Sicherung der Daten zum Zwecke der Durchsicht gemäß § 110 III 2 aE iVm § 98 II 2 StPO zu beantragen ist. Zuständig ist der Ermittlungsrichter des Amtgerichts, in dessen Bezirk die zuständige Staatsanwaltschaft ihren Sitz hat.[66]

II. Antragsbefugnis des A

Antragsbefugt ist derjenige, der von der Maßnahme in eigenen Rechten betroffen ist.[67] Dies ist bei einer Durchsicht oder Beschlagnahme regelmäßig der Gewahrsamsinhaber, es kommt aber auch jede andere Person in Betracht, in deren Rechte durch die Maßnahme eingegriffen wird.[68] A macht geltend, dass die Dateien persönliche Daten von ihm enthalten. Die Kenntnisnahme und das Kopieren dieser Daten durch dritte Personen greift in das Recht des A auf informationelle Selbstbestimmung ein. Da die Kenntnisnahme zudem mittels Zugriffs auf einen Computer erfolgte, liegt auch ein Eingriff in das Grundrecht auf Gewährleistung der Vertraulichkeit und Integrität informationstechnischer Systeme[69] vor. Dieses Grundrecht kann immer dann berührt sein, wenn informationstechnische Systeme „personenbezogene Daten des Betroffenen in einem Umfang und in einer Vielfalt enthalten können, dass ein Zugriff auf das System es ermöglicht, einen Einblick in wesentliche Teile der Lebensgestaltung einer Person zu gewinnen oder gar ein aussagekräftiges Bild der Persönlichkeit zu erhalten". Dies kann auch bei einer geschäftlichen Nutzung des Computers der Fall sein.[70] A ist Betroffener.

III. Rechtsschutzbedürfnis des A

Das Rechtsschutzbedürfnis könnte fehlen, wenn die Maßnahme durch die Sicherung der Daten bereits erledigt wäre. Eine Erledigung ist jedoch nicht eingetreten. Die Maßnahme ist als eine Sicherung der Daten iSd § 110 III StPO zu qualifizieren[71] und stellt damit einen Teil der Durchsicht eines elektronischen Speichermediums dar.[72] Die Durch-

---

64 Vgl auch *Gercke*, in: Julius ua (Hrsg.), Strafprozessordnung, 4. Aufl 2009, § 110 Rn 35.
65 AA vertretbar.
66 Vgl *Meyer-Goßner* (Fn 62), § 98 Rn 16.
67 Vgl Löwe-Rosenberg/*Schäfer* StPO, 25. Aufl 2004, § 110 Rn 20.
68 Vgl Löwe-Rosenberg/*Schäfer* (Fn 67), § 98 Rn 47; beschränkend auf Gewahrsamsinhaber, Eigentümer, Besitzer und Personen, deren personenbezogene Daten auf dem beschlagnahmten Gegenstand enthalten sind *Meyer-Goßner* (Fn 62), § 98 Rn 20.
69 S. BVerfG NJW 2008, 822.
70 BVerfG NJW 2008, 822 (827).
71 Vgl unter Gutachten des Anwalts des A, A. I.
72 Sofern hier eine Beschlagnahme als Rechtsgrundlage für das Kopieren der Daten und Verbringen der Daten-CD auf die Polizeidienststelle angenommen wird, könnte wegen des anhaltenden Eingriffs in das Recht auf informationelle Selbstbestimmung ebenfalls davon ausgegangen werden, dass eine Erledigung noch nicht eingetreten ist. Wird hingegen die Erledigung der

suchung ist erst beendet, wenn die Durchsicht der Unterlagen abgeschlossen ist und die Unterlagen zurückgegeben wurden, bzw eine Beschlagnahme beantragt wurde.[73] Das Verbringen der Daten-CD in die Polizeidienststelle ist somit Teil einer andauernden Durchsuchung.

IV. Teilergebnis

Der Antrag auf gerichtliche Entscheidung über die vorläufige Sicherung der Daten zum Zwecke der Durchsicht gemäß § 110 III 2 aE. iVm § 98 II 2 StPO ist zulässig.

B. Begründetheit

Der Antrag wäre begründet, wenn die Sicherstellung der Daten rechtswidrig war und A dadurch in seinen Rechten verletzt wurde. Da diese Sicherstellung von einem externen Speichermedium als Vorbereitung einer Durchsicht zu qualifizieren ist und daher der Durchsuchung zugeordnet ist,[74] beurteilt sich die Rechtmäßigkeit der angefochtenen Entscheidung anhand der rechtlichen Voraussetzungen des § 110 III StPO, der die Rechtsgrundlage für die Maßnahme darstellt.

I. Zuständigkeit

Das Kopieren der Daten müsste durch die zuständigen Personen veranlasst worden sein. Zuständig für die Durchsicht von Papieren, deren Unterfall der Zugriff auf Daten auf räumlich getrennten Speichermedien gemäß § 110 III StPO darstellt, ist gemäß § 110 I StPO die Staatsanwaltschaft. Diese kann jedoch die Ermittlungspersonen mit der Durchsicht beauftragen. Eine solche Anordnung soll trotz der Sachleitungsbefugnis der Staatsanwaltschaft gemäß § 161 I 2 StPO auch vorab erfolgen können.[75] Die Ermittlungspersonen waren für die Durchsicht des Computers im Automobilzulieferunternehmen und das Kopieren der Daten zuständig.

II. Sachliche Voraussetzungen

Die Anordnung der Durchsuchung selbst, als Grundlage für eine gesetzmäßige Sicherstellung,[76] war rechtmäßig. Fraglich ist, ob auch die speziellen Voraussetzungen für die Durchsicht eines externen elektronischen Speichermediums und die Sicherstellung hierauf befindlicher Daten gemäß § 110 III StPO vorliegen.

Beschlagnahme angenommen, ist entsprechend BVerfGE 96, 27 auf die Frage des Vorliegens eines tiefgreifenden Grundrechtseingriffs einzugehen.
73 Vgl BGH NJW 1973, 2035; *Kühne* Strafprozessrecht, 8. Aufl 2010, Rn 558; *Meyer-Goßner* (Fn 62), § 110 Rn 10, § 105 Rn 15; *Roxin/Schünemann* Strafverfahrensrecht, 26. Aufl 2009, § 35 Rn 14; SK-StPO/*Wohlers* 4. Aufl 2010, § 110 Rn 6.
74 Vgl BVerfG NStZ-RR 2002, 144 (145).
75 Vgl *Meyer-Goßner* (Fn 62), § 110 Rn 3.
76 *Gercke* (Fn 64), § 110 Rn 17.

Puschke

1. Im Rahmen einer Durchsuchung

Dazu muss der Zugriff zunächst im Rahmen einer Durchsuchung erfolgt sein. Die Ermittlungspersonen haben hier aufgrund eines rechtmäßigen Beschlusses die Wohnung der C durchsucht. Im Verlauf dieser Durchsuchung stießen sie auf den Computer der C, von dem aus der Zugriff auf die Datenbestände auf dem Laufwerk des Automobilzulieferunternehmens vorgenommen wurde. Das Vorgehen fand im Rahmen einer Durchsuchung statt.

2. Potenzielle Bedeutung der durchgesehenen Daten für die Untersuchung als Voraussetzung bereits für die Durchsicht

Fraglich ist, ob bereits für die Durchsicht des externen Speichermediums eine potenzielle Bedeutung der hierauf möglicherweise befindlichen Daten für die Untersuchung erforderlich ist. Diese Voraussetzung ist in § 110 III 2 StPO nur für die Sicherung der Daten, also den tiefergehenden Eingriff selbst, vorgesehen. Aus Sicht des Drittbetroffenen (hier des A) stellt sich jedoch die Durchsicht der Daten nicht im gleichen Maße als offene Durchsuchung dar, wie es für den unmittelbar Betroffenen (hier die C) der Fall ist. Vielmehr besteht während des Eingriffs in das Recht auf informationelle Selbstbestimmung und das Grundrecht auf Gewährleistung der Vertraulichkeit und Integrität informationstechnischer Systeme nicht die Möglichkeit, Kenntnis von der Maßnahme zu erlangen. Auch nach Beendigung des unmittelbaren Zugriffs ist eine gerichtliche Anordnung iSd § 98 II 1 StPO, die auch die Gewährung rechtlichen Gehörs gemäß § 33 III StPO beinhaltet,[77] nur dann einzuholen, wenn Daten sichergestellt werden (§ 110 III 2 aE StPO). Wegen der hierdurch eingeschränkten Abwehrmöglichkeiten des Betroffenen stellt sich diese Vorgehensweise teilweise als verdeckte Maßnahme dar.[78] Aufgrund des verfassungsrechtlichen Grundsatzes der Verhältnismäßigkeit und der bei heimlichen Maßnahmen erhöhten Anforderungen hieran[79] ist daher richtigerweise eine potenzielle Bedeutung der Daten auch für die Durchsicht des externen Speichermediums erforderlich. Den Ermittlungsbehörden war bekannt, dass es sich um Vorgänge im Zusammenhang mit dem A und dem Automobilzulieferunternehmen handelte. Insofern ist auch davon auszugehen, dass Daten auf einem Laufwerk des Automobilzulieferunternehmens, auf das C zugreifen konnte, Hinweise enthielten, die zur Aufklärung des Falles führen können. Von der Möglichkeit einer Bedeutung der Daten für die Untersuchung ist daher auszugehen.

---

77 Vgl *Meyer-Goßner* (Fn 62), § 110 Rn 8. Zu beachten ist zudem, dass auch bei einer gerichtlichen Anordnung in einer Vielzahl der Fälle rechtliches Gehör nicht gewährt werden kann, da die betroffenen Personen häufig nicht oder nur nach einem zeitintensiven Ermittlungsaufwand festgestellt werden können, vgl. hierzu *Puschke/Singelnstein* NJW 2008, 113 (115).

78 *Puschke/Singelnstein* NJW 2008, 113 (115); als heimliches Vorgehen qualifizierend auch *Eisenberg* Beweisrecht der StPO, 7. Aufl 2011, Rn 2449; *Gercke* (Fn 64), § 110 Rn 33; aA BVerfG MMR 2009, 36 (37 f); *Bär* MMR 2008, 215 (221); *Meyer-Goßner* (Fn 62), § 110 Rn 8; KK-StPO/*Nack* 6. Aufl 2008, § 110 Rn 8; *Schlegel* HRRS 2008, 23 (26); SK-StPO/*Wohlers* (Fn 73), § 110 Rn 9.

79 Vgl BVerfGE 112, 304.

3. Zugriffsmöglichkeit auf das externe Speichermedium

Des Weiteren muss von dem Speichermedium des Betroffenen aus auf die räumlich getrennten Speichermedien zugegriffen werden können. Diese weite Formulierung bedarf einer Konkretisierung dadurch, dass nicht jede denkbare Möglichkeit des Zugriffs ausreichen kann. Vielmehr muss die vorgefundene Konfiguration des Computers den Zugriff grundsätzlich gestatten.[80] Es dürfen also weder Programme installiert noch dürfen Hardwarekomponenten für die Ermöglichung eines Zugriffs hinzugefügt werden. Fraglich ist, ob die Durchsicht eines externen Speichermediums auch bei Notwendigkeit der Eingabe eines Passwortes, das im Zusammenhang mit der Durchsuchung erlangt wurde, rechtmäßig ist. Die Hinzuziehung nicht unmittelbar im durchsuchten Computersystem befindlicher Ressourcen kann nur dann als rechtmäßig erachtet werden, wenn sie in einem engen Zusammenhang hiermit steht. Nur in diesem Fall kann noch von der Möglichkeit des Zugriffs von dem Speichermedium aus gesprochen werden. Ein in der Wohnung gefundenes Passwort genügt ähnlich einem in der Wohnung befindlichen Netzkabel, das für den Betrieb des Computers notwendig ist, diesen Anforderungen.[81]

Zudem könnte eine Berechtigung für den Zugriff auf Seiten des von der Durchsuchung Betroffenen Voraussetzung sein. Eine solche Voraussetzung ist in der Norm nicht explizit aufgeführt, sie wurde vielmehr im Rahmen des Gesetzgebungsverfahrens gestrichen, jedoch könnte eine sich an dem Verhältnismäßigkeitsgrundsatz orientierende restriktive Auslegung der Norm dennoch ergeben, dass eine Berechtigung bestehen muss. Ein vollständiger Verzicht auf eine Berechtigung würde dazu führen, dass grundsätzlich jedweder technisch möglicher Zugriff gestattet wäre. Dies würde aber den schutzwürdigen Belangen Dritter nicht gerecht werden, die in diesen Fällen in keinerlei Beziehung zu der von der Durchsuchung unmittelbar betroffenen Person stehen müssten. Andererseits ist das Bestehen einer Berechtigung zum Zeitpunkt der Durchführung der Maßnahme kaum überprüfbar, zumal sich eine Berechtigung in der Regel nicht nur auf die Frage des einfachen Zugriffs bezieht, sondern auch den Zweck des Zugriffs betreffen kann. Insofern ist § 110 III StPO dahingehend auszulegen, dass eine Durchsicht des Speichermediums dann nicht gestattet ist, wenn Indizien gegen eine Zugriffsberechtigung sprechen.[82] C war als Ingenieurin in dem Automobilzulieferunternehmen beschäftigt. Eine Zugriffsberechtigung kann mit dieser Tätigkeit grundsätzlich einhergehen. Jedoch spricht der Umstand, dass das Laufwerk, auf dem die letztlich kopierten Daten gefunden wurden, mit „Personal und Buchhaltung" benannt war, gegen eine bestehende Berechtigung einer Ingenieurin. Vielmehr erscheint es aus einer ex-ante-Perspektive nicht fern liegend, dass ihr dieses zweite Passwort nicht zugestanden hat. Eine Durchsicht dieses Laufwerks hätte somit nicht stattfinden dürfen. Die Sicherstellung der Daten war aus diesem Grund bereits rechtswidrig.[83]

---

80 So auch *Schlegel* HRRS 2008, 23 (28).
81 Im Ergebnis so auch *Schlegel* HRRS 2008, 23 (28); *Gercke* (Fn 64), § 110 Rn 24.
82 AA vertretbar.
83 AA vertretbar.

Puschke

4. Besorgnis des Verlustes der Daten

Ferner könnte sich die Rechtswidrigkeit auch daraus ergeben, dass entgegen der weiteren Voraussetzungen des § 110 III 1 StPO auch ohne den Zugriff der Verlust der gesuchten Daten nicht zu besorgen ist. Zu besorgen ist ein solcher Datenverlust zB dann, wenn vor einer körperlichen Sicherstellung des Mediums die Löschung der Daten zu befürchten ist.[84] Die Daten befanden sich für die Beamten erkennbar auf einem Laufwerk des Automobilzulieferunternehmens. Insofern wäre es möglich gewesen, einen Durchsuchungsbeschluss bei Gericht auch für Räume des Unternehmens zu erwirken. Dafür, dass etwa A die Daten noch vor der Umsetzung des Beschlusses hätte vernichten wollen, bestanden keine hinreichenden Anhaltspunkte. Allein der Verdacht, dass C und A möglicherweise gemeinsam Straftaten begangen haben und die Vermutung, dass C den A dann zwecks Löschung der Daten von der Durchsuchung unterrichten könnte, reichen hierfür nicht aus. Zudem fand die Durchsuchung frühestens drei Wochen nach der Aufdeckung des Sachverhalts statt, so dass davon auszugehen ist, dass relevante Daten gegebenenfalls bereits von A gelöscht wurden. Der Verlust der Daten war nicht zu besorgen, so dass auch aus diesem Grund die Sicherstellung rechtswidrig gewesen ist.

5. Potenzielle Bedeutung der gesicherten Daten für die Untersuchung als Voraussetzung für die Sicherstellung

Die für die Sicherung der Daten ausdrücklich notwendige Möglichkeit ihrer Bedeutung für die Untersuchung gemäß § 110 III 2 StPO ist hingegen anzunehmen.

III. Verhältnismäßigkeit

Zudem müsste die Maßnahme im angemessenen Verhältnis zu der Schwere der in Betracht kommenden Straftaten stehen. Der Eingriff in das Recht auf informationelle Selbstbestimmung und das Grundrecht auf Gewährleistung der Vertraulichkeit und Integrität informationstechnischer Systeme wiegt regelmäßig sehr schwer.[85] Dies gilt umso mehr, wenn die genutzte Form des Zugriffs auf die Daten in Teilen heimlich erfolgt. Insofern ist davon auszugehen, dass eine Durchsicht eines externen Speichermediums in der Regel nur bei Verdacht auf Straftaten von erheblicher Bedeutung vorgenommen werden kann. Diese Voraussetzungen sind hier durch den bestehenden Verdacht auf mehrere Untreuehandlungen im besonders schweren Fall erfüllt. Die Unverhältnismäßigkeit ergibt sich auch nicht allein daraus, dass die Daten sichergestellt wurden, da dies wegen des Umfanges der Daten, die eine Durchsicht vor Ort unmöglich machten,[86] angezeigt war.

---

[84] Vgl *Meyer-Goßner* (Fn 62), § 110 Rn 6.
[85] Vgl BVerfG NJW 2008, 822 (831).
[86] S. zu dieser Voraussetzung SK-StPO/*Wohlers* (Fn 73), § 110 Rn 16.

Puschke

IV. Teilergebnis

Die Maßnahmen waren insgesamt rechtswidrig. A wurde durch die widerrechtliche Durchsicht des Speichermediums und die Sicherstellung der Daten in seinen Rechten verletzt.

C. Ergebnis

Der Antrag auf gerichtliche Entscheidung über die vorläufige Sicherung der Daten zum Zwecke der Durchsicht gemäß § 110 III 2 2. HS iVm § 98 II 2 StPO ist zulässig und begründet. Die auf der CD befindlichen Daten sind unverzüglich zu löschen.[87]

---

[87] S. zu dieser Rechtsfolge *Gercke* (Fn 64), § 110 Rn 31.

Puschke

Strafrecht – Fall 2

Das Glück liegt auf der Straße

Von Rechtsanwalt Dr. Arne Habenicht, Kiel[*]

> **Straßenverkehrsgefährdung – Unfallflucht – Tatbestands-/Erlaubnistatbe-
> standsirrtum – unechtes Unterlassungsdelikt – Abbruch rettender Kausal-
> verläufe – Notwehrexzess**

Sachverhalt

Landwirt L fährt spät abends von der Sitzung des Kreisbauernverbandes leicht angetrunken auf dem Fahrrad nach Hause. An einer scharfen, kaum einsehbaren Biegung
will er eine Bundesstraße kreuzen. Ohne nach herannahenden Fahrzeugen Ausschau
zu halten, überquert er gemächlich die Fahrbahn. Zur selben Zeit sind Frau A und ihr
Freund B auf der Bundesstraße unterwegs. Während A den Wagen des B steuert, ver-
wickelt sie ihn in einen heftigen Streit und konzentriert sich weniger aufs Fahren. Als
das Fahrzeug mit der dort angemessenen Geschwindigkeit die Biegung erreicht, kann
A zwar noch bremsen, doch streift der Pkw den L, der daraufhin in den Straßengraben
fährt, wobei er sich Schürfwunden zuzieht. Mit an Sicherheit grenzender Wahrscheinlichkeit hätte A den L auch angefahren, wenn sie nicht abgelenkt gewesen wäre. Sie
bringt den leicht beschädigten Wagen ca. 30 m weiter zum Stehen.

Mit der Bemerkung: *„Ich kläre das, bleib sitzen."* verlässt B das Fahrzeug und geht
zu dem sich aufrappelnden L. Der ist ziemlich sauer und stürzt sich sein Kabelschloss
schwingend auf B, um ihm einen Hieb zu versetzen. Der wesentlich schwächere und
mit körperlichen Auseinandersetzungen noch nie konfrontierte B kann sich nicht anders helfen, als L heftig zwischen die Beine zu treten. Dieser bricht vor Schmerzen
benommen auf der Straße zusammen. B erkennt zwar, dass L dort ohne weiteres überfahren werden könnte, hat aber wegen des vorangegangenen Angriffs große Angst und
lässt ihn liegen. Den Tod des L nimmt er dabei in Kauf.

Er geht zurück zum Wagen, kurz vorher kommt ihm noch A mit dem Verbands-
kasten entgegen, die bei Bedarf erste Hilfe leisten wollte. B steht noch unter dem star-
ken Eindruck des soeben Erlebten. Er erklärt A gegenüber, dass er mit ein wenig Geld
alles in Ordnung gebracht habe, niemand verletzt sei und sie weiterfahren könnten. Er
will auf gar keinen Fall mit A zurück zu L gehen. A hatte zwar etwas von der Auseinandersetzung gehört, in der Dunkelheit das Geschehen aber nicht erkennen können.
Auch jetzt kann sie nicht sehen, dass L auf der Straße liegt. Sie vertraut auf die Erklärungen ihres Freundes und fährt mit ihm davon.

---

* Der Autor ist Rechtsanwalt und langjähriger wissenschaftlicher Mitarbeiter des Instituts für
Sanktionenrecht und Kriminologie der Universität Kiel. Der Sachverhalt lief dort als Examens-
übungsklausur im WS 2007/08; die Ergebnisse der Kandidaten blieben hinter den Anforderungen gerade im AT leider deutlich zurück. §§ ohne Gesetzesangabe sind solche des StGB.

Kurz darauf fährt Dachdecker D mit seinem Lkw die Straßenbiegung entlang. Er ist ebenfalls angetrunken und stark übermüdet, so dass er die auf der Straße liegende Person zunächst nicht sieht. Er bremst stark aber viel zu spät. L kann sich gerade noch zur Seite rollen, um nicht überfahren zu werden. Ein Sachverständigengutachten kommt später zu dem Schluss, dass zwar eventuell auch ein ausgeruhter Fahrer den L auf der nicht beleuchteten Straße zu spät gesehen, angesichts der dokumentierten Bremsspuren aber sicher früher gebremst hätte.

D erkennt den L als Vereinsbruder und fährt ihn nach Hause, wo beide noch zusammen ein paar Schnäpse trinken. So werden sie um ca. 4 Uhr morgens auf dem Hof des L von der Polizei angetroffen. B waren zwischenzeitlich Gewissensbisse gekommen, und er hatte Polizei und Notarzt verständigt, obwohl A nun ihrerseits wegen befürchteter Konsequenzen versucht hatte, ihn davon abzuhalten. Dabei war sie überzeugt, dass L aufgrund des Zeitablaufs entweder unversehrt auf dem Heimweg oder bereits tot sei.

Über die registrierte Rahmennummer des kaputten Fahrrads im Straßengraben war es der Polizei schnell gelungen, L ausfindig zu machen.

Wie haben sich die beteiligten Personen nach dem StGB strafbar gemacht?

Bearbeitervermerk: Gegebenenfalls erforderliche Strafanträge sind gestellt; wegen des Nachtrunks und weil sowohl L als auch D später zur Trinkmenge keine Angaben machen, konnte bei keinem Beteiligten ein erhöhter BAK-Wert zur Tatzeit festgestellt werden.

Gliederung der Lösung

Lösung

A. Strafbarkeit des L

Anmerkung: Da der Sachverhalt noch übersichtlich ist, spricht nichts dagegen, die Betei-
ligten wie hier nacheinander zu prüfen. Denkbar wäre aber auch, in dem Unfall und dem
Verlassen des Unfallortes jeweils eine Zäsur zu sehen und die Prüfung in drei Tatkomple-
xe zu trennen. Wie hier sollte man dann im zweiten Tatkomplex aber mit L beginnen, um
Inzidentprüfungen bei B in der Rechtswidrigkeit zu vermeiden.

1) Strafbarkeit wegen Gefährdung des Straßenverkehrs gemäß §§ 315 c I Nr. 2 a iVm 315 c III Nr. 2 StGB durch das Überqueren der Fahrbahn

L könnte sich durch das langsame ohne vorhergehendes Umschauen abgesicherte
Überqueren der Fahrbahn wegen Gefährdung des Straßenverkehrs gemäß § 315 c I
Nr. 2 a iVm § 315 c III Nr. 2 strafbar gemacht haben. Eine Prüfung des § 315 c I Nr. 1 a
scheidet wegen der fehlenden Feststellbarkeit einer erhöhten BAK aus. Auch die Prüfung als Vorsatzdelikt ist nicht angezeigt, da L sich des herannahenden Fahrzeuges
nicht bewusst ist.

I. Tatbestand

1. Teilnahme am Straßenverkehr unter Verletzung von Sorgfaltspflichten

L fuhr mit einem Fahrrad auf öffentlichen Straßen, nahm also als Fahrzeugführer am
Straßenverkehr teil. Gemäß *§ 8 II StVO* darf ein Fahrzeugführer nur weiterfahren,
wenn er übersehen kann, dass er keinen Vorfahrtsberechtigten gefährdet oder wesentlich behindert. L überquerte die Straße ohne Ausschau nach weiteren Verkehrsteilnehmern zu halten; er erkannte die auf der Straße fahrende und damit vorfahrtsbe-
rechtigte B gar nicht, obwohl er mit anderen Verkehrsteilnehmern rechnen musste.
Da dieser Fehler vermeidbar und die verkehrsrechtliche Pflicht aus § 8 II StVO in der
Situation erkennbar war, handelte L fahrlässig.

2. Fahrlässige Verursachung einer Gefahr/Pflichtwidrigkeitszusammenhang

Eine konkrete Gefährdung des Lebens von A und B bestand zwar nicht, doch ist durch
die Beschädigung des Pkws infolge der Kollision jedenfalls eine konkrete Gefährdung
einer fremden Sache von bedeutendem Wert gegeben. In der konkreten Gefährdung
hat sich auch gerade die typische Gefährlichkeit des Verkehrsverstoßes verwirklicht.
Damit ist auch der Pflichtwidrigkeitszusammenhang zu bejahen.

3. Grob verkehrswidrig

Grob verkehrswidrig handelt, wer objektiv besonders schwer gegen eine Verkehrsvorschrift verstößt.[1]

Das gemächliche Überqueren einer Bundesstraße mit dem Fahrrad, ohne auf den Verkehr zu achten, birgt angesichts der dort gefahrenen Höchstgeschwindigkeiten gerade in der Dunkelheit und an einer schwer einsehbaren Stelle eine gesteigerte Gefahr für die Verletzung bedeutender Rechtsgüter. Ein objektiv schwerer Verstoß gegen eine Verkehrsvorschrift kann daher gut angenommen werden.

II. Rechtswidrigkeit und Schuld

Das spezielle Schuldmerkmal der Rücksichtslosigkeit ist in jedem Fall und damit auch in der Fahrlässigkeits-Fahrlässigkeits-Kombination positiv festzustellen. Durch die Formulierung in § 315c III Nr. 2 wird insoweit kein anderer subjektiver Sorgfaltsmaßstab angelegt, als in § 315c I Nr. 2. *Rücksichtslos handelt, wer sich aus eigensüchtigen Gründen über die ihm bewusste Pflicht zur Vermeidung unnötiger Gefahren anderer (§ 1 StVO) hinwegsetzt oder aus Gleichgültigkeit Bedenken gegen sein Verhalten von vornherein nicht aufkommen lässt.*[2] Bei bewusster grober Verkehrswidrigkeit ist Rücksichtslosigkeit in der Regel gegeben, gleichgültigkeitsbedingte Rücksichtslosigkeit ist zwar auch bei unbewusst fahrlässigem Verhalten nicht ausgeschlossen, bedarf dann aber eingehenderer Begründung.[3]

Ein durchschnittliches Fehlverhalten aufgrund schlichter Unaufmerksamkeit oder menschlichem Versagen reicht dabei nicht aus.[4] Vorliegend sind dem L außer schlichter Unbekümmertheit keine weiteren subjektiven Defizite zu unterstellen. Ein rücksichtsloses Verhalten durch Überqueren der Fahrbahn ist daher eher zu verneinen.

Anmerkung: Vertretbar ist es sicher auch, das Merkmal der Rücksichtslosigkeit anzunehmen, zumal das Ergebnis an dieser Stelle für die spätere Falllösung keine weitere Bedeutung hat.

2) Strafbarkeit wegen versuchter gefährlicher Körperverletzung gemäß § 224 I Nr. 2 Alt. 2, II durch den Angriff auf B mit dem Kabelschloss

L könnte sich durch den Angriff auf B mit dem Kabelschloss wegen versuchter gefährlicher Körperverletzung gemäß § 224 I Nr. 2 Alt. 2 strafbar gemacht haben. Eine Verletzung des B ist nicht eingetreten. Die Strafbarkeit des Versuchs ergibt sich für das Vergehen aus Abs. 2 der Vorschrift.

I. Tatbestand

Ein Tatentschluss liegt in dem Willen, B einen Hieb zu versetzen, vor.

---

1 BGHSt 5, 392 *(395);* OLG Düsseldorf NZV 1988, 149–150.
2 BGHSt 5, 392 (395); OLG Düsseldorf NZV 1988, 149–150.
3 LG Karlsruhe NJW 2005, 915 (916).
4 *Fischer* StGB, 56. Aufl (2009), § 315c Rn 14.

Ein unmittelbares Ansetzen im Sinne des § 22 StGB liegt in jeder Handlung, die un-
mittelbar in die tatbestandliche Ausführungshandlung mündet,[5] so dass mit dem Ausho-
len zum Schlag die Versuchsstrafbarkeit gegeben ist. *Ein gefährliches Werkzeug ist ein*
solches, das nach seiner objektiven Beschaffenheit und nach der Art seiner Benutzung im
Einzelfall geeignet ist, die Wirkung einer Körperverletzungshandlung erheblich zu stei-
gern.[6] Auch Alltagsgegenstände können im Einzelfall diese Qualität haben, wenn sie in
gefährlicher Weise eingesetzt werden. Die Rechtsprechung hat dies zB auch beim
Schlagen mit einem Plastikschlauch bejaht.[7] Insoweit kann vorliegend für das Kabelschloss nichts anderes gelten, der Versuchstatbestand ist gegeben.

II. Rechtswidrigkeit und Schuld

Ungeachtet der Tatsache, dass das Notwehrrecht gegenüber fahrlässig handelnden
Personen eingeschränkt ist, liegt nach dem Unfall bereits kein gegenwärtiger Angriff
des B auf L vor. L handelte rechtswidrig.

L hatte nicht so viel getrunken, als dass seine Schuldfähigkeit gemäß § 21 eingeschränkt gewesen wäre. L handelte schuldhaft und hat sich wegen versuchter gefährlicher Körperverletzung strafbar gemacht.

B. Strafbarkeit der A

1) Strafbarkeit wegen Gefährdung des Straßenverkehrs gemäß § 315 c I Nr. 1 aufgrund unkonzentrierten Fahrens

Hierfür müsste A aufgrund körperlicher oder geistiger Mängel nicht in der Lage gewesen sein, ein Fahrzeug zu führen. Zwar können auch vorübergehende Beeinträchtigungen wie Übermüdung hierunter fallen, alleine die Ablenkung durch einen Streit
und daraus folgendes unkonzentriertes Fahren begründet aber keinen geistigen Mangel. Eine Strafbarkeit der A wegen Gefährdung des Straßenverkehrs scheidet aus.

2) Strafbarkeit wegen fahrlässiger Körperverletzung nach § 229 durch An- fahren des B

A könnte jedoch durch Anfahren des L fahrlässig eine andere Person an der Gesund-
heit geschädigt haben.

Eine Gesundheitsschädigung ist jedes Hervorrufen oder Steigern eines pathologischen
Zustandes, der einen Heilungsprozess erfordert.[8] L hat bei dem Unfall Schürfwunden
davon getragen, die abheilen müssen. Der Erfolg des § 229 ist damit eingetreten.

Dieser Erfolg müsste auf der Verletzung einer *verkehrsspezifischen Sorgfaltspflicht*
der A beruhen. Zwar hat A während des Streits mit ihrem Freund dem Verkehr nicht
ausreichende Beachtung geschenkt, allerdings muss davon ausgegangen werden, dass
sie L auch angefahren hätte, wenn sie nicht abgelenkt gewesen wäre. In einem solchen

---

5 BGH NStZ 2001, 415 f; *Wessels/Beulke* Strafrecht AT, 39. Aufl (2009), Rn 601.
6 BGHSt 30, 375 ff (377)= NJW 1982, 1164 (1165); *Fischer* (oben Fn 4), § 224 Rn 9.
7 BGHSt 3, 105 f.
8 Vgl LK-*Lilie* StGB, 11. Aufl (2000), § 223 Rn 13.

Habenicht

Fall des hypothetischen Erfolgseintritts bei rechtmäßigem sprich sorgfältigem Alternativverhalten entfällt die Kausalität zwischen der sorgfaltspflichtwidrigen Tathandlung und dem Taterfolg (sog. Pflichtwidrigkeitszusammenhang).[9] Auch die Risikoerhöhungslehre[10] kommt hier zu keinem anderen Ergebnis, da sich nicht einmal nachweisen lässt, dass die Ablenkung der A überhaupt die Gefahr für den Zusammenstoß mit L erhöht hat.

Im Straßenverkehr gilt darüber hinaus der *Vertrauensgrundsatz*, wonach sich jeder Verkehrsteilnehmer auf ein regelgerechtes Verhalten anderer Verkehrsteilnehmer verlassen darf.[11] Demnach lässt sich der Unfall vorliegend insbesondere auf den eigenverantwortlichen Verkehrsverstoß des L zurückführen, der die Vorfahrt der A missachtet hat.

A hat sich daher nicht wegen fahrlässiger Körperverletzung strafbar gemacht.

3) Strafbarkeit der A wegen unerlaubten Entfernens vom Unfallort gemäß § 142 I durch das Wegfahren aufgrund der Aussage des B, alles sei in Ordnung

A könnte sich wegen unerlaubtem Entfernen vom Unfallort gemäß § 142 strafbar gemacht haben, als sie auf die Zusage des B vertraute, er habe mit ein wenig Geld alles in Ordnung gebracht und die Fahrt mit B fortsetzte.

I. Tatbestand

1. objektiver Tatbestand

Die Kollision mit L war als plötzlich eintretendes Resultat verkehrstypischer Risiken[12] ein Unfall. Die Schürfwunden des L stellen zwar nur eine leichte Verletzung aber immer noch einen Personenschaden dar. In solchen Fällen ist die Wartepflicht nie wegen Belanglosigkeit ausgeschlossen (anders bei kaum sichtbaren Sachschäden).

A war als Führerin des Pkws auch Unfallbeteiligte im Sinne des § 142 V, denn die Eigenschaft als Unfallbeteiligter setzt nicht voraus, dass der Unfall von dem Betroffenen auch tatsächlich verschuldet worden ist.[13]

A hat sich auch vom Unfallort entfernt, ohne die Feststellung ihrer Personalien zu ermöglichen. Der objektive Tatbestand ist damit erfüllt.

2. subjektiver Tatbestand

Fraglich ist, wie sich die Täuschung durch B, dass L die Angelegenheit als erledigt ansehe, auswirkt. Da L von B Geld für das kaputte Fahrrad erhalten haben soll, weiß A zumindest, dass dem Grunde nach ein wartepflichtiger Unfall stattgefunden hat. Allerdings glaubt A, dass L sie quasi aus ihrer Haltepflicht entlassen habe; bei der Bewertung dieses Umstandes sind zwei Möglichkeiten zu diskutieren:

---

9 BGHSt 33, 61 = NJW 1985, 1350 ff; *Wessels/Beulke* (oben Fn 5), Rn 677 ff.
10 Vgl die Nachweise bei *Wessels/Beulke* (oben Fn 5), Rn 681 f.
11 *Wessels/Beulke* (oben Fn 5), Rn 671.
12 *Fischer* (oben Fn 4), § 142 Rn 7.
13 *Fischer* (oben Fn 4), § 142 Rn 16.

a) Erlaubnistatbestandsirrtum

Nimmt man an, eine Verzichtserklärung des Unfallgeschädigten wirke bei § 142 wie eine Einwilligung, so wäre hier iE ein Irrtum über das Vorliegen rechtfertigender Umstände, ein *Erlaubnistatbestandsirrtum (ETB)* anzunehmen. Tatsächlich wird dies teilweise vertreten,[14] als Argument wird angeführt, dass die systematische Stellung des § 142 dafür spreche, dass die Vorschrift nicht in erster Linie dem Schutz individueller Rechtsgüter diene, sondern eine allgemeine Ordnungsvorschrift sei. Dafür spricht auch, dass bei § 142 allgemein von einem abstrakten Vermögensgefährdungsdelikt gesprochen wird; tatsächlich bedient sich der Gesetzgeber der Rechtsfigur des abstrakten Gefährdungsdelikts meist zum Schutz von Universalrechtgütern.

Nach der herrschenden rechtsfolgenverweisenden Variante der eingeschränkten Schuldtheorie entfällt bei einem Irrtum über rechtfertigende Umstände der Vorwurf vorsätzlichen nicht aber fahrlässigen Handelns auf der Schuldebene (§ 16 analog). Demnach wäre A vorliegend durch das Verlassen des Unfallorts nicht nach § 142 strafbar, da die Vorschrift keine Strafbarkeit für fahrlässiges Handeln vorsieht.

b) Tatbestandsirrtum

Die überwiegende Rechtsprechung und Auffassung in der Literatur sieht in dem Verzicht des Unfallgegners auf die Personalienfeststellung hingegen ein tatbestandsausschließendes Einverständnis.[15] Dafür wird angeführt, dass die Vorschrift alleine das private Interesse der Unfallbeteiligten und Geschädigten an einer möglichst umfassenden Aufklärung des Unfallherganges schütze, um einen reibungslosen Ablauf der zivilrechtlichen Schadensabwicklung zu gewährleisten.[16] Nach dieser Auffassung hat A schon nicht vorsätzlich gehandelt (§ 16 direkt), da sie aufgrund der Angaben ihres Freundes von einem Einverständnis des B ausging.

c) Stellungnahme

Die letzte Ansicht ist überzeugend. § 142 dient alleine dem Schutz privater Interessen; dies zeigt sich schon daran, dass eine allgemeine Pflicht zur Benachrichtigung öffentlicher Stellen bei Verkehrsunfällen dort gerade nicht statuiert wird. Im Gegenteil wird davon ausgegangen, dass die Unfallbeteiligten und ihre Versicherungen die Schadensabwicklung unter sich regeln. Die Vorschrift dient auch nicht anderen öffentlichen Interessen wie etwa der Erhöhung der Verkehrssicherheit oder dem Interesse an Strafverfolgung. Zentrales Element der Vorschrift ist die Feststellungspflicht, die aber bereits das Unrecht auf Tatbestandsebene konstituiert und nicht erst die Rechtswidrigkeit begründet.

---

14 Nachweise bei LK-*Geppert* StGB, 11. Aufl (2001), § 142 Rn 76 f.
15 Schönke/Schröder/*Cramer* StGB, 27. Auflage (2006), § 142 Rn 30 a f mwN.
16 BGHSt 29, 138 (142) = JuS 1980, 533 (534).

Habenicht

II. Zwischenergebnis

Nach hier vertretener Ansicht hat A damit nicht vorsätzlich gehandelt und sich nicht nach § 142 I strafbar gemacht.

Anmerkung: Der Streit ist an dieser Stelle unbedingt zu entscheiden, denn die Mindermeinung und der daraus folgende ETB führen nur zum Schuldausschluss, so dass sich A „entschuldigt" vom Unfallort entfernt hätte. Dies hätte erhebliche Bedeutung für die folgende Prüfung, wie gleich zu sehen ist. Hier ist dogmatisches Problembewusstsein gefragt.

4) Strafbarkeit der A wegen unerlaubten Entfernens vom Unfallort gemäß § 142 II Nr. 2 durch das Unterlassen der Mitteilung ihrer Unfallbeteiligung nach Aufklärung durch B

A könnte sich jedoch strafbar gemacht haben, als sie auch dann nicht die Feststellung ihrer Personalien ermöglichte, nachdem B sie über die Wahrheit aufgeklärt hatte. § 142 II Nr. 2 gebietet in bestimmten Fällen auch die nachträgliche Personalienfeststellung.

Insoweit ist alleine fraglich, ob A sich vorliegend wie von § 142 II Nr. 2 gefordert, zunächst berechtigt oder entschuldigt vom Unfallort entfernt hatte.

Nach der oben dargestellten Mindermeinung hätte sich A im Erlaubnistatbestandsirrtum und damit *entschuldigt* vom Unfallort entfernt, so dass der Anwendungsbereich der Vorschrift eröffnet wäre. Nach überwiegender Ansicht hat sich A aber unvorsätzlich vom Unfallort entfernt.

Fraglich ist, ob auch das unvorsätzliche Entfernen vom Unfallort von § 142 II Nr. 2 erfasst ist.

1. Meldepflicht auch nach unvorsätzlichem Entfernen

Der BGH sowie einige Obergerichte und Teile der Literatur[17] haben in der Vergangenheit § 142 II Nr. 2 als **Auffangtatbestand** angesehen und bejahten damit auch eine Meldepflicht für denjenigen, der nachdem er den Unfallort unvorsätzlich verlassen hat, nunmehr den wahren Sachverhalt erkennt. Allerdings muss demnach zwischen der nachträglichen Kenntniserlangung und dem Unfallgeschehen noch ein zeitlicher und räumlicher Zusammenhang bestehen. Da die Begriffe „*berechtigt oder entschuldigt*" keineswegs formaldogmatisch auf die allgemein anerkannten strafrechtlichen Rechtfertigungs- oder Schuldausschließungsgründe beschränkt seien, stehe nichts entgegen, sie ihrem natürlichen Wortsinn entsprechend als „*in strafloser Weise*" aufzufassen und darunter auch jene Fälle ziehen zu dürfen, in denen sich der Unfallbeteiligte ohne Kenntnis des Unfallgeschehens vom Unfallort entfernt hat.[18]

Hiernach hätte A sich nach der Aufklärung durch B melden müssen.

---

17 BGHSt 28, 129 = NJW 1979, 434; BayObLG NJW 79, 436 mwN; dagegen *Beulke* NJW 1979, 400.
18 Nachweise bei LK-*Geppert* (oben Fn 14), § 142 Rn 134.

2. Meldepflicht nur nach berechtigtem oder entschuldigtem Entfernen

In weiten Teilen der Literatur hat diese Rechtsprechung Ablehnung erfahren.[19] Als Argument wird überwiegend angeführt, dass die Subsumtion des unvorsätzlichen Entfernens unter die Tatbestandsmerkmale *„berechtigt oder entschuldigt"* die Grenzen des Wortlauts sprengt und das Bestimmtheitsgebot aus Art. 103 II GG verletzt. Das Bundesverfassungsgericht hat diese Auffassung schließlich in seinem Beschluss vom 19. 3. 2007 bestätigt.[20] Demnach wäre A, auch nachdem sie von den Unfallfolgen erfahren hatte, nicht zur Meldung bei der Polizei verpflichtet gewesen.

3. Stellungnahme

Zwar besteht ein Strafbedürfnis in diesen Fällen, das Wortlautargument des Bundesverfassungsgerichts ist letztendlich aber kaum zu widerlegen. Das StGB geht von einem neoklassischen Verbrechensbegriff aus, der zwischen Vorsatz, Rechtswidrigkeit und Schuld klar trennt.[21] Es gibt aber auch materielle Argumente für eine unterschiedliche Behandlung von vorsätzlichem Entfernen vom Unfallort einerseits und dem berechtigten oder entschuldigten Entfernen andererseits. Denn die Situation des Unfallbeteiligten ist in beiden Varianten nicht immer vergleichbar. Insbesondere würden demjenigen, der nachträglich Kenntnis von seiner Unfallbeteiligung erlangt, weitergehende Pflichten auferlegt als bei § 142 I.[22] Denn dort beschränkt sich die Pflicht des Unfallbeteiligten auf das Verharren am Unfallort, während später ein aktives Tun verlangt wird, nämlich die aktive Kontaktaufnahme mit Polizei oder anderen Unfallbeteiligten. Insofern entsteht ein stärkerer Konflikt mit dem **„nemo tenetur"**[23] Grundsatz. Im Ergebnis wird hier daher der Auffassung des BVerfG gefolgt. A hat sich demnach nicht nach § 142 Abs. 2 Nr. 2 strafbar gemacht.

5) Strafbarkeit wegen versuchten Totschlags nach §§ 212, 22 durch den Versuch, B später von der Verständigung der Polizei abzuhalten

A ging zu diesem Zeitpunkt davon aus, dass L entweder schon tot sei oder sich gerettet habe. Sie wollte damit keine Ursache für den Tod des L setzen, so dass die Strafbarkeit wegen eines versuchten Tötungsdelikts mangels Vorsatz ausscheidet.

---

19 Nachweise bei *Fischer* (oben Fn 4), § 142 Rn 51 f.
20 BVerfG NJW 2007, 1666 ff.
21 *Wessels/Beulke* (oben Fn 5), Rn 118.
22 BVerfG NJW 2007., S. 1668
23 Der *nemo tenetur* Grundsatz besagt, dass niemand verpflichtet ist, sich selbst zu beschuldigen oder gegen sich selbst Zeugnis abzulegen, vgl. BGHSt 38, 214 (220) = NJW 1992, 1463 (1465) mwN.

C. Strafbarkeit des B

1) Strafbarkeit wegen Körperverletzung gemäß § 223 durch den Tritt in den Unterleib

Durch den Tritt in den Unterleib hat B den L vorsätzlich körperlich misshandelt. Hier einen qualifizierten Körperverletzungserfolg (lebensgefährliche Behandlung o.ä.) anzunehmen, wäre fern liegend.

Allerdings drohte dem B ein gegenwärtiger und rechtswidriger Angriff durch den L (versuchter Schlag mit dem Kabelschloss). B hatte auch kein milderes, gleich geeignetes Mittel als den Tritt zur Verfügung, um sich dieses Angriffs effektiv zu erwehren; er handelte also nach § 32 in Notwehr und damit gerechtfertigt.

Durch den Tritt in den Unterleib des L hat sich B nicht strafbar gemacht.

2) Strafbarkeit wegen versuchten Totschlags gemäß §§ 212, 22, 13 durch Liegenlassen des verletzten L

Nachdem L durch den Tritt des B benommen zusammenbrach, verließ ihn B. Hierin könnte eine versuchte Tötung durch Unterlassen gemäß §§ 212, 22, 13 zu sehen sein. Die Strafbarkeit ergibt sich für das Verbrechen aus §§ 23, 12 I.

I. Tatbestand

1. Tatentschluss

B ging davon aus, dass L auf der Straße liegend überfahren werden könnte. Er vertraute auch nicht auf einen glücklichen Ausgang, sondern ließ ihn aus Angst dort liegen. Ein bedingter Tötungsvorsatz ist daher zu bejahen. Er wusste ferner, dass es ihm möglich war, L von der Straße weg zu ziehen, er also die Fähigkeit zur Abwendung des Todes von L hatte.

Anmerkung: Der Bearbeiter könnte hier versucht sein, tiefer gehende Ausführungen zum dolus eventualis zu machen. Da jedoch im Sachverhalt klargestellt ist, dass B den Tod des L billigend in Kauf nahm, werden diese Ausführungen vom Bearbeiter erkennbar nicht erwartet.

2. Kenntnis von Umständen, die eine Garantenstellung begründen (§ 13)

Fraglich ist allerdings, ob B hier rechtlich für das Leben des L einzustehen hatte (sog. Garantenpflicht, § 13) und er dies wusste.

Dabei bietet es sich an, zunächst die Möglichkeit einer Garantenpflicht aus der Betriebsgefahr des Unfallfahrzeugs zu erörtern, das ja B gehört. B ist zwar nicht selbst gefahren, allerdings verlangt die Garantenpflicht aus Eröffnung einer Gefahrenquelle (sog. *Ingerenz*) weder aktives Tun noch schuldhaftes Handeln. Entscheidend ist vorliegend vielmehr, dass die konkrete Gefahr für das Leben des L nicht durch den Zusammenstoß mit dem Fahrzeug begründet wurde (danach lag L sicher im Straßengraben), sondern vielmehr erst durch den Tritt des B, der ihn auf der Fahrbahn zum Liegen brachte. Insoweit besteht kein Zusammenhang zwischen der Gefahrenquelle (Fahrzeug) und der konkreten Gefahrensituation.

Habenicht

Stellt man auf die Körperverletzung durch B als *Gefahrenquelle* ab, kommt man zu dem weitgehend bekannten Problem, ob aus einem gerechtfertigten Vorverhalten eine Garantenstellung erwachsen kann.

Nach der älteren Rechtsprechung und einem Teil der Literatur konnte auch ein rechtmäßiges Vorverhalten eine Garantenstellung aus Ingerenz begründen.[24] Dafür wird angeführt, dass es widersprüchlich und unverhältnismäßig sei, wenn der Angreifer einerseits beanspruchen darf, dass die Verteidigung auf das notwendige Mindestmaß zu beschränken sei, andererseits aber kein Recht auf Beistand habe, wenn ihm durch die Lage, in die ihn die Verteidigungshandlung versetzt hat, noch wesentlich schwerwiegendere Beeinträchtigungen drohen.

Nach h.L. und neuerer Rechtsprechung kann aus einer gerechtfertigten Handlung keine Garantenstellung aus Ingerenz begründet werden.[25] Ist das Vorverhalten ausdrücklich durch Notwehr erlaubt, darf der Umstand, dass der Garant den gewünschten Erfolg – nämlich die Verteidigung der Rechtsordnung – herbeiführt, nicht dazu führen, ihn im Gegensatz zu einem gleichgültigen Zuschauer, der nur nach § 323 c haftet, mit einer Garantenpflicht zu belasten. Oder aus der Perspektive des Angreifers gesehen: wer durch einen rechtswidrigen Angriff eine Selbstgefährdung herbeiführt, kann hierdurch nicht erzwingen, dass der Angegriffene nach Gegenwehr als Garant zu seinem Beschützer wird. Andernfalls stünde der Angreifer besser dar, als ein schuldlos Verunglückter.

II.   Zwischenergebnis

Da B rechtlich nicht dafür einzustehen hat, dass L nicht überfahren und dabei getötet wird, hat er sich nicht nach §§ 212, 13 strafbar gemacht. Dasselbe gilt für § 221 I Nr. 2 (Aussetzung). Es verbleibt die Strafbarkeit wegen unterlassener Hilfeleistung nach § 323 c.

3)   Strafbarkeit des B wegen versuchtem Totschlags gemäß § 212, 22 durch die Täuschung der hilfsbereiten A über die Notlage des L

B könnte sich wegen versuchtem Totschlag nach §§ 212, 22 Strafbar gemacht haben, als er die hilfsbereite A darüber täuschte, dass niemand verletzt sei und dadurch veranlasste, die Fahrt mit ihm fortzusetzen.

I.   Tatbestand

1.   Tatentschluss

Insoweit gilt zunächst das eben zu §§ 212, 13 Gesagte, da sich die Gefahrenlage für L in der kurzen Zeit nicht verändert hatte. Darüber hinaus ging B davon aus, dass A bei Kenntnis der wahren Sachlage mit ihm zurück zu dem verletzten B gehen würde, was er verhindern möchte.

---

24 BGHSt 23, 327; BGH NStZ 1987, 171; *Lackner/Kühl* StGB, 26. Aufl (2007) § 13 Rn 11 mwN.
25 BGHSt 32, 82 = VRS 66, 155; *Fischer* (oben Fn 4); § 13 Rn 32 ff.

Im Gegensatz zum oben geprüften versuchten Totschlag durch Unterlassen, will B hier den rettenden Kausalverlauf der A unterbrechen, die bei Kenntnis der Verletzung des L zu diesem gegangen wäre, um erste Hilfe zu leisten. Das Hinzudenken rettender Kausalverläufe ist nach allgemeinen Regeln zulässig. Der Schwerpunkt der Vorwerfbarkeit liegt hierbei also nicht darin, dass B selbst nicht die lebensbedrohliche Situation des L beendet, sondern dass er eine Hilfe durch eine weitere Person, nämlich der A verhindert, so dass ein Versuch durch aktive Tatbegehung anzunehmen ist.[26]

*Anmerkung: Falsch wäre es, hier die Überlegung anzustellen, ob sich bereits eine konkrete Rettungsmöglichkeit für L ergeben hatte. Dies wäre zwar zu bejahen, da A sich bereits auf dem Weg zur Unfallstelle befand. Die Abgrenzung zwischen Tun und Unterlassen nach abstrakten und konkreten Rettungsmöglichkeiten erfolgt jedoch nur beim Abbruch **eigener** Rettungsbemühungen! Noch irreführender wäre es, hier Konstruktionen wie die einer mittelbaren Unterlassungstäterschaft zu bemühen. Der Abbruch eigener oder fremder Rettungsbemühungen ist eigenes Unterlassen oder aktives Tun aber nie die Beherrschung fremder Unterlassungstäterschaft. Solche Schwächen in den Grundlagen des AT würden bei Prüfern erheblichen Missmut erzeugen.*

2. Unmittelbares Ansetzen zur Tatausführung

B hat durch die Täuschung A zum Weiterfahren veranlasst und damit alles getan, um sie an der Rettung von L zu hindern. Damit ist ein unmittelbares Ansetzen zu bejahen.

II. Rechtswidrigkeit und Schuld

Zwar lässt B den L aus Angst vor weiteren Übergriffen liegen. Zu diesem Zeitpunkt geht jedoch keine gegenwärtige Gefahr von dem benommen auf der Straße liegenden L aus, so dass eine Rechtfertigung aus §§ 32, 34 ausscheidet.

Es kommt als Schuldausschließungsgrund der Notwehrexzess nach § 33 in Frage. Laut Sachverhalt hat B zu diesem Zeitpunkt immer noch große Angst wegen des vorangegangenen Angriffs des L. Er könnte daher die Grenzen der Notwehr aus Furcht überschritten haben. Vertiefte Kenntnisse zu den so genannten asthenischen Affekten (Verwirrung, Furcht oder Schrecken) kann der Prüfer nicht erwarten, so dass deren Bejahung angesichts der eindeutigen Sachverhaltsangabe, dass B aus großer Angst handelt, nicht zu beanstanden sein kann.

Fraglich ist vielmehr, ob § 33 überhaupt den Fall erfasst, dass nicht die immanenten (Gebotenheit) sondern die zeitlichen Grenzen der Notwehr von dem Affekttäter überschritten werden (sogenannter *extensiver Notwehrexzess*).

Nach der wohl h. L. und Rechtsprechung ist dies nicht der Fall.[27] § 33 komme dem Täter, der aus einem der dort genannten asthenischen Affekten handelt, nur so lange zugute, bis die Notwehrlage und Angriffsgefahr endgültig beseitigt sind.[28] Begründet

---

26 Vgl nur LK-*Jescheck*, StGB, 11. Aufl (1992), Vor § 13 Rn 90; Schönke/Schröder/*Stree* StGB, 27. Auflage (2006), vor § 13, Rn 190 f mwN.

27 Vgl zuletzt BGH NStZ 2002, 141 f; *Fischer* (oben Fn 4), § 33 Rn 2, 5; *Gropp* Strafrecht AT, 3. Aufl (2005), § 7 Rn 84 ff.

28 BGH in NStZ 2002, 141.

wird dies mit der Auffassung, dass man ein Notwehrrecht, das nach Beendigung eines Angriffs nicht mehr bestehe, auch nicht mehr ausüben und dabei überschreiten könne, der Notwehrexzess also immer eine wirkliche Notwehrlage voraussetze.

Zwar hat die neuere Rechtsprechung teilweise § 33 für anwendbar erklärt, wenn bei der das erforderliche Maß überschreitenden Notwehrhandlung die Intensität des Angriffs bereits nachgelassen hat und eventuell die unmittelbare Wiederholung des Angriffs zu befürchten ist.[29] Allerdings erfasst dies nur die Fälle, in denen die Abwehr des ursprünglichen Angriffs und die Überschreitung der Notwehr als Handlungen zueinander in Idealkonkurrenz stehen.[30] Da jedoch die Täuschung der A auf einem neuen Tatentschluss des B beruht, kann man vorliegend kaum zu diesem Ergebnis kommen. Demnach hätte B vorliegend schuldhaft gehandelt.

Insgesamt erscheinen diese Differenzierungen wenig einleuchtend. § 33 soll insbesondere der psychischen Ausnahmesituation Rechung tragen, die beim extensiven Notwehrexzess dieselbe ist, wie beim intensiven Notwehrexzess. Insofern ist es auch gut vertretbar, auch den nachzeitigen extensiven Notwehrexzess in den Anwendungsbereich des § 33 einzubeziehen.[31]

Anmerkung: Das Ergebnis ist an dieser Stelle offen. Da § 33 eher verschollenes Grundlagenwissen ist, werden die meisten Bearbeiter an dieser Stelle wenn überhaupt am ehesten noch die h. M. als präsentes Wissen haben, weshalb an dieser Stelle hier auch mit diesem Ergebnis weiter geprüft wird. Alle darüber hinaus gehenden Ausführungen würden aber sicher positiv vom Korrektor aufgenommen werden, zumal der Sachverhalt eine Behandlung des Problems nahe legt. Vertretbar ist es auch, B völlig straflos zu lassen.

III. Vorliegen eines strafbefreienden Rücktritts

B könnte jedoch vom Versuch des Totschlags strafbefreiend zurückgetreten sein. Zwar hat nicht die Alarmierung von Polizei und Notarzt den Tod des L verhindert, sondern alleine, dass dieser sich noch selbst schnell vor D retten konnte. Nach § 24 I 2 erlangt Straffreiheit aber auch derjenige, der sich freiwillig und ernsthaft bemüht den Erfolg zu verhindern, der ohne sein Zutun nicht eingetreten ist. B handelte aus autonomen Gründen, als er Polizei und Notarzt verständigte, er war *Herr seiner Entschlüsse.*

IV. Ergebnis

B ist vom versuchten Totschlag strafbefreiend zurückgetreten.

4) Strafbarkeit des B wegen unerlaubten Entfernens vom Unfallort gemäß § 142 I

I. Tatbestand

Für eine Strafbarkeit wegen Entfernens vom Unfallort müsste B Unfallbeteiligter iSd § 142 V sein.

---

29 Vgl BGH in NStZ 1987, 20 anders aber BGHSt 39, 133.
30 LK-*Zieschang* StGB, 12. Aufl (2006), § 33 Rn 5 ff mwN.
31 So auch LK-*Zieschang* (oben Fn 30); § 33 Rn 5 ff; *Wessels/Beulke* (oben Fn 5), Rn 447.

Habenicht

Die Schlägerei mit L scheidet als Anknüpfungspunkt für eine nach § 142 strafbe-
wehrte Wartepflicht aus. Bei dem Unfall muss es sich um einen solchen im Straßenverkehr handeln, also um ein Geschehen, bei dem sich gerade die besonderen Risiken
des fließenden oder ruhenden Straßenverkehrs realisiert haben; eine Schlägerei nur bei
Gelegenheit der Teilnahme als Fußgänger am Straßenverkehr erfüllt diese Voraussetzungen nicht.[32]

Es können jedoch auch Mitinsassen eines Unfallfahrzeugs Unfallbeteiligte sein, jedoch müsste dann zumindest dem äußeren Anschein nach die Möglichkeit bestehen,
dass sie den Unfall mitverursacht haben können.[33] Die Rechtsprechung fasst diese
Möglichkeit sehr weit, so sollen Mitinsassen eines Unfallfahrzeugs schon alleine deshalb wartepflichtig sein, weil sie den Fahrer – wie vorliegend – durch hitzige Gesprä-
che vom Fahren abgelenkt haben[34] oder selbst der Fahrer gewesen sein könnten.[35]

B müsste sich auch in Kenntnis des Unfalls vom Unfallort entfernt haben, ohne die
Feststellung seiner Personalien zu ermöglichen, § 142 I Nr. 1. Zwar handelt es sich bei
§ 142 um ein eigenhändiges Delikt und A ist auch beim Verlassen des Unfallortes gefahren, jedoch hat B sich bewusst von ihr wegfahren lassen und damit tatbestandlich
gehandelt.[36]

II. Rechtswidrigkeit und Schuld

Während Rechtfertigungsgründe nicht ersichtlich sind, muss darauf geachtet werden,
hier erneut die Möglichkeit des Notwehrexzesses (§ 33) anzusprechen und entsprechend der oben vertretenen Auffassung zu lösen. Demnach hat B auch schuldhaft gehandelt.

III. Strafe

Da der Unfall nicht außerhalb des fließenden Verkehrs stattfand, ist eine Strafmilde-
rung nach § 142 IV trotz der nachträglichen Benachrichtigung der Polizei nicht möglich.

*Anmerkung: Da es sich bei § 142 sowohl um ein Sonder- wie auch um ein eigenhän-
diges Delikt handelt, kommt eine Strafbarkeit des B wegen Unfallflucht in mittelbarer Tä-
terschaft wegen der Täuschung der A nicht in Betracht. Dies könnte ggf. auch in einer eigenen Prüfung kurz angesprochen und verneint werden.*

D. Strafbarkeit des D wegen Gefährdung des Straßenverkehrs nach § 315 c I Nr. 1

D könnte sich wegen Gefährdung des Straßenverkehrs gemäß § 315c I Nr. 1b iVm
§ 315c III Nr. 1 (Fahrlässigkeit-Fahrlässigkeit) strafbar gemacht haben als er trotz
Übermüdung mit dem Lkw gefahren ist und fast den L überfahren hätte.

---

32 LK-*Geppert* (oben Fn 14), § 142 Rn 21 ff (25).
33 LK-*Geppert* (oben Fn 14), § 142 Rn 35 ff.
34 BGHSt 15, 1–5.
35 OLG Zweibrücken VRS 75, 292–295.
36 LK-*Geppert* (oben Fn 14), § 142 Rn 120 ff mwN.

I.   Tatbestand

D führte den Lkw im Straßenverkehr und war stark übermüdet.

In dieser Übermüdung müsste ein geistiger oder körperlicher Mangel nach § 315c I Nr. 1b liegen; es genügen hier auch vorübergehende Mängel, wozu wegen des Bezugs zur körperlichen Verfassung auch die starke Übermüdung zählt.[37]

Mit dem Beinahe-Unfall bestand auch eine konkrete Gesundheits-/Lebensgefahr für L.

Wie oben könnte es hier jedoch an der Kausalität zwischen dem Zustand des D (*„infolge geistiger Mängel"*) und der Lebensgefahr für L fehlen. Nach dem Sachverständigengutachten hätte eventuell auch ein ausgeruhter Fahrer den L übersehen, so dass zu fragen ist, ob sich in der konkreten Gefährdung gerade die typische Gefährlichkeit der geistigen oder körperlichen Mängel niedergeschlagen hat (*„dadurch"*).

1.   Risikoerhöhungslehre

Der Sachverständige schließt im späteren Verfahren zwar nicht aus, dass auch ein ausgeruhter Fahrer den L zu spät gesehen, trotzdem aber früher gebremst hätte. Anders als oben bei der Prüfung des § 315c für die A ist hier also zumindest abstrakt die Gefahr für L durch den von D gefahrenen LKW erhöht gewesen, denn das frühere Bremsen hätte D zumindest mehr Zeit gelassen, sich in Sicherheit zu bringen. Die *Risikoerhöhungslehre*, wie sie insbesondere von *Roxin* vertreten wird,[38] würde auf Basis dieser Feststellungen dazu kommen, einen gefahrspezifischen Zusammenhang zwischen der Übermüdung des D und der Lebens -und Leibesgefahr für L bejahen.

2.   strenge Kausalität Rechtsprechung und h. L.

Der BGH und die überwiegende Meinung[39] lehnen jedoch weiterhin jegliche Abweichungen gegenüber den allgemeinen Kausalitätsmaßstäben ab. Demnach müsste, um den Einwand des rechtmäßigen Alternativverhaltens auszuräumen, feststehen, dass bei Beachtung der Sorgfaltspflicht der tatbestandliche Erfolg mit an Sicherheit grenzender Wahrscheinlichkeit ausgeblieben wäre. Dies hat der Sachverständige vorliegend nicht festgestellt. D hätte demnach den Tatbestand der Straßenverkehrsgefährdung nicht erfüllt.

3.   Stellungnahme

Für das Ergebnis der Risikoerhöhungslehre lässt sich im vorliegenden Fall immerhin anführen, dass es sich bei § 315c um ein Gefährdungsdelikt handelt, so dass ja auch nur ein Gefährdungserfolg zugerechnet werden muss; eine Steigerung der Gefahr war durch die Übermüdung des D sicher gegeben. § 315c ist aber ein konkretes Gefähr-

---

37 *Lackner/Kühl* (oben Fn 20), § 315c Rn 12; BGH VRS 14 [1958], 284.

38 *Roxin* Strafrecht AT I, 4. Auflage (2006), § 11 Rn 76; Nachweise bei *Fischer* (oben Fn 4), Vor § 13 Rn 26.

39 BGHSt 37, 127 (*„Lederspray"*); *Wessels/Beulke* (oben Fn 5), Rn 199 mwN.

dungsdelikt,[40] ob jedoch die konkrete Lebens-/Leibesgefahr für L bei früherem Bremsen geringer gewesen wäre, hat der Sachverständige nicht festgestellt. Auch bei wesentlich früherem Bremsen wäre er vielleicht ohne eigenes Zutun überfahren worden – und ein langsameres Überrolltwerden von einem LKW bietet auch keine höheren Überlebenschancen oder ein geringeres Verletzungsrisiko. Die Zurechnung einer konkreten Gefahr ohne den Nachweis ihrer konkreten Begründung oder Steigerung durch das vorgeworfene Fehlverhalten verstößt jedoch gegen den Grundsatz in dubio pro reo. Das Ergebnis der Risikoerhöhungslehre ist daher auch im vorliegenden Fall abzulehnen.

II. Ergebnis

D hat sich damit nicht nach § 315c strafbar gemacht.

E. Gesamtergebnis und Konkurrenzen

A und D haben sich nach hier vertretener Ansicht nicht strafbar gemacht. B hat sich wegen unterlassener Hilfeleistung nach § 323c in Tateinheit mit unerlaubtem Entfernen vom Unfallort nach § 142 I strafbar gemacht. L hat sich wegen versuchter gefährlicher Körperverletzung nach § 224 I Nr. 2 strafbar gemacht.

---

40 Vgl nur *Fischer* (oben Fn 4), § 315c Rn 2.

Schwerpunktbereich Jugendstrafrecht

Tödliche Gewalt am S-Bahnhof

Von Prof. Dr. Hans Theile, LL.M., Konstanz*

> **Voraussetzungen und Zumessung der Jugendstrafe – Einbeziehung früherer Verurteilungen – Vorbewährung und Bewährung – Untersuchungshaft gegenüber Jugendlichen („apokryphe Haftgründe") – Zeugnisverweigerungsrecht der Jugendgerichtshilfe – Verbindung bei Strafsachen von Jugendlichen und Heranwachsenden – Ausschluss der Öffentlichkeit – Erzieherische Befähigung von Jugendstaatsanwälten und -richtern**

Sachverhalt

Der 20jährige A und der 15jährige B verbringen seit einigen Monaten viel Zeit miteinander, nachdem sie sich in einer Kneipe kennen gelernt haben.

A, der seit zwei Jahren keinen Kontakt mehr zu seiner Mutter hat, verließ vorzeitig die Schule und brach verschiedene Ausbildungsverhältnisse ab. Sein vor kurzem verstorbener Vater praktizierte einen gewalttätigen Erziehungsstil, gegen den die Mutter nicht einschritt. Bereits mit Einsetzen der Pubertät ließ sich der gegen den Vater aufbegehrende A von Eltern, aber auch von Lehrern und Ausbildern nichts mehr sagen. Kritik, die an ihm geäußert wurde, begegnete er mit Unbeherrschtheiten, die sich nicht nur verbal, sondern auch tätlich entluden. In der Vergangenheit trat er deshalb bereits mehrfach strafrechtlich durch Gewaltdelikte in Erscheinung, bei denen er eine enorme Impulsivität und ein erhebliches Ausmaß an Brutalität zeigte. Über einen festen Wohnsitz verfügt A nicht, sondern er kommt immer nur vorübergehend bei flüchtigen Bekannten unter. Seit einigen Wochen ist er jedoch mit der gleichaltrigen M liiert, die in einem Supermarkt als Kassiererin arbeitet.

B, der bei seinen Eltern wohnt und bislang strafrechtlich nicht in Erscheinung getreten ist, hat die örtliche Realschule besucht und will nach Erlangung der mittleren Reife eine Lehrstelle als Kinderbetreuer antreten, um die er sich aus eigener Initiative gekümmert hat. In seiner Freizeit engagiert er sich ehrenamtlich in einem sozialen Projekt und spielt in einer Band. Zu seinen Eltern hat er an sich ein gutes Verhältnis, auch wenn ihnen sein Kontakt zu A missfällt, den B aus für sie unerklärlichen Gründen „cool" findet.

Als A und B eines Tages in nüchternem Zustand auf die S–Bahn warten und mittels eines auf volle Lautstärke eingestellten iPods Musik hören, weist der Rentner O sie an, die Musik gefälligst leiser zu stellen, da er sich belästigt fühle. A gerät durch die ener-

---

* Hans Theile ist Inhaber des Lehrstuhls für Kriminologie, Strafrecht, Strafprozessrecht und Wirtschaftsstrafrecht an der Universität Konstanz. Die Klausur wurde im Sommersemester 2010 in Konstanz gestellt.

gisch vorgetragene Anweisung völlig außer sich und fordert B mit den Worten „Dem verpasse ich eine" auf, ihm dessen mitgeführte Colaflasche zur Verfügung zu stellen. B weiß, was passieren wird, händigt A aber dennoch die Flasche aus, da er sich vor ihm nicht als Feigling präsentieren will. A schlägt sofort mit der Flasche auf O ein und fügt ihm sogar noch kräftige Tritte zu als dieser bereits am Boden liegt. O erleidet durch die Schläge und Tritte tödliche Kopfverletzungen und stirbt wenig später.

B ist völlig konsterniert und lässt sich widerstandslos von der kurze Zeit später eintreffenden und durch Passanten alarmierten Polizei festnehmen. Demgegenüber verlässt A sofort nach der Tat eilig den S–Bahnhof und ruft B zu, er solle ja nichts sagen, anderenfalls werde er auch ihn zusammenschlagen. Dann taucht er unter und kann trotz aufwändiger Ermittlungsbemühungen der Polizei zunächst nicht gefasst werden. Einige Wochen nach dem Geschehen – A ist mittlerweile 21 Jahre alt geworden – hat er eine Auseinandersetzung mit einem Obdachlosen, dem er eine kräftige Ohrfeige verabreicht. Im Zusammenhang mit dieser Tat wird er verhaftet und von einem Gericht wegen der Körperverletzung an dem Obdachlosen nach § 223 I StGB zu einer Freiheitsstrafe von einem Jahr ohne Bewährung rechtskräftig verurteilt.

B, der das Geschehen bereut und sich später mit einem Entschuldigungsbrief an die Familie des O wendet, sagt ohne jede Einschränkung vor der Polizei und Justiz aus und beschönigt nicht den eigenen Tatbeitrag. Er hebt immer wieder hervor, dass er die Realschule erfolgreich abschließen und dann die Lehrstelle antreten wolle. Mit A will er in Zukunft nichts mehr zu tun haben.

Aufgabe 1:

Die Jugendkammer wertet das Geschehen am S–Bahnhof, das in der Öffentlichkeit für erhebliche Empörung gesorgt hat, materiellrechtlich zutreffend für den uneingeschränkt schuldfähigen A als Körperverletzung mit Todesfolge (§ 227 I StGB) und für B als Beihilfe hierzu (§§ 227 I, 27 I StGB). Für B stellt es dessen jugendstrafrechtliche Verantwortlichkeit positiv fest (§ 3, 1 JGG).

Was die Sanktionierung von A und B angeht, ist man sich dagegen weniger einig.

Für A wird die Verhängung einer Jugendstrafe erwogen, wobei einer der Beisitzer zweifelt, ob eine solche Sanktion überhaupt mit dem Verfassungsrecht in Einklang stehe. Denn die Anstalten seien vielfach unzureichend ausgestattet und die Ausgestaltung des Vollzuges entspreche weithin nicht dem Erziehungsgedanken, so dass man sich auch gar nicht über hohe Rückfallquoten wundern müsse. Den anderen Beisitzer treibt die Frage um, was eigentlich mit der nach Erwachsenenstrafrecht verhängten Strafe wegen der einfachen Körperverletzung geschehen solle, von der A erst zwei Monate verbüßt hat. Der Vorsitzende äußert, aus seiner Sicht sei eine Jugendstrafe von neun Jahren als „Signal nach außen" erforderlich, dass die Rechtsordnung derartige Gewalttaten nicht länger dulde. Im Übrigen müsse gegen A eine Jugendstrafe in dieser Höhe schon deswegen verhängt werden, weil allenfalls im Rahmen eines lang andauernden Strafvollzuges auf A eingewirkt werden könne.

Für B wird ebenfalls eine Jugendstrafe erwogen, die in der Höhe aber deutlich geringer ausfallen soll. Als der Vorsitzende ein Strafmaß von einem Jahr und sechs Monaten vorschlägt, widerspricht ein Schöffe mit dem Hinweis, bei einer derart milden Strafe werde die Tat „verniedlicht". Der an der Verfassungsmäßigkeit der Jugendstrafe zweifelnde Beisitzer fragt in die Runde, ob B – sollte es am Ende auf das vom Vorsitzenden vorgeschlagene Strafmaß hinauslaufen – wenigstens die stationäre Verbüßung erspart und die Strafe zur Bewährung ausgesetzt werden kann. Der Schöffe widerspricht erneut: Er wisse nicht, ob B nicht doch wieder straffällig werde. Jedenfalls wolle er größere Gewissheit darüber, ob B überhaupt die Schule abschließt und die Lehrstelle antritt. B möge sich die Bewährung erst einmal „verdienen".

Am Ende wird A zu einer Jugendstrafe von neun Jahren und B zu einer Jugendstrafe von einem Jahr und sechs Monaten verurteilt, die zur Bewährung ausgesetzt wird. Für A wird die noch nicht vollstreckte Freiheitsstrafe wegen der Körperverletzung in diese Jugendstrafe einbezogen.

Ist die Sanktionierung von A und B rechtlich zu beanstanden? Nehmen Sie insbesondere Stellung zu den die Höhe der Strafen betreffenden Erwägungen, die im Zuge der Urteilsberatung angestellt wurden.

Aufgabe 2:

Nachdem B festgenommen worden war, ordnete der zuständige Richter einen Haftbefehl an und stützte diesen auf Flucht-, Verdunkelungs- und Wiederholungsgefahr. Tatsächlich ließ er sich von der Überlegung leiten, B solle schon einmal spüren, wie sich eine Inhaftierung „anfühle", da er keineswegs für sicher hielt, dass es am Ende tatsächlich zu einer vollstreckten Jugendstrafe kommen würde. Eine solche „Schockwirkung" sei im Zweifel für die weitere Entwicklung erzieherisch förderlich. Außerdem würde es „nach außen" verheerend wirken, wenn man B trotz der erheblichen öffentlichen Empörung auf freiem Fuß ließe.

War die Anordnung des Haftbefehls gegen B rechtmäßig?

Aufgabe 3:

Während der Hauptverhandlung sollte Sozialarbeiter J als Vertreter der Jugendgerichtshilfe Angaben zur Persönlichkeit des A machen. J hatte im Laufe des Strafverfahrens eine besondere Vertrauensbeziehung zu A aufgebaut und wollte die im Rahmen dieser Vertrauensbeziehung gewonnenen Informationen nicht in einem Strafverfahren offenbaren. Er weigerte sich daher, Bericht zu erstatten und berief sich darauf, das Zeugnis zu verweigern.

Stand dem Sozialarbeiter J als Vertreter der Jugendgerichtshilfe ein Zeugnisverweigerungsrecht zu?

Aufgabe 4:

R, der Verteidiger des B, monierte, es sei nicht einzusehen, wieso gegen A und B gemeinsam verhandelt werde und die Hauptverhandlung öffentlich stattfinde. Aus seiner Sicht sei ferner skandalös, dass einer der Beisitzer bis vor kurzem Zivilrichter war und nicht einmal einen Lehrgang über die Besonderheiten des Jugendstrafrechts besucht habe.

Was ist von den Einwänden des R zu halten?

Theile

Gliederung der Lösung

Lösung

Aufgabe 1: Die Sanktionierung von A und B

I. Die Sanktionierung des A

Die Sanktionierung des A ist rechtlich nicht zu beanstanden, wenn gegen die Verhängung der Jugendstrafe nach Grund und Höhe keine Bedenken bestehen.

1. Verhängung von Jugendstrafe dem Grund nach

Dem Grunde nach kann gegen A Jugendstrafe verhängt werden, wenn überhaupt Jugendstrafrecht zur Anwendung gelangen durfte, gegen diese Sanktion keine verfassungsrechtlichen Bedenken bestehen und die Voraussetzungen für ihre Verhängung vorliegen.

a) Anwendbarkeit Jugendstrafrecht

Jugendstrafrecht kann nach Maßgabe des § 105 I JGG auf den Heranwachsenden A (vgl. § 1 II JGG) angewandt werden, sofern die Gesamtwürdigung der Täterpersönlichkeit ergibt, dass er in seiner Entwicklung noch einem Jugendlichen gleichsteht (Nr. 1) oder es sich bei der Tat um eine Jugendverfehlung handelt (Nr. 2).

Theile

Eine Jugendverfehlung im Sinne des § 105 I Nr. 2 JGG liegt vor, wenn es sich bei der Tat nach Art, Umständen oder Beweggründen um eine für das Jugendalter typische Verhaltensweise handelt, die zwar grundsätzlich auch bei Erwachsenen, dort aber nicht in gleicher Häufigkeit auftritt.[1] Die Schwere der Straftat spricht nicht gegen eine Jugendverfehlung, die gerade bei gravierenden Rechtsgutsverletzungen vorliegen kann.[2] Zwar werden brutale Gewaltdelikte ohne nachvollziehbaren Anlass gleichermaßen von Erwachsenen begangen. Für die Einordnung als Jugendverfehlung spricht hier aber nicht nur die Begehung der Tat im öffentlichen Raum, sondern auch ihr Ausgangspunkt in der Kritik des O an dem zu lauten Musikhören. Fehlende Selbstbeherrschung dürfte bei jungen Tätern häufiger auftreten als bei Erwachsenen. Dass A unter Mitwirkung des immerhin Beihilfe leistenden B handelte, deutet ebenfalls auf eine Jugendverfehlung hin, da namentlich jugendliche Gewaltkriminalität oftmals in Gruppendelinquenz Ausdruck findet.

Daneben kann die Anwendbarkeit des Jugendstrafrechts auf eine Reifeverzögerung im Sinne des § 105 I Nr. 1 JGG gestützt werden. Hiervon ist auszugehen, wenn sich der Täter noch in einer für Jugendliche typischen Entwicklungsphase befindet und bislang keine eigenständige und für einen jungen Erwachsenen typische Identität gebildet hat.[3] A führt einen unsteten Lebenswandel, der nicht nur mit einem fehlenden festen Wohnsitz, sondern zugleich mit einem Abbruch von Schule und Ausbildungsverhältnissen einhergeht. Die sich auch in dem konkreten Tatgeschehen zum Nachteil des O widerspiegelnde Unfähigkeit, konstruktiv mit Kritik umzugehen, deutet darauf hin, dass er bislang keine gefestigte Persönlichkeit aufweist, sondern in ihm in größerem Umfang Entwicklungskräfte wirksam sind.[4] Gleichzeitig haben sich diese Merkmale aber nicht in einer Weise irreversibel verfestigt, dass keinerlei (Nach–)Reifung mehr zu erwarten wäre, zumal die in den Wochen vor der Tat begründete Beziehung zu der gleichaltrigen M möglicherweise zu einer positiven Entwicklung führen mag.

b) Verfassungsmäßigkeit der Jugendstrafe

Angesichts hoher Rückfallquoten und dem jedem Jugendstrafvollzug eigenen Widerspruch zwischen einer Erziehung zur Freiheit durch Freiheitsentzug ist in der Vergangenheit teilweise die Verfassungsmäßigkeit der Jugendstrafe mit Blick auf Art. 1 I 1 GG angezweifelt worden. Ein generell erziehungsfeindlicher Vollzug verletze die Menschenwürde desjenigen, der für ein angesichts desolater Zustände in den Anstalten unerreichbares Erziehungsziel instrumentalisiert werde.[5] Obwohl die im Zuge der Föderalismusreform auf die Länder übertragene Aufgabe des Strafvollzuges namentlich in

---

1 *Eisenberg* Jugendgerichtsgesetz, 14. Aufl 2010, § 105 Rn 34; *Meier/Rössner/Schöch* Jugendstrafrecht, 2. Aufl (2007), § 5 Rn 27; *Schaffstein/Beulke* Jugendstrafrecht: eine systematische Darstellung, 14. Aufl (2002), § 8 II 2.
2 *Eisenberg* (Fn 1), § 105 Rn 35.
3 *Meier/Rössner/Schöch* (Fn 1), § 5 Rn 22; *Schaffstein/Beulke* (Fn 1), § 8 II 1; BGHSt 36, 39f.
4 Vgl *Eisenberg* (Fn 1), § 105 Rn 8; BGHSt 12, 116; BGHSt 36, 38 ff m Anm *Walter/Pieplow* NStZ 1989, 574 und *Brunner* JR 1989, 519.
5 *OLG Schleswig* NStZ 1985, 475 m Anm *Schüler–Springorum* und StV 1985, 420 m Anm *Streng*; *Schüler–Springorum* NStZ 1985, 476.

Baden–Württemberg zur Relativierung des Erziehungsvollzuges geführt hat[6] und die Bedenken an der Verfassungsmäßigkeit der Jugendstrafe daher nur umso stärker artikuliert werden können,[7] hat das OLG Schleswig in der Vergangenheit die Sanktion der Jugendstrafe als verfassungsmäßig erachtet.[8] Denn der auf die Verhängung einer Jugendstrafe folgende Jugendstrafvollzug sei nicht per se und irreparabel erziehungsfeindlich ausgestaltet, zumal erziehungsförderliche Verbesserungen nicht schlechthin auszuschließen seien.

c)   Voraussetzungen der Jugendstrafe

Nach § 17 II ist Jugendstrafe zu verhängen, wenn wegen der schädlichen Neigungen des Beschuldigten, die in der Tat hervorgetreten sind, Erziehungsmaßregeln oder Zuchtmittel zur Erziehung nicht ausreichen, oder wenn wegen der Schwere der Schuld Strafe erforderlich ist.

Von schädlichen Neigungen ist im Falle erheblicher Anlage– oder Erziehungsmängel auszugehen, die die Gefahr begründen, dass der Heranwachsende ohne längere Gesamterziehung durch weitere Straftaten die Gemeinschaftsordnung stören wird.[9] Der vom Gesetz verwendete Begriff der „Neigungen" macht deutlich, dass bloße Konflikt–, Gelegenheits– oder Nottaten die Verhängung einer Jugendstrafe nicht rechtfertigen.[10] A ist es bislang nicht gelungen, sich dauerhaft in Schul– oder Ausbildungsstrukturen einzufügen und Kritik angemessen zu begegnen. Stattdessen kam es bereits vor dem Geschehen in der S–Bahn zu Unbeherrschtheiten, die in verschiedene durch Impulsivität und Brutalität geprägte Straftaten einmündeten. Das Tatbild entspricht diesen Defiziten, indem eine als unberechtigt empfundene Zurechtweisung durch O zum Auslöser für ein erneut impulsives und brutales Handeln wurde. Dass A angesichts der Sozialisation in einem hochgradig problematischen Elternhaus die schädlichen Neigungen möglicherweise nicht einmal zu verschulden hat, ist unerheblich.[11] Über den Gesetzeswortlaut hinaus wird man wegen des Verhältnismäßigkeitsgrundsatzes für die Annahme schädlicher Neigungen zwar die Gefahr der künftigen Begehung erheblicher und nicht lediglich gemeinlästiger Straftaten verlangen müssen.[12] Jedoch ist für A von einer

---

6 Vgl dort insbesondere Buch 1, § 2, 1 JVollzGB BaWü: „Die kriminalpräventive Aufgabe des Strafvollzugs und Jugendstrafvollzuges in Baden–Württemberg liegt im Schutz der Bürgerinnen und Bürger vor weiteren Straftaten". Angesichts der Insassenstruktur in den Jugendstrafanstalten nur noch albern ist die Konkretisierung der Behandlungs– und Erziehungsgrundsätze in Buch 4 § 2 II JVollzGB: „Die jungen Gefangenen sind in der Ehrfurcht vor Gott, im Geiste christlicher Nächstenliebe, zur Brüderlichkeit aller Menschen und zur Friedensliebe, in der Liebe zu Volk und Heimat, zu sittlicher und politischer Verantwortlichkeit, zu beruflicher und sozialer Bewährung und zu freiheitlicher demokratischer Gesinnung zu erziehen".
7 Siehe hierzu insbesondere *Boers/Schaerff* ZJJ 2008, 316 ff; *Wegemund/Dehne–Nieman* ZIS 2008, 565 (565 ff).
8 OLG Schleswig NStZ 1985, 475 m Anm *Schüler–Springorum*; *Eisenberg* JR 1987, 488.
9 BGHSt 11, 169 (170); 16, 261 ff; BGH StV 1992, 431; BGH NStZ–RR 2002, 20. Vgl ferner *Putzke* JURA 2009, 631 (633); *Ranft* JURA 1991, 588 (595).
10 BGHSt 11, 170. In diesem Sinne *Putzke* (Fn 9); *Schöch* JURA 2005, 883 (885).
11 Vgl *Eisenberg* (Fn 1), § 17 Rn 18a.
12 LG Gera DVJJ–Journal 1998, 282. Vgl ferner *Eisenberg* (Fn 1).

Theile

solchen Gefahr auszugehen, da die Risikofaktoren – Impulsivität, Brutalität sowie Unfähigkeit, auf Kritik angemessen zu reagieren – fortbestehen. Dass die später zum Nachteil des Obdachlosen verübte Körperverletzung leichterer Natur war, ist für sich genommen ebenso wenig Beleg für das Verschwinden jener Faktoren wie die Beziehung zur M, die eine Positiventwicklung einstweilen allenfalls als vage Möglichkeit erscheinen lässt.

Für das Merkmal der Schwere der Schuld kommt es maßgeblich auf das Ausmaß an persönlicher Vorwerfbarkeit an,[13] wobei den Beweggründen und den mit der Tat verfolgten Zwecken besondere Bedeutung zukommt.[14] Die Zurechtweisung durch O bildete keinen nachvollziehbaren Anlass für die Tat, die – sollte A überhaupt einen Zweck verfolgt haben – allenfalls darauf gerichtet war, seinen Ärger über das Verhalten des O abzureagieren. Zu berücksichtigen ist ferner, dass der zum Tatzeitpunkt nüchterne und uneingeschränkt schuldfähige A kurz vor seinem 21. Geburtstag und damit an der Schwelle zum Erwachsensein im Sinne des Strafgesetzes stand. Ihm kann die Tat stärker zum Vorwurf gemacht werden als einem jüngeren, angetrunkenen oder nur vermindert schuldfähigen Täter. Auch wenn für die Schwere der Schuld gerade nicht auf die objektiv schweren Tatfolgen abzustellen ist, fällt gleichfalls ins Gewicht, dass sich die Schwere der Schuld immerhin auf diese Folgen beziehen muss.[15] Wenn jemand eine derart gravierende Rechtsgutsverletzung in einer derart impulsiven und brutalen Weise wie A begeht, lässt dies mittelbare Schlüsse auf die innere Einstellung des Täters und seine Schuld zu.[16] Ein Absehen von Jugendstrafe als der einzigen Kriminalstrafe des Jugendgerichtsgesetzes zugunsten anderer Sanktionen des Jugendstrafrechts stünde daher in einem unerträglichen Widerspruch zum allgemeinen Gerechtigkeitsempfinden.[17]

2. Bemessung der Höhe der Jugendstrafe

Im Hinblick auf die Bemessung der Höhe der Jugendstrafe stellt sich die Frage, ob die nach der Tat begangene weitere und nach Erwachsenenstrafrecht abgeurteilte einfache Körperverletzung in die nun zu verhängende Sanktion einbezogen werden konnte und die bei der Beratung der Jugendkammer artikulierten Strafzumessungserwägungen rechtlich nicht zu beanstanden sind.

a) Einbeziehung der früheren Freiheitsstrafe

Wird auf die Straftat eines Heranwachsenden Jugendstrafrecht angewendet, kann gemäß §§ 105 II, 31 II 1, III JGG eine Einheitsstrafe unter Einbeziehung des früheren

---

13 *Diemer/Schoreit/Sonnen* Jugendgerichtsgesetz mit Jugendstrafvollzugsgesetzen, 5. Aufl (2008), § 17 Rn 22.
14 BGHSt 15, 226. Vgl auch *Putzke* (Fn 9).
15 *Meier/Rössner/Schöch* (Fn 1), § 11 Rn 19; *Brunner/Dölling* Jugendgerichtsgesetz Kommentar, 11. Aufl 2002, § 11 Rn 16.
16 Vgl *Meier/Rössner/Schöch* (Fn 1), § 11 Rn 19.
17 Vgl *Meier/Rössner/Schöch* (Fn 1), § 11 Rn 12; *Schöch* (Fn 10). Vgl aber *Buckolt/Hoffmann* JURA 2004, 710 (712 f).

Urteils verhängt werden, sofern der Heranwachsende bereits nach allgemeinem Strafrecht verurteilt worden ist. Etwas anderes könnte sich allenfalls daraus ergeben, dass das die einfache Körperverletzung zum Nachteil des Obdachlosen betreffende Urteil wegen einer Tat erging, bei der A bereits Erwachsener im Sinne des Gesetzes war.

Allerdings bietet bereits der Wortlaut des Gesetzes keinen Anhalt dafür, dass das Gesetz eine Einbeziehung nur solcher Straftaten gestatten wollte, bei denen der Täter als Heranwachsender handelte. Das Gesetz verwendet in § 105 II JGG den Begriff des Heranwachsenden, der gleichermaßen in § 105 I JGG auftaucht, wo explizit auf § 32 JGG Bezug genommen wird, so dass in diesem ersten Absatz auch im Erwachsenenalter begangene Straftaten erfasst werden.[18] Die Entstehungsgeschichte des § 105 II JGG spricht gleichermaßen für die Möglichkeit der Einbeziehung, da es dem Gesetzgeber darum ging, dem in § 31 f JGG verankerten Prinzip der Einheitlichkeit der Rechtsfolgen möglichst umfassend Geltung zu verschaffen.[19] Dies erscheint umso notwendiger, wenn sich im Nachhinein auf der Basis einer fundierteren Erforschung der Persönlichkeit des Beschuldigten herausstellt, dass dieser im Zeitpunkt der Tat noch einem Jugendlichen gleichstand. Zwar wird bei einer solchen Interpretation auf die im Erwachsenenalter begangene Straftat unter Umständen mit einer für diese Altersstufe an sich nicht vorgesehenen Sanktion des Jugendstrafrechts reagiert. Dies liegt aber nur in der Konsequenz des auf dem Erziehungsgedanken basierenden Prinzips einheitlicher Rechtsfolgen.

Weitere Voraussetzung ist jedoch, dass nach dem durch § 105 II JGG in seinem Anwendungsbereich erweiterten § 32 JGG das Schwergewicht bei denjenigen Taten liegt, die nach Jugendstrafrecht zu beurteilen sind. Obwohl die objektive Schwere der Tat nicht allein ausschlaggebend sein kann, fügt sich das Geschehen in der S–Bahn in eine Entwicklung ein, die im Jugendalter begann und bereits zu einschlägigen Verurteilungen führte. Die Tatwurzeln – unangemessener Umgang mit Kritik, Impulsivität, Brutalität – liegen somit in der früheren Lebensphase.[20]

Eine Nichteinbeziehung nach § 31 III JGG kommt nicht in Frage, da keine Gründe erkennbar sind, nach denen eine Einbeziehung der früheren Rechtsfolge erzieherisch unzweckmäßig sein könnte.

b) Strafzumessungserwägungen

Das konkret verhängte Strafmaß von neun Jahren liegt zwar im Rahmen des zulässigen Strafrahmens nach § 105 III JGG, der zehn Jahre beträgt. Gleichwohl könnten die Strafzumessungserwägungen des Gerichts fehlerhaft sein, da es die konkrete Strafhöhe zum einen auf generalpräventive und zum anderen auf erzieherische Gründe stützt.

Soweit die Jugendkammer die Höhe der Strafe damit begründet, nach außen müsse signalisiert werden, die Rechtsordnung toleriere derartige Verhaltensweisen nicht, ist die Begründung fehlerhaft. Nach h.M. und gefestigter höchstrichterlicher Rechtspre-

---

18 BGHSt 37, 34 (37). = JR 1990, 481 m Anm *Eisenberg*. Vgl ferner BGH StV 1998, 345; BGHSt 40, 1 ff.
19 BGHSt 37, 34 (37); BGHSt 40, 1 ff.
20 Vgl BGH bei *Böhm* NStZ 1989, 523.

chung sind Aspekte der negativen Generalprävention sowohl bei der Verhängung als auch der Bemessung von Jugendstrafe unzulässig.[21] Die teilweise vertretene Auffassung, zumindest bei der Bemessung der Jugendstrafe seien generalpräventive Erwägungen berücksichtigungsfähig, weil die auch im Jugendstrafrecht zulässigen Strafzumessungsgründe von Schuld und Vergeltung zugleich der Stärkung des Rechtsbewusstseins dienten,[22] ist nicht überzeugend. Abgesehen von der nicht einleuchtenden Differenzierung zwischen Strafbegründungs- und Strafzumessungsebene[23] ist zwar zu konzedieren, dass von einer Bestrafung zwangsläufig negative wie positive generalpräventive Effekte ausgehen. Dies ist jedoch allenfalls ein Nebeneffekt der Sanktionierung, ohne im Jugendstrafrecht einen eigenständigen Strafzumessungsaspekt zu legitimieren.[24] Dies gilt umso mehr, als das Jugendgerichtsgesetz im Gegensatz zum allgemeinen Strafrecht (vgl. §§ 47 I, 56 III, 59 I Nr. 3 StGB) an keiner Stelle auf die „Verteidigung der Rechtsordnung" Bezug nimmt.[25]

Die Begründung, eine Jugendstrafe von neun Jahren Dauer sei schon aus erzieherischen Gründen erforderlich, ist ebenfalls rechtsfehlerhaft. Auch wenn § 18 II JGG den Erziehungsgedanken als maßgeblichen Strafzumessungsgesichtspunkt betont, kann eine Jugendstrafe von über fünf Jahren Dauer nicht mehr mit erzieherischen Bedürfnissen gerechtfertigt werden, da ab diesem Zeitpunkt der Jugendstrafvollzug erfahrungsgemäß nur noch entsozialisierend, nicht aber resozialisierend wirkt.[26] Ein erzieherischer Erfolg setzt voraus, etwaige im Jugendstrafvollzug durchgeführte schulische, berufliche oder therapeutische Maßnahmen in Freiheit zu erproben und die Reststrafe nicht einfach nur „abzusitzen". Allerdings ist § 18 II JGG nicht in der Weise zu verstehen, dass der Erziehungsgedanke der alleinige Gesichtspunkt ist, der bei der Strafzumessung Berücksichtigung finden darf, denn der Gedanke erforderlichen Schuldausgleichs kann ebenfalls Bedeutung erlangen.[27] Anders wäre im Übrigen auch § 18 I 2 JGG gar nicht erklärbar. Obgleich somit eine die Dauer von fünf Jahren überschreitende Jugendstrafe prinzipiell über den Gedanken des Schuldausgleichs legitimiert werden kann, muss das Gericht in einem solchen Fall jedoch explizit darlegen, dass es nicht erzieherische Gründe, sondern die Schwere der Schuld ist, die eine solche Strafhöhe legitimiert.[28]

---

21 BGHSt 15, 224 (226); BGHSt 16, 261 (263); BGH StV 1990, 505; BGH NStZ 1994, 124; *Meier/Rössner/Schöch* (Fn 1), § 11 Rn 30. AA *Hinz* ZRP 2005, 192 ff; *Schaffstein/Beulke* (Fn 1), § 23 III, die nunmehr aber ihre Auffassung geändert haben, vgl. § 23 III.
22 *Dallinger/Lackner* Jugendgerichtsgesetz mit ergänzenden Vorschriften, 2. Aufl (1965), § 18 Rn 10; BT–Drucks I/3264, S 41.
23 *Eisenberg*, Fälle zum Schwerpunktbereich Strafrecht, 8. Aufl (2007), S 201 f.
24 Differenzierend *Streng* Jugendstrafrecht, 2. Aufl (2008), § 12 Rn 451.
25 BGHSt 15, 224, 226; BGHSt 16, 261 (264); BGH StV 1990, 505. Dies gilt auch für die Bewährungsfrage, da § 21 anders als § 56 nicht die Verteidigung als entscheidungsrelevanten Gesichtspunkt benennt.
26 *Ostendorf* Jugendgerichtsgesetz, 8. Aufl (2009), § 18 Rn 10; BGH NStZ 1996, 232; NStZ 1997, 29; StV 1998, 344; BGH NStZ 1996, 496 m Anm *Dölling*.
27 BGH NStZ 1996, 232 f; anders BGH NStZ RR 1997, 281.
28 *Laubenthal/Baier* Jugendstrafrecht, 2. Aufl 2010, Rn 765; *Meier/Rössner/Schöch* (Fn 1), § 11 Rn 32.

II. Die Sanktionierung des B

1. Voraussetzungen des § 17 II JGG

Gegen den Jugendlichen B (vgl. § 1 II JGG), dessen jugendstrafrechtliche Verantwortungsreife das Gericht positiv festgestellt hat (vgl. § 3, 1 JGG), kommt die Verhängung einer Jugendstrafe in Betracht, wenn die Voraussetzungen des § 17 II JGG vorliegen.

Zwar ist auch bei einem bislang strafrechtlich Unauffälligen das Vorliegen schädlicher Neigungen denkbar, die erstmalig in einer Straftat „hervortreten".[29] Im Falle des B sprechen allerdings die familiäre, soziale und schulische Einbindung ebenso wie der beabsichtigte und bereits initiierte Beginn eines Ausbildungsverhältnisses gegen einen solchen Anlage– oder Erziehungsmangel. Obwohl das Geschehen am S–Bahnhof nicht im engeren Sinne als Konflikts–, Gelegenheits– oder Nottat angesehen werden kann, handelt es sich um einen Vorgang, der aus einer besonderen Situation heraus entsteht und nicht symptomatisch für ein tiefer liegendes Sozialisationsdefizit ist. Ebenso wenig lässt der Umstand, dass sich B von A stark beeinflussen ließ, einen solchen Schluss zu. Denn die im Einzelfall auch ungute Orientierung an anderen Jugendlichen oder Heranwachsenden ist für unreife junge Menschen typisch und Ausdruck einer noch nicht abgeschlossenen eigenen Identitätsbildung. Zu berücksichtigen ist insoweit vor allem, dass B mit A nichts mehr zu tun haben will und weitere durch eine Orientierung an A motivierte Straftaten nicht zu erwarten sind. Auch das Nachtatverhalten des B, der umfassend und ohne Beschönigung des eigenen Tatbeitrages gegenüber Polizei und Justiz aussagt sowie einen Entschuldigungsbrief an die Familie des O schreibt, belegt eine Distanzierung von dem Geschehen.

Die Verhängung einer Jugendstrafe lässt sich somit allenfalls auf die Schwere der Schuld stützen. Dies würde von vornherein ausscheiden, wenn die Jugendstrafe wegen Schwere der Schuld nur unter der Voraussetzung eines erheblichen Erziehungsdefizits verhängt werden dürfte und sie deshalb erzieherisch erforderlich sein müsste.[30] Obgleich eine solche Sichtweise das Spannungsverhältnis zwischen den in § 17 II JGG enthaltenen und straftheoretisch in Gestalt von Spezialprävention und Vergeltung unterschiedlich lozierten Voraussetzungen entschärfen mag, ist im Gesetz dieses Spannungsverhältnis gerade angelegt und die Schwere der Schuld als eigenständige Voraussetzung formuliert.[31] Jedenfalls dann, wenn es wie hier um eine ganz erhebliche Straftat geht, wird eine Jugendstrafe wegen Schwere der Schuld auch dann verhängt werden dürfen, wenn sie an sich erzieherisch nicht erforderlich ist.[32]

Obwohl B erst 15 Jahre alt und er innerlich weniger intensiv am Tatgeschehen beteiligt war, hat er das Geschehen sowohl in tatsächlicher als auch in rechtlicher Hinsicht überblickt. Vorsatz und Schuld bezogen sich auf die gravierenden äußeren Tat-

---

29 BGHSt 16, 261 (262); BGH NStZ RR 1997, 21 ff; BGH, NStZ–RR 2002, 20.
30 BGHSt 15, 224; 16, 263; vgl allerdings BGH NStZ 1982, 332; StV 1994, 598 (559). Vgl hierzu auch *Schüler-Springorum* NStZ 1985, 475 (477).
31 *Brunner/Dölling* (Fn 15), § 17 Rn 14a; *Schaffstein/Beulke* (Fn 1), § 22 II 2; *Streng* StV 1985, 421 (422).
32 *Meier/Rössner/Schöch* (Fn 1), § 11 Rn 15.

Theile

folgen. Dass er unter dem Einfluss des B stand, ändert nichts daran, dass sein Tatbeitrag in erheblichem Maße vorwerfbar ist. Das Motiv, vor A nicht als Feigling zu erscheinen, ist gemessen an den Tatfolgen derart nachrangig, dass für B das Merkmal der Schwere der Schuld zu bejahen ist. Angesichts dessen erscheint ein Absehen von Jugendstrafe ausgeschlossen, weil dies im Hinblick auf die Schwere seiner Schuld nicht mehr vertretbar wäre.

2. Bemessung der Jugendstrafe

Da kein Fall des § 18 I 2 JGG vorliegt, kann grundsätzlich eine Jugendstrafe von sechs Monaten bis fünf Jahren verhängt werden (§ 18 I 1 JGG). Das von der Jugendkammer in Aussicht genommene Strafmaß von einem Jahr und sechs Monaten könnte allerdings insofern rechtsfehlerhaft sein, als es auf eine „verniedlichende" Strafe hinausläuft.

Im Gegensatz zu § 46 I 1 StGB betont § 18 II JGG zwar den Erziehungsgedanken als maßgeblichen Strafzumessungsaspekt, was gleichermaßen für die Jugendstrafe wegen Schwere der Schuld gilt.[33] Nach ganz herrschender Meinung ist aber auch der Schuldgrundsatz von Bedeutung, da er eine limitierende Funktion sowohl nach oben wie nach unten aufweist.[34] Dies gilt umso mehr als von einer nicht schuldangemessenen Strafe keine erzieherischen Wirkungen ausgehen werden.[35] Die Jugendstrafe darf somit nicht in einer Weise bemessen werden, die das Maß der Schuld bagatellisiert; namentlich bei Kapitalverbrechen ist das Erfordernis eines gerechten Schuldausgleichs zu beachten.[36] Indes wird man die avisierte Strafhöhe von einem Jahr und sechs Monaten nicht als Bagatellisierung der Schuld des B ansehen können, da sie zwar deutlich hinter dem eine Mindeststrafe von drei Jahren vorsehenden Strafrahmen des Erwachsenenstrafrechts zurückbleibt (vgl. § 227 I StGB), der im Jugendstrafrecht aber nicht gilt (vgl. § 18 I 3 JGG), sondern allenfalls eine mittelbare Wirkung entfaltet.[37] Eine Jugendstrafe von einem Jahr und sechs Monaten liegt jedenfalls deutlich über dem gesetzlich vorgesehenen Mindestmaß von sechs Monaten und stellt keine Bagatellisierung dar. Eine Jugendstrafe in dieser Höhe erscheint auch insofern vertretbar, als B die Straftat eingeräumt und sich bei der Familie des Opfers entschuldigt hat.

3. Strafaussetzung zur Bewährung

a) Vorbewährung

Die Äußerungen des Schöffen laufen darauf hinaus, eine Jugendstrafe zunächst auszusprechen, die Entscheidung über ihre Aussetzung zur Bewährung aber erst zu einem späteren Zeitpunkt zu treffen. § 57 I 1 Alt. 2 JGG ermöglicht es, eine solche Entscheidung nicht im Urteil, sondern nachträglich durch Beschluss anzuordnen, solange der

---

33 *Meier/Rössner/Schöch* (Fn 1), § 11 Rn 31; *Dölling* NStZ 1998, 39.
34 Vgl auch BGH StV 1990, 505; BGH StV 1994, 598 (599); *Dölling* NStZ 1998, 39.
35 *Meier/Rössner/Schöch* (Fn 1), § 11 Rn 31; *Dölling* NStZ 1998, 39.
36 BGH StV 1994, 598 (599); BGH NStZ 1996, 232. Für die Frage der Strafvollstreckung siehe LG Bonn NJW 1977, 2226 (2227); *Dölling* NStZ 1998, 39.
37 Vgl *Meier/Rössner/Schöch* (Fn 1), § 11 Rn 28; *Schaffstein/Beulke* (Fn 1), § 23 III.

Strafvollzug noch nicht begonnen hat. Hieraus hat die Praxis das Institut der „Vorbewährung" entwickelt, von dem insbesondere in Fällen von Unsicherheit Gebrauch
gemacht wird, ob eine Strafaussetzung zur Bewährung verantwortbar ist.[38] Die Vorbewährung soll einen höheren Grad an Gewissheit im Hinblick auf die in § 21 JGG
vorgesehene positive Legalprognose vermitteln, indem sich der Beschuldigte die Bewährung gleichsam „verdienen" muss. Im Regelfall erteilt das in dieser Weise vorge-
hende Gericht nach §§ 8 II, 10, 15 JGG analog für die Phase der Vorbewährung Weisungen und Auflagen.

   Allerdings bestehen grundsätzliche Bedenken gegen eine solche Vorgehensweise:
Mit dem Institut der Vorbewährung wird neben den in §§ 21 ff, 27 ff JGG angelegten
Instituten eine weitere Aussetzungsform geschaffen, die den Beschuldigten belastet.
Für eine praeter legem zu schaffende weitere Aussetzungsform fehlt der strafjustiziel-
len Praxis jedoch die Kompetenz, die allenfalls dem Gesetzgeber zustünde. Dieser hat
in den §§ 21 ff, 27 ff JGG samt der dort enthaltenen Voraussetzungen abschließend die
zulässigen Aussetzungsformen normiert, die nicht durch ein weiteres Institut der
„Bewährung vor der Bewährung" umgangen werden dürfen.[39] Im Übrigen besteht
keinerlei praktisches Bedürfnis, weil sowohl die §§ 21 ff JGG als auch die §§ 27 ff JGG
in weitem Umfang Möglichkeiten bieten, während der Bewährungszeit die Lebensführung des Jugendlichen in dem dort bestimmten Rahmen zu beeinflussen. Insbesondere gestattet § 26 JGG eine Korrektur der die Bewährung befürwortenden Entscheidung für den Fall, dass sich die ursprüngliche Positivprognose nachträglich als
falsch herausstellt.

   Aber selbst wenn man das Institut der Vorbewährung als zulässig erachtet, ergeben
sich jedenfalls im konkreten Fall Bedenken im Hinblick darauf, dass es hinsichtlich B
um eine Jugendstrafe wegen Schwere der Schuld, nicht aber wegen schädlicher Neigungen geht und die Legalprognose ausgesprochen positiv ausfällt. Vor diesem Hintergrund dürfte ein Rückgriff auf dieses Institut wenig sinnvoll sein.

b)   Strafaussetzung zur Bewährung

Daher kommt nur eine Strafaussetzung zur Bewährung nach § 21 I, II JGG in Betracht. Diese setzt voraus, dass sich der Jugendliche schon die Verurteilung zur War-
nung dienen lassen und auch ohne die weitere Einwirkung des Strafvollzuges unter
der erzieherischen Einwirkung in der Bewährungszeit künftig einen rechtschaffenen
Lebenswandel führen wird und die Vollstreckung der Jugendstrafe im Hinblick auf
seine Entwicklung nicht geboten ist (§ 21 I, II JGG). Im Kern kommt es damit auf eine
positive Legalprognose an,[40] bei der die in § 21 I 2 JGG benannten Abwägungsfaktoren
wie Vorleben, Tatumstände, Nachtatverhalten, Lebensverhältnisse und von der Strafaussetzung zur Bewährung ausgehende Wirkungen eine besondere Rolle spielen.

---

38   Siehe hierzu *Laubenthal/Baier* (Fn 28), Rn 850; *Meier/Rössner/Schöch* (Fn 1), § 12 Rn 24. Vgl
ferner OLG Dresden NStZ RR 1998, S 328.
39   *Meier/Rössner/Schöch* (Fn 1), § 12 Rn 24; *Ostendorf* (Fn 24), Grundl zu §§ 57–60; *Walter/
Pieplow* NStZ 1988, 168; *Schaffstein/Beulke* (Fn 1), § 25 V.
40   Zu derartigen Prognosen siehe insbesondere *Spiess* NK 1996, Heft 1, 31 ff.

Theile

Nicht nur wegen der signifikant höheren Rückfallquoten im Falle der Vollstreckung von Jugendstrafe,[41] sondern auch im Hinblick auf die konkrete Person des B wird man eine positive Prognose abgeben können: Hierfür sprechen nicht nur die Einbindung in das familiäre, soziale und schulische Umfeld, sondern auch das bereits initiierte Ausbildungsverhältnis und die nachträgliche Distanzierung von der Tat sowie die diesbezügliche Reue. Zudem hat sich B ausdrücklich von A losgesagt und umfassend und ohne Beschönigung des eigenen Tatbeitrages zur Sache ausgesagt.

Zwar besteht die Möglichkeit, dass der Richter für die Bewährungszeit die Lebensführung des Jugendlichen durch Weisungen oder Auflagen beeinflusst (vgl. § 23 I JGG). Hiervon ist jedoch nach § 23 II JGG vorläufig abzusehen, wenn der Jugendliche Zusagen für seine künftige Lebensführung macht, indem er wie B verspricht, die Schule abzuschließen und die Lehrstelle anzutreten. Hierbei handelt es sich um eine Zusage, die aus Sicht des B keine Überforderung darstellt, da sie sich ohne weiteres in die bisherige schulische und berufliche Entwicklung einfügt.[42] Vor diesem Hintergrund erscheint ein Absehen von Weisungen und Auflagen erzieherisch sinnvoller als ihre zwangsweise Auferlegung, zumal dauerhafter Erfolg in Schule und Ausbildung nur auf der Basis einer entsprechenden intrinsischen Motivation möglich sein wird.

Aufgabe 2: Die Verhaftung von B

Für die Inhaftierung Jugendlicher gelten Besonderheiten, wobei das Gesetz in § 72 JGG einen Grundsatz der Subsidiarität und Verhältnismäßigkeit normiert. Die Verhängung von Untersuchungshaft ist daher nur unter wesentlich engeren Voraussetzungen als bei Heranwachsenden möglich. Allerdings setzt auch die Inhaftierung eines Jugendlichen einen dringenden Tatverdacht (§ 2 II JGG iVm § 112 I 1 StPO) und das Vorliegen eines aufgrund „bestimmter Tatsachen" festzustellenden Haftgrundes voraus (§ 2 II JGG iVm §§ 112, 112a StPO).

Der dringende Tatverdacht im Sinne einer erheblichen Wahrscheinlichkeit der Tatbegehung lag in Person des B vor.[43]

Indes fehlte es an einem Haftgrund, da keine Tatsachen darauf hindeuten, dass Flucht-, Verdunkelungs- oder Wiederholungsgefahr bestanden. Fluchtgefahr liegt vor, wenn die Würdigung der Umstände des Falles es wahrscheinlicher macht, dass sich der Beschuldigte dem Strafverfahren entzieht als dass er sich ihm zur Verfügung halten werde.[44] Aufgrund des intakten familiären, sozialen und schulischen Umfeldes bestand keinerlei Fluchtgefahr. Da er das sechzehnte Lebensjahr noch nicht vollendet hatte, wäre überdies § 72 II JGG zu beachten gewesen, dessen gesteigerte Voraussetzungen an eine Inhaftierung erkennbar nicht vorlagen. Von Verdunkelungsgefahr ist auszugehen, wenn das bisherige Verhalten des Beschuldigten den dringenden Verdacht begründet, dass er durch bestimmte Handlungen auf sachliche oder persönliche

---

41 *Meier/Rössner/Schöch* (Fn 1), § 11 Rn 34 ff.
42 *Eisenberg* (Fn 1), § 23 Rn 19 f.
43 *Meyer-Goßner/Cierniak* Strafprozessordnung, Gerichtsverfassungsgesetz, Nebengesetze und ergänzende Bestimmungen, 53. Aufl (2010), § 112 Rn 5.
44 Vgl *Meyer-Goßner/Cierniak* (Fn 43), § 112 Rn 17.

Beweismittel einwirken und dadurch die Ermittlung der Wahrheit erschwert.[45] Allerdings ließ sich B ohne jede Beschönigung zur Sache ein und versuchte auch sonst in keiner Weise, auf Beweismittel einzuwirken. Angesichts der nachträglichen Distanzierung von der Tat und von A sowie seiner Reue schied ferner Wiederholungsgefahr im Sinne des § 2 II JGG iVm §§ 112a I Nr. 2 StPO, 227 I StGB als Haftgrund aus.

Die den Richter leitenden Motive, über eine Inhaftierung des B zum einen eine „erziehungsfördernde Schockwirkung" zu erzielen und zum anderen einer erwarteten öffentlichen Empörung entgegenzuwirken,[46] lassen sich somit auf keinen gesetzlichen Haftgrund stützen. Vielmehr wurde hier eine strafprozessuale Maßnahme mit Eingriffscharakter von ihren gesetzlichen Zwecken, einerseits das Verfahren zu sichern (§ 112 I Nr. 2, Nr. 3 StPO) und andererseits die Allgemeinheit zu schützen (§ 112a I 1 Nr. 2 StPO), abgekoppelt und zu davon losgelösten Zwecken eingesetzt. Es handelt sich um sogenannte apokryphe Haftgründe, die eine Inhaftierung des B nicht tragen konnten.[47]

Selbst wenn ein gesetzlicher Haftgrund vorgelegen hätte, wäre im Übrigen eine Inhaftierung im Hinblick auf die in § 72 I JGG artikulierten Grundsätze von Subsidiarität und Verhältnismäßigkeit im konkreten Fall rechtswidrig gewesen.

Aufgabe 3: Das Zeugnisverweigerungsrecht der Jugendgerichtshilfe

Im Gegensatz zu anderen Berufsgruppen ergibt sich für die Angehörigen der Jugendgerichtshilfe aus § 2 II JGG iVm § 53 I 1 StPO unmittelbar kein Zeugnisverweigerungsrecht. Insoweit kommt allenfalls eine analoge Anwendung der Vorschrift in Frage, die verfassungsrechtlich geboten sein könnte. Den eigentlichen Hintergrund der Problematik bildet der im Gesetz angelegte Rollenkonflikt der Jugendgerichtshilfe, die neben einer Ermittlungs- und Überwachungsfunktion zugleich eine Betreuungsfunktion ausübt.

Unter dem Gesichtspunkt des Art. 2 I, 1 I 1 GG könnte für ihre Einbeziehung in den von § 53 I 1 StPO erfassten Personenkreis sprechen, dass dem Beschuldigten ein Bereich freier Entfaltung gewährt werden muss, auf dessen Grundlage er sicher sein kann, dass die von ihm der Jugendgerichtshilfe offenbarten Tatsachen nicht Eingang in ein Strafverfahren finden, sofern sie ihm in ihrer Betreuungsfunktion gegenübertritt. Indes steht dieser Betreuungsfunktion eine Ermittlungs– und Überwachungsfunktion gegenüber mit der Folge, dass sie von vornherein Teil der Staatsgewalt ist: Sie tritt dem Beschuldigten nicht ausschließlich als persönlicher Helfer und Berater, sondern auch als Repräsentant von Staat und Gesellschaft entgegen, die das in dieser Funktion erlangte Wissen von

---

45 Vgl *Meyer-Goßner/Ciernak* (Fn 43), § 112 Rn 17.
46 Der mit einer Inhaftierung verfolgte Zweck, die angesichts einer Straftat auftretende öffentliche Empörung zu absorbieren, hatte bereits einmal durch Gesetz vom 28. Juni 1935 in die StPO Eingang gefunden, nach dem eine Inhaftierung zulässig war „wenn es mit Rücksicht auf die Schwere der Tat und die durch sie hervorgerufene Erregung der Öffentlichkeit nicht erträglich wäre, den Angeschuldigten in Freiheit zu lassen" (RGBl I 844 (847)), vgl dazu auch *Baumann* JZ 1962, 649 (649 f); *ders* JZ 1969, 134 (135); *Schmitt* JZ 1965, 193 (195); *Neidhard* JZ 1965, 619 (620). Vgl ferner LG Hamburg MDR 1994, 822.
47 Siehe hierzu *Eisenberg* (Fn 1), § 72 Rn 9; *Ostendorf* (Fn 40), § 72 Rn 4 jeweils mwN.

Theile

Amts wegen weiterzugeben hat.[48] Dies unterscheidet sie deutlich von den in § 53 I 1 Nr. 3a, b StPO benannten sozialen Berufen, denen nur eine beratende, aber keine Ermittlungs– und Überwachungsfunktion zukommt.

Angesichts des durch die Ermittlungs- und Überwachungsfunktion eingeschränkten Vertrauensverhältnisses zwischen der Jugendgerichtshilfe und dem Beschuldigten kann ferner nicht von einer willkürlichen Ungleichbehandlung mit den in § 53 I 1 StPO benannten Berufsgruppen und damit von einem Verstoß gegen Art. 3 I GG ausgegangen werden. Dies gilt auch mit Blick auf die dort in Nr. 3a, b StPO benannten beratenden Berufe, die gerade keine Ermittlungs- und Überwachungsfunktionen ausüben.

Solange Ermittlungs-, Überwachungs- und Betreuungsfunktion gesetzlich in einer einzigen Institution vereinigt sind, besteht daher kein Zeugnisverweigerungsrecht für die Mitarbeiter der Jugendgerichtshilfe.[49]

Aufgabe 4: Verbindung, Öffentlichkeit, erzieherische Befähigung

I. Verbindung

Die Frage der Rechtmäßigkeit einer Verbindung der gegen A und B geführten Strafverfahren ist nicht anhand der §§ 103, 112 JGG zu beantworten, die sich allein auf die Verbindung von Strafverfahren eines Jugendlichen oder Heranwachsenden mit denen eines Erwachsenen beziehen. Stattdessen gelten – weil es auch für die Frage der Anwendbarkeit des formellen Jugendstrafrechts auf das Alter des Täters zum Zeitpunkt der Tat und nicht der Verhandlung ankommt (vgl. § 1 II JGG) –[50] über § 2 II JGG die Vorschriften des allgemeinen Strafrechts.[51] Damit finden die §§ 2, 3 StPO Anwendung und es kommt auf einen persönlichen oder sachlichen Zusammenhang im Sinne des § 3 StPO an. Da A und B als Täter und Teilnehmer der an O verübten Tat beschuldigt werden, ist ein sachlicher Zusammenhang gegeben. Zwar spricht § 2 I 1 StPO von zusammenhängenden Strafsachen, die jeweils zur Zuständigkeit unterschiedlicher Spruchkörper gehören würden, während für die Taten von A und B jeweils die Jugendkammer zuständig ist (vgl. §§ 33 I, II; 33b, 41 I Nr. 1 JGG iVm § 74 I, II Nr. 8 GVG). Ist aber für die Straftaten verschiedener Beschuldigter die Zuständigkeit ein und desselben Spruchkörpers begründet, ergibt sich die Zulässigkeit der Verbindung a maiore ad minus aus der in § 2 I 1 StPO enthaltenen weitergehenden Regelung.[52]

II. Öffentlichkeit der Hauptverhandlung

Soweit Strafverfahren von Jugendlichen und Heranwachsenden miteinander verbunden werden, ist die Hauptverhandlung abweichend von § 48 I JGG öffentlich, § 48 III 1 JGG. Etwas anderes gilt nach § 48 III 2 JGG, wenn dies im Interesse der Erziehung eines

---

48 BVerfGE 33, 367 (380 ff); *Brunner/Dölling* (Fn 14), § 38 Rn 14; *Laubenthal/Baier* (Fn 28), Rn 225 f.
49 Für die Einführung eines solchen Zeugnisverweigerungsrechts de lege ferenda siehe aber *Diemer/Schoreit/Sonnen* (Fn 12), § 38 Rn 26.
50 Vgl *Kudlich* JuS 1999, 877 (878).
51 Vgl hierzu *Eisenberg* (Fn 1), § 103 Rn 25.
52 *Meyer-Goßner/Ciernak* (Fn 43), § 2 Rn 3.

jugendlichen Angeklagten liegt. Ein solches erzieherisches Interesse kann neben drohenden Stigmatisierungseffekten vorliegen, wenn die Hauptverhandlungsöffentlichkeit den Jugendlichen entweder einschüchtert oder umgekehrt zu prahlerischer Selbstdarstellung veranlasst.[53] Mangels Hinweisen auf eine Einschüchterung oder Selbstdarstellung des B spricht für eine nichtöffentliche Verhandlung die mit einer Hauptverhandlung verbundene Stigmatisierungsgefahr, zumal im konkreten Fall ein massives Interesse der (Medien-)Öffentlichkeit besteht. Umgekehrt kann argumentiert werden, dass eine nichtöffentliche Verhandlung allenfalls zur Vermeidung der „Saalöffentlichkeit", nicht aber der unter Stigmatisierungsgesichtspunkten tatsächlich ungleich bedeutsameren Medienöffentlichkeit führt. Da § 48 III 2 JGG Ausnahmecharakter hat und gemäß § 109 I 1 JGG Strafverfahren gegen Heranwachsende grundsätzlich öffentlich stattfinden, ist die Durchführung einer öffentlichen Hauptverhandlung rechtlich nicht zu beanstanden, zumal kein Ausschlussgrund nach §§ 170 ff. GVG vorliegt.

III. (Jugend-)erzieherische Befähigung und Erfahrung

Nach § 37 JGG sollen die Jugendrichter bei den Jugendgerichten zwar erzieherisch befähigt und in der Jugenderziehung erfahren sein. Bei dieser Norm handelt es sich aber um eine bloße Ordnungsvorschrift, so dass ein Verstoß nach h. M. keine Revision begründen kann.[54] Dies erscheint insofern problematisch, als die innerhalb des Jugendstrafverfahrens im Vergleich zu erwachsenen Beschuldigten zu konstatierenden Einschränkungen in den Beschuldigtenrechten typischerweise unter Hinweis auf den Erziehungsgedanken legitimiert werden.[55] Entfällt diese legitimatorische Basis, indem Vorschriften wie § 37 JGG zu leeren Begriffshülsen verkommen, lassen sich derartige Einschränkungen nicht länger begründen.

53 *Eisenberg* (Fn 1), § 48 Rn 8; *Kudlich* JuS 1999, 877 (830).
54 BGHSt 8, 354; 9, 402.
55 *Eisenberg* (Fn 1), § 37 Rn 15; *Kreuzer* StV 1982, 438 (439). Vgl in diesem Zusammenhang auch *Kudlich* JuS 1999, 877 (877 f).

Theile

Schwerpunktbereich Arbeits- und Sozialrecht

Frauenprobleme[1]

Von Prof. Dr. Stefan Huster und Wiss. Mit. Katrin Hasler, Bochum

Krankenversicherungsrecht – Leistungsbeschränkung bei Selbstverschulden – Künstliche Befruchtung – Entgeltfortzahlung – Verschulden – Forderungsübergang

Sachverhalt

Aufgabe 1

Frau A ist als Sekretärin bei der X-AG beschäftigt. Am 1. 4. 2009 kauft sie bei dem Juwelier J Ohrringe und lässt sich von J auch die Ohrläppchen durchstechen, um die Ohrringe tragen zu können. In den folgenden Tagen kommt es zu einer schweren Infektion der Ohrläppchen; diese ist darauf zurückzuführen, dass der J Geräte verwendete, die er zuvor nicht ausreichend desinfiziert hatte. A sucht ihren Hausarzt auf, der die Infektion mit Antibiotika behandelt. Da A das Medikament nicht gut verträgt, ist sie vier Tage arbeitsunfähig.

Die Betriebskrankenkasse der X-AG, deren Mitglied die A ist, erfährt von dem Vorgang und fordert die A im Juni 2009 auf, die Hälfte der Behandlungskosten selbst zu tragen. Schließlich sei sie wegen ihres Entschlusses, sich die Ohrläppchen durchstechen zu lassen, auch selbst dafür verantwortlich, dass die Erkrankung aufgetreten sei. Mit gleicher Begründung verweigert die X-AG die Entgeltfortzahlung für die vier Tage, an denen die A nicht arbeiten konnte.

Die A ist über das Vorgehen der Betriebskrankenkasse und ihres Arbeitgebers empört. Sie bittet um eine gutachterliche Stellungnahme zu den Fragen, ob sie gegen die Krankenkasse einen Anspruch auf volle Übernahme der Behandlungskosten und gegen die X-AG einen Anspruch auf Entgeltfortzahlung besitzt.

Aufgabe 2 (Abwandlung)

Die X-AG hat A tatsächlich das Entgelt fortgezahlt und möchte sich nun beim Juwelier J schadlos halten. Hat sie einen Anspruch gegen J?

Aufgabe 3

Die Arbeitskollegin der A, Frau B, ist 41 Jahre alt und versucht seit geraumer Zeit, mit ihrem gleichaltrigen langjährigen Lebensgefährten X ein Kind zu zeugen. Wie sich bei

---

1 Der Fall stellt die aktualisierte und leicht überarbeitete Fassung einer Abschlussklausur statt, die im Sommersemester 2008 an der Ruhr-Universität Bochum im Schwerpunktbereich 2 (Arbeit und Soziales) gestellt wurde.

einer ärztlichen Untersuchung schließlich herausstellt, leidet B unter einer nicht behebbaren Funktionsstörung des Eileiters. B und X erwägen daher, ein Verfahren der künstlichen Befruchtung vorzunehmen, das nach ärztlicher Auskunft in ihrem Fall den einzigen Weg zur Herbeiführung einer Schwangerschaft darstellt und durchaus erfolgversprechend wäre.

Die Betriebskrankenkasse der X-AG, deren Mitglied B ist, weigert sich auf Anfrage der B, die Behandlungskosten zu übernehmen, weil die B bereits 41 Jahre alt und zudem mit dem X nicht verheiratet ist. B hält dies für eine verfassungswidrige Diskriminierung.

Auch die X-AG weist darauf hin, dass sie zur Entgeltfortzahlung im Krankheitsfall nicht bereit wäre, falls die B aufgrund der Nebenwirkungen der hormonellen Stimulation, die im Rahmen der künstlichen Befruchtung erforderlich ist, einige Tage arbeitsunfähig wäre. Schließlich sei es die freiwillige Entscheidung der B, sich dieser Behandlung zu unterziehen.

B bittet um eine gutachterliche Stellungnahme, ob die Auskünfte der Betriebskrankenkasse und der X-AG zutreffend sind.

Gliederung der Lösung

Lösung

Aufgabe 1: Ansprüche der A

I.   Anspruch der A gegen die Betriebskrankenkasse

Die A könnte gegen die Betriebskrankenkasse einen Anspruch auf Übernahme der Behandlungskosten aus §§ 27 Abs. 1, 28 Abs. 1, 33 SGB V haben.

1.   Versicherter Personenkreis

Da A als Sekretärin bei der X-AG gegen Arbeitsentgelt beschäftigt ist,[2] ist sie nach § 5 Abs. 1 Nr. 1 SGB V pflichtversichert.

2.   Versicherungsfall

Die schwere Infektion der Ohrläppchen stellt einen regelwidrigen Körperzustand dar, der behandlungsfähig und -bedürftig ist, so dass auch der Versicherungsfall der Krankheit vorliegt.[3]

---

2 Zum Begriff der Beschäftigung vgl. § 7 Abs. 1 SGB IV.
3 Zur Definition des Krankheitsbegriffs vgl. Becker/Kingreen/*Lang* SGB V 2. Aufl 2010, § 27 Rn 10 ff.

3. Leistungen

Die ärztliche Behandlung stellt nach § 28 Abs. 1 SGB V, die Versorgung mit Arznei-
mitteln nach § 33 SGB V eine Leistung der Gesetzlichen Krankenversicherung dar.

4. Leistungsbeschränkung bei Selbstverschulden

Allerdings könnte der Anspruch der A hier nach § 52 SGB V beschränkt sein, weil sie
sich freiwillig zu einem Durchstechen der Ohrläppchen entschlossen hat, das zu der
Krankheit geführt hat.

a) § 52 Abs. 1 SGB V

Eine Beschränkung nach § 52 Abs. 1 SGB V scheidet schon deshalb aus, weil keine Anzeichen dafür vorhanden sind, dass A sich die Krankheit vorsätzlich zugezogen hat. Sie
dürfte vielmehr darauf vertraut haben, dass J ordnungsgemäß arbeitet und keine
Komplikationen auftreten.

b) § 52 Abs. 2 SGB V

In Betracht kommt aber eine Leistungsbeschränkung nach § 52 Abs. 2 SGB V. Dazu
müsste es sich bei dem Durchstechen der Ohrläppchen um eine medizinisch nicht indizierte ästhetische Operation oder um ein Piercing handeln.
  Der Eingriff war nicht medizinisch indiziert und erfolgte auch aus ästhetischen
Gründen; sehr fraglich ist aber, ob das einfache Durchstechen der Ohrläppchen unter
den Begriff der Operation subsumiert werden kann. Der Wortlaut deutet eher darauf
hin, dass der Gesetzgeber mit dieser Tatbestandsalternative größere Eingriffe (Fettab-
saugung, Brustvergrößerung u. ä.) erfassen wollte. Auch der Begriff des Piercing dürfte
auf die in Teilen der Jugendkultur in Mode gekommenen Eingriffe und Verzierungen,
nicht aber das traditionelle Tragen eines Ohrrings erfassen. Dafür spricht auch folgende
Überlegung: Nach § 52 Abs. 2 SGB V idF. des GKV-Wettbewerbsstärkungsgesetzes waren Versicherte an den Behandlungskosten zu beteiligen, wenn sie sich „eine Krankheit
durch eine medizinisch nicht indizierte *Maßnahme wie zum Beispiel* eine ästhetische
Operation, eine Tätowierung oder ein Piercing zugezogen" haben. Auf der Grundlage
dieses Normtextes wäre es schwer zu bestreiten, dass auch das einfache Durchstechen
des Ohrläppchens erfasst ist. Durch das Pflege-Weiterentwicklungsgesetz wurde aber ab
dem 1. 7. 2008 „klargestellt",[4] dass die Beteiligungspflicht auf die ausdrücklich genannten drei Maßnahmen beschränkt ist, indem die Formulierung „Maßnahme wie zum
Beispiel eine" in § 52 Abs. 2 SGB V gestrichen wurde. Vermutlich wollte der Gesetzgeber
damit gerade sozial anerkannte Maßnahmen wie den Ohrring bei Frauen vom Anwendungsbereich der Norm ausnehmen. Das Durchstechen der Ohrläppchen ist damit
nicht von § 52 Abs. 2 SGB V erfasst.[5]

---

4 So die Gesetzesbegründung; vgl BT-Drks. 16/7439, S. 96.
5 Schließt man sich dieser Auffassung an, stellt sich allerdings die Frage, ob es mit dem allgemeinen Gleichheitssatz (Art. 3 Abs. 1 GG) vereinbar ist, für die nun ausdrücklich genannten
Maßnahmen eine Kostenbeteiligung vorzusehen, andere Maßnahmen, die ebenfalls nicht medi-

5. Ergebnis

Die A hat gegen die Betriebskrankenkasse einen Anspruch auf Übernahme der Behandlungskosten.

II. Anspruch der A gegen die X-AG

A könnte gegen die X-AG einen Anspruch auf Fortzahlung des Arbeitsentgelts für vier Tage aus § 3 Abs. 1 S. 1 EFZG haben.[6]

1. Bestehendes Arbeitsverhältnis mit vierwöchiger, ununterbrochener Dauer

Zwischen A und der X-AG besteht ein rechtswirksam begründetes Arbeitsverhältnis, so dass A zum anspruchsberechtigten Personenkreis im Sinne des § 1 Abs. 2 EFZG gehört. Die nach § 3 Abs. 3 EFZG erforderliche Wartezeit erfüllt A ebenfalls.

2. Voraussetzungen des § 3 Abs. 1 S. 1 EFZG

Des Weiteren müssten die Voraussetzungen des § 3 Abs. 1 S. 1 EFZG vorliegen. A müsste also durch krankheitsbedingte Arbeitsunfähigkeit ohne ihr Verschulden an der Erbringung ihrer Arbeitsleistung verhindert sein.

a) Arbeitsverhinderung infolge krankheitsbedingter Arbeitsunfähigkeit

Arbeitsunfähigkeit infolge Krankheit liegt vor, wenn ein regelwidriger Körper- oder Geisteszustand des Arbeitnehmers besteht, der ihn außerstande setzt, die geschuldete Arbeit zu leisten.[7] Bei A entstand infolge des Durchstechens der Ohrläppchen mittels nicht ausreichend desinfizierter Geräte eine Infektion, also ein regelwidriger körperlicher Zustand, dessen Behandlung die Arbeitsunfähigkeit verursacht hat. Die krankheitsbedingte Arbeitsunfähigkeit war auch die alleinige Ursache für den Arbeitsausfall von vier Tagen.

---

zinisch indiziert sind, dagegen von der Regelung auszunehmen. Dass das Tragen von Ohrringen – anders als ästhetische Operationen, Piercings und Tätowierungen – nicht auf soziale Vorbehalte stößt, ist schwerlich ein zulässiges Differenzierungskriterium im Rahmen der Leistungspflicht der Gesetzlichen Krankenversicherung; vgl. dazu *Huster* JZ 2008, 859 (865 Fn 55). Auch ist nicht ersichtlich, dass beim Piercing regelmäßig ein höheres Gesundheitsrisiko als beim Durchstechen der Ohrläppchen besteht. Es ist daher auch vertretbar, dass der Grundsatz der verfassungskonformen Auslegung dazu zwingt, das Durchstechen der Ohrläppchen als ein Piercing im Sinne des § 52 Abs. 2 SGB V anzusehen. Gegen die Angemessenheit einer hälftigen Kostenbeteiligung bestehen keine Bedenken.

6 Die Rechtsnatur der Vorschrift ist umstritten. Überwiegend wird von einer eigenständigen Anspruchsgrundlage ausgegangen, so etwa *Schmitt* EFZG, 6. Aufl 2007, § 3 Rn 10; Staudinger-BGB/*Oetker* (2002) § 616 BGB Rn 177 ff; aA Erman/*Belling* BGB, 12. Aufl 2008, § 616 BGB Rn 96, jeweils mwN.

7 BAG AP Nr. 94 zu § 1 LohnFG; BAG AP Nr. 86 zu § 1 LohnFG; ErfK/*Dörner* 11. Aufl 2011, § 3 EFZG Rn 5 ff.

b) Verschulden

Es stellt sich allerdings die Frage, ob A ein Verschulden an ihrer Arbeitsunfähigkeit trifft. Abweichend von § 276 BGB liegt ein Verschulden im Sinne des Entgeltfortzahlungsrechts vor, wenn der Arbeitnehmer diejenige Sorgfalt in besonders grobem Maße außer Acht gelassen hat, die von einem verständigen Menschen im eigenem Interesse zu erwarten ist (sog. Verschulden gegen sich selbst).[8] Leichtsinniges Verhalten erfüllt den Tatbestand nicht, sondern nur ein besonders leichtfertiges oder vorsätzliches Verhalten.

Problematisch wird es, wenn infolge von ästhetisch motivierten körperlichen Eingriffen Komplikationen auftreten. Für eine Bejahung des Verschuldens könnte der Gesichtspunkt sprechen, dass der vorige Eingriff nicht medizinisch indiziert und selbst veranlasst war.[9] Dieses außerordentliche Risiko könnte im Gegensatz zum normalen Krankheitsrisiko nicht vom Arbeitgeber zu tragen sein. Unterstützung könnte diese Ansicht finden, soweit der Eingriff von § 52 Abs. 2 SGB V erfasst wird.[10]

Dem lässt sich jedoch entgegen halten, dass bei ordnungsgemäßer Durchführung, insbesondere einer Desinfektion der Geräte, dem Durchstechen der Ohrläppchen – anders als Schönheitsoperationen – keine außergewöhnlich hohe Gefahr innewohnt. Daher rechtfertigt dies nicht den Vorwurf eines gröblichen Verstoßes gegen die im eigenen Interesse liegenden Verhaltenspflichten. Die Arbeitsverhinderung war somit unverschuldet im Sinne des Entgeltfortzahlungsrechts, so dass die Voraussetzungen des § 3 Abs. 1 EFZG erfüllt sind.

3. Durchsetzbarkeit

Für ein Leistungsverweigerungsrecht der X-AG, insbesondere wegen Verhinderung eines Überganges von Schadensersatzansprüchen gegen den Dritten J gem. § 7 Abs. 1 Nr. 2 EFZG, bestehen keine Anhaltspunkte.

4. Anspruchsdauer und Höhe

Gem. § 4 Abs. 1 EFZG ist das Arbeitsentgelt in ungekürzter Höhe des regelmäßigen Arbeitsentgelts und für die Dauer der Arbeitsunfähigkeit, maximal für sechs Wochen, fortzuzahlen.

5. Ergebnis

A kann von der X-AG die Fortzahlung des Arbeitsentgelts für vier Tage in voller Höhe ihres regelmäßigen Arbeitsentgelts verlangen.

---

8 BAG AP Nr. 77 zu § 1 LohnFG; BAG AP Nr. 94 zu § 1 LohnFG; ErfK/*Dörner* 11. Aufl 2011, § 3 EFZG Rn 23; MünchKomm-BGB/*Müller-Glöge* 5. Aufl 2009, § 3 EFZG Rn 36; *Schmitt* EFZG, 6. Aufl 2007, § 3 Rn 114ff.
9 *Löwisch/Beck* BB 2007, 1960 (1960 f) – ausdrücklich für medizinisch nicht indizierte Schönheitsoperationen, Tätowierungen oder Piercing. Ablehnend für gefährlichen Sportarten wie Drachenfliegen aber BAG AP Nr. 45 zu § 1 LohnFG.
10 Vgl dazu oben I. 4. Zu diesem Argument vgl. *Löwisch/Beck* BB 2007, 1960 (1961).

Aufgabe 2 (Abwandlung): Ansprüche der X-AG gegen J

I. Ansprüche der X-AG gegen J aus eigenem Recht

1. § 823 Abs. 1 BGB

Der X-AG könnte gegen J ein Anspruch auf Schadensersatz in Höhe der geleisteten Entgeltfortzahlung aus § 823 Abs. 1 BGB zustehen. Dies setzt voraus, dass die X-AG in einem von § 823 Abs. 1 BGB geschützten Rechtsgut verletzt ist. In Betracht kommt die Verletzung eines „sonstigen Rechtes" im Sinne des § 823 Abs. 1 BGB. Darunter fällt auch das Recht am eingerichteten und ausgeübten Gewerbebetrieb. Ein Eingriff in dieses Recht liegt vor, wenn nicht lediglich vom Gewerbebetrieb ablösbare Rechtspositionen beeinträchtigt werden; sondern sich der Eingriff gegen den Betrieb als solchen richtet (sog. betriebsbezogener Eingriff).[11] Für den Eingriff des J gegenüber A trifft dies jedoch nicht zu.

Zwar hat die X-AG durch die Fortzahlung des Lohns an A einen Vermögensschaden erlitten, da sie insoweit keinen Gegenwert in Form von Arbeitsleistungen erhalten hat. Das Vermögen als solches ist jedoch kein „sonstiges Recht" im Sinne des § 823 Abs. 1 BGB.[12] Demnach scheidet ein Anspruch aus § 823 Abs. 1 BGB aus.

2. § 823 Abs. 2 BGB iVm einem Schutzgesetz

Ein Anspruch der X-AG gegen J gem. § 823 Abs. 2 BGB scheidet aus, da kein Schutzgesetz ersichtlich ist, welches das Vermögen der X-AG schützt.

3. § 826 Abs. 1 BGB

Im Gegensatz zu § 823 Abs. 1 BGB schützt § 826 Abs. 1 BGB zwar das Vermögen als solches, Anhaltspunkte für eine vorsätzliche sittenwidrige Schädigung durch J liegen jedoch nicht vor.

II. Ansprüche der X-AG gegen J aus übergegangenem Recht nach § 6 EFZG

In Betracht kommt jedoch ein Anspruch kraft übergegangenen Rechts. Nach § 6 EFZG gehen die Ansprüche des verletzten Arbeitnehmers in dem Umfang auf den Arbeitgeber über, in dem dieser das Entgelt des Arbeitnehmers während der Arbeitsunfähigkeit fortgezahlt hat (cessio legis).

1. Tatsächliche Fortzahlung des Entgelts

Vorliegend zahlte die X-AG an A das Entgelt fort, obwohl A während der Erkrankung keine Arbeitsleistung erbrachte.

---

11 Vgl BGHZ 3, 270 (278 ff); 29, 65 (74); MünchKomm-BGB/*Wagner* 5. Aufl 2009, § 823 Rn 194.
12 MünchKomm-BGB/*Wagner* 5. Aufl 2009, § 823 Rn 184 ff.

2.   Anspruch der A gegen J

Zudem müsste A gegen J ein Anspruch auf Ersatz des Verdienstausfalls zustehen. J ist A zum einen aus dem Vertrag über das Stechen der Ohrlöcher und zum anderen wegen fahrlässiger Körper- und Gesundheitsschädigung aus § 823 Abs. 1 BGB sowie § 823 Abs. 2 BGB iVm § 229 StGB zum Schadensersatz verpflichtet. Eine Verneinung des Schadens kommt trotz der geleisteten Entgeltfortzahlung nicht in Betracht. Dieser Vorteil darf J nicht entlasten. Jedenfalls fingiert § 6 EFZG einen Verdienstausfallsschaden der A.[13]

3.   Umfang

Da die X-AG in der Zeit der Erkrankung der A das Entgelt in Höhe von 100% (vgl. § 4 EFZG) fortgezahlt hat, geht der Anspruch in vollem Umfang auf sie über.

4.   Ergebnis

Die X-AG hat somit einen Anspruch gegen J aus übergegangenem Recht.

Aufgabe 3: Ansprüche der B

I.   Anspruch der B gegen die Betriebskrankenkasse

Die A könnte gegen die Betriebskrankenkasse einen Anspruch auf Übernahme der Kosten der künstlichen Befruchtung aus § 27 a SGB V haben.

1.   Versicherter Personenkreis

Da auch B als Sekretärin bei der X-AG gegen Arbeitsentgelt beschäftigt ist, ist sie nach § 5 Abs. 1 Nr. 1 SGB V pflichtversichert.

2.   Versicherungsfall

Der – vorrangige – Anspruch auf Krankenbehandlung zur Herstellung der Empfängnisfähigkeit nach § 27 Abs. 1 S. 4 SGB V greift hier nicht: Die Empfängnisfähigkeit der B kann und soll hier nicht wiederhergestellt werden, da sie an einer nicht behebbaren Funktionsstörung des Eileiters leidet. In Betracht kommt aber der eigenständige Versicherungsfall des § 27 a SGB V.[14]

a)   Maßnahme zur Herbeiführung einer Schwangerschaft

B begehrt mit der künstlichen Befruchtung eine medizinische Maßnahme zur Herbeiführung einer Schwangerschaft im Sinne des § 27 a Abs. 1 SGB V.

---

13 BGHZ 62, 380 (386) für § 4 I LohnFG (nun § 6 I EFZG); Staudinger-BGB/*Oetker* (2002) § 616 Rn 128 ff.
14 Zur Qualifikation des § 27 a SGB V als eines eigenständigen Versicherungsfalls, der nicht auf eine Krankenbehandlung ausgerichtet, sondern dieser lediglich zugeordnet sei, vgl BSGE 88, 62 (64). Diese Qualifikation hat zur Folge, dass sich der Anspruch allein aus § 27 a, nicht aber aus § 27 SGB V ergibt. Zur Problematik dieser Einordnung vgl. sogleich unter c).

b) Erforderlichkeit und hinreichende Aussicht

Diese Maßnahme ist nach ärztlicher Auskunft auch erforderlich und besitzt hinreichende Erfolgsaussicht (§ 27 a Abs. 1 Nr. 1 und 2 SGB V).

c) Leistungsbeschränkungen

Dem Anspruch der B könnten aber die einschränkenden Voraussetzungen des § 27 a SGB V entgegenstehen.

aa) § 27 a Abs. 1 Nr. 3, Abs. 3 S. 1 SGB V

B ist hier zum einen nicht mit X verheiratet, zum anderen hat sie das 40. Lebensjahr bereits vollendet. Die Leistungsbeschränkungen des § 27 a Abs. 1 Nr. 3, Abs. 3 S. 1 SGB V greifen daher ein.

bb) Verfassungsmäßigkeit der Leistungsbeschränkungen

B macht aber geltend, dass diese Leistungsbeschränkungen eine verfassungswidrige Diskriminierung darstellten.[15] Tatsächlich sind die Leistungsbeschränkungen des § 27 a SGB V verfassungsrechtlich umstritten. Grundsätzlich sind Beschränkungen in der Gesetzlichen Krankenversicherung, die an das Alter oder den Personenstand anknüpfen, unter dem Gesichtspunkt des allgemeinen Gleichheitssatzes (Art. 3 Abs. 1 GG) problematisch, da derartige Differenzierungen des Anspruchs auf Krankenbehandlung nur in sehr engen Grenzen zulässig sein können. Allerdings vertritt die Sozialrechtsprechung die Auffassung, dass dem Gesetzgeber hier ein größerer Gestaltungsspielraum zukomme, da § 27 a SGB V einen eigenständigen Versicherungsfall darstelle: Die Norm stelle nicht auf den regelwidrigen Körperzustand des Versicherten, sondern auf die Unfruchtbarkeit des Ehepaares ab; letztlich sei nicht einmal das Vorliegen einer Krankheit als Ursache der Infertilität erforderlich. Die künstliche Befruchtung stelle daher nach der Systematik des Gesetzes keine Krankenbehandlung dar, sondern sei dieser „lediglich zugeordnet"; sie besitze insoweit eine „Sonderstellung im Leistungssystem der Krankenversicherung".[16] Das BVerfG hat sich dieser Einordnung mit der Erwägung angeschlossen, es gehe bei der Unfruchtbarkeit um einen „Grenzbereich zwischen Krankheit und solchen körperlichen und seelischen Beeinträchtigungen eines Menschen, deren Beseitigung oder Besserung durch Leistungen der gesetzlichen Krankenversicherung nicht von vornherein veranlasst ist."[17] In einer neueren Entscheidung heißt es sogar, dass die künstliche Befruchtung gar keine Krankenbehandlung darstelle, da sie den regelwidrigen körperlichen Zustand nicht beseitige, sondern ihn mit Hilfe medizinischer Technik lediglich umgehe, ohne auf dessen Heilung zu zielen.[18] Ob diese Begründung

---

15 In einem sozialgerichtlichen Verfahren müsste das Sozialgericht das Verfahren nach Art. 100 Abs. 1 S. 1 GG aussetzen und die Entscheidung des Bundesverfassungsgerichts einholen, wenn es der Ansicht der B folgt.
16 BSGE 88, 62 (65).
17 BVerfGE 117, 316 (326).
18 BVerfG NJW 2009, 1733 f.

zutreffend ist, ist zweifelhaft:[19] Häufig hat die Unfruchtbarkeit – wie auch im Fall der B – einen regelwidrigen Körperzustand zur Ursache; und dass medizinische Maßnahmen, für die eine Leistungspflicht der Gesetzlichen Krankenversicherung besteht, nicht nur Krankheiten heilen, sondern diese auch erkennen, ihre Verschlimmerung verhüten oder Beschwerden lindern, unterstellt bereits § 27 Abs. 1 S. 1 SGB V. Richtig ist aber, dass die künstliche Befruchtung insofern einen Sonderfall darstellt, als die Behandlungsbedürftigkeit stark von den persönlichen Wünschen und Lebensplänen der Betroffenen abhängt; dieses Argument dürfte ausreichen, um dem Gesetzgeber einen gesteigerten Gestaltungsspielraum zuzuerkennen.

Die Beschränkung des Leistungsanspruchs auf verheiratete Paare (§ 27 a Abs. 1 Nr. 3 SGB V) lässt sich vor diesem Hintergrund mit der Erwägung rechtfertigen, dass der Gesetzgeber unter Berücksichtigung des Art. 6 Abs. 1 GG davon ausgehen durfte, dass die Ehe die stabilste und damit im Sinne des Kindeswohls förderlichste Grundlage der Familiengründung darstellt.[20] Dass Frauen ab dem vollendeten 40. Lebensjahr die Leistung nicht mehr beanspruchen können, findet seine Rechtfertigung insbesondere in dem Umstand, dass die Erfolgsaussichten der Behandlung mit zunehmendem Lebensalter, das das Gesetz hier in zulässiger Weise typisierend festlegt, rapide abnehmen.[21] Die Leistungsbeschränkungen sind daher nicht verfassungswidrig.

3. Ergebnis

Die B besitzt keinen Anspruch gegen die Betriebskrankenkasse auf Kostenübernahme.

II. Anspruch der B gegen die X-AG

B könnte von der X-AG die Fortzahlung des Arbeitsentgelts gem. § 3 Abs. 1 S. 1 EFZG verlangen.

1. Bestehendes Arbeitsverhältnis mit vierwöchiger, ununterbrochener Dauer

Auch zwischen B und der X-AG besteht ein rechtswirksam begründetes Arbeitsverhältnis mit vierwöchiger, ununterbrochener Dauer, vgl. § 3 Abs. 3 EFZG.

2. Voraussetzungen des § 3 Abs. 1 S. 1 EFZG

Es fragt sich, ob zugunsten der B ebenfalls die Voraussetzungen des § 3 Abs. 1 EFZG erfüllt sind. Die bei B auftretenden Nebenwirkungen aufgrund der hormonellen Stimulation, die im Rahmen der künstlichen Befruchtung erforderlich ist, führen zu einem regelwidrigen Körperzustand und mithin zu einer Krankheit im Sinne des § 3

---

19 Vgl ausführlich *Huster* NJW 2009, 1713 ff mwN *ders.* WzS 2010, 271 ff.
20 So BVerfGE 117, 316 (327 ff). Allerdings ist diese Argumentation nicht über jeden Zweifel erhaben, da die Berufung auf das Kindeswohl nicht sehr konsequent ist, wenn es nicht um das Verbot der künstlichen Befruchtung in bestimmten Konstellationen, sondern nur um den Ausschluss der Finanzierung durch die Gesetzliche Krankenversicherung geht; vgl. dazu auch *Ricken* FS Schnapp, 2008, 509 (514 ff).
21 Vgl BSG SGb 2009, 285.

Abs. 1 EFZG. Dadurch ist B auch außerstande, ihre arbeitsvertraglich geschuldete Tätigkeit zu erbringen.

Fraglich ist aber, ob B die Verhinderung der Arbeitsleistung verschuldet, wenn sie sich der künstlichen Befruchtung trotz etwaiger Nebenwirkungen freiwillig aussetzt. Ein Verschulden könnte zu bejahen sein, da der Eingriff der künstlichen Befruchtung nicht medizinisch indiziert ist und ihrem eigenen Entschluss zur Verwirklichung ihres Selbstbestimmungsrechts entspringt.[22] Zudem könnte geltend gemacht werden, dass hier nicht einmal die Voraussetzungen des § 27a SGB V erfüllt sind.[23]

Dagegen lässt sich einwenden, dass die Arbeitnehmerin zufällig wie bei einem normalen Krankheitsrisiko von der Unfruchtbarkeit betroffen ist, so dass die Arbeitsunfähigkeit, die bei Überwindung dieses Zustandes eintritt, noch vom Schutzzweck des § 3 Abs. 1 EFZG erfasst ist.[24] In systematischer Hinsicht könnte zudem in Parallele zu § 3 Abs. 2 EFZG und unter Berufung auf die Rechtslage beim Schwangerschaftsabbruch eine generelle Entgeltfortzahlungspflicht in Fällen der künstlichen Befruchtung befürwortet werden.[25] Entscheidend gegen ein Verschulden spricht schließlich, dass die Vornahme einer künstlichen Befruchtung zur Beseitigung einer bestehenden Unfruchtbarkeit keinen Verstoß gegen die eigenen Interessen eines verständigen Menschen enthält, sondern vielmehr in seinem Interesse vorgenommen wird.[26] Auf das Vorliegen der Voraussetzungen des § 27a SGB V kann es dabei schon deshalb nicht ankommen, weil hier die speziellen Leistungsvoraussetzungen der Krankenversicherung definiert werden; es ist daher eher unklar, was diese Voraussetzungen mit dem Verschulden des (etwa privat krankenversicherten) Arbeitnehmers zu tun haben.[27] Ein Verschulden der B liegt somit nicht vor.

3. Ergebnis

B hat demzufolge gegen die X-AG einen Anspruch auf Entgeltfortzahlung.

---

22 *Müller-Roden* NZA 1989, 128 (131), der die Grundsätze des BAG zur Organspende (AP Nr 68 zu § 1 LohnFG) heranzieht; differenzierend auch Staudinger-BGB/*Oetker* (2002) § 616 BGB Rn 206.

23 Vgl dazu *Feichtinger* Entgeltfortzahlung, 1999, Rn 200; *Schmitt* EFZG, 6. Aufl 2007, § 3 Rn 77 ff.

24 *Kaiser/Dunkl/Hold/Kleinsorge* EFZG, 5. Aufl 2000, § 3 Rn 53; ähnlich Däubler/Hjort/Hummel/Wolmerath-*Spengler* Arbeitsrecht, 2008, § 3 EFZG Rn 19 (mit dem Hinweis, dass jede Therapie auf einem willentlichem Entschluss beruht).

25 *Brecht* Entgeltfortzahlung, 2. Aufl 2000, § 3 Rn 11; nicht so weitgehend *Schmitt* EFZG, 6. Aufl 2007, § 3 Rn 80; kritisch Staudinger-BGB/*Oetker* (2002) § 616 BGB Rn 206.

26 Vgl LAG Düsseldorf v. 13. 6. 2008, 10 Sa 449/08; ferner ArbG Marburg v. 26. 9. 2006, 2 Ca 155/06; ArbG Essen v. 17. 1. 2008, 1 Ca 1805/07; ErfK/*Dörner* 11. Aufl 2011, § 3 EFZG Rn 10, 28; MünchKomm-BGB/*Müller-Glöge* 5. Aufl 2009, § 3 EFZG Rn 44; *Treber* EFZG, 2. Aufl 2007, § 3 Rn 34.

27 Kritisch zu diesem Kriterium auch BeckOK/*Ricken* EFZG (Stand 1. 12. 2010), § 3 Rn 47a; *Brecht* Entgeltfortzahlung, 2. Aufl 2000, § 3 Rn 11; *Treber* EFZG, 2. Aufl 2007, § 3 Rn 34 mwN.

Schwerpunktbereich Europarecht

Streit um den Investitionsschutz

Von Prof. Dr. Christoph Herrmann, LL.M., Wirtschaftsjurist (Univ. Bayreuth) und Cand. Iur. Nadine Schader, Passau*

> **Vertragsverletzungsverfahren – Aufsichtsklage – Rechtsschutzbedürfnis – Kompetenzen der EU für Investitionsschutzabkommen – Vertrag von Lissabon – Abschluss und Ratifikation völkerrechtlicher Verträge**

Sachverhalt

Der EU-Mitgliedstaat Protektionien (P) verhandelt schon seit längerem ein neues Abkommen über den Schutz ausländischer Direktinvestitionen mit dem nicht zur EU gehörenden Staat Expropriationien (E). Am 30. November 2009 kommt es nun endlich zur Unterzeichnung dieses Abkommens, das allerdings nach dem Verfassungsrecht in (P) noch der Ratifikation bedarf, bevor es in Kraft treten kann. Am 7. Dezember 2009 leitet die Regierung von (P) den Vertrag daher dem Parlament von (P) zur Ratifikation zu.

Über Medienberichte erhält die Europäische Kommission im Dezember 2009 Kenntnis von diesem Abkommen und fordert die Regierung von (P) zur Stellungnahme und Aufklärung auf. (P) erklärt gegenüber der Kommission, dass es für eine solche Einmischung der Kommission keine Grundlage sehe, da die Mitgliedstaaten der EU in ihrer Investitionsschutzpolitik völlig frei seien. (P) verstehe daher gar nicht, wieso die Kommission sich für diese Angelegenheit überhaupt interessiere.

Die Kommission leitet nach Erhalt dieser Stellungnahme ein förmliches Vertragsverletzungsverfahren gegen (P) ein. In dem förmlichen Schreiben weist die EU-Kommission darauf hin, dass (P) keine Kompetenz für den Abschluss von Investitionsschutzabkommen habe. Bereits der EG-Vertrag habe diese Kompetenz ausschließlich der EG zugewiesen, für die EU sei dies unter dem Vertrag von Lissabon nunmehr ganz eindeutig. Die Kommission fordert in ihrem Schreiben (P) erneut zur Stellungnahme auf. (P) weist in seiner Antwort die Behauptungen der Kommission zurück. Nach dem EG-Vertrag könne die EG gar keine Kompetenz für Investitionsschutzabkommen gehabt haben, jedenfalls sei diese Kompetenz nicht ausschließlich gewesen. Auf den Vertrag von Lissabon könne es für das vor dem 1. Dezember 2009 abgeschlossene Abkommen mit (E) schon gar nicht ankommen. Außerdem bestünde nach dem Vertrag von

* Prof. Dr. Christoph Herrmann, LL.M. European Law (London), Wirtschaftsjurist (Univ. Bayreuth) ist Inhaber des Lehrstuhls für Staats- und Verwaltungsrecht, Europarecht, Europäisches und Internationales Wirtschaftsrecht an der Universität Passau. Cand. Iur. Nadine Schader ist Studentische Hilfskraft an diesem Lehrstuhl. Die Klausur wurde im WS 2009/2010 als 180-minütige Schwerpunktbereichsklausur an der Universität Passau gestellt.

Lissabon zwar möglicherweise eine solche Kompetenz, die Union müsse aber wegen Art. 207 Abs. 2 AEUV ohnehin erst einen Sekundärrechtsakt erlassen, auf dessen Grundlage eine europäische Investitionsschutzpolitik gestaltet und Abkommen abgeschlossen werden könnten. Solange müssten die Mitgliedstaaten jedenfalls noch weiter völkerrechtlich tätig werden dürfen.

Nach Erhalt der Stellungnahme (P)s beschließt die Kommission eine begründete Stellungnahme gegenüber (P), in der sie ihre Auffassung detailliert wiederholt und (P) auffordert, das innerstaatliche Ratifikationsverfahren einzustellen und (E) gegenüber binnen zwei Monaten die endgültige Nichtratifikation mitzuteilen und das Abkommen zu kündigen. (P) kommt dieser Aufforderung nicht nach. Die Kommission erhebt daraufhin nach Ablauf von drei Monaten Klage vor dem EuGH und beantragt festzustellen, dass (P) durch den Abschluss des Abkommens, das Betreiben der Ratifikation sowie durch dessen Nichtbeendigung gegen die Vorschriften des EG-Vertrags bzw. des AEU-Vertrags verstoßen habe. Überdies – so die Kommission in ihrer Klageschrift – habe (P) auch gegen die Verträge verstoßen, weil – was zutrifft – in dem Abkommen mit (E) keine Regelungen über die Aussetzung der kapitalverkehrsrechtlichen Vorschriften des Abkommens (Gewinnrückführung etc.) für den Fall einer restriktiven Maßnahme der EU getroffen seien.

Noch vor der mündlichen Verhandlung vor dem EuGH notifiziert (P) der EU-Kommission das abgeschlossene Abkommen und beantragt die Ermächtigung zu dessen Ratifikation. (P) teilt der Kommission mit, dass das Parlament von (P) das Abkommen erst nach dieser Ermächtigung ratifizieren werde. In der mündlichen Verhandlung trägt der Prozessvertreter (P)s vor, die Klage der Kommission sei aus diesem Grund bereits unzulässig. Der Kommissionsvertreter hält dem entgegen, dass über die Klage allein deswegen schon entschieden werden müsse, weil – was zutrifft – die Kommission eine Reihe weiterer Vertragsverletzungsverfahren gegen andere Mitgliedstaaten in gleich gelagerten Fällen eingeleitet habe.

Bearbeitervermerk: Ist die Klage der Kommission zulässig und begründet? (neben dem AEUV ist – soweit erforderlich – auch der zuvor geltende EGV heranzuziehen).

Gliederung der Lösung

Lösung

I. Klageart

Soweit die Kommission – wie hier – Vertragsverletzungen durch die Mitgliedstaaten vor dem Gerichtshof der Europäischen Union anhängig machen will, kommt dafür lediglich das Vertragsverletzungsverfahren (Aufsichtsklage) nach Art. 258 AEUV in Betracht. Die Klage der Kommission hat Erfolg, wenn sie zulässig und begründet ist.

II. Zulässigkeit

1. Sachliche Zuständigkeit

Der Gerichtshof der Europäischen Union umfasst den Gerichtshof (EuGH), das Gericht (EuG) und die Fachgerichte. Für das Vertragsverletzungsverfahren ist der EuGH mangels Zuweisung an das EuG in Art. 256 I AEUV ausschließlich sachlich zuständig.

2. Parteifähigkeit

Aktiv parteifähig ist nach Art. 258 II AEUV die Kommission. Die Klage ist gegen den einzelnen Mitgliedstaat zu richten, sodass dieser gemäß Art. 258 I AEUV passiv parteifähig ist. Das Verfahren wurde von der Kommission eingeleitet und richtet sich gegen P, der als EU-Mitgliedstaat passiv parteifähig ist.

3. Ordnungsgemäße Durchführung des Vorverfahrens

Die Zulässigkeit der Klage erfordert die ordnungsgemäße, aber erfolglose Durchführung des Vorverfahrens gemäß Art. 258 I AEUV. Dieses Vorverfahren müsste in drei Stufen verlaufen sein: Nach einem substantiierten Mahnschreiben durch die Kommission müsste der Mitgliedstaat Gelegenheit zur Äußerung erhalten haben. Die Kommission hat darauf dem Mitgliedstaat eine begründete Stellungnahme zuzuleiten und diesem eine Frist zur Verhaltensänderung zu setzen.

a)   Mahnschreiben

Aufgrund der Wichtigkeit des Mahnschreibens zur Bestimmung des Streitgegenstandes im Hauptverfahren muss ein Mahnschreiben verschiedene Mindestanforderungen erfüllen: Dem Mitgliedstaat muss die Einleitung des Anhörungsverfahrens angekündigt werden, und die Tatsachen, die die Vertragsverletzung begründen, sowie die verletzten Bestimmungen müssen mitgeteilt werden. Die Kommission hat zudem den Mitgliedstaat aufzufordern, sich innerhalb einer Frist zu äußern.[1]

Möglicherweise stellt die erste Aufforderung der Kommission an P zur Stellungnahme nach Kenntniserlangung des Vertragsschlusses zwischen P und E durch die Medien ein solches Mahnschreiben dar. Jedoch enthält dieses erste Schreiben der Kommission weder detaillierte Hinweise auf mögliche Vertragsverletzungen durch P noch wird explizit eine Verfahrenseinleitung angekündigt. Die Kommission forderte die Regierung von P lediglich zur Stellungnahme und Aufklärung des Sachverhalts auf. Diese Aufforderung stellt mithin noch kein Mahnschreiben im Sinne des Vorverfahrens gemäß Art. 258 I AEUV dar, sondern den ständiger Kommissionspraxis entsprechenden informellen Versuch, vor der Einleitung des förmlichen Vorverfahrens ein Abstellen des Verstoßes durch den Mitgliedstaat zu erreichen.[2]

Die erneute schriftliche Aufforderung der Kommission zur Stellungnahme nach Zurückweisung der Zuständigkeit der Kommission durch P könnte nun ein Mahnschreiben darstellen. Dieses förmliche Schreiben der Kommission wurde nach Einleitung des Vertragsverletzungsverfahrens P zugeleitet, fordert diesen zur erneuten Stellungnahme auf und enthält die Darlegung der Tatsachen, die zu einer Vertragsverletzung durch P führen könnten. P habe nach Ansicht der Kommission durch den Abschluss eines Investitionsschutzvertrags[3] mit dem Drittstaat E kompetenzwidrig gehandelt. Sowohl der EG-Vertrag als auch der AEUV enthielten eine ausschließliche Kompetenzzuweisung zum Abschluss von BITs an die Union. Dieses substantiierte Schreiben der Kommission genügt damit den Mindestanforderungen an ein Mahnschreiben iSv Art. 258 Abs. 1 S. 2 AEUV.

b)   Begründete Stellungnahme

Eine begründete Stellungnahme kann die Kommission erst nach dem Ablauf der im Mahnschreiben gesetzten Äußerungsfrist dem betroffenen Mitgliedstaat zusenden.[4]

---

1 *Ehlers*, in: *Ehlers/Schoch*, Rechtsschutz im Öffentlichen Recht, 1. Aufl (2009), § 7 Rn 14f; *U. Karpenstein*, in: *Grabitz/Hilf*, Das Recht der Europäischen Union, Stand: Oktober 2009, Art. 226 EG Rn 29; *Ehricke*, in: *Streinz*, EUV/EGV (2003), Art. 226 Rn 19.

2 *Borchardt*, in: *Lenz/Borchardt*, EU-Verträge, Kommentar nach dem Vertrag von Lissabon, 5. Aufl (2010), Art. 258 AEUV Rn 15; *Borchardt*, Die rechtlichen Grundlagen der Europäischen Union, 4. Aufl (2010), Rn 633.

3 Im Folgenden wird die Abkürzung *BIT* (Bilateral Investment Treaty) zur Bezeichnung eines Investitionsschutzvertrags benutzt. Allgemein zu den Investitionsschutzabkommen: *Dolzer/Schreuer*, Principles of International Investment Law, (2008), 119 ff; *Griebel*, Internationales InvestitionsR, (2008), 62 ff.

4 *Ehlers*, in: *Ehlers/Schoch*, § 7 Rn 16; *U. Karpenstein*, in: *Grabitz/Hilf*, Art. 226 EG Rn 47; *Borchardt*, in: *Lenz/Borchardt*, Art. 258 AEUV Rn 17.

Der Sachverhalt enthält keine Angaben zu einer Frist. Es kann daher davon aus-gegangen werden, dass eine solche durch P eingehalten wurde. P bestritt in seiner Stellungnahme zudem die Vorwürfe der Kommission, sodass diese eine begründete Stellungnahme mit der Aufforderung gegenüber P zur Einstellung des Ratifikations-prozesses, zur Mitteilung über die endgültige Nichtratifizierung und Kündigung des Vertrags mit E beschloss.

c) Nichtbefolgen der Stellungnahme durch den Mitgliedstaat

Vor Klageerhebung durch die Kommission müsste die gesetzte Frist abgelaufen sein, ohne dass der Mitgliedstaat der Aufforderung der Kommission nachgekommen ist und Änderungen in seinem Verhalten vorgenommen hat. P hat nach Ablauf der Zweimonatsfrist, die in der begründeten Stellungnahme von der Kommission festge-setzt wurde und einer gewöhnlichen Fristdauer entspricht,[5] weder den Vertrag mit E gekündigt noch das Ratifizierungsverfahren eingestellt. Ein Nichtbefolgen der in der begründeten Stellungnahme erhobenen Aufforderungen der Kommission liegt somit vor.

Die Kommission hat alle Vorgaben des Vorverfahrens eingehalten. P hat Gelegen-heit zur Anhörung erhalten, aber alle Gelegenheiten zur Änderung des gerügten Zu-standes verstreichen lassen, sodass das Vorverfahren ordnungsgemäß aber erfolglos durchgeführt wurde.

4. Klagegegenstand

Problematisch ist im vorliegenden Fall, ob die Klageschrift der Kommission einen zulässigen Klagegegenstand enthält. Ein solcher ist gemäß Art. 258 AEUV die Be-hauptung der Kommission, der Mitgliedstaat habe durch ein ihm zurechenbares Verhalten gegen eine Verpflichtung aus dem Vertrag verstoßen. Der Umfang des Kla-gegegenstandes ist zudem durch den Kontinuitätsgrundsatz verbindlich auf die Um-stände begrenzt, die von der Kommission im Vorverfahren vorgebracht wurden, so-dass der Klageantrag nicht weiter als die im Vorverfahren vorgebrachten Rügen gehen darf.[6]

Sowohl im Mahnschreiben als auch in der begründeten Stellungnahme machte die Kommission einen Kompetenzverstoß von P beim Abschluss seines BITs mit der Be-gründung geltend, dass für den Abschluss von BITs sowohl nach dem EG-Vertrag als auch nach dem AEUV eine ausschließliche Zuständigkeit der EG bzw. der Union be-stehe. Der Kontinuitätsgrundsatz könnte durch die erweiterte Klageschrift der Kom-mission verletzt worden sein.

In der Klageschrift rügt die Kommission den Abschluss des BITs mit E, dessen Nichtbeendigung und das Weiterverfolgen des Ratifikationsprozesses. Neben diesen Rügen, die alle ihren Grund in der Frage nach der Zuständigkeit zum Abschluss von

---

5 *Ehlers*, in: *Ehlers/Schoch*, § 7 Rn 15; *U. Karpenstein*, in: *Grabitz/Hilf*, Art. 226 EG Rn 46; *Ehri-cke*, in: *Streinz*, Art. 226 EG Rn 24.
6 *Kotzur*, in: *Geiger/Khan/Kotzur*, EUV, AEUV, 5. Aufl (2010), Art. 258 AEUV Rn 18; *Pechstein*, EU-/EG-ProzR, 3. Aufl (2007), Rn 273.

BITs haben, behauptete die Kommission zusätzlich einen materiellen Verstoß Ps gegen das Unionsrecht. Durch die Aufnahme einer unbeschränkten Kapitaltransferklausel in den BIT mit E fehlten Beschränkungsmöglichkeiten der Kapitaltransferfreiheit zwischen den Vertragspartnern für den Fall restriktiver Maßnahmen durch die EU. Diese zusätzliche Rüge wurde weder im Mahnschreiben noch in der begründeten Stellungnahme von der Kommission vorgebracht, sodass dem beklagten Mitgliedstaat keine Möglichkeit zum rechtlichen Gehör wie zur Stellungnahme und Verteidigung bezüglich dieser Rüge im Vorverfahren eingeräumt wurde.[7]

Aufgrund dieses Mangels wurde der Kontinuitätsgrundsatz verletzt. Die Klageschrift hätte von der Kommission nicht um den zusätzlichen Vorwurf erweitert werden dürfen, sondern hätte in einem neuen Vertragsverletzungsverfahren gerügt werden müssen. Dies ist jedoch nicht geschehen. Es liegt auch keine zulässige Präzisierung der im Vorverfahren dargebrachten Klagevorwürfe vor,[8] sondern es wird ein gänzlich neuer, zusätzlicher Verstoß gerügt.

Der zulässige Klagegegenstand des gerichtlichen Verfahrens beschränkt sich somit auf die im Vorverfahren gerügten Umstände wie den Abschluss und die Nichtkündigung des BITs sowie die Weiterführung des Ratifikationsprozesses. Der Vorwurf betreffend das Fehlen bestimmter Klauseln ist hingegen unzulässig.

5. Form und Zeitpunkt der Klageerhebung

Die Klageschrift muss nach den Vorschriften der Art. 21 I 2 EuGH-Satzung iVm Art. 37 f VerfO-EuGH abgefasst sein und die Feststellung enthalten, dass der beklagte Mitgliedstaat durch sein Verhalten gegen Vorschriften des Unionsrechts verstoßen habe.[9] Von der Einhaltung dieser Vorschriften ist auszugehen.

Der Zeitpunkt der Klageerhebung liegt im Entschließungsermessen der Kommission. Eine Klagefrist, innerhalb derer die Klage erhoben werden müsste, kennt das Vertragsverletzungsverfahren nicht. Die Kommission muss allerdings die in der begründeten Stellungnahme gesetzte Frist abwarten, bevor sie Klage erheben kann.[10] Vorliegend wurde die Klage nach drei Monaten, d. h. einen Monat nach dem Ende der in der begründeten Stellungnahme gesetzten 2-Monats-Frist erhoben. Die Kommission hat somit zureichend abgewartet und ihr Klagerecht auch nicht wegen unangemessen langen Untätigseins verwirkt. Der Mitgliedstaat musste mit einer Klageerhebung jedenfalls noch rechnen.[11]

---

7 *Borchardt*, in: *Lenz/Borchardt*, Art. 258 AEUV Rn 20; *Pechstein*, Rn 274.
8 *U. Karpenstein*, in: *Grabitz/Hilf*, Art. 226 EG Rn 57.
9 *Cremer*, in: *Calliess/Ruffert*, Das Verfassungsrecht der Europäischen Union, 3. Aufl (2007), Art. 226 EG Rn 32; *U. Karpenstein*, Art. 226 EG Rn 55; *Pechstein*, Rn 279.
10 *Cremer*, in: *Calliess/Ruffert*, Art. 226 EG Rn 32; *Ehlers*, in: *Ehlers/Schoch*, § 7 Rn 21; *Kotzur*, in: *Geiger/Khan/Kotzur*, Art. 258 AEUV Rn 14.
11 *U. Karpenstein*, Art. 226 EG Rn 50; *Haratsch/Koenig/Pechstein*, Europarecht, 7. Aufl (2010), Rn 497; *Pechstein*, Rn 280. Selbst bei einer Klageerhebung 6 Jahre nach der begründeten Stellungnahme hat der EuGH ein Klagerecht der Kommission bejaht, vgl. EuGH, Rs. C-422/92, Slg. 1995, I-1130f, Rn 15ff (Kommission/Deutschland).

6. Klageberechtigung

Das Vertragsverletzungsverfahren dient nicht zur Sicherung bestimmter Rechte der Kommission, sondern ist ein Verfahren der objektiven Rechtmäßigkeitskontrolle. Die Kommission muss daher auch keine Klagebefugnis geltend machen. Es genügt vielmehr, dass die Kommission von der Vertragsverletzung in tatsächlicher und rechtlicher Hinsicht überzeugt ist.[12] Vorliegend liegen keine Hinweise darauf vor, dass diese Voraussetzung nicht seitens der Kommission erfüllt wäre. Die Kommission hat vielmehr wiederholt ihrer Überzeugung Ausdruck verliehen, dass der von P abgeschlossene BIT einen Verstoß gegen die Verträge darstellt.

7. Rechtsschutzbedürfnis

Da – wie soeben ausgeführt – der objektive Schutz der Unionsrechtsordnung den alleinigen Zweck des Vertragsverletzungsverfahrens darstellt, ist eine Klagebefugnis oder ein subjektives Rechtsschutzinteresse seitens der Kommission nicht erforderlich.[13] Der EuGH geht allerdings von dem Erfordernis eines objektiven Rechtsschutzbedürfnisses aus.[14]

Fraglich ist vorliegend, ob das objektive Rechtsschutzbedürfnis durch das Verhalten Ps vor der mündlichen Verhandlung weggefallen ist. Ein Rechtsschutzbedürfnis besteht, wenn der betroffene Mitgliedstaat vor Ende des Fristablaufs der begründeten Stellungnahme den Vertragsverstoß nicht behoben hat.[15] P hat allerdings während der Zweimonatsfrist weder den BIT mit E gekündigt noch den Ratifikationsprozess eingestellt, sodass grundsätzlich ein objektives Rechtsschutzbedürfnis zu bejahen ist.

Möglicherweise ändert sich diese Einschätzung aber, wenn man das Vorgehen von P nach der Klageerhebung in Betracht zieht. P hatte noch vor der mündlichen Verhandlung der Kommission den BIT-Vertragsschluss mit E notifiziert und um eine Ermächtigung zur Ratifikation durch die Kommission gebeten. In dem Umstand, dass P den Ratifikationsprozess und so den Fortbestand des BITs zur Disposition der Kommission stellte, könnte man die Behebung des Vertragsverstoßes sehen. Zwar hat P weder den Vertrag gekündigt noch den Ratifikationsprozess endgültig beendet, wie es die Kommission in der begründeten Stellungnahme gefordert hat, jedoch könnte die Kommission möglicherweise durch eine Ermächtigung einen vertragsgemäßen Zustand herstellen, sofern sie dafür zuständig ist.[16] Auf Grundlage der primärrechtlichen Vorschriften des AEUV kommt der Kommission eine solche Zuständigkeit aber

---

12 *Ehlers*, in: *Ehlers/Schoch*, § 7 Rn 19; *Pechstein*, Rn 278.

13 *Ehricke*, in: *Streinz*, Art. 266 EG Rn 28, *Pechstein*, Rn. 279 ff.

14 *Haratsch/Koenig/Pechstein*, Rn 498; *Pechstein*, Rn 281.

15 *Kotzur*, in: *Geiger/Khan/Kotzur*, Art. 258 AEUV Rn 19.

16 Eine solche Zuständigkeit der Union kann sich aus einem Sekundärrechtsakt auf Grundlage des Art. 207 II AEUV ergeben. Ein Vorschlag für eine EU-Verordnung, die sich mit der Kompetenz zur Ermächtigung durch die Kommission für den Abschluss und die Weitergeltung von mitgliedstaatlichen BITs auseinandersetzt, wurde bereits von der Kommission ausgearbeitet und wird derzeit diskutiert (s. Vorschlag für eine Verordnung des Europäischen Parlaments und des Rates zur Einführung einer Übergangsregelung für bilaterale Investitionsschutzabkommen zwischen Mitgliedstaaten und Drittländern, KOM (2010) 344 endg.).

gar nicht zu. Zudem liegt im Zeitpunkt der Klageerhebung auch keine Ermächtigung vor, so dass der Vertragsverstoß jedenfalls noch nicht geheilt ist. Schlussendlich könnte die Kommission unter Umständen eine Ermächtigung auch verweigern, falls nicht eine unionsrechtliche Pflicht zur Ermächtigung bestünde. Für eine solche Pflicht ist aber kaum eine Grundlage ersichtlich.[17]

Grundsätzlich ist ein objektives Rechtsschutzbedürfnis immer dann gegeben, wenn nach Ablauf der Frist für die begründete Stellungnahme der gerügte Vertragsverstoß von dem betroffenen Mitgliedstaat nicht ausgeräumt wurde.[18] Teilweise wird jedoch vertreten, dass bei einer Behebung des Vertragsverstoßes nach dem Fristablauf der begründeten Stellungnahme und noch vor der letzten mündlichen Verhandlung ein spezifisches Rechtsschutzbedürfnis notwendig ist.[19] Das Vorliegen eines spezifischen Rechtsschutzbedürfnisses, das in der früheren EuGH-Rechtsprechung vertreten wurde, widerspricht jedoch dem Grundsatz, dass Änderungen der rechtlichen oder tatsächlichen Lage nach Ablauf der in der begründeten Stellungnahme gesetzten Frist zur Bestimmung einer Vertragsverletzung durch den Mitgliedstaat unerheblich sind.[20] Daher besteht selbst bei Behebung des Vertragsverstoßes nach dieser Frist ein Interesse der Kommission zur Klageerhebung.[21] P hatte vor dem Ablauf der in der begründeten Stellungnahme gesetzten Frist keine Handlungen vorgenommen, die auf eine Behebung des vorgeworfenen Vertragsverstoßes hinweisen. Es liegt somit ein objektives Rechtsschutzbedürfnis vor.

Dem Hinweis des Kommissionsvertreters, dass gleichgerichtete Vertragsverletzungsverfahren gegen andere Mitgliedstaaten bestehen und deshalb die Aufsichtsklage gegen P auch bei einem möglichen Fehlen des Rechtsschutzbedürfnisses zulässig wäre, muss hingegen kritisch betrachtet werden. Der Verweis auf das Vorliegen eines Musterverfahrens bei der Aufsichtsklage gegen P könnte ein spezifisches Rechtsschutzbedürfnis begründen, da das Weiterverfolgen der Klage die Unionsrechtsordnung erhalten und zur Klärung einer bedeutsamen Rechtsfrage beitragen könnte.[22] Jedoch ist zum einen der Nachweis eines spezifischen Rechtsschutzbedürfnisses nicht nötig, da das Rechtsschutzbedürfnis schon – wie oben gezeigt – gegeben ist, zum anderen widerspräche die Argumentation des Kommissionsvertreters der Zielrichtung des Vertragsverletzungsverfahrens. Die Klage dient der Ordnungsfunktion und soll den beklagten Mitgliedstaat dazu veranlassen, sein Verhalten an den unionalen Pflichten auszurichten.[23] Das Weiterführen einer Klage trotz der Beendigung des Vertragsverstoßes durch den gerügten Mitgliedstaat mit der Absicht, ein Musterverfahren durch-

---

17 Eine derartige Pflicht nimmt das BVerfG im Urteil vom 30. 6. 2009 – 2 BvE 2/08, Rn 380 = NJW 2009, 2267 (2291) an, ohne hierfür jedoch eine Grundlage zu benennen. Kritisch dazu: *Herrmann*, in: EuZW (2010), 207 (211 f).

18 *Kotzur*, in: *Geiger/Khan/Kotzur*, Art. 258 AEUV Rn 19.

19 *Borchardt*, in: *Lenz/Borchardt*, Art. 258 AEUV Rn 22; *Pechstein*, Rn 283.

20 EuGH, Rs. C-289/94, Slg. 1996, I-4405, Rn 20 (Kommission/Italien); EuGH, Rs. C-60/96, Slg. 1997, I-3827, Rn 15 (Kommission/Frankreich); siehe auch: *Cremer*, in: *Calliess/Ruffert*, Art. 226 EG Rn 31; *U. Karpenstein*, Art. 226 EG Rn 52.

21 EuGH, Rs. C-519/03, Slg. 2005, I-3067, Rn 18 f (Kommission/Luxemburg).

22 *Ehricke*, in: *Streinz*, Art. 226 EG Rn 29; *Pechstein*, Rn 284.

23 *Schwarze*, in: *Schwarze*, EU-Kommentar, 2. Aufl (2009), Art. 226 EG Rn 2.

zuführen, widerspricht dem Telos der Aufsichtsklage und kann daher entgegen der vorgebrachten Meinung des Kommissionsvertreters grundsätzlich nicht zur Zulässigkeit einer Klage führen.

8. Zwischenergebnis

Das von der Kommission nach Art. 258 AEUV eingeleitete Vertragsverletzungsverfahren ist zulässig.

III. Begründetheit

Die Aufsichtsklage der Kommission ist begründet, wenn die von der Kommission behaupteten und hier unstreitigen Tatsachen zutreffen und sich aus diesen Tatsachen ein Verstoß gegen das Unionsrecht ergibt, der dem beklagten Mitgliedstaat zuzurechnen ist.

1. Zurechenbares Verhalten

Der Abschluss des BITs und das Betreiben des Ratifikationsprozesses müssten P zuzurechnen sein. Jedes Verhalten der Organe, Institutionen oder Körperschaften eines Mitgliedstaates wird diesem sehr weitgehend zugerechnet.[24]

Die Unterzeichnung eines Abkommens findet oft durch den jeweiligen Regierungschef oder Außenminister statt,[25] deren Handlungen problemlos P zugerechnet werden können. Die Regierung als Organ der Exekutive von P leitet dem Parlament den BIT zur Ratifikation weiter. Dieses Weiterbetreiben der Ratifikation kann ebenfalls als Handlung Ps angesehen werden.

2. Verstoß gegen das Unionsrecht

Schließlich muss in dem gerügten Verhalten Ps ein Verstoß gegen das Unionsrecht vorliegen. Der Prüfungsmaßstab zur Beurteilung des Vorliegens eines Verstoßes gegen Verpflichtungen aus den Verträgen ist weit auszulegen und umfasst geschriebenes und ungeschriebenes, primäres und sekundäres Unionsrecht, sowie die einschlägigen Bestimmungen des Völkerrechts.[26] Die Kommission rügt als Verstoß gegen den EG-Vertrag und den AEUV durch P den Abschluss des BITs mit E, dessen Nichtbeendigung sowie das Weiterbetreiben des Ratifikationsprozesses. Als maßgeblicher Zeitpunkt zur Beurteilung einer Vertragsverletzung kommt nach der Rechtsprechung des EuGH nur derjenige nach Ablauf der in der begründeten Stellungnahme gesetzten Frist in Frage.[27]

---

24 *Borchardt*, in: *Lenz/Borchardt*, Art. 258 AEUV Rn 5; *Ehlers*, in: *Ehlers/Schoch*, § 7 Rn 30; *Pechstein*, Rn 228.
25 Die Vertretungsmacht zum Abschluss völkerrechtlicher Verträge kann sich aus einer ausdrücklichen oder konkludenten Bevollmächtigung ergeben. In Art. 7 II WVK werden die Personen aufgezählt, die auch ohne Vollmacht als Vertreter ihres Staates angesehen werden. Siehe dazu: *Herdegen*, Völkerrecht, 8. Aufl (2009), § 15, Rn 12.
26 *Schwarze*, in: *Schwarze*, Art. 226 EG Rn 6; *Haratsch/Koenig/Pechstein*, Rn 496.
27 EuGH, Rs. C-313/93, Slg. 1994, I-1279 Rn 10 (Kommission/Luxemburg); EuGH, Rs. C-61/94, Slg. 1996, I-3989 Rn 42 (Kommission/Deutschland); *Cremer*, in: *Calliess/ Ruffert*, Art. 226 EG Rn 33; *Pechstein*, Rn 294.

Zu diesem Zeitpunkt war der Vertrag von Lissabon schon in Kraft. Alle Sachverhalte, die noch die Zeit vor dem Inkrafttreten dieses Vertrags betreffen, müssen am EG-Vertrag gemessen werden.

a) Abschluss des BITs mit dem Drittstaat E

Der Abschluss des BITs mit E müsste einen Vertragsverstoß darstellen. Grundsätzlich können die Mitgliedstaaten völkerrechtliche Verträge abschließen, wenn nicht der EU nach dem Prinzip der begrenzten Einzelermächtigung die ausschließliche Kompetenz in diesem Bereich zusteht. In Bereichen ausschließlicher Kompetenzen dürfen die Mitgliedstaaten nur mit einer Rückermächtigung oder ausnahmsweise als Sachwalter der Unionsinteressen tätig werden (vgl. nun auch Art. 2 I AEUV).[28]

P hat den BIT mit E am 30. November 2009 unterzeichnet, sodass bei der Beantwortung der Frage nach der Kompetenzverteilung die Vorschriften des EG-Vertrags herangezogen werden müssen.

aa) Ausschließliche Kompetenz der EG aus Art. 133 EG

Möglicherweise hatte die EG eine ausschließliche Kompetenz zum Abschluss von BITs inne. Dafür müsste im EG-Vertrag der EG eine ausschließliche Zuständigkeit explizit zugestanden worden sein. Der EG-Vertrag enthielt aber keine explizite ausschließliche Zuständigkeit der EG zum Abschluss von BITs. Die EG besaß zwar eine ausschließliche Zuständigkeit in der Gemeinsamen Handelspolitik (GHP), die in Art. 133 EG niedergelegt war.[29] Das Investitionsschutzrecht wurde jedoch bislang in Kompetenzfragen als grundsätzlich vom Handelsrecht und der GHP unabhängig angesehen,[30] da es bei Kapitalinvestitionen an dem für den Handel konstitutiven synallagmatischen Verhältnis fehle.[31] Art. 133 EG beinhaltete somit keine ausschließliche Kompetenz der EG zum Abschluss von BITs. Diese Ansicht wurde durch die zwar umstrittene[32] aber explizite Erweiterung des Umfangs der GHP auf ausländische Direktinvestitionen in Art. 207 I AEUV bestätigt.

---

28 EuGH, Rs. 804/79, Slg. 1981, I-1045 (Kommission/Großbritannien); *Kotzur*, in: *Geiger/Khan/Kotzur*, Art. 2 AEUV Rn 3; *Lenski*, in: *Lenz/Borchardt*, Art. 2 AEUV Rn 6f.

29 Sie wird aus der Formulierung des Art. 133 I EG geschlossen, der angibt, dass die GHP „nach einheitlichen Grundsätzen" gestaltet werden soll. Durch den Ausschluss einer parallelen Kompetenz der Mitgliedstaaten durch den EuGH ist die EU nicht auf die Festlegung der Grundsätze der GHP begrenzt, sondern besitzt eine ausschließliche Zuständigkeit in der GHP. Siehe dazu: EuGH, Gutachten 1/75, Slg. 1975, 1355 Rn 1363f (Lokale Kosten); EuGH, Gutachten 1/94, Slg. 1994, I-5267 Rn 5411 (WTO).

30 *Bungenberg*, in: EuR, Beiheft 1, (2009), 195 (207).

31 *Vedder/Lorenzmeier*, in: *Hahn*, in: *Calliess/Ruffert*, Art. 133 EG Rn 48; *Grabitz/Hilf*, Art. 133 EG Rn 45.

32 Joschka Fischer, Dominique de Villepin u. a. brachten im Europäischen Konvent einen Vorschlag zur Streichung der Aufnahme von ausländischen Direktinvestitionen in die GHP ein, CONV 821/03, Seite 125 vom 27. 6. 2003.

bb) Kompetenz der EG aus Art. 310 EG

Eine ausschließliche Kompetenz der EG könnte auch auf Art. 310 EG gestützt worden sein. Der Umfang dieser ausschließlichen Kompetenz zum Abschluss von Assoziierungsabkommen, die sich inhaltlich auf alle vom EG-Vertrag geregelten Rechte, Freiheiten und Pflichten bezog,[33] war jedoch nicht weitreichend genug, um alle Aspekte eines BITs wie die Standards für Portfolio- und Direktinvestitionen, die nicht von der Gemeinschaftskompetenz gedeckt waren, zu umfassen.[34] Somit kommt diese Norm als ausschließliche Zuständigkeitszuweisung nicht in Frage.

cc) Kompetenz der EG aus Art. 57 II EG

Möglicherweise ergab sich aber eine Kompetenz der EG zum Abschluss von BITs aus Art. 57 II EG. Nach der implied powers-Lehre,[35] die der EuGH in seiner sog. AETR-Rechtsprechung[36] für die EG übernommen hat, kann man aus einer internen Kompetenznorm eine implizite Außenkompetenz ableiten. Als interne Kompetenz stand Art. 57 II EG zur Diskussion, der bestimmte, dass der Rat auf Vorschlag der Kommission Maßnahmen über den Kapitalverkehr zwischen den Mitgliedstaaten und Drittstaaten im Zusammenhang mit Direktinvestitionen beschließen konnte. Diese Kompetenznorm wurde jedoch mangels zwingender Notwendigkeit des Abschlusses eines BITs zur Erreichung eines internen Ziels[37] als implizite konkurrierende, d.h. also als nicht-ausschließliche Konkurrenz angesehen.[38] Da die EG von dieser Kompetenz jedoch noch keinen Gebrauch gemacht hatte, stand sie einem Vertragsschluss durch die Mitgliedstaaten nicht entgegen.

Andere Kompetenzzuweisungsnormen sind auch nicht ersichtlich, sodass der EG keine ausschließliche Kompetenz zum Abschluss von BITs zustand und P somit befugt war, BITs abzuschließen.

dd) Stillhalteverpflichtung

Problematisch am Abschluss des BITs zwischen P und E ist allerdings der Zeitpunkt der Unterzeichnung, die am 30. 11. 2009, einen Tag vor dem Inkrafttreten des Vertrags von Lissabon, stattfand. Möglicherweise bestand für P eine Stillhalteverpflichtung zum Abschluss von BITs vor dem Hintergrund der Neuregelung der Kompetenzverteilung in der GHP im AEUV. In Art. 207 I iVm Art. 3 I lit. e) AEUV werden Regelungen über die ausländische Direktinvestition der ausschließlichen Zuständigkeit der EU unterstellt. Es steht aber fest, dass die Mitgliedstaaten unter dem AEUV

---

33 EuGH, Rs. 12/86, Slg. 1987, I-3719 (Demirel).
34 Assoziationsabkommen, die Bestimmungen enthielten, die außerhalb der Gemeinschaftskompetenz lagen, hätten als gemischte Abkommen abgeschlossen werden können. So: *Khan*, in: *Geiger/Khan/Kotzur*, Art. 217 AEUV Rn 8.
35 *Borchardt*, Rn 485 ff; *Streinz*, Europarecht, 8. Aufl (2008), Rn 678.
36 EuGH, Rs. 22/70, Slg. 1971, I-263 (AETR).
37 Vgl hierzu: *Klamert/Maydell*, in: EuR (2008), 589 (601 und dort Fn 78).
38 *Generalanwalt Maduro* in seinen Schlussanträgen zu EuGH, Rs. C-205/06 und Rs. C-249/06 vom 10. 7. 2008, Kommission/Österreich bzw. Schweden, Rn 28, Slg. 2009, I-01301.

BITs nicht alleine, sondern als gemischte Abkommen abschließen müssen. Ein völker-rechtlicher Vertrag wird immer dann als gemischtes Abkommen abgeschlossen, wenn dieser sowohl Zuständigkeiten der EU als auch der einzelnen Mitgliedstaaten be-rührt.[39] Trotz der neuen ausschließlichen Zuständigkeit der EU für ausländische Di-rektinvestitionen finden BITs regelmäßig auch auf Portfolioinvestitionen Anwendung, deren Regelung nach h.M. den Mitgliedstaaten vorbehalten ist.[40] BITs können somit nur noch von der EU und den Mitgliedstaaten gemeinsam abgeschlossen werden.

Fraglich ist also, ob eine solche Stillhaltepflicht überhaupt bestand, deren Missach-tung einen Verstoß i.S.d Vertragsverletzungsverfahrens gemäß Art. 258 I AEUV dar-stellte. Eine solche Verpflichtung könnte sich vor Inkrafttreten des Vertrags von Lissa-bon europarechtlich aus der Unterlassungspflicht des Art. 10 II EG ergeben haben. Nach dieser Norm waren jedoch nur Maßnahmen untersagt, die die Verwirklichung der Ziele der EG gefährdet hätten. Im Fall des Abschlusses des BITs mit E ist die Inves-titionsschutzpolitik bzw. die Behandlung der ausländischen Direktinvestition Gegen-stand des in Rede stehenden völkerrechtlichen Vertrags von P. Diese Thematik war im EG-Vertrag jedoch noch nicht als Ziel der Union niedergelegt, sodass keine Stillhalte- oder Unterlassungspflicht aus Art. 10 II EG bestehen konnte.

Möglicherweise hat P jedoch gegen das völkerrechtliche Frustrationsverbot nach Art. 18 WVRK hinsichtlich des Vertrags von Lissabon verstoßen. Danach war auch P – wie alle Mitgliedstaaten der EU – nach Unterzeichnung des Vertrags von Lissabon, also seit dem 13. 12. 2007, dazu verpflichtet, sich aller Handlungen zu enthalten, die Ziel und Zweck des Vertrags von Lissabon vereiteln konnten. Das völkerrechtliche Frustrationsverbot bildet jedoch keinen Bestandteil des Prüfungsmaßstabs des EuGH im Vertragsverletzungsverfahren.

Schlussendlich läge die Verletzung einer etwaigen Stillhaltepflicht auch deswegen nicht vor, weil der Abschluss von BITs von der ausschließlichen Kompetenz für aus-ländische Direktinvestitionen gemäß Art. 207 I iVm Art. 3 I lit. e) AEUV nicht voll-ends gedeckt ist und BITs zukünftig nur noch als gemischte Abkommen abgeschlos-sen werden können. Durch den Abschluss des BITs mit E hat P somit die Ausübung zukünftiger ausschließlicher Kompetenzen der EU nicht beeinträchtigt.[41] Der Ab-schluss des BITs mit E am 30. 11. 2009 war somit rechtmäßig und verstieß nicht gegen den EG-Vertrag.

b) Weiterbetreiben des Ratifikationsprozesses

Möglicherweise liegt aber in dem Weiterbetreiben des Ratifikationsprozesses durch P ein Verstoß gegen das Unionsrecht. Ein Verstoß kann dann angenommen werden,

---

39 *Streinz*, Europarecht, 8. Aufl (2008), Rn 486.

40 *Hummer*, in: *Vedder/Heintschel von Heinegg*, Europäischer Verfassungsvertrag – Handkom-mentar, 1. Aufl (2007), Art. III-315, Rn 10; *Bubrowski*, in: SchiedsVZ (2009), 334 (335).

41 Vgl die Kramerentscheidung des EuGH, bei der von einer ausschließlichen impliziten Kom-petenz der EG ausgegangen wurde und deshalb eine Behinderung der Wahrnehmung einer zu-künftigen Gemeinschaftskompetenz durch eigenmächtiges völkerrechtliches Handeln der Mit-gliedstaaten als gefährdet angesehen wurde. EuGH, Rs. C-3/4/6-76, Slg. 1976, I-1279, Rn 44f (Kramer).

wenn eine Pflicht für P bestand, den Ratifikationsprozess nicht weiter zu betreiben. Nach Unterzeichnung des BITs leitete die Regierung Ps den Vertrag zur Ratifikation dem Parlament zu. Die Weiterleitung fand am 7. Dezember 2009 statt, sodass diese Handlung gemäß der Rechtslage nach Inkrafttreten des Vertrags von Lissabon zu bewerten ist.

Aus Art. 4 III EUV könnte eine Pflicht für P, die Ratifikation nicht weiter zu verfolgen, abgeleitet werden.

Die Ratifikation des vor dem Inkrafttreten des Vertrags von Lissabon unterzeichneten BITs könnte der Ausübung der ausschließlichen Zuständigkeit der Union für ausländische Direktinvestitionen gemäß Art. 207 I iVm Art. 3 I lit. e) AEUV entgegenstehen und diese gefährden.

P hätte vor Weiterbetreiben des Ratifikationsprozesses aufgrund des Vorliegens einer Schwebelage hinsichtlich der Behandlung bestehender oder zukünftiger BITs und der Wahrnehmung und Ausgestaltung der im AEUV niedergelegten ausschließlichen Kompetenz durch die Union abwarten müssen, wie die Union mit der neuen Kompetenzlage umgehen würde, um die Ausübung der Kompetenz der Union durch eigene Handlungen nicht zu gefährden. Eine solche Reaktion der Union könnte z.B. in einem Vorschlag für eine Verordnung zur Einführung einer Übergangsregelung für BITs zwischen Mitgliedstaaten und Drittländern[42] liegen.

Da P den BIT mit E an das Parlament von P am 7. Dezember 2009, d.h. kurz nach dem Inkrafttreten des Vertrags von Lissabon am 1. Dezember 2009, weitergeleitet hat, lag ein Abwarten auf ein Vorgehen der Union bei P offensichtlich nicht vor. P traf somit eine Verpflichtung, den Ratifikationsprozess vorerst nicht weiter zu verfolgen, um die Ausübung einer ausschließlichen Kompetenz der Union nicht zu gefährden. Das Weiterleiten des Vertrags an das Parlament zur Ratifikation am 7. Dezember 2009 verstieß somit gegen Art. 4 III EUV.

c) Nichtbeendigung des BITs

Die Nichtbeendigung des BITs ist ebenfalls nur dann eine Vertragsverletzung iSd Vertragsverletzungsverfahrens gemäß Art. 258 I AEUV, wenn P eine Pflicht zur Kündigung trifft. Die Frage nach einer Pflicht ist nach Maßgabe der Verträge i.d. Fassung des Vertrags von Lissabon zu beantworten, sodass der AEUV herangezogen werden muss.

Der BIT zwischen P und E wurde, wie oben dargelegt, kompetenzgemäß unterzeichnet. Fraglich ist, welche Folgen die geänderte Rechtslage durch die neue ausschließliche Kompetenzzuweisung an die Union für ausländische Direktinvestitionen in Art. 207 I iVm Art. 3 I lit. e) AEUV hat. Nach Art. 351 II AEUV muss ein Mitgliedstaat, der vor seinem Beitritt zur Union oder vor einer Kompetenzänderung innerhalb der Union einen unionswidrigen völkerrechtlichen Vertrag geschlossen hat, alle geeigneten Maßnahmen anwenden, um die Unvereinbarkeit zu beheben. Als Unvereinbar-

---

42 Ein solcher Vorschlag wurde von der Kommission am 7. Juli 2010 tatsächlich veröffentlicht. S. Vorschlag für eine Verordnung des Europäischen Parlaments und des Rates zur Einführung einer Übergangsregelung für bilaterale Investitionsschutzabkommen zwischen Mitgliedstaaten und Drittländern, KOM (2010) 344 endg.

keiten gelten sowohl kompetenzielle als auch materielle.[43] Eine Anpassung des Vertrags durch Neuverhandlung ist grundsätzlich seiner Kündigung vorzuziehen. Diese Variante ist jedoch bei Kompetenzfragen nicht durchführbar. Der Mitgliedstaat kann durch Vertragsanpassung eine vertragswidrige Kompetenzlage nicht ändern. Problematisch ist in diesem Fall, dass der Umfang der Kompetenz aus Art. 207 I iVm Art. 3 I lit. e) AEUV und vor allem das weitere Vorgehen der Union hinsichtlich der Behandlung der bestehenden und zukünftigen BITs – wie oben bereits aufgezeigt – noch nicht feststehen und so nicht von einer vollständigen und endgültigen kompetenziellen Unvereinbarkeit des von P abgeschlossenen BITs ausgegangen werden kann. Aufgrund des Weiterbestehens der Möglichkeit, dass die einzelnen Mitgliedstaaten BITs zukünftig nach einer Ermächtigung durch die Union selbst abschließen können, ist in der jetzigen Situation ein abgeschlossener, aber noch nicht ratifizierter BIT nicht unvereinbar mit Unionsrecht. Eine Kündigungspflicht würde zudem eine zu weitgehende Maßnahme darstellen. Dies wäre mit dem Grundsatz, dass eine Kündigung des betroffenen Vertrags nur als *ultima ratio* zur Behebung der Unvereinbarkeit genutzt werden soll,[44] nicht vereinbar.

Zudem erscheint eine Kündigungspflicht unvereinbar mit dem Bestreben der Union, Investitionsschutz zu gewährleisten, solange noch kein gleichwertiger EU-BIT geschlossen wurde, der an die Stelle des zu kündigenden BITs treten kann.[45]

Eine Pflicht für P aus Art. 351 II AEUV analog, den BIT mit E zu kündigen, ist somit nicht ersichtlich, da nach einer Ermächtigung der Union P den BIT mit E noch ratifizieren könnte, sodass die Nichtbeendigung des BITs keine Vertragsverletzung darstellte.

IV. Gesamtergebnis

Die Aufsichtsklage der Kommission ist zulässig, aber nur hinsichtlich der Rüge der Weiterverfolgung der Ratifikation begründet. Der EuGH wird feststellen, dass P durch das Weiterverfolgen des Ratifikationsprozesses gegen Unionsrecht verstoßen hat.

---

43 *Schmalenbach*, in: *Calliess/Ruffert*, Art. 307 EG Rn 12.
44 *Lorenzmeier*, in: *Grabitz/Hilf*, Art. 307 EG Rn 30; EuGH, Rs. C-62/98, Slg. 2000, I-5171 Rn 49 (Kommission/Portugal); EuGH, Rs. C-84/98, Slg. 2000, I-5215 Rn 58 (Kommission/Portugal).
45 Auf S. 3 der Begründung des Kommissionsvorschlags für die oben in Fn 16 genannte Verordnung weist die Kommission darauf hin, dass sie eine Übergangslösung bis zur Umsetzung der neuen EU-Zuständigkeit für ausländische Direktinvestitionen durch die Verordnung schaffen will, um Rechtsicherheit für die Investoren zu gewährleisten.

www.ingramcontent.com/pod-product-compliance
Lightning Source LLC
Chambersburg PA
CBHW031505180326
41458CB00056B/6940